Baruch: My Own Story

Explained Completely by Top Trader

投机巨擘回忆录
—— 巴鲁克自传

顶级交易员深入解读

［美］巴鲁克（Bernard M.Baruch）/原著

魏强斌/译注

经济管理出版社

ECONOMY & MANAGEMENT PUBLISHING HOUSE

图书在版编目(CIP)数据

投机巨擘回忆录——巴鲁克自传:顶级交易员深入解读/(美)伯纳德·M. 巴鲁克原著;魏强斌译注.
—北京:经济管理出版社,2018.11
ISBN 978-7-5096-6039-3

Ⅰ.①投… Ⅱ.①伯… ②魏… Ⅲ.①巴鲁克(Bernard M. Baruch)—自传
Ⅳ.①K837.125.34

中国版本图书馆 CIP 数据核字(2018)第 220507 号

策划编辑:勇　生
责任编辑:刘　宏
责任印制:黄章平
责任校对:赵天宇

出版发行:经济管理出版社
　　　　　(北京市海淀区北蜂窝 8 号中雅大厦 A 座 11 层　100038)
网　　址:www. E-mp. com. cn
电　　话:(010) 51915602
印　　刷:三河市延风印装有限公司
经　　销:新华书店
开　　本:787mm×1092mm/16
印　　张:21.25
字　　数:413 千字
版　　次:2019 年 1 月第 1 版　2019 年 1 月第 1 次印刷
书　　号:ISBN 978-7-5096-6039-3
定　　价:88.00 元

There is no joy without alloy!

——**Bernard M.Baruch**

Compound interest is the eighth wonder of the world. He who understands it, earns it; he who doesn't, pays it!

——**Albert Einstein**

导言　成为伟大交易者的秘密

◇ 伟大并非偶然！

◇ 常人的失败在于期望用同样的方法达到不一样的效果！

◇ 如果辨别不正确的说法是件很容易的事，那么就不会存在这么多的伪真理了。

　　金融交易是全世界最自由的职业，每个交易者都可以为自己量身定做一套盈利模式。从市场中"提取"金钱的具体方式各异，而这却是金融市场最令人神往之处。但是，正如大千世界的诡异多变由少数几条定律支配一样，仅有的"圣杯"也为众多伟大的交易圣者所朝拜。现在，我们就来一一细数其中的最伟大代表吧。

　　作为技术交易（Technical Trading）的代表性人物，理查德·丹尼斯（Richard Dannis）闻名于世，他以区区 2000 美元的资本累积了高达 10 亿美元的利润，而且持续了十数年的交易时间。更令人惊奇的是，他以技术分析方法进行商品期货买卖，也就是以价格作为分析的核心。但是，理查德·丹尼斯的伟大远不止于此，这就好比亚历山大的伟大远不止于建立地跨欧、亚、非的大帝国一样，理查德·丹尼斯的"海龟计划"使得目前世界排名前十的 CTA 基金经理有六位是其门徒。"海龟交易法"从此名扬天下，纵横寰球数十载，今天中国内地也刮起了一股"海龟交易法"的超级风暴。其实，"海龟交易"的核心在于两点：一是"周规则"蕴含的趋势交易思想；二是资金管理和风险控制中蕴含的机械和系统交易思想。所谓"周规则"（Weeks' Rules），简单而言就是价格突破 N 周内高点做多（低点做空）的简单规则，"突破而做"（Trading as Breaking）彰显的就是趋势跟踪交易（Trend Following Trading）。深入下去，"周规则"其实是一个交易系统，其中首先体现了"系统交易"（Systematic Trading）的原则，其次体现了"机械交易"（Mechanical Trading）的原则。对于这两个原则，我们暂不深入，让我们看看更令人惊奇的事实。

　　巴菲特（Warren Buffett）和索罗斯（Georgy Soros）是基本面交易（Fundamental Investment & Speculation）的最伟大代表，前者 2007 年再次登上首富的宝座，能够时隔

多年后再次登榜，实力自不待言，后者则被誉为"全世界唯一拥有独立外交政策的平民"，两位大师能够"登榜首"和"上尊号"基本上都源于他们的巨额财富。从根本上讲，是卓越的金融投资才使得他们能够"坐拥天下"。巴菲特刚踏入投资大门就被信息论巨擘认定是未来的世界首富，因为这位学界巨擘认为巴菲特对概率论的实践实在是无人能出其右，巴菲特的妻子更是将巴菲特的投资秘诀和盘托出，其中不难看出巴菲特系统交易思维的"强悍"程度。套用一句时下流行的口头禅"很好很强大"，恐怕连那些以定量著称的技术投机客都要俯首称臣。巴菲特自称85%的思想受传于本杰明·格雷厄姆的教诲，而此君则是一个以会计精算式思维进行投资的代表，其中需要的概率性思维和系统性思维不需多言便可以看出"九分"！巴菲特精于桥牌，比尔·盖茨是其搭档，桥牌游戏需要的是严密的概率思维，也就是系统思维，怪不得巴菲特首先在牌桌上征服了信息论巨擘，随后征服了整个金融界。以此看来，巴菲特在金融王国的"加冕"早在桥牌游戏中就已经显出端倪！

索罗斯的著作一大箩筐，以《金融炼金术》最为出名，其中他尝试构建一个投机的系统。他师承卡尔·波普和哈耶克，两人都认为人的认知天生存在缺陷，所以索罗斯认为情绪和有限理性导致了市场的"盛衰周期"（Boom and Burst Cycles），而要成为一个伟大的交易者则需要避免受到此种缺陷的影响，并且进而利用这些波动。索罗斯力图构建一个系统的交易框架，其中以卡尔·波普的哲学和哈耶克的经济学思想为基础，"反身性"是这个系统的核心所在。

还可以举出太多以系统交易和机械交易为原则的金融大师们，比如伯恩斯坦（短线交易大师）、比尔·威廉姆（混沌交易大师）等，太多了，实在无法一一述及。

那么，从抽象的角度来讲，我们为什么要迈向系统交易和机械交易的道路呢？请让我们给出几条显而易见的理由吧。

第一，人的认知和行为极易受到市场和参与群体的影响，当你处于其中超过5分钟时，你将受到环境的催眠，此后你的决策将受到非理性因素的影响，你的行为将被外界接管。而机械交易和系统交易可以极大地避免这种情况的发生。

第二，任何交易都是由行情分析和仓位管理构成的，其中涉及的不仅是进场，还涉及出场，而出场则涉及盈利状态下的出场和亏损状态下的出场，进场和出场之间还涉及加仓和减仓等问题。此外，上述操作还都涉及多次决策，在短线交易中更是如此。复杂和高频率的决策任务使得带有情绪且精力有限的人脑无法胜任。疲累和焦虑下的决策会导致失误，对此想必每个外汇和黄金短线客都是深有体会的。系统交易和机械交易可以流程化地反复管理这些过程，省去了不少人力成本。

第三，人的决策行为随意性较强，更为重要的是每次交易中使用的策略都有某种程度上的不一致，这使得绩效很难评价，因为不清楚 N 次交易中特定因素的作用到底如何。由于交易绩效很难评价，所以也就谈不上提高。这也是国内很多炒股者十年无长进的根本原因。任何交易技术和策略的评价都要基于足够多的交易样本，而随意决策下的交易则无法做到这一点，因为每次交易其实都运用了存在某些差异的策略，样本实际上来自不同的总体，无法用于统计分析。而机械交易和系统交易由于每次使用的策略一致，这样得到的样本也能用于绩效统计，所以很快就能发现问题。比如，一个交易者很可能在 1、2、3，…，21 次交易中，混杂使用了 A、B、C、D 四种策略，21 次交易下来，他无法对四种策略的效率做出有效评价，因为这 21 次交易中四种策略的使用程度并不一致。而机械交易和系统交易则完全可以解决这一问题。所以，要想客观评价交易策略的绩效，更快提高交易水平，应该以系统交易和机械交易为原则。

第四，目前金融市场飞速发展，股票、外汇、黄金、商品期货、股指期货、利率期货，还有期权等品种不断翻出新花样，这使得交易机会大量涌现，如果仅仅依靠人的随机决策能力来把握市场机会无异于杯水车薪。而且大型基金的不断涌现，使得单靠基金经理临场判断的压力和风险大大提高。机械交易和系统交易借助编程技术"上位"已成为这个时代的既定趋势。况且，期权类衍生品根本离不开系统交易和机械交易，因为其中牵涉大量的数理模型运用，靠人工是应付不了的。

中国人相信人脑胜过电脑，这绝对没有错，但也不完全对。毕竟人脑的功能在于创造性解决新问题，而且人脑的特点还在于容易受到情绪和最近经验的影响。在现代的金融交易中，交易者的主要作用不是盯盘和执行交易，这些都是交易系统的责任，交易者的主要作用是设计交易系统，定期统计交易系统的绩效，并做出改进。这一流程利用了人的创造性和机器的一致性。交易者的成功，离不开灵机一动，也离不开严守纪律。当交易者参与交易执行时，纪律成了最大问题；当既有交易系统让后来者放弃思考时，创新成了最大问题。但是，如果让交易者和交易系统各司其职，则需要的仅仅是从市场中提取利润！

作为内地最早倡导机械交易和系统交易的理念提供商（Trading Ideas Provider），希望我们策划出版的书籍能够为你带来最快的进步。当然，金融市场没有白拿的利润，长期的生存不可能夹杂任何的侥幸，请一定努力！高超的技能、完善的心智、卓越的眼光、坚韧的意志、广博的知识，这些都是一个至高无上的交易者应该具备的素质。请允许我们助你跻身于这个世纪最伟大的交易者行列！

Introduction　Secret to Become a Great Trader!

◇ Greatness does not derive from mere luck!

◇ The reason that an ordinary man fails is that he hopes to achieve different outcome using the same old way!

◇ There would not be so plenty fake truths if it was an easy thing to distinguish correct sayings from incorrect ones.

Financial trading is the freest occupation in the world, for every trader can develop a set of profit –making methods tailored exclusively for himself. There are various specific methods of soliciting money from market; while this is the very reason that why financial market is so fascinating. However, just like the ever–changing world is indeed dictated by a few rules, the only "Holy Grail" is worshipped by numerous great traders as well. In the following, we will examine the greatest representatives among them one by one.

As a representative of Techincal Trading, Richard Dannis is known worldwide. He has accumulated a profit as staggering as 1 billion dollar while the cost was merely 2000 bucks! He has been a trader for more than a decade. The inspiring thing about him is that he conducted commodity futures trading with a technical analysis method which in essence is price acting as the core of such analysis. Never the less, the greatness of Richard Dannis is far beyond this which is like the greatness of Alexander was more than the great empire across both Europe and Asia built by him. Thanks to his "Turtle Plan", 6 out of the world top 10 CTA fund managers are his adherents. And the Turtle Trading Method is frantically well–known ever since for a couple of decades. Today in mainland China, a storm of "Turtle Trading Method" is sweeping across the entire country. The core of Turtle Trading Method lies in two factors: first, the philosophy of trendy trading implied in "Weeks' Rules"; second, the philosophy of mechanical trading and systematic trading implied in fund man-

agement and risk control. The so-called "Weeks' Rules" can be simplified as simples rules that going long at high and short at low within N weeks since price breakthrough. While Trading as breaking illustrates trend following trading. If we go deeper, we will find that "Weeks' Rules" is a trading system in nature. It tells us the principle of systematic trading and the principle of mechanical trading. Well, let's just put these two principles aside and look at some amazing facts in the first place.

The greatest representatives of fundamental investment and speculation are undoubtedly Warren Buffett and George Soros. The former claimed the title of richest man in the world in 2007 again. You can imagine how powerful he is; the latter is accredited as "the only civilian who has independent diplomatic policies in the world". The two masters win these glamorous titles because of their possession of enormous wealth. In essence, it is due to unparalleled financial trading that makes them admired by the whole world. Fresh with his feet in the field of investment, Buffett was regarded by the guru of Information Theory as the richest man in the future world for this guru considered that the practice by Buffett of Probability Theory is unparallel by anyone; Buffett' wife even made his investment secrets public. It is not hard to see that the trading system of Buffett is really powerful that even those technical speculators famous for quantity theory have to bow before him. Buffet said himself that 85% of his ideas are inherited from Benjamin Graham who is a representative of investing in a accountant's actuarial method which requires probability and systematic thinking. The interesting thing is that Buffett is a good player of bridge and his partner is Bill Gates! Playing bridge requires mentality of strict probability which is systematic thinking, no wonder that Buffett conquered the guru of Information Theory on bridge table and then conquered the whole financial world. From these facts we can see that even in his early plays of bridge, Buffett had shown his ambition to become king of the financial world.

Soros has written a large bucket of books among which the most famous is *The Alchemy of Finance*. In this book he tried to build a system of speculation. His teachers are Karl Popper and Hayek. The two thought that human perception has some inherent flaws, so their students Soros consequently deems that emotion and limited rationality lead to "Boom and Burst Cycles" of market; while if a man wants to become a great trader, he must overcome influences of such flaws and furthermore take advantage of them. Soros tried to build a systematic framework for trading based on economic ideas of Hayek and philosophic thoughts of

Karl Popper. Reflexivity is the very core of this system.

I may still tell you so many financial gurus taking systematic trading and mechanical trading as their principles, for instance, Bernstein (master of short line trading), Bill Williams (master of Chaos Trading), etc. Too many. Let's just forget about them.

Well, from the abstract perspective, why shall we take the road to systematic trading and mechanical trading? Please let me show you some very obvious reasons.

First. A man's perception and action are easily affected by market and participating groups. When you are staying in market or a group for more than 5 minutes, you will be hypnotized by ambient setting and ever since that your decisions will be affected by irrational elements.

Second. Any trading is composed of situation analysis and account management. It involves not only entrance but exit which may be either exit at profit or exit at a loss, and there are problems such as selling out and buying in. All these require multiple decision-makings, particularly in short line trading. Complicated and frequent decision-making is beyond the average brain of emotional and busy people. I bet every short line player of forex or gold knows it well that decision-making in fatigue and anxiety usually leads to failure. Well, systematic trading and machanical trading are able to manage these procedures repeatedly in a process and thus can save lots of time and energy.

Third. People make decisions in a quite casual manner. A more important factor is that people use different strategies in varying degrees in trading. This makes it difficult to evaluate the performance of such trading because in that way you will not know how much a specific factor plays in the N tradings. And the player can not improve his skills consequently. This is the very reason that many domestic retail investors make no progress at all for many years. Evaluation of trading techniques and strategies shall be based on plenty enough trading samples while it's simply impossible for tradings casually made for every trading adopts a variant strategy and samples accordingly derive from a different totality which can not be used for calculating and analysis. On the contrary, systematic trading and mechanical trading adopt the same strategy every time so they have applicable samples for performance evaluation and it's easier to pinpoint problems, for instance, a player may in first, second... twenty-first tradings used strategies A, B, C, D. He himself could not make effective evaluation of each strategy for he used them in varying degrees in these tradings, but systematic

trading and mechanical trading can shoot this trouble completely. Therefore, if you want to evaluate your trading strategies rationally and make quicker progress, you have to take systematic trading and mechanical trading as principles.

Fourth. Currently the financial market is developing at a staggering speed. Stock, forex, gold, commodity, index futures, interest rate futures, options, etc., everything new is coming out. So many opportunities! Well, if we just rely on human mind in grasping these opportunities, it is absolutely not enough. The emergence of large-scale funds makes the risk of personal judgment of fund managers pretty high. Take it easy, anyway, because we now have mechanical trading and systematic trading which has become an irrevocable trend of this age. Furthermore, derivatives such as options can not live without systematic trading and mechanical trading for it involves usage of large amount of mathematic and physical models which are simply beyond the reach of human strength.

Chinese people believe that human mind is superior to computer. Well, this is not wrong, but it is not completely right either. The greatness of human mind is its creativity; while its weakness is that it's vulnerable to emotion and past experiences. In modern financial trading, the main function of a trader is not looking at the board and executing deals—these are the responsibilities of the trading system—instead, his main function is to design the trading system and examine the performance of it and make according improvements. This process unifies human creativity and mechanical uniformity. The success of a trader is derived from tow factors: smart idea and discipline. When the trader is executing deals, discipline becomes a problem; when existing trading system makes newcomers give up thinking, creativity becomes dead. If, we let the trader and the trading system do their respective jobs well, what we need to do is soliciting profit from market only!

As the earliest Trading Ideas Provider who advocates mechanical trading and systematic trading in the mainland, we hope that our books will bring real progress to you. Of course, there is no free lunch. Long-term existence does not merely rely on luck. Please make some efforts! Superb skill, perfect mind, excellent eyesight, strong will, rich knowledge—all these are merits that a great trader shall have to command. Finally, please allow us to help you squeeze into the queue of the greatest traders of this century!

自 序
向历史学习

以某种方式记录自己过往的人生，这种想法最初是由我的子女们提出来的。他们现在已经长大成人了，当然也会面临各种人生的难题，于是我经常会听到他们类似如下的问题：

"对于那些才开启自己生活和事业的青年人来说，他们是否仍旧应该或者可能按照您当初的行事方法和轨迹去行动吗？"

"我们的世界处于持续变动之中，但是这种变动的表象之下，是否存在某些恒久不变的规律和法则呢？"

有些人对我在华尔街的职业生涯非常感兴趣，希望我能够透露一二。他们的动机非常明了。我想他们是想从我这里获得一些成功和致富的秘笈，以便走一条捷径。

另外一些人，看起来他们更加关心我对威尔逊（Woodrow Wilson）、艾森豪威尔（Dwight D. Eisenhower）等七任总统的看法，毕竟我曾与他们共事，因此对他们比较熟悉。

此外，还有一些人则希望我能够讲述一下个人在两次世界大战以及战后和平时期的活动和经历。这些人希望从我个人的经历中找到有一些治理和解决当今全球问题的钥匙。这样的期望对我触动很深。

其实，我从20世纪30年代末就在撰写自传回忆录了，但是种种事务缠身加上拖延使得这本回忆录迟迟没能问世。在希特勒主导下的德国肆虐欧洲的时候，我的大部分时间都花在了处理国家备战事务上，为美国提供最妥善和周全的战争动员和后勤。

第二次世界大战爆发后，我全身心投入到国家事务当中，

每个时代当中有自己的特点和背景，每一代人的发展都必须考虑这种时代特殊性。同时，人类社会始终存在一些跨越时代的普遍规律，例如，博弈论和许多原理是贯通各个时代和人群的。

除了出离世间的修行者之外，大部分的人要么在追寻金钱代表的资源，要么在追寻政治代表的权力。巴鲁克这里讲的提问者就是这两类。如何从金融市场赚到大钱，如何攀上政治权利的高峰？

进行战争动员和组织后勤，避免"一战"中所犯的错误重新出现，为最后的胜利而殚精竭虑。

第二次世界大战结束后，我则致力于化解战争遗留问题，努力寻找各种困难的解决之道。同时，为国际核控奔走，寻找解决之道。

上述种种事务和工作，使得我几乎没有时间写个人自传，不过却为我的个人回忆录提供了更多有价值的经历和素材。正是这些经历让我能够从新的角度和立场去分析和思考。进一步来讲，那些此前写好的东西也需要根据新的经历和体悟去修改。

我最初的打算是等到行将就木之际出版自传。不过，我的人生跨度太大了，从南北战争开始，跨越两次世界大战和战后重建、原子弹研制成功，要想将这么多经历压缩到一部自传当中，确实存在难度。另外，一个人自传的发表最好选在自己尚在人世间时，如果谁对其中的内容存在异议，则还有机会当面与作者本人探讨。

我现在已经87岁的高龄了，剩下的日子并不多了，但愿很快就能出版这本回忆录的最后一卷。为了达到这一心愿，我现在正在伏案疾书之中。

我在这本回忆录当中，会更多地叙述我性格的形成轨迹，这些内容其实是非常有价值的。即便我们长大成人，步入社会，正式开启自己的人生，这些孩提时代留下的印记并不会消失，仍旧会产生作用。**一个成年人处理各种情况和解决各种问题时，都受到小时候印记的影响，从小看老，不会太离谱。**

在我童年的时光当中，我怯弱和害羞，处于社交活动时总是带着一丝不安和担心。我无法很好地控制自己的情绪，急躁易怒。当我逐渐长大时，赌博勾起了我的兴趣，让我感到莫名兴奋。即便到了现在，当我观看赛马、球赛和拳击比赛时，仍然如同年轻一般感到紧张和兴奋，我又回到了年轻的时候。

目睹别人做某件事获得了成功，就会激发我去尝试。经

多看小说，善于识人；常观历史，精于辨势。传记兼具了小说与历史的特点，可以让我们同时学会识人心和辨大势。

一个人的一生其实在童年阶段，甚至婴幼儿阶段就大致确定了。这个时期形成的"内心的小孩"会成为一个人穷其一生去翻越的藩篱。小时候的生存环境会形成一套僵化的生存和防御机制，这套机制在成年后就不再有效了，但是我们仍旧死死抱住不放，这是痛苦和失败的根源。

勇敢从怯弱中诞生，命运总是给那些先天不足的人更多成长的礼物和功课，一旦他们披荆斩棘，跨过障碍，那么伟大将加冕他们！

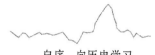

由自己的努力，才会真正领悟应该如何管理自己的情绪，如何行动才能达成目标，对于能力之外的事情则留给别人去完成。

成长过程的核心要素就是系统地自我观察和反思。只有我们清晰地认识自己，才能更高地认识他人。

实际上，我个人在华尔街和商业领域的经历，可以当作是我漫长人性功课的一部分。无论是在证券交易，还是其他类型的金融交易，都涉及平衡客观事实与主观人类心理的过程。离开华尔街之后，我开始踏入政治等公共事务领域，当时的我发现自己面对着一个永恒的难题，如何平衡周遭的客观事务与我们的天性。

可以肯定的是，我们的天性远比外在世界变化得慢。一部分人总是因循守旧，虽然你费尽唇舌，他们仍旧冥顽不化。另一部分人则属于另外一个极端。在这部分人的眼中，历史是毫无价值的，因为老办法完全不能适应新时代，只能通过反复尝试找到可行之道。

一个人要想真正地过好自己的人生，就不能走到上述两个极端上去。关键不在于是否采用古法或者发明新法，而在于明白什么时候适合遵循以前的思路，什么时候应该寻找创新的思路。在本书当中，我清晰地表达了我的主张，也就是我的行动纲要。自始至终，我都在依据这套纲要行动，具体来讲就是一方面进行新的尝试寻求新的经验，另一方面又从历史的经验与教训中汲取养分，并将两个方面融汇到一起。

我的所作所为，或许会受到不解和非议。即便如此，我仍愿意坦承自己的失败和教训。毕竟，失败和教训带给人的教育价值要远远大于成功所给予的。

在这本回忆录当中，我得到了哈罗德·爱泼斯坦（Harold Epstein）、萨缪尔·路贝尔（Samuel Lubell）、荷伯特·巴亚德·斯沃普（Herbert Bayard Swope）等数位朋友的大力支持，在此表示感谢。同时还要感谢亨利·霍尔特出版公司（Henry Holt Company）的罗伯特·雷思尔（Robert Lescher）提出的诸多有价值的编辑建议。

历事炼心，真正的懂是体会而不是表达。

主观和客观相互作用，如何达到一个完美的平衡呢？主观是完全屈从于客观，成为物质主义者，还是主观完全漠视客观，成为精神主义者？是让主观符合客观，还是让主观去改变客观？

从实践和理论两个角度去学习和进步。交易难，难在只靠前人的理论是找不到现成的具体盈利策略的。

不能面对并利用失败的人，永远无法取得大成就。没有失败，只有反馈；不要屈从，不要逃避，不要对抗，而要学会利用任何形势和困难。万物万事为我所用，而不为难于我！

目　录

在人生的各种博弈场上，值得敬重的对手其实是一生的朋友，因为最伟大的老师其实往往是你的对手。

面对战争时，如何配置家族的资产，这是一门关系家族兴衰的学问，但是学校里从来不会教你这门功课。罗斯柴尔德家族、巴林家族和摩根家族都从战争中崛起，可见这门功课的价值可以让你富可敌国。战争和革命是社会权力结构彻底重塑的过程，也是社会地位洗牌的过程，把握得好能够从社会底层跃升到上层；把握得不好，则很可能像巴鲁克的外祖父一样，从云端跌落。

每一个地方，都有其历史，而这些历史也形成了当地人的信念，这些信念当然也就制约了当地人的思维和见识，少数能够走出去的人就有很大的机会突破这种局限性。

命运的分水岭在格局的不同间选择。卡姆登镇和纽约的格局相比相差太大。朋友，选择一个能够参与的最大格局，置身其中去努力吧。金融市场就是一个比较大的格局，当然不仅限于此。

拥抱那些让你恐惧的事情吧，它们才能真正让你成长。跳入时代激流的勇气，足以彻底改变一个人的命运！顺势加码的勇气，同样足以彻底改变一个交易者的命运！

绝大多数赌场，其实并非赌客与赌客之间的博弈，而是赌场与赌客之间的博弈。赌场总是不断地朝着完全有利于自身的方向完善和修改其规则。其实，很多金融界的资深玩家也喜欢玩得州扑克，这项具有赌博性的活动其实更倾向于赌客与赌客之间的博弈。

可以毫不夸张地说，股票市场是商业和经济，乃至社会和政治的晴雨表。当然，所有事件和因素对股票市场的作用，都离不开人这个核心因素。我们需要明白的一个重要的市场真相是如果你想要更好地把握市场的波动，那么需要关注的重点并不是事件和因素本身，而是大众对这些事件的预期和反应。无论是投机还是投资，都离不开对心理因素的考量。索罗斯重视反身性，巴菲特重视市场，彼得林奇注重冷门股，等等，不一而足。

在股价上涨的过程中，我尽力利用浮动盈利加码买入，让自己处于持续赚钱的状态。当我将持有的多头头寸悉数抛出后，赚到了大约 6 万美元的利润，要知道我投入的本金仅仅是数百美元。经此一役，我信心大增，我认为自己就是克洛伊苏斯（Croesus）。

我要强调的一点是，没有行动就谈不上成功。再好的想法、再精妙的预判，如果没有转化成为行动，那么都是纸上谈兵，空欢喜一场而已。善于思考的人非常多，好点子多的人也很多，他们可以对事物高谈阔论，也能够深入地发表自己的见解，对于规律他们了如指掌，对于趋势他们洞察于心。这类人总是喜欢在自己的精神世界中成为王者，敏于言谈，拙于实践。他们是思想上的巨人和行动上的矮子，虽然他们有不错的理论和观念，很多闪烁着智慧的光芒，但是却很难落实到行动当中，自然也就鲜有建树了。

你是第几个听到这则消息的人？你在消息的生态链中处于末尾还是开始？主力如何看待这则消息？其他玩家如何看待这则消息？真实可靠的内幕消息要用来赚钱，也需要满足许多条件。第一，内幕消息确实关乎重大事项；第二，你必须位于消息传播链条的前端；第三，你必须在消息的效力消退之前，甚至达到高潮时全身而退。

把自己放到时代的趋势中，你将成就一番大业；将自己放到资产的趋势之中，你将赚得盆满钵满。有两种把握趋势的方式，可以互为补充：第一种方法是预测，如从供求大格局，从经济周期等角度去分析；第二种方法是跟随，那就是所谓的趋势跟踪法，主要从技术分析的角度去展开。

对赌经纪行在某些情况下也会操纵个股走势。例如，如果他们发现客户在某只个股上单边下注巨大，那么他们就会进入证交所进行买卖，驱使这只股票的价格朝着不利于客户们的方向运动，进而触及他们的止损区域或者耗尽他们的保证金，这就是另外一种操纵手法。

历史倾向于重复自己，路易斯维尔—纳什维尔铁路的股票再度上演了同样的戏码。这一次，主角换成了奥古斯特·贝尔蒙特先生。前面已经指出，此君是罗斯柴尔德家族在美国的利益代言人，具体来讲就是路易斯维尔—纳什维尔铁路公司的董事会主席。

赚到大把钱之后，我并没有变得满足，总觉得人生缺了点什么。但是，我没有立即采取行动来缓解这种缺憾。这样的情况持续了差不多一年时间，直到在华尔道夫酒店举行了一次晚宴，才重新点亮了我的人生之路。

如果你缺乏足够的资金，那么只能坐失良机。当1893年金融危机席卷整个社会时，我不受大众情绪的影响，独立地认识到危机和恐慌中存在巨大的机会。危机和恐慌使得证券价格暴跌，证券持有者们夺路而逃。这个时候如果能够大胆买入，持有到经济复苏之后，那么收益必然惊人。不过，当时的我手头拿不出足够的钱来抓住这个机会。这件事情对我影响至深，让我明白在危机和恐慌之中拥有巨大的现金头寸是多么重要。此后，我开始努力积攒资本，为大机会储备充足的弹药。

巴鲁克持续介入到美国经济的新兴主导产业当中，自然赚得盆满钵满。他有意识地介入到了股市中的相应板块当中，这些板块与主导行业有关，也是热门板块。

当我从事诸如铜、白糖和橡胶等大宗商品交易时，也渐渐明白了大宗商品会在全球范围内达成供需平衡，也就是说我们从事大宗商品交易时必须从全球的角度来考虑供求。

当时大众一片乐观，股价也处于持续上涨之中。在这种狂热的氛围之下，大部分友人

都对我的忠告充耳不闻。甚至还有一些朋友反过来认为我是一个跟不上时代和潮流的人，他们认为我太悲观了，未能认识到新时代的辉煌前景。

当然，我只能让时间来证明什么观点是正确的，什么观点是错误的。在 1929 年股市大崩盘之前，我已经彻底了结了手头持有的硫黄公司股票。

真正的投机者是那些洞悉未来，并且未雨绸缪的人。这就好比一个外科医生的职业行为，他必须能够通过一些复杂甚至矛盾的症状与细节找到问题的核心与关键，然后果断而坚决地进行干练的操作。这些操作必须基于此前准确无误的判断之上。在股票市场上，为什么洞察入微会变得如此的困难呢？因为人类的情绪干扰了判断的客观性和准确性。驱动股票市场涨跌的因素并非是客观的经济力量或者是其他变动中的事件，而是人类对这些事件的反应。

无论是投机者还是市场分析人士，他们面对的一个恒久挑战就是如何将冰冷的经济事实与不可捉摸的市场情绪区分开来。对于金融交易者而言，真正的挑战不多。最为重要的挑战之一是如何将自我与情绪区分开来，让前者不受后者的干扰。

生活在一个喧嚣嘈杂的年代，我们所有人都需要停下来审时度势，看看时代的潮流走往何方，检查我们自己的行动是否符合自己的目标和大趋势。即便能够在一个与世隔绝的地方，坐在园林簇拥下的长凳上冥想一两个小时，也能够让我们获益良多。

凡事有个度，木秀于林风必摧之，不要过于高调，中道是人类所有事务中的普世原则。当然，我的这些处世哲学肯定会招来一些人的反对，那些急不可耐地要让世界在一夕之间改变的人，或者是那些希望世界一成不变的人，都不会赞成中道的哲学。我的观点是生活需要变化，但是不要激进，否则事情只会变得更加糟糕。

那是 1898 年 7 月 4 日，我利用美西战争（Spanish-American War）即将结束的契机在证券市场上大举获利。当时的我沉浸在巨大成功的喜悦中，并未意识到这次战争在宏大历史背景中昭示的意义——美国作为世界强国已经登上舞台，而美国金融的个人主义时代即将落下帷幕。

第一章

南方邦联的外科医生

人生就是接力赛，伟大的儿子，必然有不俗的长辈。

——魏强斌

1

我出生于 1870 年 8 月 19 日。当时我家的房子位于南卡罗来纳州（South Carolina）卡姆登镇（Camden）的大街上。这个小镇其实在我的印象中更像是乡下。我家房子后面有种菜园子、马厩和谷仓。在离家稍远的地方，还有一块 3 英亩大小的耕田。这块田主要是我父亲在管理，某种程度上算得上是一块"试验田"。直到现在我仍旧能够清楚地想起，某年家父挥汗如雨地在田间劳作种植甘蔗，有一种农民辛勤工作的感觉。

家父在他的"试验田"上投入了大量的精力，以至于让家母非常不满。她认为家父应该将更多的精力放在正式工作上。家父当时是本州最有名气的医生之一，他仅仅 33 岁就被南卡罗来纳州的医疗协会推选为会长，并且任职于该州的卫生行政部门。南北战争之后的重建阶段，他还积极参与了动荡背景下的政治活动。

巴鲁克的父亲为其积聚了大量的福德资粮。积善之家，必有余庆！

最近一段时间，我一直在翻看家父行医早期的一本病例记录。行文比较潦草，不过可以看出他在当时美国社会扮演的角色和发挥的重要作用。他也会给黑人看病，而不仅仅是给白人看病，不管大病小病他都不会拒绝。从这本病历中可以发现，他诊治的病史各种各样，有儿童被鱼钩扎了腿，还有因为主人去世绝食而非常虚弱的黑人奴隶，什么情况都有。

家父有一辆轻便的两座马车，他经常驾着这辆马车去给人看病，时常带着我一块儿去。等我稍微长大一些后，他就十分放心地将缰绳交给我，而他则坐在旁边静静地阅读报刊书籍。有时候，当我转过头瞟一眼时，他已经睡着了。

期间，有一件事情至今仍旧让我记忆犹新。当时我们父子俩将马车停在一座小木屋的门口边上，这座木屋非常简陋。父亲让我在车上等着，不要到处乱走。不到一会儿，他急匆匆地冲出来，从车上拿出一把斧头，奋力地砍开木质窗板，同时大喊到："人快被憋死了，屋里面没有新鲜空气，他要窒息了。"

家父毕生致力于提高当地社区的生活水平，具有极强的社会责任感。例如，在我年满十岁后六个月的时候，我们举家搬到了纽约，那是一个大楼林立、十分拥挤的城市。家父到了纽约之后，在城中开设了第一家公共浴室，以便服务于大众。

我们住在南卡罗来纳州的时候，父亲自己会到他称之为"试验田"的土地上种一些东西。当时，该州并没有农业服务机构负责进行新耕作方法的试验。而家父认为这样的试验其实是非常有必要和有价值的。他在农作物种植方面有特殊的天赋，虽然他以前在这方面并没有什么经验，也没有接受过相关的培训，但在投入一段精力和时间之后，很快就成了行家里手。

家父订阅了许多黄色封面的农业杂志，他会仔细翻阅每一本杂志，这些杂志被他堆放在医学杂志的旁边。这些农业杂志就是他管理那 3 英亩试验田的理论来源。此后，当地开

人生就是接力赛，伟大的儿子，必然有不俗的长辈。

农业展览会，家父种出来的棉花、玉米、燕麦和制糖甘蔗都得了一等奖。

父亲收集和培育的农作物种子都具有良好的品质，还常常主动将这些种子赠送给农户们。这些农户们遇到农业上的问题也会来咨询家父的意见，每每这时他都极具耐心地答疑解惑，帮助别人解决问题。

家父曾经用试验证明通过铺一些砖块来给农田排水，他购买了几英亩低洼的田地来进行试验。这个试验是本地区第一次进行这类试验。

家父仪表堂堂，甚至可以说长得相貌英俊。他身高六英尺，身材挺拔，一脸茂密的络腮胡子，很有军人气质。他的瞳孔是蓝色的，总是带着温柔的眼神，同时显得坚毅无比。对于穿着服饰，他总是非常严谨，我从来没有见过他露出衬衣的袖子。他性格友善，说话的时候和蔼可亲，但是掷地有声。尽管他在国外出生，但是并不带异乡口音。

2

家父名叫西蒙·巴鲁克（Simon Baruch），于 1840 年 7 月 29 日出生在德国一个名叫席伟森（Schwersenz）的小镇，靠近波森（Posen）。家父很少提到自己的祖辈，当有人问起其家世时，他往往都会说：**"一个人选择的未来，比他经历的过去更为重要。"**

直等到我 20 岁的时候，才跟着父亲回了一趟欧洲，见到了我的祖父母，直到那时我才真正开始了解巴鲁克家族的历史。我的祖父名叫伯恩哈德·巴鲁克（Bernhard Baruch），从他的名字当中可以看到我名字的影子。祖父给我看了一块头盖骨，这是我们家族的传世之宝，上面记录着家谱。巴鲁克家族起源于一个希伯来家族（Rabbinical Family），中间混入了葡萄牙裔西班牙人的血统，后来又混入了波兰人和俄罗斯斯拉夫人的血统。

在古代，有一个名叫巴鲁克的人专门从事档案资料的编撰，是一名书吏。《耶利米的预言》（The Prophecies of Jeremiah）就是他编辑的。而《伪经》（The Books of the Apocrypha）中的一卷就是以"巴鲁克"命名的。祖父宣称我们这一系的血脉就是起源于这个书吏，不过父亲对此保持沉默。

我与祖父成了很好的朋友。尽管他完全不会英语，但是我却能够熟练地说德语，因此沟通也完全顺畅，在一起的时光非常快乐。祖父与父亲的身高差不多，大约六英

尺，发质细腻柔和，呈现棕色。虽然年事已高，但是在厚重的镜片之后，透出的目光深邃。

祖父最偏爱的活动就是在某个露天花园的啤酒屋消磨一个下午，用雪茄和闲聊来打发时间，有时候会放下尘缘，什么都不去思考。祖父很有学者气质，而且更像一个沉浸在个人世界的幻想家。我和他度过了很多如此安逸闲适的日子。不过，相比之下，家父更加务实，他不会跟我们一块去放逸，而是留在家里陪着我的祖母。

我的祖母跟祖父是截然不同的人，她努力工作，进取务实，勤俭持家。祖母在结婚之前，叫特蕾莎·格伦（Theresa Gruen）。我认为她很可能是波兰人的后代。祖母个子矮小，蓝色的眼睛。家父可能遗传了祖母的一双眼睛，而我又从父亲那里继承了这双眼睛。

1855 年时，家父只有 15 岁，是波森皇家高级中学（Royal Gymnasium）的学生，为了避免普鲁士军队（Prussian Army）的兵役，他独自一人来到了美国。当时，他在美国根本没有亲戚朋友，只有一位同乡，因此这次远涉重洋到异国他乡，需要极大的勇气。

这位同乡名叫曼内斯·鲍姆（Mannes Baum），也是来自席伟森，他在南卡罗来纳州的卡姆登镇经营着一间小杂货铺。

鲍姆收留了家父，并且成了他的监护人。当时年少的家父就在鲍姆的杂货店待了下来，负责记账和收银。家父非常勤奋，就算在工作的时候，也在手边放了一本英德词典，断断续续地阅读与历史相关的书籍，通过这种方式自学掌握英语。

家父为人聪明伶俐，干事严谨认真。鲍姆夫人很快就意识到了这男孩子的远大前程，于是她向鲍姆提出来应该把家父送到南卡罗来纳州立医学院（Carolina Medical College）读书，这个医学院位于查尔斯顿（Charleston）。当家父毕业之后，又接着将他送到了弗吉尼亚医学院（Medical College of Virginia）学习，这个医学院则位于里士满（Richmond）。这位

传主的全名是"Bernard Manes Baruch"。

鲍姆太太其实就是我母亲的姊姊，她撮合了我的父母亲结成姻缘。

曼内斯·鲍姆先生对家父也非常好，而家父也从未忘记过他的恩情，我的名字中间就有"曼内斯"。曼内斯尽管身材矮小，但是却非常健壮，而且勇敢。按照当地人的说法，曼内斯的气势可以与凯撒（Julius Caesar）比肩，我为自己的名字当中有"曼内斯"而无比自豪。

在我年幼的时候，家父总是喜欢重复讲一个故事。某天，一个蛮横不讲理的家伙怒气冲冲地来到杂货店内，手里拿着锄头，逼迫曼内斯收回此前说过的某句话。曼内斯坚定地拒绝了。那个家伙挥舞锄头打过来，曼内斯沉闷地挨了锄头一下，头上全是血，不过他仍旧拒绝收回哪怕一个词。这个蛮横无理之徒听到之后，更加愤怒，将曼内斯压倒在地，顺势用双手扣住曼内斯的双眼，威胁他，如果再不听从，就会失去双眼。

"我绝不会收回说过的话！"曼内斯理直气壮地大喊。

这个恶徒并不停止，开始用拇指抠曼内斯的眼睛，曼内斯只能闭上双眼，奋力挣扎，但是无能为力。忽然，他感到恶徒的拇指有点滑动，于是他赶紧抓住机会，用嘴咬住一根大拇指，无论对方如何大喊大叫，也不管对方怎么变本加厉地攻击，他都不松口。尽管这个恶徒可以用自己的一根大拇指去交换曼内斯的一只眼睛，这相当于对摩西律法（Mosaic Law）"以眼还眼，以牙还牙"的变通，但是他还是选择了放弃。

对于父亲这个故事的意图，我非常清楚。在当年的南卡罗来纳州，个人的荣誉是非常重要的，在捍卫个人荣誉时，如果有必要的话，那么采取生死决斗的办法也是应该的。这一观点成了许多人的信条，当然也深深地影响了我的父亲，他对曼内斯当时的勇气非常钦佩，并告诉我："孩子，不要忍受任何耻辱。"

1862 年，家父刚刚从医学院毕业，在某家医院担任助理外科医生，具体的工作内容就是为外科医生执行手术时准备用具。对此，他曾经带着幽默的口吻说："当时我在医院里面甚至连为一个脓肿开刀的机会都没有。"不久之后，当年 4 月 4 日，父亲穿着曼内斯·鲍姆送给他的制服和佩剑，进入到南卡罗来纳州第三步兵营服役。

当时，美国内战爆发，南卡罗来纳州那些有血性和骨气的青年人都会选择加入南方邦联的军队作战。我父亲当然也是他们中的一员。他在卡姆登镇上认识的同龄人基本上都应召入伍了。这些人并非奴隶主，也不赞同奴隶制，正如同当时南部邦联军队的统帅罗伯特·李（Robert E.Lee）一样。不过这些年轻人如同家父一样，都忠于自己所在的州，希望为它而战。

家父参战之前，他 16 岁的弟弟赫尔曼（Herman）也已经从德国坐船来到了美国。在开赴战场之前，家父告诫赫尔曼一定要想方设法远离战争。九个月之后，兄弟两人再度碰面，这时候赫尔曼已经成了南方邦联军队的一名骑兵。

家父严厉质问弟弟为什么没有听自己的话，赫尔曼委屈而气愤地回答道："你难道不知道吗？女人们一提到没有从军的男人时，都带着一脸的鄙夷，我甚至都不敢看她们。这种情况下，谁能受得了。因此，我必须来参军。"

家父作为军医的职责本来就是救死扶伤，因此他对战争的看法更为客观而深刻。战争中那些残酷和悲惨的情景肯定都深深地留在了他的脑海当中。由此造成的伤痛，使得他并不愿意开口谈论这些经历。家父不愿谈论服役期间的经历，就算我们兄弟四人一同请他讲述，他也往往会缄默不语，岔开话题让我们去做别的事情。

只有在极少的情况下，父亲才会愿意谈到那段岁月。每当这个时候，我们就会围绕在他身边，听那些激动人心的故事。家父会提及雪松溪（Cedar Creek）的战役，当时他是如何鼓舞战友们相守的。当时的一个清晨，北方联邦军队的谢里登（Sheridan）将军从温切斯特（Winchester）骑着马来到赛达河边，准备发动进攻。形势变得非常危急，对于我们而言这是扣人心弦的故事，这些历史似乎就发生在眼前。

家父回忆道："那时候，我亲眼看见厄尔利（Early）将军骑在马上舞动军旗，开始的时候他还厉声斥责溃逃的士兵，但是渐渐地他只能变成恳求他们不要离去。当时形势危急，但是我方却士气低迷，我骑在马上高喊：'兄弟们，振作起来，上帝保佑我们！'正在这时，一颗炮弹落在我前面，我的坐骑受了惊，开始发狂，完全不受控制。这个时候，到处都有人高喊：'大家振作起来啊。'"

家父作为军医参与了马纳萨斯（Manassas）第二次战役，其间的经历也非常吸引人，是我们喜欢倾听的另外一个故事。当他刚到野战医院报到的时候，遇到了一个资深的外科医生正在给一个伤员做截肢手术。我父亲当时非常年轻，显露出稚嫩的气质，看起来似乎毫无任何实际经验，而且也确实如此。等待截肢的伤员已经被麻醉了，躺在手术床上。这位外

菲利普·亨利·谢里登（Philip Henry Sheridan）出生于1831年3月6日，是美国南北战争时期的联邦军骁将。他以极短的速度被提为少将，由于受到格兰特器重，他被调往了主战场东线，他取得了一系列的重大胜利，他是焦土政策的真正始作俑者。1865年，也是他的骑兵首先包围了李的军队并迫使后者最终在阿波马托克斯投降的。尤巴·安德森·厄尔利（Jubal Anderson Early），美国南北战争时，南方邦联军队的将军之一，当过律师，战后他于19世纪70年代写的关于南方历史悠久社会的文章"The Lost Cause point of view"，成为了一段长时期的文学和文化现象。

科医生用嘲讽的语气戏弄家父："医生，这台手术你想主刀吗？"家父当时也是初生牛犊不怕虎，丝毫没有迟疑，迅速接过递过来的手术刀，结果他完成的第一床手术非常成功。当然，那位资深的外科医生不得不对家父刮目相看。

美国内战当中，战况胶着，许多战役都处于拉锯状态。家父亲自参与了其中最为惨烈的部分，当时到处都是伤员，还有完整或者残缺不全的尸体。面对这些悲惨的情景，父亲不愿多说，总是一句话带过。家父更喜欢谈战场上双方的高尚精神，他们相互尊重对方，体现着类似中世纪的骑士精神。

后来，当第一次世界大战爆发的时候，我父亲耳闻过许多新闻报道之后，对战场上那些毫无底线和风度的做法非常鄙视，进一步加深了他认为美国南北战争才是绅士之间战争的观点。

他在美国南北战争中经历的一件事，给他留下了难以磨灭的记忆，直到他于 1921 年临终之前仍旧记得非常清楚。这件事情很好地支持了他对美国南北战争的主要观点。

这件事情的具体经过是这样的。当时在怀尔德尼斯（Wilderness）战役的阵亡名单中，有一位名叫詹姆斯·S.沃兹沃斯（James S.Wadsworth）的少将，战争中，这位少将因为头部中弹而身亡，南方军队发现之后告诉了北方联邦军队，表达了愿意送还将军尸体的意愿。南方军队钦佩这位少将的勇敢，救护车载着这位将军的尸体，穿过了南方军队的防线。救护车上的休战旗帜迎风飘扬，沿途上那些衣着破烂的军人们纷纷脱下了军帽敬礼。

> 展现强大的实力是最沉默、最有力的反击。

> 国家之间的战争与国内战争之间还是有本质上的区别的。

> 在人生的各种博弈场上，值得敬重的对手其实是一生的朋友，因为最伟大的老师其实往往是你的对手。

3

家父在美国南北战争当中曾经两度被俘虏，这些独特的经历也值得一谈。当他作为战俘在北方联邦军队的军营停留

时，这些对手却待他十分友善。所以，他从来没有对北方联邦军队表现出强烈敌意。

家父第一次被俘是在安迪特姆战役（The Battle of Antietam）中，当时北方军队对南山（South Mountain）发动了猛烈进攻，南卡罗来纳州第三营抵挡不住，阵形出现混乱，溃不成军，撤退在慌乱中展开。整个营队的伤亡惨重，指挥官乔治·J.詹姆斯（George S.James）在这次战斗中展现了英勇的精神，以身为先，最终光荣牺牲。家父接到命令，负责在布恩斯伯勒（Boonsboro）的一个教堂墓地中照顾伤员。这个临时医疗救治点的条件非常简陋，连充当手术台的桌子都没有。家父只能想出了一个应急办法，将门板卸下来平放在地上，下面垫上两个炮管将门板架起来同时保持平衡，这就是一个手术台。有一天，一位重伤士兵被抬上了这个手术台，护士先行给这位士兵注射了三氯甲烷（Chloroform）麻醉剂，家父刚刚拿起手术刀，顿时一阵呼啸而来的炮弹落在了周围，感觉天地都在倾覆，尘土飞扬，手术被迫中止，不得不将伤员转入教堂内接受手术。

更为危险的情况接踵而来。手术还未完成，北方联邦的军队已经包围了这座教堂。面对窗外战马的咆哮，以及敌方军官大声号令，家父毫不逊色，继续和助手们进行手术。

当时，在几英里之外的夏普斯堡（Sharpsburg）也在发生激战，炮声连连，到处都是。这个时候刚好有一位北方联邦军队的外科医生经过教堂，在得知有一台手术在这里进行之后，立即走进教堂询问家父是否需要帮助。这份来自敌方的主要援助，让家父非常意外，以至于留下了深刻的印象，余生当中他一直记得这位高尚医生的名字——J.P.戴利（J.P. Daly）。

当然，此后家父成了北方军队的俘虏，但他内心十分清楚，自己将很快重新获得自由，因为南北双方早就定下了尽早交换被俘虏军医的协议。他和另外几个军队医疗人员以战俘身份被送上了一列开往布恩斯伯勒的火车上，并在那里停

巴鲁克的父亲非常清楚博弈的"底线"。

留了两个月时间。

他们会在前方某个小站上被支持南方邦联的群众接下火车，并被安排到当地有名望的民众家中住宿，等待南北双方交换战俘的时刻到来。多年之后，当他回忆这段经历的时候，总是将这两个月看作南北战争期间最为自由的日子。

不过，负责看管他们的北方中尉军官好像并不乐见俘虏们如此悠闲，强行将战俘押解到了宪兵司令那里。不过，宪兵司令并不打算为难这些人，他允许家父和另外一位军医自由活动，只要次日到宪兵司令部报到即可。接下来，两位年轻的南方邦联军医被带到了一户富有的平民家中暂住一晚。住宿条件舒适，而且还在当晚的一场舞会上受到了隆重的欢迎和热情的款待，他们两人一直玩到深夜两点过才回家休息。

次日用过早餐之后，许多妙龄少女见到两位军医年轻英俊，于是邀请他们一同去照相。于是，他们一起乘坐一辆没有围栏的马车到了一个照相馆。在那里，每位少女都与家父摆拍，同时她们都送了复件给我父亲作为留念。小时候，我曾经在卡姆登镇的家里看到过其中一张。此后，这些被俘虏的南方邦联军医就离开了布恩斯伯勒，前往弗吉尼亚州，在那里被交换回到南方邦联的军营。

父亲十个月后不幸再度被俘。这次是在葛底斯堡（Gettysburg），当时皮克特（Pickett）将军正率领部下朝皮奇奥查德（Peach Orchard）进发，南方邦联军队临时接到命令，改变了进攻方向，以致南方所有的伤员都是侧面受伤。在我长大成年之后，家父专门带我去了一趟葛底斯堡，追思昔日的浴血岁月。家父身临其境地描述了那场战斗的惨烈，许多细节都栩栩如生，他取下黑色帽子拿在手中比划，而长长的白头发在风中飘散。

开战之前，南方邦联已经将野战医院设置在了黑马酒馆（Black Horse Tavern），也就是马仕（Marsh Greek）那一片地方，家父用手远远地指出了具体的位置。当年，野战医院的勤务兵就地取水给外科医生救治伤员用。家父说如果伤员太

什么样的格局下，选择什么样的职业非常重要。同样是上战场，有些人当了南北双方统治集团的炮灰，有些人却成了座上宾。金融交易中，同样的一波单边上涨，有些人一夜暴富，有些人再度爆仓。同一格局下不同的命运到底是什么使然？

我们无法选择出生的家庭，但是我们可以选择职业和所处的城市。我们无法选择父母，但是可以选择配偶和合作伙伴。

那些做短线交易的人也需要精神高度集中，各种心酸只有大家心里明白。

多的话，他们就必须持续进行高强度的手术，或者要须臾不离地照看伤员，有时候可能两个整天无法休息，连闭眼休息一会儿的机会都没有。

最终，南方邦联军队接到了撤退的命令，但是包括家父在内的三名医生却接到突然命令必须留守在野战医院，等待进一步行动的命令。他们三人心中都非常清楚，留下来的人必然会成为对方的俘虏，不过也只能听从命令。

在等待北方联邦军队到来之前，他们三人决定找点事情做来打发时间。那段时间有一只孔雀一直在医院附近的一片草地上到处乱跑，于是他们把这只孔雀做成了烤架上的野味。这是家父他们三天当中头一次吃到美味。他们刚刚啃干净最后一块骨头，甚至都还没有来得及擦干净手上的油脂，北方联邦的军队就出现在了眼前。

家父原本以为这次的运气不会像上次那样好了，但是北方佬们对待战俘的态度好得让他大呼意外。正在他们想着束手就擒时，没过一会儿来了一个书记员模样的男子，他礼貌地自称温思罗（Winslow），同时主动表示愿意提供急诊所需要的各类医药用品。

此后，这位先生带着家父参观了设在葛底斯堡的公共卫生委员会的仓库，仓库里面什么军需品都有，十分充足，堆成了小山。对于南方军人而言，每天吃饱都是难事，更不用说这么多的军需品。

> 后勤物资比你丰富，当俘虏的待遇又不错，这种心理战非常高明。

同时，这位先生还建议家父可以从军需官那里申请一辆马车。家父刚开始将信将疑，不过他还是决定试一试，于是他找到了军需官。对方的态度再次让他感到意外。

"医生，请坐，"接待他的是一位年轻的军需官，"我这里有一份《纽约先驱论坛报》（New York Herald），或许你想要看一下，上面报道了罗伯特·李将军最近的情况，你可以在这里边看，边等我们派一辆马车过来"。

> 心理战显露无遗。上兵伐谋！不战而屈人之兵。

家父翻阅了一些自己感兴趣的新闻报道，随后发现一辆骡子拉的马车已经停在大门之外，供他使唤了。家父用这辆

马车装上了足够一个月使用的药品等军需品，其中还有一桶鸡蛋、一些葡萄酒、柠檬和黄油。看到这些物资，他不由得再度感叹北方军队的物资多么充裕。

另外，马里兰州（Maryland）有两位善良的女士和一位年纪稍大的英国护士都作为志愿者过来帮助看护伤员。伯恩斯伯勒的一位医生还给家父提供了一套性能优良的外科手术仪器，同时在这个盒子上刻上了家父的名字。战争结束后，家父将所有医疗器械寄回了卡姆登镇，因为他决定以后还能依靠这些设备悬壶济世，同时维持生计。

这次被俘之后，家父当了六周的俘虏。不过，突然有一天家父和其他战俘被一辆卡车运到了巴尔的摩（Baltimore）的麦克亨利堡（Fort Mchenry）。当时，有传言说战局出现了变化，因此他和其他被俘的军医将作为人质被北方军队扣押。

家父此后才知道事情的原委。在西弗吉尼亚州（West Virginia）的查尔斯顿（Charleston）有一位名叫拉克尔（Rucker）的医生，因为谋杀罪而被判处死刑。这个医生持亲北方联邦的立场，他的妻子便据此向北方联邦政府申诉，声称这是南部邦联政府的法官在进行政治迫害，这次审判毫无公正可言。因此，北方联邦政府只好临时停止交换被俘的军医，直到这件事搞清楚才恢复交换军医。

尽管形势风云变幻，家父被拘押在麦克亨利堡的日子也并非难熬。当他回忆起这段光景时，他会悠然自得地说："当时就好像在海边度假胜地过了一个美好的夏天而已。"这些战俘被允许在战俘营当中自由活动，随便做什么，于是许多活动开展起来。他们踢足球、下棋、相互学习外语，同时展开各类辩论。最让他们感到异常兴奋的是每天都有妙龄少女到来，陪伴这些俘虏们打发时光，给他们讲笑话、鼓励他们、谈情说爱等。丰富多彩的活动让这些年轻的男士们很快就忘记了自己是战俘的事实，他们每天都花费大量的时间来打扮自己，甚至还蜂拥而至去购买时尚的服饰。

这些俘虏们还贿赂了看守的士兵，允许战俘们晚上去伯恩斯伯勒风流，只要他们能够保证次日在看守换班之前赶回来。这样的协议被大家稳妥地执行了一段时间，但是某天早上，有几个被俘的医生并未按时回来，而是选择了脱逃。临到点名的时候，其他人想要顶替那几个逃跑的医生蒙混过关，但最终还是被发现了。这件事情发生之后，看守变得严厉起来。后期，留下的被俘军医们全部发誓不会逃跑，看守才稍微宽松了一些。

两个月之后，拉克尔医生从南方的监狱中逃脱，南北双方的僵持局面才被打破，麦克亨利堡的战俘们才被放回南方。

在关押期间，家父仍旧继续从事医学方面的研究，他利用闲暇时光写下了名为《胸部两处穿透性伤口的治疗》（Two Penetrating Bayonet Wounds of the Chest）一文，并

且获得了公开发表。时隔多年后，第一次世界大战爆发，美国公共卫生部部长梅里特·爱尔兰（Merritte W.Ireland）专门告诉家父这篇论文对于军队外科医生的价值重大。

4

当然家父也与每一个历经浴血时期的军人一样，也有艰辛的回忆。1864 年 7 月，他刚刚成为能够独自承担责任的外科医生。1965 年 3 月，南方邦联军队正在全力遏制谢尔曼将军麾下的部队向北推进，而家父则被指派到北卡罗来纳州（North Carolina）的托马斯维尔（Thomasville），参与南方军队设置野战医院的任务。

作为外科医生的家父与其他军医一起组成了独自运作的小组，负责把两个小型厂房和一家旅馆改造成野战医院。某天，前线有消息传来，说有大约 280 名伤兵从艾佛利伯勒（Averyboro）送到这里来救治。家父得到消息后，立即派出一名配有武器的警卫人员前往接应。同时，他将附近能够动员起来的人都组织起来，所有的男人和较大的男孩都被分配到相应的岗位。他们要负责拆除两座教堂中那些妨碍安置伤兵的长条凳，以便获得更多的可用空间。同时，另外一些人则出去搜集松针和松节，将松针填塞到麻布口袋里面做成简易床垫，将松节点燃照明。当伤兵们乘坐夜间火车到站后在抵达野战医院的途中，也可以利用松节来照明道路。

当这批伤兵抵达时，他们的伤痛令人心痛不已。家父听见他们在车厢里痛苦地呻吟，咒骂着敌军和命运。他们身下垫着的棉花团已经被血液浸透并且凝固，从松软变得硬邦邦的。

家父心思缜密，他早已预计到了大量伤员到来之后，食物很可能不够，于是他提前逐户嘱托妇女们帮忙烤面包，并

首先列出各种可能性，然后想出措施。在金融交易中，也要有情景规划的能力。

且准备了大量黑麦、咖啡和熏肉等食物。他甚至预计到了有许多伤员没办法自己进食，于是他请了一群妇女帮忙喂食。他周全的计划和准备，让所有人都得到了细心而全面的照料。在花了两小时安顿好伤兵之后，家父自己却不得不投入到持续做手术的忙碌之中。

为每个伤兵妥善包扎耗费了不少时间，以至于家父和两位助手持续工作着，中间根本没有怎么休息过。这次经历让家父非常疲惫，此前就算整夜待命或者刚躺下不久就被叫起来行军都没有那么累。但是，这次动员和连台手术使得家父感到筋疲力尽。当做完所有手术之后，父亲给战区军医最高长官发了一份电报，汇报说自己头痛欲裂，希望能够休息一段时间。电报刚一发完，家父竟然昏厥了。

大家把他抬了回去，结果他在床上睡了两个星期，中间几乎没有清醒过。此前，他因为救治伤兵，感染了伤寒，但他并未意识到。等到忙碌完了之后，身心松懈下来，于是伤寒就发出来了。等父亲完全恢复清醒之后，战争已经结束了。在他昏睡期间，北方联邦军队推进到了野战医院所在地区，于是"俘虏"了父亲，但是采取了"假释"。当然，家父对这些毫不知情，浑然不觉期间发生的一切。

等到家父的身体恢复健康，能够承受旅途之苦，他就立即返回卡姆登镇曼内斯·鲍姆的家中。这就是家父在美国这片土地上最为熟悉的地方，也是他身心的庇护所和港湾。

返回故里之后，家父的身体仍然极度虚弱，刚开始的时候甚至需要拄着拐杖，当时的他身无分文，与南方邦联大部分人一样。他此前还寄希望于布恩斯伯勒那位友人赠送的医疗仪器能够帮助他在家乡行医济世同时谋生，但是很快发现谢尔曼的部队已经将他寄回来的医疗仪器洗劫了。

美国南北战争对家父的一生都造成了影响，余生也无法完全磨灭掉。当乐队演奏南方的迪克西爵士舞曲（Dixie）时，家父总会不由自主地跳起来，扯开嗓子大喊，仿佛一个反叛者。

《血战钢锯岭》的男主角是一名军医，可以与传主父亲的经历放在一起阅读，定能让你对生死有一种彻悟。既然生死都能彻悟，那么交易的成败得失又如何能够撼动你的精神根基？

人性都有两面，一面需要另一面来平衡，否则就会危害自己和社会。

每当这类旋律响起的时候，家母和我们几兄弟就预料到接下来会发生什么了。这个时候家母变得非常紧张，她用近乎哀求的声音说道："安静一下，医生！请你消停一会吧！"虽然家母说的这些话从不管用，但是她还是会这样，因为这样的家父让她感觉惶恐难适。要知道，平日里家父都是一个严肃的人，但是我却目睹过他在大都会（Metropolitan Opera House）的歌剧院里，面对着诸多陌生人，不顾仪态地舞动，同时像野兽一样嚎叫。

殖民地的祖先们

激情是情景化的，利益却是全局化的。最终，现实的利益盖过了残留的激情。

——魏强斌

1

从家父那一条线来看，我的祖先来自欧洲，而从家母那一条线来看，则可以追溯到 17 世纪 90 年代就定居在美国的古老家族。

伊萨克·罗德里格兹·马奎思（Issac Rodriguez Marques）是家母祖先中第一个来到北美的人。在一些古老的文档之中，他还有一些拼写近似的姓氏。他是在 1700 年之前某个时候来到纽约的。当时他从事航运业，并且是一个船主，在亚欧大陆与美洲大陆之间往返。他与传奇人物威廉·基德（William Kidd）船长身处同一时代，不过后者因为海盗行径而被判处了绞刑。不过，现在不少人认为他之所以被处死，是因为有人伪造了相关的有罪证据。基德死后，他的遗孀仍旧穿梭于上流社会，最终与一位家境殷实的名人结婚，他们的宅院与马奎思的府邸只隔了一条街。

事实表明马奎思极具商业嗅觉和天赋，因此他选择了纽约这个城市定居，并开展航运贸易事业。当时的纽约市区虽然设施简陋，只有几条街道，但是仍然热闹非凡，有 3500 个居民聚集在这里。当时英国皇室任命的殖民地总督本杰明·弗雷切尔（Benjamin Fletcher）对航运贸易甚至海盗行径采取了放任的政策，这使得纽约能够容纳和会集一切经济力量，快速繁荣起来。

弗雷切尔几乎对一切来到纽约城的海员都表示欢迎，其中不乏一些恶名昭彰的人。例如，著名的海盗托马斯·图（Thomas Tew）。弗雷切尔曾经在自己的总督府为这个海盗头子设宴，并称对方是"一个非常友善和蔼的人"。当然，托马斯·图也投桃报李，很给弗雷切尔面子，他将基地从纽波特（Newport）搬到了纽约。此后，他就从纽约出发，干着他的肮脏勾当。

在弗雷切尔的放任政策下，纽约逐渐发展，并且繁荣起来，成了比肩纽波特、查尔斯顿等新兴城市。在纽约，航运业和海外贸易变得更加便捷，而且大家也不会对货物来源和具体的运输途径刨根问底。不少传闻认为弗雷切尔主政纽约期间，每一个在纽约从事海外贸易的船主都与海盗脱不了干系。

人们对海盗嗤之以鼻，但是我却希望自己能够成为某个海盗的后代，从而能够给自己的家族历史抹上一缕传奇色彩。不过，愿望是美好的，根据我所获得的全部信息和证据表明，马奎思的海上贸易全部在合法范围之内，这符合他谨慎的性格。

另外，还有一些资料表明，在马奎思获得纽约城的自由市民身份后仅仅过了一年，弗雷切尔就被贝勒蒙伯爵（Bellomont）代替了，当然这位新总督也完全禁止了任何海盗行为。贝勒蒙伯爵的治理风格和理念与前任截然相反，他发动了肃清海盗的运动，形势逆转，许多此前春风得意的江洋大盗现在都被送上了绞刑架，基德船长也在这场肃清运动中失势了。从这些史料来看，马奎思也不太可能去当海盗了。

但是，海盗曾经是纽约的支柱产业，被彻底摧毁之后，必然会对纽约的整体经济产生巨大的负面冲击。在贝勒蒙大刀阔斧的改革之下，纽约商人缔造的一些商业组织和机构也受到了冲击。我的先祖马奎思本人也有几位友人是这些组织和机构的成员。不过，马奎思本人确实与海盗产业没有什么牵连，因此贝勒蒙的海盗名单当中并未有他的名字。所以，马奎思并未受到海盗肃清运动的影响，期间他的财富反而大

不保护产权，只能得一时之力，长期下来大家都不愿从事生产和贸易，经济发展必然成了无源之水。

幅增长。

马奎思的相关背景非常模糊，他生于什么时候和是哪国人完全缺乏相关资料，只有一些家族内不可靠的传说。这些传说指出他原来是丹麦人或者来自牙买加，我认为来自牙买加的可能性要更大一些。无论如何，有一点是非常确定的，那就是他的先祖是住在西班牙的葡萄牙犹太人（Spanish-Portuguese Jews）。

某天，我找到了一份记录文件，上面显示马奎思，这位第一个踏上美国土地的先祖在 1697 年 9 月 17 日获得了纽约市民的正式身份。这份文件表明马奎思当天穿上了非常正式的衣服，前往市政厅。以市长为首的市政委员会对他的身份背景进行了例行的审核，接着宣布他成为一名正式的纽约市民。从那以后，他能够在当地参与选举，拥有合法的投票权，同时也承担了服兵役的义务。

不过直到现在我仍然不清楚马奎思在获得合法身份之前，在纽约居住了多长时间。根据当时的法律，在居住者正式获得市民身份之前，不能在该城市从事任何行业，不得销售任何类型的商品。但是，马奎思在获得合法身份之前，已经在从事海上贸易这类生意了，因此他到达纽约后没有拖太久就获得了合法身份。

家族传说马奎思总共拥有三艘航海船舶，我只发现了其中一艘船的相关记录，这艘船名叫"海豚号"（Dolphin），在两条固定航线上航行，从纽约到英国，再从英国到西印度群岛运送黑人奴隶，接着再返回纽约，这就是当时最为著名的三角贸易（Triangular Trade Route）。不过，少数情况下马奎思也会走一条非洲到纽约的航线，当时正是纽约盛行黑奴贸易的时期。

有一个细节值得我讲出来。根据相关的文件记载，不下于一次航行中，海豚号上搭载了一名外科医生。从这些细节可以看出，马奎思对船员和奴隶的健康还是比较关心的，这在当时的商界和奴隶贩卖圈子里面是不可能看到的现象。另

实体经济当中，或许要几代才能经历一波轮回。但在虚拟经济当中，则几个交易日就可能经历一波轮回。我们从一笔交易中学到的宝贵经验不逊于别人一辈子学到的宝贵经验。不过，也正因如此，许多人无法承受虚拟经济之重，自绝于世，令人扼腕叹息。金融市场用得好，是最好的心理治疗；金融市场用不好，是最致命的身心毒药。

外需要指出的一些事实是，尽管马奎思确实通过血腥的奴隶贸易获得了巨额财富，但是他的后代却在美国内战中付出了巨大的代价，无论是处在南方还是北方，都受到了残酷的人身折磨，几乎失去了全部财产。

马奎思的妻子名叫拉切尔（Rachel），在马奎思获得纽约合法身份之前，生了一个女儿，名叫伊斯特尔（Easter）。获得合法身份之后生了一个儿子，名叫雅各布（Jacob）。他们的名字都是马奎思亲自起的。

赚了大钱发达之后，马奎思花了 550 英镑在女王街（Queen Street）购买了一处宅院，合同上描述这栋房子是一栋砖砌的大房子，面积非常大，延伸到了东河附近。现在，这处宅子的门牌号码已经变成了珍珠街（Pearl Street）132 号。

当时，一些城市治理的相关法规在今天看起来非常有趣。我从一些文件和史料上看到了一些有趣的事情。例如，纽约城市管理的法规上写着，在每一个没有月光的夜晚，女王街应该使用灯笼提供照明服务，每隔六栋房子就必须在房子前面的灯杆上挂上灯笼，而享受了这一服务的居民则应该按照规定缴纳相关的费用。另外，每天夜间都派一名守夜人手拿铃铛沿着街道巡逻，同时大声播报时间和天气预报。还有一条法规要求烟囱和壁炉需要每隔一段时间接受一次官方检查，避免发生火灾。

从马奎思去世后留下的一些文件可以发现，他的一生基本上都混迹于上流社会。他涉足的圈子都是社会名流。他在女王街的宅邸距离前纽约市长亚伯拉罕·德佩斯特（Abraham DePeyster）的府邸只有一个街区的距离。而白糖贸易富商尼古拉斯·罗斯福（Nicholas Roosevelt）则是代表这一地区的市政委员会委员。

作为马奎思遗嘱证人并签字的几位先生，都是当时的社会名流：市长伊本雷兹·威尔逊（Ebenezer Willson）先生、首位出生于美国本土的纽约州殖民地总督李普·范·达姆（Rip Van Dam）先生和大名鼎鼎的威廉·皮尔崔（Wiliam Peartree）

城市治理井然有序，这是纽约能够不断发展的根基。交易者要想持续发展，就必须先建立一个条理分明的交易系统，以此为根基不断进步。

人生被卡住了，三年都无显著变化，那就意味着你要彻底变换一下圈子了。所住的国家、城市和街区，以及频繁处于其中的交际圈都属于"圈子的范畴"。做交易也是如此，做投资也是如此，如果三年没有显著进步，那就应该换个圈子和根本思路了。很多时候，不是我们不对，而是我们站的地方不对！

先生。最后这位先生本来只是一名水手，在积累起本金后就买了一艘船来从事奴隶贸易，后来成了纽约市长，任职期间建立了第一所免费的学校。

我的先祖马奎思有两个挚友，第一位是亚伯拉罕·得·卢森那（Abraham de Lucena），他是海狸街（Beaver Street）上一座犹太教堂的拉比（Rabbi）；第二位则是路易兹·高梅兹（Luiz Gomez），此君也是当地杰出的犹太裔市民。马奎思在遗嘱中特别指定由这两个人协助其妻子管理遗产。

这份遗嘱开头用漂亮的字体写着一段话：

"由于乘船航行前往西印度群岛的牙买加，途中存在一定的风险因素，随时面临死亡的威胁……"

文本接下去就是正式的遗嘱内容了，他留了一部分财产给自己的母亲，同时要让遗产管理者购买一个女奴，作为母亲的佣人。剩下的财产则由他的妻子和两个孩子平分。另外，还特别给女儿伊斯特尔准备了 50 英镑的嫁妆，等其 18 岁成年或者出嫁时，经得母亲同意可以用这 50 英镑购买一样珠宝首饰。

谁也没有想到，就在马奎思立好遗嘱后不久，他就离世了。后来，我又查阅了相关文件，并没有他的妻子拉切尔和两个孩子的任何相关信息。对于他们三人的情况，我可以说完全不知道。

斯人已逝，不过风光依旧。当我乘船进入纽约港时，凭栏而立，海风吹拂着我的头发，举目望去，整个港湾都在眼前。蔚蓝的天空下，整个纽约城已经发生了翻天覆地的变化，与先祖马奎思当年登陆纽约时所见到的简陋情景已经截然不同了。抚今追昔，此情此景不免让我回忆起这位先祖，同时感叹天地造化的巨大。

不过，虽然繁荣更甚于昨日，但是高楼林立的美国大陆仍旧是那个刚刚建国的土地，其外表变化巨大，但其内心却始终如一。无论是在先祖马奎思的眼中，还是在我的眼中，美利坚都是散发着自由光辉的伟大土地，到处充满机会和希

自由是活力的源泉，秩序是繁荣的基石！世界上那些动乱的地区，看似自由了，但却陷入了无法发展的困境之中。秩序保护人身和私有财产，自由创造繁荣与发展。秩序是稳定，自由是动力。

望。虽然已经过去了 250 年，但是自由和希望仍旧照耀着美利坚！

这个国家的精神是自由，这个精神是永垂不朽的。不管这片土地在经济上发生了多大巨大的改变，自由包容的精神始终存在，而这一切正是美国精神永恒不衰的根本原因。

2

在伊萨克·罗德里格兹·马奎思之后，另外一位我拥有相关资料记载的母方先祖叫伊萨克·马克斯（Issac Marks）。我并不知道这是否是他的真名，但至少他本人是这样拼写他自己的名字的。根据文件记录，这个马克斯是马奎思的儿子，但是从其他文件来看，马奎思并没有一个名叫伊萨克的儿子，况且他出生在 1732 年，因此更有可能是马奎思的孙子，而不是儿子。

美国独立战争期间，大陆军（Continental Army）从纽约城撤退，退往阿尔巴尼（Albany）地区，当时马克斯加入了阿尔巴尼民兵第四团，跟着大陆军离开了纽约。

马克斯的儿子叫萨缪尔（Samuel），于 1762 年出生在纽约城，长大成人后，他搬到了南卡罗来纳州的查尔斯顿，并且在这里开了一间杂货店。他是家母在南卡罗来纳州的第一代先祖。他的第一个孩子名叫德博娜（Deborah），嫁给了查尔斯顿的一位犹太教拉比，名叫哈特威哥·科恩（Hartwig Cohen）。这位德博娜就是我的曾外祖母。

我首次见到曾外祖母的时候，她已经 80 岁高龄了。不过，即便她已经老态龙钟，仍旧保持着优雅，对服饰也非常考究，总是披着一条干净的披肩，戴着手套。

人老了之后记性就不太好了，大多数人都如此，我曾外祖母也是同样的情况。不过她对于很早之前的事情却记得很

任何人都是无数代先祖人格的叠加，要想幸福和成功就要搞清楚叠加后的主线是什么。跨过家族业力制造的藩篱，你才能有大成就。无论是金融交易，还是在其他领域，每一个伟大的成就都是建立在家族成长的基础上。

牢，历历在目。我 11 岁的时候，最喜欢听曾外祖母讲述年轻时候的经历，说到紧张之处，我会不由自主地屏气凝神；说到精彩之处，我则会手舞足蹈，异常高兴。她喜欢提起 1825 年拉法耶特（Lafayette）在全国巡回表演期间，在查尔斯顿一场舞会上与自己跳了一支舞，这是她心中最美好的回忆，其中体现了一个女人的浪漫情怀。

另外，她对 1812 年美英战争也有一些鲜活的记忆，尽管那时候她还很小。她对讲故事十分在行，以至于让我这个倾听者有身临其境的感受，这种天赋来自于她的母亲，她母亲的孩童时代是在纽约度过的，而那时候北美大陆正处于美国独立战争时期，英国军队一度攻到纽约。

每当我想念起这位曾外祖母时，就会禁不住感叹我们的祖国多么年轻。经由自己的体会和曾外祖母讲述的往事，似乎我见证了祖国从独立到繁荣的全部历史。

我的外祖母交萨拉·科恩（Sarah Cohen），她是德博娜和科恩拉比夫妇的女儿。年轻时，有一位名叫沙林·沃尔夫（Saling Wolfe）的生意人追求她。这位男子的家乡在南卡罗来纳州的内陆地区，名叫温思伯乐（Winnsboro），那里人口稀少，他管理着一个种植园。他们在 1845 年 11 月举行了婚礼，因此沃尔夫成了我的外祖父。婚约是用希伯来文撰写的，婚礼也是按照犹太教的传统进行，并且也依据犹太教义约定了双方婚后应当担负的责任。

按照摩西律法和以色列律法（Law of Moses and Israel），伊萨克之子沃尔夫在南卡罗来纳州查尔斯顿迎娶拉比之女萨拉……萨拉已经同意成为沃尔夫的新娘，带来的嫁妆包括金银首饰、家具等财产总计 1000 美元。新郎另外投入 2000 美元，将上述 3000 美元作为信托财产，而双方的父亲将作为信托财产的管理者，从今日起到约束新郎及其财产继承者的作用。

萨拉和沃尔夫一共孕育了 13 个子女，其中 10 个活了下来。家母伊莎贝拉·沃尔夫（Isabelle Wolfe）于 1850 年 3 月 4

3 月 4 日属于双鱼座。这一天的人有些什么样的特点呢？大致上来说，3 月 4 日出生的人，比较在意是否能展现自我，相较之下，财富的累积对他们就不是那么重要。

日出生，排行第三，同时也是长女。

在家母出生的时候，外祖母和外祖父在家里的《圣经》上记录了这一天，并且在旁边写下了一行字——"愿上帝赐福于她！"我一直认为这行字预示着父母将在未来相遇结合。因为在希伯来语中，"巴鲁克"的含义就是"获得赐福"。

我的外祖父一度非常富裕，拥有大量奴隶。此后，**南北战争爆发，他家财尽失**，同时社会地位也一落千丈。当四年内战结束后，他原本认为能够留下一丁点儿财产，结果被谢尔曼的部队洗劫一空。

外祖父沃尔夫将一些银子藏在了井中，逃避北方军队的劫掠。当北方军队到达后，开始搜刮任何值钱的东西。这些士兵的凶横态度让几个站在井边的黑人恐惧地抽泣起来："这下完了，他们肯定会找到银子。"最后，这些北方佬确实找到了银子。除了掠走银子之外，他们烧毁了房子和棉花，同时赶走了牛群。

当时，包括外祖母在内的女士联合当地的牧师向谢尔曼将军控诉军队的暴行，得到的答复却是：对此感到遗憾，但是无能为力。

在我小的时候，外祖父拥有的几座庄园逐渐摆脱了战争的阴影，他希望能够恢复往昔的昌盛。虽然外祖父用尽全力想要重整家业，但是进展难如人意。另外，他在内战中欠下了大量的债务，等到他84岁离世的时候，仍旧没有积累起足够的财产。

去世之前，外祖父已经病魔缠身了，大多数时间他只能躺在病床上休养，但是家人允许他起身到火炉旁取暖。某天，在身边缺少看护的情况下，他想挪动椅子靠近火炉。突然间，椅子失去了平衡，他一头扎进了火炉中，大面积烧伤，最终因此丧命。

在他生命的最后数年，他仍旧念念不忘从前家业兴盛时的情景，他在一个大衣柜的抽屉里面塞满了南方邦联政府发行的纸币。这些毫无用处的东西，却寄托着他的哀思和死不

战争和革命是社会权力结构彻底重塑的过程，也是社会地位洗牌的过程，把握得好能够从社会底层跳升到上层；把握得不好，则很可能像巴鲁克的外祖父一样，从云端跌落。

面对战争时，如何配置家族的资产，这是一门关系家族兴衰的学问，但是学校里从来不会教你这门功课。罗斯柴尔德家族、巴林家族和摩根家族都从战争中崛起，可见这门功课的价值可以让你富可敌国。

瞑目的心愿，但事实已经无法改变了。

讲点乐观的东西，在家父家母身上发生的一段逸闻趣事则为家族的人津津乐道。这件事发生在家母的娘家。

在美国内战，也就是南北战争爆发前夕，家父曾经到沃尔夫家中做客，自然而然地对长女伊莎贝拉产生爱慕。战争期间，家父如果回故乡休假就会约她出去见面。某次会面的时候，她建议给家父绘制一幅画像，作为年轻外科医生的家父非常乐意地答应了。

当北方谢尔曼的军队前进到家母娘家附近时，展开了劫掠行动，并且纵火烧了沃尔夫的宅邸。当时家母只有15岁。那幅画像眼看就要毁于一旦，但是家母奋不顾身地冲入火场，抢救出这幅画。正待家母放松警惕之际，一名北方士兵突然从她手中抢过画像，并用刺刀对着画像一通乱刺。家母只能敢怒不敢言，最后还被打了一记耳光。

这时候，有一位北方联邦军队的上尉名叫坎亭（Cantine），发现了这一系列冲突，于是他匆忙跑过来，抽出佩剑用钝面拍打那名士兵。家母显然被这种散发着骑士的高贵气质举动所感动，在北方军队停留在温思伯勒这段不长的日子当中，两人暗生情愫。

等家父从战争归来之后发现家母似乎另有新欢了。北方军队撤离以后，她跟坎亭上尉的书信来往频繁，从未中断过。当时，家父和家母的感情关系一度处于破裂的状态，好在家父后来逐渐掌握发展关系的主动权。1867年，他以乡村医生的身份开业，当能够独立谋生之后，他很快就同家母结婚了。

他们一共生了四个男孩。长子名叫哈特威哥（Hartwig），出生于1868年。我是次子，1870年出生。第三子名叫赫尔曼（Herman），出生于1872年。老幺名叫赛铃（Sailing），出生于1874年。

家母的这段逸闻趣事并未就此画上句号。第一次世界大战期间，我当时担任美国战时工业委员会（War Industries

> 激情是情景化的，利益却是全局化的。最终，现实的利益盖过了残留的激情。

Board）的主席。某日，来了一个陌生人，他认真地告诉我，希望能够帮助他奔赴海外前线，并给我看了一封介绍信，信上的字迹正是家母的。

家母在信中写道："站在你面前这个人，正是坎亭上尉的儿子。你应该知道这个人吧？我希望你能够全力帮助他！"

第三章

乡下男孩

无论在战场上做出了多大的贡献，拥有多少功劳，但是战争唯一的作用就是让普通人更加贫穷。

——巴鲁克

1

家母的娘家一度非常富有，同时深得父母宠爱，饭来张口，衣来伸手，佣人们把一切都帮她完成了。但是，在谢尔曼军队劫掠之后，一切大不如前。在家父的诊所兴盛之前，家母还需要通过当钢琴老师和唱歌来补贴开支，当时一节钢琴课只能收到 25 美分的酬劳。另外，她还会将家中奶牛产出的牛奶和黄油拿来销售。家里养的这群奶牛健硕，产奶量高，一直是家父的骄傲。

但是，家母从来没有改变过大小姐的习惯。例如，每天早晨，她会坐在床上用餐。我们兄弟几个在早餐之前，会毕恭毕敬地来到她的床前，接受她的询问和检查。她会询问我们的手、耳朵和牙齿是否清理干净，她看得非常仔细，以至于我们不得不重新去一趟洗手间，再度清理一遍。

当时的卡姆登镇只有大约两千人，其中一半是黑人。美

每一个地方，都有其历史，而这些历史也形成了当地人的信念，这些信念当然也就制约了当地人的思维和见识，少数能够走出去的人就有很大的机会突破这种局限性。

国独立战争的时候，这个小镇被科沃利思（Cornwallis）勋爵的军队占领了，这个将军有一个名叫艾伦·格拉斯哥（Ellen Glasgow）的情妇，随军来到了这个小镇，不过最后却死在了这里。将军并未将其遗骸带回，而是就地安葬了。此后，传说每年发生洪水的沃特里河（Wateree）再也没有淹没过卡姆登镇的农田，镇上的黑人们都认为是艾伦的灵魂在阻止洪水淹没其坟墓。

在南北战争当中，卡姆登镇涌现出了六位南方邦联军队的将军，这一点足以让镇上所有居民感到骄傲。无论在战场上做出了多大的贡献，拥有多少功劳，但是战争唯一的作用就是让普通人更加贫穷。我们的小镇历经战争洗礼后，百业具废，经济萧条。不过，我却记不清楚自己家遭受过物质上的严重匮乏。

自打我记事开始，就一直居住在舒适的大房子中，不敢说什么都有，但肯定不会比邻居差。家父作为医生，很大一部分收入是患者支付的实物，如一捆柴火、一马车玉米、一大包棉花、一头牛、几只鸡、一匹小马驹，甚至也提供一天的劳务，到我家地里干一天活。

我们家的食物包括各种蔬果，都是家父自己种植的。过冬至前，我们会把吃不完的东西晒干，进行腌制，然后储藏起来。家里的院子有几棵李子树和核桃树，以及一棵桑树。我们都非常爱吃桑葚，不过有几年桑树并不结果。这个时候，黑人保姆米娜娃（Minerva）就会让我们拿柳条抽打桑树，她认为这样做，就能在来年吃上桑葚，结果当然如愿以偿。

我们家还会自制食糖。在举家搬到北方之前，我一直认为食糖都是褐色的。当秋天来临时，大家就会一同出去采集核桃。我们几兄弟小时候最期待的就是圣诞节，因为可以吃到各种零食，如糖果、糕点和橘子，还有香蕉和葡萄干。也只有在圣诞节这么盛大的节日才能有这么多好吃的。平时，家里只会购买一些柴米油盐酱醋茶之类的日常用品，而其他如书刊之类的东西则很少会买，像查尔斯顿的《新闻信使报》

能够彻底改变一个人命运的东西只能是新的观念。这种观念或许是新圈子带来的，或者是一本书籍带来的，或者是一份报纸带来的，或者是一个新朋友带来的。要想改变命运，请一定要对新观念敞开心扉，没有调查就没有发言权。在金融交易策略的构建和完善中，在实践和调查之前不要妄下论断。

(News and Courier) 则堪称极少见到的奢侈品，一旦得到一张这类报纸，那么全家都会传阅。

最让我们激动不已的是草莓节（Strawberry Festivals）和极少见到的马戏团巡演了。当地有一个剧团，他们花了很长时间排练了莎士比亚的经典剧目，然后在市政厅演出。这个剧团还曾演出过威廉·特拉福尔斯（William Travers）的《钟情凯瑟琳》（Kathleen Mavourneen），而家母正是其中的女主角。纳森·巴鲁克（Nathan Baruch）叔叔则在其中饰演反面角色。在该剧的高潮部分，他高高地举起匕首威胁女主角。家母饰演的角色则在惊恐中后退，蜷起身体以自保，而纳森叔叔饰演的角色则越发猖狂，舞动匕首。这出戏成了我童年的梦魇，因为当时我陷入情景之中，突然从座位上站起来，大哭着说："纳森叔叔，不要伤害我妈妈！"我这一哭，纳森一下子就忘了台词，而母亲则心痛地看着我，观众们都被我带出戏了，于是众人把我推出了剧院。

小时候的我略带恋母情结，生性孱弱，敏感内向，总跟在家母后面。每次就餐时，我总是坐在家母的右手边。这个座位是每个兄弟都想要得到的，但是我就是不让，态度非常强硬，他们当然不是我的对手，最后我得到了这个位置。婚后，我让妻子坐在自己左手边吃饭，而这正是家母以前坐的位置。

家母将当演员时掌握的演讲要领悉数传授给我们，比我大两岁的大哥哈特威哥具有演讲的天赋，因此总会得到家母的称赞。事实上，大哥成年之后真的成了一名演员。而我非常不喜欢演讲，端正地站着背诵诗歌于我而言真是痛苦不堪，不过我又担心因为表现不好而被母亲嫌弃。

年幼时，有一段经历让我至今难以忘怀，好似人生灾难。当时在曼内斯·鲍姆家中，母亲牵着我的手，把我带到了屋子的中央，让我表演点什么。当时我就傻站着，两条腿直哆嗦，不过还是勉强地开口朗诵。当时朗诵的诗是苏格兰诗人托马斯·坎贝尔（Thomas Campbell）的《霍恩林登》（Hohenlinden），直到今天我仍旧记得开头的几句：

> "On Linden, when the sun was low,
>
> All bloodless lay the untrodden snow,
>
> And dark as winter was the flow,
>
> Of Iser, rolling rapidly."

当我非常困难地背诵完开头四句话时，家父突然抬起手来，用手指头压住一边鼻孔发出奇怪的声音来模仿我的语调。

没有打击，人无法成长；打击太大，可能一蹶不振。没有亏损，交易者无法学到最有价值的东西；倾家荡产，那么人生都可能崩盘。因此，小成本试错是最好的学习之道。

家父的玩笑顿时让我觉得羞愧万分，出尽洋相，我再也说不出一个词。我一口气冲出了屋子，一头扎进夜色之中，回到了家里。以前我非常恐惧黑暗，但是这时候却顾不了这么多了。因为比起黑夜，回去更让人恐惧。当父母回到家时，我已经挂着眼泪睡着了。家母事后笑着说，是她为我擦干了眼泪。

此后的数年当中，家父时常对此表示歉疚。尽管他当时并无恶意，但是这件事情却完全毁掉了我掌握公众表达技巧的愿望。后来的几年当中，每当我处在类似的场景，一旦准备站起来讲话，家父嘲弄的情形就会在脑海中出现。

有一回我曾经将这件事告诉了伍德鲁·威尔逊（Woodrow Wilson）总统，他却安慰我说：**"这个世界上已经有太多人喜欢表达了，你应该为自己是一个更喜欢实干的人而感到欣慰。况且，大部分人讲出来的话很少有人关心。站在我的角度来看，你根本没有必要去学习什么讲话的艺术，现在这样挺好的。"**

不过，我并不认可他的观点。对一个男士而言，能够具有独立见解当然非常重要，但是能偶将这些见解恰当地表达出来，也是同等重要的。

此后，在我诚挚的恳求下，威尔逊总统成了我的老师。当时我们正在参加巴黎和会，他耐心地教我如何出色地演讲。有天晚上，他持续努力地向我示范优雅的手势，并告诫我不要胡乱舞动双手。他先做给我看，让我模仿。"不，不能那样！"他说着突然向前伸手，然后开始演示一些我无法理解的要点。

除了他之外，其他一些朋友也为提高我的公众表达能力出了力。一个坏习惯始终缠着我，当我说话的时候会不自觉地咬紧牙齿，这就使得嗓子无法放开来。荷伯特·贝亚德·斯沃普（Herbert Bayard Swope）常常提醒我："嘿，能否将你的嘴巴张大一些！"1939年，教皇皮亚斯（Pope Pius）离世，有人邀请我在广播里面发表一则简短的哀悼词，称颂教皇的功

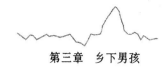

德事迹。当我对着话筒演讲时，斯沃普在旁边不断提醒我：
"要张开嘴巴啊！"他的夸张表情把我逗乐了。

2

当我四五岁开始上学的时候，进入的是威廉·华莱士
（William Wallace）夫妇创办的学校。这所学校离我家的距离
大概是 1 英里。每日早上，我和大哥哈特威哥一起徒步去学
校。我俩用一张绘有图案的圆形纸巾将午餐包起来，放在一
个锡铁盒子当中。当时，这类纸巾还有另外一个看起来怪异
的用途，那就是垫在婴儿身体下面，这使得我在很长时间内
都觉得这类纸巾不是什么好东西。

根据现在的标准，华莱士夫人开办的是学前班，而她家
里的厨房就是所谓的教室了。当我趴在地上从 A 写到 Z 的时
候，而她正在旁边给自己的孩子喂奶，或者是正在旁边准备
午餐。

而华莱士先生则负责在学校里面给高年级的学生讲授数
学课，同时还要负责学校的行政事务。他的课程会在另外一
个房间展开，里面有上课用的桌椅，课桌质量非常差，桌面
都是裂开的。

华莱士先生在当时看来算是一个好老师，不过他的教学
方法放在今天来看真的是过于死板了，让人无法忍受。他上
课的时候总是喜欢拿着一条教鞭，如果谁开小差、在下面搞
小动作，那么他就会毫不犹豫地用教鞭惩戒，教鞭就会落在
某人的手掌上。如果是惯犯或者严重的违纪行为，那么就会
被一顿暴揍。

为了惩戒那些不良行为，一根柳条放在教室的角落里，
随时备用。我记不清楚自己是否也挨过柳条的惩罚，但是我
在华莱士的学校里面第一次发现一些武器是由人的良心所驱

李嘉诚告诫子女要成为
"仁慈的狮子"。美国有一位总
统告诉下属，谈判的时候语言
要柔和，但是要带着大棒。没
有武力作为后盾的正义，叫无
能。缺乏威信的教育，叫溺
爱。但是，一顿乱棍的教育则
只能培养乖庚之气。

使的。

某天下午，已经快要放学了。这时候，我看到一个男孩子放了半块没有吃完的薄荷糖在课桌里，这块糖红白相间，商店里面有卖的，但是很少见到，并不是经常可以吃到的，包括我在内的孩子们都非常稀罕这种糖果。此后，我脑子里面一直挂着它，想吃得直流口水。我根本抵挡不住它的引诱，于是我和一个关系很铁的同学计划着如何把这半块糖弄到手。

刚开始我们在学校附近打闹，等到学校最后一节课结束，人都走光了，则悄悄回去。我们在学校的屋檐下神色自若地走着，然后找到墙角下松动的砖板迅速打开，缩成一团钻了进去。我俩急不可耐地冲向那半块糖，拿到了这块糖之后紧紧握在手里，接着迅速离开教室，在一棵树下面将这半块糖分了吃掉。

糖的甜蜜在我嘴里蔓延开来，同时一种强烈的罪恶感涌上来。薄荷的香气和甜蜜一下子变得又酸又苦。虽然在今天看来，这件事情并不严重，不过在我接下来的人生当中，却屡屡浮现出来，影响我的一生。

《追风筝的人》里面有句台词放在此处，意味相通：我们总喜欢给自己找很多理由去解释自己的懦弱，总是自欺欺人地去相信那些美丽的谎言，总是去掩饰自己内心的恐惧，总是去逃避自己犯下的罪行。但事实总是，有一天，我们不得不坦然面对那些罪恶，给自己心灵予以救赎。

当我初次踏入华尔街的时候还是个门外汉。某一天，詹姆斯·R.基恩（James R. Keene）让我去调研一家新公司的股票上市发行情况，这家公司名叫布鲁克林燃气公司（Brooklyn Gas）。这个基恩是当时最为出名的投机巨擘之一。

我接受任务后开始着手调查。基于从各个途径收集到的资料，我认为这家公司无论是从何种角度来看，都是值得买入的。不过，让我感到意外的是有一位年轻男子想要以1500美元的酬劳让我写一份唱多这家公司的分析报告。看起来，他似乎与这家公司发行上市的承销团有着特殊的关系。但是对于我而言，我只需要将自己的调研所得如实写出来即可，并未做亏心事。

华尔街除了金钱之外，还有信任。

1500美元对当时的我来说，算得上是一笔巨款。不过，那半块薄荷糖的记忆又涌现出来了。当即我就决定绝不能拿这笔钱，当时甚至感到了恐惧，因为这笔不义之财肯定隐藏

异常之下必有价值重大的真相。

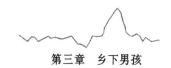

了什么大阴谋，这只股票铁定存在问题。因此，我推翻了此前的调研结论，从头开始调查。在写给基恩先生的报告中，我如实汇报了有人企图行贿的情况。

现在，我们再回到华莱士先生的学校去。这所学校就像古罗马的角斗场，胜者为王，败者为寇，同情心在那里不管用，也毫无价值。华莱士先生的学校里面，如果你在打架的时候退缩，就会被认为是胆小鬼，永远都抬不起头来。家兄擅长打架，好勇斗狠，这使得学校里面的人都畏惧和敬重他。不过，对我来讲，学会打架并不是一件容易的事情，我花了很长时间才学会。其中蕴含的哲学是**要学会在疼痛带来的恐惧与愤怒中保持冷静**。

孩提时期，我是一个小胖子，脸上布满了雀斑，四肢短小，于是大家称我为"肉丸"。每当我听到这几个字的时候，免不了怒火上身。而父母兄弟们则想让我从容冷静一些，因为这并不是什么大事儿。

不过，我就是无法管理好自己的情绪。也不知道什么原因，每次与人争吵的时候，我总是属于输掉的一方。不断的失败、痛苦和耻辱既没有让我变得自信勇敢，也没有让我变得淡定从容。

最让我不能释怀的是某次大哥抢了我的鱼竿跑到街上，我追了出去，想要抢回来。不过，他比我跑得快，气急败坏之下我就捡起一块石头朝他扔了过去。不过，我马上后悔了，大喊一声让他当心，结果他立马转身过来想要搞清楚究竟怎么回事。此时，石头正好砸在了他的嘴上，弄了一条很长的血口子。他剩下的人生里，嘴上都有一道伤痕，直到去世。

还有一回，父母带我去外祖父家。早餐的时候，我在餐桌上突然发火，其中的缘由至今仍未搞清楚。不过，应该不是什么大不了的事情，不过当时我却非常生气，突然站起身来从餐桌对面拿起一块肉，大快朵颐。这块肉并未让我噎着，不过外祖父母却因此责骂我，让我耿耿于怀，不能释然。

卡姆登镇的男孩们分成了两个帮派："市郊派"和"市区

学会管理自己的情绪，朝着既定目标前进，而不是被情绪所掌控，偏离自己的目标。

派"。我们家的兄弟们属于市郊派，这个派别的人往往家境富裕，所处的社会阶层也非常高。而市区派的那些男孩们往往胡搅蛮缠。孩子们的派系背后其实隐藏着某种难以调和的社会矛盾，但当时的我们并没有意识到。

在我的记忆当中，市郊派和市区派的差别在于，我们需要每晚洗脚，而市区派的那些孩子们则不会。实际上，当时我挺羡慕他们的。

两个帮派的较量非常激烈，我们在各个方面竞争。卡姆登镇每年都会举办一场棒球赛，两个阶层的孩子们会进行对抗。对于镇上的居民而言，这是一场令人激动的赛事。比赛在一座老旧的监狱后面举行。当然，我也上场参赛过，这是让我感到无比骄傲的事情。在一场比赛当中，我试图把球击到三垒，但却大意失手了。这还不算最糟糕的，当我跑垒的时候，我又撞到了守垒员，他将我压住，一场打斗开始了，而我又是输家。

我总是认为在我童年时代充满了马克·吐温（Mark Twain）笔下那些冒险少年的经历，如哈克贝利·费恩（Huckleberry Finn）和汤姆·索亚（Tom Sawyer）这些小说角色的故事。事实上，当我阅读马克·吐温的小说或者是克莱尔·布里克斯（Clare Briggs）的漫画，又或者是 H.T.韦伯斯特（H.T. Webster）的《生命至暗时刻》（Life's Darkest Moment）的时候，都会在内心升起一股缅怀童真岁月的真挚感情。

当时的我们怀抱冒险进取的精神，危险中蕴藏着让我们着迷的吸引力。每年春天的时候，沃特里河会发洪水，而我们镇的农田会被淹没，大人们会因为农业遭到重创而愁眉苦脸，但是我们却天天在嬉戏玩水。我们会砍下树干制作木筏，在洪水淹没的几平方英里之内进行"探险"。我们热衷于驾着木筏在一些本来没有水的老地方转悠，我们喜欢那些不太深，也不太浅的地方。

一旦洪水退去，小镇恢复了往昔的面貌，这个时候我们反而非常惆怅，一时间也找不到可以玩乐的地方了。

在发达国家，有钱人住在郊区，富人区一般称为"Uptown"；而工薪族则住在市区，也就是我们说的市区或者闹市区，称为"Downtown"。

战争和革命可以颠覆阶层，但是却无法消灭阶层本身。

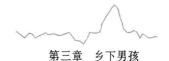

　　蝉儿的叫声会贯穿整个夏季，我们基本上成天泡在河里躲避炎热，以至于四肢皮肤都被水泡白了都不愿意上岸。出门之前，在父母的眼皮底下敷衍地穿上衬衣和长裤，等到出了门就迫不及待地跑到河边，解掉衬衣的扣子，脱掉裤子，一个猛子扎进水里，如果想要垂钓或者游泳，那么工厂池塘是最好的去处。从名字上可以看出来，这个池塘是做什么用的？它是用来给马隆（Malone）的工厂提供动力的。这家工厂究竟是做什么的，我们并不清楚。只晓得工厂里面有一台轧棉机和一台玉米打粉机。

　　某些时候，教会的洗礼也在这里举行。但是一到夏天，这块水塘就会被孩子们占领，我们就像青蛙一样，纷纷跳入水中嬉戏。

　　这块水塘有许多排列整齐的木桩子，一共有四根，我不知道其真正的用途，反正非常适合游泳。

　　刚开始的时候，我对游泳并不在行，第一回游到第一根木桩就会游回来，让我感觉这是冒险，非常刺激。多年以后，我对此仍旧历历在目。

　　随着游戏的次数增加，我逐渐掌握了其中的诀窍，于是会努力游到更远的第二根木桩处。不过直到我们家搬离南卡罗来纳州时，我也没能游到第四根木桩处。不过，我有自知之明，因为体能并不是我的优势，能够游到第三根木桩已经让我引以为傲了。

　　镇上的孩子们基本上都热爱爬树，而我大哥则是其中的佼佼者，他是最厉害的。他爬树的时候轻巧灵活，仿佛一只猴子。因此，他总是能够找到最多的鸟蛋，这是所有男孩们爬树的理由。孩子们之间也会交换鸟蛋，因为鸟蛋的花纹和大小并不相同。不过，家母非常反对这件事情，因为这违背了她的宗教信仰。因此，我们此后做这类事情，总是瞒着她。我和大哥两人还时常去森林里用老猎枪打一些小动物，然后悄悄烤了吃掉。

　　其实，我在六七岁大小时，才学会了用猎枪。当时，我和大哥与家父有一个协定：倘若我们到他的种植园当中和黑人佣工们一块摘棉花，则他会按照佣工的薪水标准给我结算工资。通过这种方式，我们攒了一笔钱，然后就用来买了一些火药。我们哥俩找来一只破旧的小皮袋，把猎枪用的铅弹塞进里面。另外用一只牛角来装火药，这只牛角是捡来的，里面被挖空了，以至于对着光几乎是透明的。

　　家父还会带着我们去狩猎，这时候一条名叫"尖牙"（Sharp）的英国獒犬就会跟在我们后面，边跑边吐着舌头。这条狗是家父的病人赠送的，用来替代部分的诊疗费。

　　"尖牙"是一个非常好的伙伴，有它陪伴成长的男孩子都会感谢它。不管是打猎，还是游泳，它都会跟着我们一块儿，它对水毫无恐惧。当我们去学校上课的时候，"尖牙"也会一路相随，它非常聪明，也懂事很多，不会狂躁弄出任何乱子来。它擅长捕捉老鼠，用它的爪子在玉米地刨土，弄得泥土飞溅。这个时候的它非常可爱，特别有意思。

但是，离别是让人感伤的。当我们举家搬到北方去的时候，无法带走"尖牙"，家父只好将他送给了一位朋友，我感到极其难过。

事实上，我们几兄弟喜欢打闹，经常闯祸的性格在某种程度上是父母自由放任养育方式造成的。回忆起来，父母极少体罚我们，最严厉的惩罚仅仅是口头训斥我们一番，以至于我不曾记得家父或者家母曾经打过我的屁股。

尽管家父对我们的管束更加严格，不过一旦他发火，好像要动手的时候，家母就会站出来调和，制止他接下来的动作。即便到现在，我仍旧能够清晰地想起家母当时劝说家父沁人心脾的话语："巴鲁克先生，你真的要对孩子们这么凶吗？如果他们以后不喜欢你了怎么办呢？"

不过，我们的黑人保姆米娜娃就很不认可这种教育方式。在她的教育观念当中，她认为暴打一顿比循循善诱更加立竿见影。大哥和我经常胡闹，自然也就常常挨她的打，不过却因此收敛不少。不过，我们兄弟并不讨厌她，甚至觉得这些教育是有益的。

此后的日子里，即便她已经年迈，满头白发，仍旧常常到我在南卡罗来纳州的种植园来看我。如果碰到其他访客到来，她就绘声绘色地讲述拿着木板追着我打的往事。

小时候，我不敢站在米娜娃的右侧，因为怕挨打。在我的潜意识当中，深藏着对她那双强有力大手的恐惧，我大哥也非常怕她。但是，数十年后，这种恐惧却完全消退了。当然，这位保姆也给我们带来了快乐，她做的一些事情至今记忆犹新，比如她会给我们讲故事，唱歌谣。

她很迷信，总是抱着黑人当中流传的那些神秘信条不放。她坚信所有的山林河水，甚至我们自己的庭院都有各种神秘的鬼魂居住着。这些鬼魂遍布于一切地方，为什么我们无法看见他们呢？因为他们不想被人类看见。当时的黑人都不愿

在那个年代，一个黑人保姆能够得到雇主如此的信任，可以折射出这家人有多么大的胸襟和多么高远的见识，也体现了人性的光辉一面。有一个期货大佬曾经说过：格局有多大，福报才有多大。

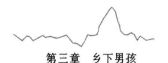

意给木屋子装上玻璃窗，米娜娃给出的理由是这些玻璃其实挡不住鬼魂的窥探。

她还给我们讲述了许多关于兔子、狐狸、乌龟和其他许多奇怪动物的有趣故事。乔尔·钱德勒·哈里斯（Jeol Chandler Harris）以这些动物作为主角撰写了一系列名叫《雷默思叔叔》（Uncle Remus）的故事集。

米娜娃常常会唱一首饱含伤感的歌，这首歌讲述了一只名叫柏雷木（Bolem）的狮子。这只狮子某日失去了自己的尾巴。直到今天，我仍旧能够记起米娜娃以狮子的口吻消沉而伤感地反复吟唱如下的歌词：

> "Bolem，Bolem，where me tail?
>
> Bolem，Bolem，where me tail?
>
> Then the disembodied tail would answer：
>
> Bolem，Bolem，here me am.
>
> Bolem，Bolem，here me am."

这首歌隐含的悲凉，深深地感染了我稚嫩的心。很多时候，我几乎要睡着了，但却突然想起柏雷木还在寻找自己的尾巴，于是我又翻来覆去睡不着了。柏雷木丢失了自己的尾巴，然后又终生在寻找尾巴，让我感同身受。

米娜娃终生未婚，甚至于我根本不知道她的男人是谁。不过，她却有了一群亲生的子女。在我的记忆中，她时常害羞地与家母耳语："伊莎贝拉小姐，我又不小心做了一件错事。"

她的孩子们与我们弟兄的关系也很不错，我们经常也和附近其他黑人孩子们一同玩耍。多年以后，等我长大成人，才彻底明白了黑人和白人为什么在社会上有如此大的鸿沟。面对残酷的现实，我有心无力。

其实，米娜娃有一个儿子叫佛兰克（Frank），小时候我们总是一起嬉戏打闹，他擅长垂钓和狩猎，比我们所有的白人小孩都要厉害，同时他还善于制作陷阱捕获鸟儿。那时，我们都很羡慕他，不明白他到底比白人小孩差在哪里。

我们来到人世间，总是带着一种根深蒂固的分裂感，联结的深切渴望始终驱使着我们行动。从外界去找，往往是南辕北辙，越发迷茫。

绝大多数时候，人站在社会的哪个位置，比人本身是谁更为重要。交易中，何尝不是如此呢？交易者是谁并不重要，重要的是交易者在市场中的位置。

3

游戏是一个发现自我的过程，金融交易也是一个游戏，更是一个发现自我的过程。有些人喜欢在游戏中对抗，有些人倾向于在游戏中屈从，有些人选择在游戏中逃避，而这些正是我们需要去发现和跨越的限制。金融交易中，我们的天性暴露无遗，不过市场会很快让我们明白这些天性的制约是什么。

大哥和我每到秋季的时候，就会如同小松鼠一般去捡拾掉在地上的坚果，把它们收集起来，贮藏在某个地方等到来年。在我五六岁的那个秋天，我们兄弟俩为了寻找贮藏坚果的地方在自家阁楼上晃荡，到处翻找。猛然间，阁楼的一个角落里的一只大木箱子引起了我们的注意，一张马皮覆盖在上面，以至于我们差点没有注意到这是一只箱子。

我们都认为这个箱子用来贮藏坚果是非常合适的，于是打开箱子，却发现了家父曾经在南方邦联军队中穿过的旧制服。这勾起了我们的好奇心，促使我们继续找下去。在箱子的底部找到一件白色长袍，还有面罩，这件长袍在胸口前还绣了一个深红色的十字架。在三K党（The Ku Klux Klan）里面，拥有爵士头衔的人就会如此打扮。

三K党这个地下组织在20世纪20年代的时候臭名昭著，以至于时至今日大众仍旧对它抱有鄙视和仇恨。对于现代三K党的方方面面特征，我个人也有深刻的认识和体会。毕竟，我自己就被这个党派攻击过。不过，在家父那个时代，三K党拥有大量的党员，其中许多都有雄厚的背景，其影响力延伸到了南方之外。

在我小时候，南方仍旧并未完全走出内战带来的阴影，经济仍旧处在萧条之中。这个时候的三K党由纳森·贝尔福德·福瑞斯特（Nathan Bedford Forrest）将军领导，他们坚持斗争，以便将南方从北方政客的手中解救出来。在不明世事的孩子眼中，他们绝对是受人尊敬的英雄。当我和大哥发现家父也是其中一员时，感到无比自豪，更加尊敬他了。

不过，当时联邦政府已经宣布三K党是非法组织了，甚至开出了高额悬赏鼓励大众提供有效线索和证据来追捕三K

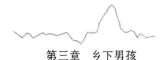

党徒。联邦政府还向南方各地派出了间谍，想要彻底摧毁三K党的组织。

我们哥俩在阁楼上仔细地端详这些与三K党有关的东西，以至于家母走上阁楼也并未发现。她看到我们手中拿着这些东西，火冒三丈，狠狠地骂了我们一顿，让我们对此保持缄默，否则家父会因此坐牢。这是一个天大的秘密啊，下了阁楼之后，我们都感觉自己因为要保守这个秘密而长大了。

南方在内战后经历萧条，一方面是内战导致的，另一方面也有北方政客们把持南方政府长达八年有关。这些政客主政导致的负面冲击，后遗症巨大，以至于当他们下台时，所有人都对他们的"政绩"回之以愤怒的情绪。虽然今天的南方各州已经呈现出了欣欣向荣的景象，但是当年北方政客把持政府的做法和在种族问题上引发的冲突及对立并未完全消失。完全的恢复与彻底的融合，还需要更长的时间。

北方来的政客们为了维持统治，采取了许多卑劣的手段，他们联合南方的共和党人，挟持人数和资源上的优势，在选举中限制黑人的投票权。这些政客更愿意让黑人们保持以前的地位，仍旧处于蒙昧状态，他们继续激化种族对立，以便让南方普通民众相互牵制。这些政策使得南方在相当长的一段时期之内仍旧处于奴隶制和内战带来的阴影和冲突之中。此前取得的一些种族和解进步，完全被破坏了，黑人们的处境更加恶劣。

在我小时候，南卡罗来纳州有一个参议员是黑人，县城里面有一个稽查员兼教育局长也属于深色皮肤，他们在县一级政府中所占的比例从未超过1/3。所有的黑人都有投票的权利，但是那些曾经在南方邦联军队服役的白人则完全失去了投票权。为了维持这种种族对立的情况，华盛顿的黑人共和党成员就公开支持过这种政策。

家父是在旧时代的大背景下成长起来的，因此奴隶制在他眼中并不算是异常的事物。不过，即便如此，奴隶制在他看来，也认为这种不平等和专制的东西只能积累起更大的矛

战争过后，利益格局洗牌。这就好比金融市场上一波趋势之后，筹码和资金重新洗牌一样。天下大势，浩浩荡荡，顺之者昌，逆之者亡。历史的发展是有客观规律的，不要站在主观的角度去死磕对错。同样，资产市场的走势也有自己的客观规律，交易者不要站在主观的角度去与市场辩论或者对抗。

盾和仇恨。

家父曾经给南方邦联军队的战友写信。他在心中抒发了许多伤感情绪，他直言如此黑暗的社会让他看不到希望，有时候甚至让他想要一死了之。

父亲在其中一封信中写道："似乎我们已经失去了世间的一切，唯一支撑我们活下去的东西就只剩下手中的长剑了。让我难以接受的是，现实生活中充满了专制与暴政，以及精神与肉体的双重压榨。只要当我们愿意为正义献身时，才能略微感到一点幸福。"

我父亲的这段话后来被克劳德·柏沃思（Claude Bowers）引用，写进了《悲剧时代》（*The Tragic Era*）当中。

1876 年，南卡罗来纳州举行州长选举，韦德·汉普顿（Wade Hampton）将军和北方政客丹尼尔·钱伯雷（Daniel H. Chamberlain）是劲敌。不过，最后的投票结果是汉普顿将军获得压倒性胜利。

在竞选过程中，汉普顿还曾经到过卡姆登镇参加集会争取选票。当时的情景仍旧历历在目，大家点燃了桶装的树脂，每个街角都被照亮。大家传唱着不知道是谁胡编乱造的歌，而我们这群男孩子唱得最起劲。歌词如下：

> "Hampton eat the egg,
>
> Chamberlain eat the shell,
>
> Hampton go to Heaven,
>
> Chamberlain go to Hell."

唱这首歌让我很开心，比我之前听过的任何歌曲都让人着迷，因为我第一次念出了地狱这个词，但却并未受到任何家法处置，连家父也跟着唱了几句。

选举正式投票当日，汉普顿要了一些手段，这些手段是对手们也经常玩弄的。在黑人选民在人数上占绝对优势的情况下，他也利用了黑人们的纯朴与简单，搞了一些看起来卑鄙的伎俩。其中的这些猫腻和手腕是父亲在几年后，等我足够理解来龙去脉时，才逐渐告诉我的。

利益之争，犹如洪水在堤坝中涌动，而这堤坝就是规则。金融市场也有规则，但是也未必完全可靠，因为交易所也可能被牵涉到博弈之中，如"3·27"国债事件。

家父详细地描述了其中的伎俩。例如，选举正式投票时，每个候选人的名字标注在一个投票箱上。不过，大多数黑人其实并不识字。因此，北方政客那边的人会事先派一些人去告诉黑人选民们，共和党候选人的选票放在哪边，到时候他们走过去将自己的选票投进去即可。

但是，到了正式投票的那一天，黑人们正聚集在投票处准备，汉普顿的人突然对着天上开了一枪，引发了人群骚乱。汉普顿的人趁着混乱的掩护，将汉普顿和钱伯雷的选票箱互换了位置，等秩序恢复后，当黑人选民开始投票时，很多原本投给钱伯雷的票却投进了汉普顿的选票箱里面。

关于选举还有一件事情不得不说。当时我 10 岁，选举又要举行了。家父正好不在家，要么是出诊了，要么是去参加一些政治活动了。不过，家父不会同时去处理这两类事务。为什么家父要参加一些政治活动呢？其实，那时这种情况非常普遍，一个医生在救死扶伤之余也会参与一些政治活动。

回到我讲的这件事情上。当时家父恰好不在家，突然间房子周围一片喧闹，似乎很多人将房子团团围住。到底发生了什么事情，我们并不清楚，不过家母格外谨慎，她让大哥和我把枪拿出来。

我们俩拿了两杆长枪，一杆是单筒式，另一杆是双筒式。握着枪，我们的手心都在不停出汗。母亲让我们把弹药填满，去到二楼阳台，寻找隐蔽的有利地形藏起来。母亲严肃地叮嘱我们不要随意扣动扳机，等她的口令。

我们躲在阳台上，目不转睛地盯着下面街道上的动静。一大群黑人跟跟跄跄地走在街道上，一看就是喝多了劣质威士忌。部分人好像要去投票站，另外一些人则要去参加政治集会。当时我们年纪尚小，两支长枪跟我们身高差不多。我们屏息凝神，但是心跳加速。

忽然间，人群四散开来，一个黑人歪歪倒倒地从一棵树背后走出来，然后一头栽倒下去。家母带领我们急匆匆地跑下楼，想要一探究竟。走到黑人身边才发现，地上一片血迹，有一条长长的裂痕在其后脑上，好像是斧头砍的。家母立即弄来一盆干净的水，为这个黑人做清洗包扎，进行急救。

这件事情在我的记忆中比较模糊，以至于我不敢确定当时这位黑人男子的伤口是否有如此深，受伤程度是不是很严重，不知道我的记忆是否被扭曲了。这个黑人男子不知道最后活下来没有，但是可能性非常小，因为伤得不轻。倘若我的记忆准确，那么此后我再也没有见过这么严重的伤势。不过，在黑人这个种群中，受这种伤的可能性并不小，毕竟他们是历经过无数苦难的人。

也正好是在这段时间内，我们发现家父是三 K 党的成员。尽管如此，我们还是坚信他心底深处是反对暴力的，毕竟慈悲是医生的本能。面对种族的冲突，家父更喜欢逃避那些充满伤痛的经历。

某天，一位南方的共和党白人党员在临终之前，托人请家父去见一面。在家父去往道别之后，回家跟我们伤感地说：**"政治的冲突和矛盾会让人趋于冷酷无情，但是人性应该跨越这道鸿沟。"**这个离世的人在临终之前，没有昔日的友人陪伴，也没有亲戚与家人相送，多么令人悲伤啊。

家父反对和厌恶战争，在他看来南北战争原本是可以避免的，双方的激进分子应该为这场战争的爆发负责。惨剧已经酿成了，因为本来存在的理性未能发挥相应的作用，两方的分歧未能得到弥合。

家父是一个种族平等主义的信奉者，尽管他并没有明确地宣称自己的观点和主张。他对黑人并未有任何偏见，也从不偏袒白人。家父非常敬佩亚伯拉罕·林肯，他时常为这位伟大总统的跌宕悲剧人生叹息。如果林肯能够活着继续执掌美国的牛耳，那么国家不至于如此分裂。

那为什么家父又会参加三 K 党呢？在他看来，内战之后的南方政府实行了不公平的偏袒政策，对他们这类参加过南方邦联军队的人而言是残酷的压迫。要想重新获得自由，只能采取武装斗争。但是，这种斗争却让种族之间的裂痕更加明显了。黑人们也被卷入到了政治纷争之中。所以，父亲经常为此感到叹息。

4

每个男孩在其童年时代都有偶像。我的偶像并非来自传说中的英雄，而是来自于现实中那些身边的人，我的亲戚或者曾经见过的人，比如罗伯特·李（Robert E. Lee）将军。

这位将军展示了所有美好的品德，随着我年龄不断增长我就越是这样认为。我敬佩他的人品和才能。他曾经讲过这样一句话："你要恪守尽忠，全力以赴地去做某件事，不要好高骛远，也不要敷衍塞责。"当然，家父也经常引用这句话训诫我秉持正确的人生态度。

除了李将军之外，还有三位将军是我崇拜的偶像，他们是博勒加德（Beauregard）、

斯通沃·杰克逊（Stonewall Jackson）以及杰布·斯图沃特（Jeb Stuart）。比起他们，乔治·华盛顿（George Washington）在我心中也显得逊色不少，因为我更崇敬那些在沼泽等恶劣环境中作战的军人。上面这三位将军的战功显赫，声名远播，可以比肩独立战争中的马里昂（Marion）、萨姆特尔（Sumter）以及皮肯（Picken）。

此前我谈到过赫尔曼伯父，他也参加了美国南北战争，不过那是因为受不了女士们的鄙视才被迫参加的。他在本质上是一位享乐主义者，讲究吃穿，喜欢社交，喜欢挥霍，难以自持。他给曼内斯打过工，当时曼内斯的杂货店生意火爆，规模是卡姆登镇最大的。后来，赫尔曼伯父自己跑出去开了一家店，我们很喜欢他讲述去纽约进货时的路上见闻，也非常期待他每次回家时给我们带的礼物，人人有份。

家父还有一个最小的弟弟，名叫乔（Joe）。他曾经在德国乌尔兰军团（Uhlan Cavalry Regiment）服役。他身材健硕，在我家后院设置了单双杠之后，就一直带着我们兄弟去锻炼，并且教了我们一些单双杠上的花式技巧。我们常常称赞他"真像运动健将"，后来干脆去掉了"真像"。我们的姨妈名叫萨拉（Sarah），她野性十足，是家母的幺妹，她住在温思伯勒。每次她来我们家的时候，都会在后院的单杠和双杠上与我们比赛。刚开始的时候，我们看不起一个女流之辈。但当她仅靠脚趾倒挂在单杠上时，让我们目瞪口呆，不得不服。

另外，哈特威哥·科恩拉比的独生子，也就是我们的舅公费舍尔（Fischel）则喜欢在我们面前滔滔不绝地讲战争方面的故事。他以前当过兵，在博勒加德将军麾下担任通信兵，负责收发电报，掌握了不少战场机要。

他经常会用一副比较幽默的口吻说："是的，我在战场上极其勇敢，总是在子弹最密集的地方待着。"停了一会后，他又接着戏谑道："譬如，运弹药的马车下面，有时候我会在里面睡觉。"

费舍尔舅公还会弹奏班卓琴（Banjo），他几乎从来不会重复弹一曲子，他会弹很多曲子，其中一首曲子的词是这样的：

"I would rather be a home guard private，
Than a brigadier brought home to die."

当费舍尔舅公弹奏班卓琴的时候，家母也会弹钢琴合奏。我们有许多个美妙的夜晚都是在这样的愉快环境中度过的。许多亲朋好友来到我们家中，大家跟随乐器的弹奏一同演唱那些熟悉而动听的南方民歌。到现在我还能够记得其中一首，这首民歌每一段结尾是一句"让钟声为萨拉敲响"。这首歌，我已经70多年没有听过了，但是仍旧记得。

家母是一个天赋出众的业余演员。不过，令人遗憾的是我们家兄弟几个都未能继承家母在艺术上的才华，当然也就满足不了她对孩子们能够唱歌奏乐的殷切期望了。大哥哈特威哥和三弟赛铃只学会了一点弹奏班卓琴的技巧，况且班卓琴本来就简单。而我则是最缺乏艺术天赋的孩子，即便是吹口哨也只会一两个音调。

伯根·卡什（Boggan Cash）是我们当地的一个名流，出生在切斯特菲尔德县（Chesterfield County）一个众所周知的决斗世家——卡什家族。他的父亲名叫 E.B.C.卡什，是一名上校，服役时与家父在同一个旅。当时，伯根年龄尚小，还不到上战场的法定年龄，不过他总是瞅准机会在各种场合展示自己的神准枪法，从而减轻未能身赴沙场的遗憾。

有一回，我观看了伯恩的射击练习。他会先在工厂池塘岸边放置一个铁制假人，然后叫一个年龄稍大的男孩为他喊射击口令。不过，大多数情况下，他会独自一人练习射击，上完子弹后马上转身朝铁人射击。

当时的南卡罗来纳州，决斗是非常流行的矛盾解决方式，绅士们往往会采取这种方式来解决一些纠纷。这种情况在卡姆登镇特别显著，决斗频繁发生。

家父就是因为卷入到卡什家族的矛盾而被迫离开南卡罗来纳州的。而这次决斗引发的连锁事件，对我一生产生了重大的影响。

整件事情的起因是一天夜里，一群人喝了酒开始发疯，卡什夫人的一个兄弟也在其中，他无事生非地打了另外一个人。被打的人非常愤怒，次日就去法院起诉。卡什夫人的兄弟想要逃避惩罚，于是将一部分财产转移到卡什夫人名下，而这就进一步给了对方把柄。威廉·M.沙龙（William M. Shannon）上校是原告的代理律师，他在起诉书中追加一项指控，认为卡什夫人的行动犯了欺诈罪。

卡什家族的人都很维护自家人。卡什上校和儿子伯根认为对方提起的诉讼是对卡什夫人的不敬，于是制造了一些中伤沙龙上校的谣言，同时仗着家族的势力和关系，欺压和侮辱沙龙上校近一年时间。

这个沙龙上校为人和善，不喜欢纠缠于日常的争吵之中。但是，最后他还是对这些谩骂无法忍受了，于是他来到了卡什上校的家宅之前，正式向他提出了决斗的请求。

家母认为沙龙为人谦逊，恪守礼仪，遵从原则，经常教导我们要以他为榜样。同时，此君与我家关系非常好，他与家父一样也曾致力于鼓励大家采用增加科学的耕作方法。另外，他还想方设法重塑小镇集贸市场的活力和繁荣。他是一个服务于大众福祉的领头人。

卡什接受了决斗的邀约。1880 年 7 月 5 日，这场决斗在达灵顿县（Darlington

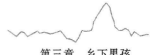

County）的杜波斯桥（Du Bose's Bridge）展开。双方的人都处在火头上，纷纷检查自己的枪械，填装子弹。

家父不希望有人因此失去性命，于是他瞒着沙龙，将决斗的地点和日期告诉了县里的治安官（Sheriff），请他出面协商解决。治安官承诺会及时赶到，定纷止争。不过，当决斗就要开始时，他却根本没有出现。

沙龙上校首先来到了决斗地点，他的私人医生博纳特（Burnett）担任了决斗的助手，也一同现身。毕竟，在这种情况下，有个医生在现场也能缓和下气氛，让在场的人多一份安心。

此后，沙龙上校的数位朋友也赶来了，其中就有家父。几分钟后，卡什上校也出现了。这个时候，家父开始着急了，因为治安官还没有出现。

决斗者的位置是通过抓阄决定的。决斗者各自的助手进行了测量，同时也定好了开始的信号。此时，治安官仍旧没有出现。

两位决斗者神情严肃地来到了自己的位置上。开始信号响起的瞬间，沙龙上校就心急如焚地射出子弹。这发子弹只是击中了卡什上校前面的土堆。在沙龙上校第二次攻击之前的空档，卡什上校从容地瞄准对手射击，沙龙上校中弹倒下。

决斗结束几分钟后，治安官才匆忙赶来。一切都晚了，沙龙上校已经死亡了。在他中弹倒地之后，医生博纳特跑到他身边，确认他伤势严重，无法抢救。

这场决斗引发了很大的反响，整个事件影响至深。沙龙上校是卡姆登镇最受人爱戴的居民，也是美国最后几个因为决斗而死亡的人。

决斗结束之后，一些与沙龙上校关系很好的人结群而来，他们神色忧伤，骑着马，身背长枪。其中一个年轻人是沙龙上校女儿的未婚夫，而婚礼本来马上就要举行了。

这些人情绪激动，他们来到家父的诊所里商量如何报仇，血债血还。不过，家父劝说他们，法律不是摆设。尽管他也为失去一位挚友而难过，但是不应该枉顾法律。卡什罪孽深重，必定会遭到惩罚。家父苦口婆心的劝说起到了作用，大家离开了诊所。我从诊所的窗口看出去，望着他们骑马远去的背影。

这件事之后，卡什上校的名望全失，全镇的人都厌恶和鄙视他。他的晚年也很凄凉，就跟亚伦·布尔（Aaron Burr）的下场一般。

这场决斗最终促使南卡罗来纳州正式立法禁止决斗。如果决斗参与者负有公职，则将失去职位。决斗逐渐变得令人厌烦，以至于让我觉得好笑的是1951年詹姆斯·F.伯恩斯（James F.Byrnes）在就任州长的典礼上，严肃认真地强调自己从来没有参加过决斗。

如果你的人生被卡住了，请记住一句话——"人挪活，树挪死"。如果努力无法改变你的现状，请换一个环境，换一个圈子，换一个城市。如果你的金融交易被卡住了，请换一种截然不同的思路和风格，从投机转向投资，从短线交易转向趋势跟踪，如此等等。

家母早就催促家父搬到北方去，因为她认为北方的包容主义盛行，更为重要的是机会更多。但是，家父一直非常犹豫是否要离开自己居住多年的地方。而卡什和沙龙的这次决斗促使父亲下定决心离开南方。家父一度以为决斗能够被阻止，尽管付出了极大的努力，还是有人撒手人寰。这件事令家父感到失望和震撼。

家父卖掉了宅邸和诊所，以及后院浇灌多年心血的试验田。所有的这些资产变现后加上储蓄，他拥有了共计 1.8 万美元的现金。他在村里悬壶济世 16 年，最终积攒的钱财不到两万美元。

1880 年冬季，家父先行去了纽约城，等他准备妥当，家母就带着我们兄弟四人去往。我们先乘坐自家的旧马车到温思伯勒，从那里踏上开往北方的火车。而外祖父沃尔夫亲身为我们准备了在火车上的食物——曲奇饼（Cookies）。

然而，路途漫漫，这些曲奇饼很快就被我们吃完了，接下来的行程必须下车到站上吃东西。沿途的餐食非常难吃，最好的一顿是在里士满吃的，我现在还记得。也是因为这样，到现在，一提到里士满，我还是忍不住流口水。最后，某个黄昏的夜晚，我们达到了目的地。我们在哈德逊河（Hudson River）边上的新泽西河（New Jersey）下了火车，坐船过河，到了纽约。

大 城 市

好的父母，好的医生，好的老师，好的邻居，可以成就一个人！不合格的父母，不合格的医生，不合格的老师，差劲的邻居可以毁掉一个人！

——魏强斌

1

纽约就是一个完全不同于以往的新世界，让人感到惶恐不安，很难去适应，特别是对我们兄弟四人而言，这里大大超出了我们过往的认知和见识。当时，我已经快满 11 岁了，不过仍旧腼腆害羞。以前住在南卡罗来纳州的时候，来了一位亲戚，留下了一段不好的回忆，以至于我对纽约的第一印象非常糟糕。

我们家的一位亲戚是地道的纽约人。这位女士某年回到卡姆登镇探亲，父母让我去看望一下。我们兄弟四人专门把脸洗得干干净净，一路上我们也很好奇纽约来的亲戚长什么样。

不过，后来发生的一切着实把我吓到了。这位纽约来的女士瞪着眼睛，盯着我们看，瞟了一眼我们的脚，趾高气扬地扔下一枚 10 美分的硬币，让我们去买双鞋穿。当时因为天

带着自由的纯真去残酷的博弈世界当中玩乐吧！金融交易艰难，行情凶险，但是不要忘了当初的纯真和理想。在纯真和现实之间做一点平衡，不偏不倚，人生才会不那么累。

气炎热，所以我们都没有穿鞋。或许这位亲戚仅仅是想开个玩笑，不过在我们看来这根本就不是玩笑，于是转身就溜回家了。

到纽约后，每天最不习惯的就是必须穿鞋子。在卡姆登镇的时候，只有天气糟糕，光脚难受的情况下才会不情愿地穿上鞋子。另外，犹太教徒在星期六也会遵循礼制，穿上鞋子。当我们在纽约人行道上行走时，完全没有在卡姆登镇森林中那种自由舒适的感觉。

直到现在，我仍旧能够回忆起一些对纽约这座大城市的最初印象，当然这些记忆已经变得模糊了。火车穿行而过的时候，发出扑哧扑哧的声音，同时烟囱还会冒着烟，这些成了童年的我刚到纽约时看到的奇观，当时看得目瞪口呆，觉得非常神奇。水龙头的自来水也让我觉得不可思议，这些水会自动流向厨房的洗涤池。这些琐碎的方面却让我觉得纽约的生活很有意思。洗澡的时候再也不用往返于水井了，那种在南方地区非常普遍的情况，在纽约就看不见了。

大哥哈特威哥给了我无比的勇气，倘若缺了他对我的真诚支持和关爱，我真不知道如何度过刚到纽约的艰难日子。任何事都不会让他感到沮丧和颓废，新的事物总是能够吸引他。他是以饱满的热情，抬头挺胸走在纽约的大街上，回望这座令人生畏的城市。在他眼里，纽约就是一个好斗的小伙子，面对这个对手，大哥总是一副"不服来战！"的表情。

初到纽约，我家租住的地方与卡姆登镇的宅邸比起来，那就狭窄了许多，非常拥挤。当时家父在纽约西 57 大街 144 号一座四层公寓楼的顶楼租了两个房间，他和母亲带着赫尔曼和赛铃住一个房间，而我和大哥住另一个房间。我还记得全家在北方度过第一个冬天的情形：六个人为了更加暖和一些，整个冬天都靠着墙挤在一起取暖。后来我们才知道，我们靠着的那堵墙后面有一座热气腾腾的烟囱。平日里吃饭我们也是在租住的房间里面完成的。

几年之后，我开始沉迷于歌舞杂技之类的东西，对于小丑讲的笑话也特别感兴趣，在剧场里面经常笑得停不下来。不过，如果有小丑讲他们在租住公园里面的笑话，那我肯定是笑不出来的。因为这些笑话总是让我想起当初在纽约的艰难日子。

不过，我们租住公寓的女房东非常友善，总是想各种办法让我们过得舒适一些。我已经忘了她是叫雅各布小姐还是夫人，不过当时的我还小，如何恰当地称呼并非是重要的事情。但是，直到现在我仍旧记得她的模样，身材高大强壮，一缕头发遮在额头前。

伴随着相处的日子越来越多，她也挺喜欢我们四个男孩子的，经常会在她的桌子

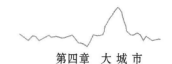

上摆出一些葡萄干和水果，让我们吃。她还经常迅速塞一些糖果到我们的口袋当中，以至于我们根本无法拒绝。

当我们最初来到纽约的时候，带着深深的焦虑，因为不知道如何立足和融入其中，但是这位女房东的热情和友善，以及细致入微的照料让我们悬着的心渐渐落地。她如同母亲一样，让我们的心能够安放下来。

刚到纽约后不久，家父身体就出现了问题。第一位医生诊断后说他的心脏有问题，所以身体越来越差，甚至说来日不多了。听了这样的话之后，家父想要动身回到南方，以便魂归故里。不过，后来又请了一位医生来，他就是声名远扬的阿尔弗雷德·卢米斯（Alfred Loomis）先生，经过系统而全面的诊断后，他认为家父的心脏没有问题，而是因为心事重重，忧虑是否能够在纽约维持生计而导致消化系统出现了问题。听到这里，大家都松了一口气。

此后，家父也开始在纽约行医，随着看病的人越来越多，他的病痛就没了影。

在家父抱病这段时间，家母找了学校让我们兄弟去上学。这所学校是公立 69 学校，位于第六大道和第七大道之间。校长名叫马太·艾尔格斯（Mathew Elgas），这位校长让我感到了温暖。当时，这位校长亲自送我们去见老师，这是最让我高兴的回忆之一。我见到的老师名叫凯瑟琳·德洛芙·布莱珂（Katherine Devereux Blake）。这位老师极大地帮助我克服了对纽约的恐惧，让我更快地适应了这个城市。见面的情景已经过去许多年了，不过我仍旧清晰地记得见面时她说的第一句话："十分高兴认识你，伯纳德同学！我想其他男孩们也会很高兴地认识你。"

中午的时候，凯瑟琳老师对班上的同学说："哪位小男子汉能够主动承担起放学后带着伯纳德同学回家的任务，同时在上学的时候带他来学校，直到他认识了回家和上学的路？"进了教室之后，她让我坐在教室前面，然后就没有和我说话了，以至于我认为她其实不太在意我。但是，等到放学的时

好的父母，好的医生，好的老师，好的邻居，可以成就一个人！不合格的父母，不合格的医生，不合格的老师，差劲的邻居可以毁掉一个人！

命运的分水岭在格局的不同选择。卡姆登镇和纽约的格局相比，相差太大。朋友，选择一个能够参与的最大格局，置身其中去努力吧。金融市场就是一个比较大的格局，当然不限于此。

优秀的老师可以成就一个人，糟糕的老师可以毁掉一个人。父母是最早的老师。

候，她又在班级上重复了一遍开头的话。这时候，有一个胖乎乎的男孩子举起手来说愿意承担带我认路的责任。这个男孩子名叫克莱伦斯·豪斯曼（Clarence Housman），此君在 14 年后成了我在华尔街的合伙人之一。

我人生中得到的第一个奖品则是来自凯瑟琳，那是一本《雾都孤儿》（*Oliver Twist*），上面还有她给我的题词："这本书奖励给富有绅士精神，并且综合表现非常杰出的伯纳德·巴鲁克。1881 年 6 月。"

我和凯瑟琳老师一直保持着联系，直到她于 1950 年去世，我在约翰·海妮思·霍尔姆斯社区教堂（John Haynes Holmes's Community Church）为她致悼词。每当我想起凯瑟琳老师，都为如今社会缺乏对学校的教师尊敬和感激而感到遗憾和愤懑。同时，我也认为所有的教师都应该像凯瑟琳老师一样温柔和有责任感。

我在不久之前还曾经看到过一份调查，这份调查是一群高中学生投票选择未来愿意从事的职业，其中教师名列最末一位，也就是说他们将来最不愿意从事的职业就是教师。

但是，大家可能已经忽视了美国优良的国民性格以及道德良知都是教师的集体努力建立起来的。尽管教师这个职业看起来非常普通，不想要太高的学历和复杂的技能，但是在社会发展的洪流之中，我们仍旧需要依靠教师培养子孙后代诚实正直的品质和坚韧不拔的毅力。

因此，我们需要认可教师对整个社会的价值和贡献，应该给教师提供优厚的薪水和待遇，使得他们可以安心工作，应该公开表彰他们的努力和成就。演员都有"奥斯卡奖"（Oscars），那么也应该设定一个奖励老师的荣誉，如同定期给演员、作家和球类运动员等社会人士的颁奖，这是我一贯主张的做法。

2

伴随着我在纽约的生活时间越来越长，我们越来越熟悉纽约这个大城市，它不再如初来乍到时那么陌生了。我们不再将纽约与卡姆登镇进行对比了，不会再觉得纽约在某些方面比不上卡姆登镇。例如，纽约也有很多宽阔的场地可供我们玩乐。在59大街，当时有很多空地，不过有人在上面搭了一个棚子，养了一只凶狠的看家狗，经常朝我们狂吠。现在这片区域建了广场饭店（Plaza Hotel）。另外，在第六大道和第七大道之间的57大街的北边，也有许多空地可供玩乐。

在第六大道上还有几座楼房和一个铁匠铺。铁匠铺的老板叫高德纳（Gardner），他的儿子也和我们在一个班念书。我们常常跑到高德纳的铺子里，看他在火炉边打铁，大家都十分羡慕他那一身健壮的肌肉。

这些空地对于我们这些朝气蓬勃的孩子而言，不仅是一片游乐场地，也是打架的地方。来到纽约之后，我们很快发现了这点，同龄人之间的打斗是不可避免的。在卡姆登镇的时候，两个小孩子帮派就爆发了一次打斗。在纽约，我们也感受到了紧张的氛围，当时所在街区最凶横的一群孩子叫"52大街帮"。

大哥哈特威哥在卡姆登镇的时候就是打架的中坚力量，到了纽约之后他仍旧担任这一角色，捍卫着我们一起玩的这群兄弟的尊严。他打败过"52大街帮"的好几个人。其中有一个名叫约翰斯顿（Johnston）的爱尔兰男孩，经常打败我们这群人，也包括我。

大哥和他的结怨已久，他们最后一次打架是在学校的楼梯上，大哥痛打了约翰斯顿。约翰斯顿打不过，于是选择向老师告状。大哥因此被学校处罚，暂时取消了他的上学资格，

或许有人觉得小孩子不应该打架，但其实这就跟战争一样，战争确实不好，但是不能避免。小孩子打架有个度即可，其实也是一个成长的功课。

让他在家闭门思过。不过，此后他就转去了另外一所学校。老师处理这次争斗的方式非常不公平，不过大哥终于也让约翰斯顿不敢再来惹我们了。

那时候，华盛顿高地（Washinton Heights）的上北地区（Up North）还属于乡下地区，我们家会在那里度过夏天，我非常喜欢那里。有好几年，家父受威廉·佛罗星瀚（William Frothingham）医生的委托，替他在夏天几个月内主持诊所的工作。威廉先生的宅邸位于157大街和圣尼格拉斯大道的交界处，我们夏天的时候就住在那里，这是一所大房子，非常宽敞舒适。

现在马球场所在位置就是我们以前居住的地方，球场位于现在整栋房子的后面。当时这里还是杂草丛生，黑莓、忍冬藤生长其间，其中也生长着有毒的常春藤。

在威廉先生的宅邸附近，我们可以花上50美分的价格租到一条小船。划着小船在这里晃荡是最佳的游玩方式，这样我们就能去到可以随处见到软壳蟹的哈莱姆河（Harlem River）边的小溪，还可以去到盐碱沼泽玩，如同马克·吐温笔下的汤姆·索亚一样。

不过，这些活动也存在一些风险，某回我们在河上探险的经历差点让我送命。那天早上我和大哥，还有其他几个男孩子聚在一块玩，他们坐在纽约中央铁路一个临时支架上。这段铁路沿着哈莱姆河向前延伸，远到天边。

为了让新朋友们开心起来，我和大哥一起编造了一些有关南太平岛国野人和冒险的故事。

时间总是过得很快，我们不得不跟刚认识的朋友道别。大哥和我划着小船往回赶。划船的过程中，我们俩忍不住大笑，当时我坐在船尾，靠着一边船舷以便保持平衡，不过思绪却回到了刚才编故事的过程中。突然，我们的船撞上了另外一只船。当时我正沉浸在自己的快乐世界中，不过一只桨打在了我身上，我一头掉进了浅浅的哈莱姆河。

为了让自己从布满淤泥的河床解脱出来，我努力往河面浮。当时的时间似乎过得很慢，许多情景和心绪涌现出来，仿佛历经多年。恐慌冒上心头，当时第一个想法就是自己因为编造一堆有关南太平洋岛国的谎言而遭到惩罚。第二个想法则是此前弄死了一只黑猫，而黑猫则会带来厄运。最后我想到了如果我死了，家母会非常悲伤。当时许多的念头直到今天仍旧非常清晰，这就是所谓的濒死体验吧。

当我挂念母亲的时候，已经浮出水面了，当时脸上全是河床上的淤泥。我看到撞到我们的那艘船的人正在用船桨探寻我，而大哥正在船舷上蹲着好像准备跳进水里救我。当他们看到我狼狈不堪的样子忍不住大笑起来，但是看到我呛了水之后呕吐不止，

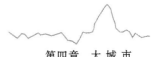

于是他们停止了笑声，赶紧将我拉上去，将我放到一只木桶上，想要将体内的水压出来，弄来弄去，非常难受。

我和大哥在回家的路上一直担心家母会发现，因为我的衣服已经全部湿透了。因为中途掉水了，所以回家的时候已经很晚了。家母一直等着我们一起吃饭，担心我们的平安，看到我们后，她就松了一口气，因此并未注意到我湿透的衣服，也并未询问任何问题。

3

当时的大城市纽约，出现了大量的各种协会，在家父和家母看来，这是好现象。一些协会的出现有助于家父建立起稳固的社会声誉，而这些声誉本来就是他应该获得的。

家父获得的一些声誉奠定了他在医学界有影响力的地位，例如，他是美国第一个水疗法（Hydrotherapy）教授，被尊称为美国科学水疗法之父。他是修建公共浴室的先驱者，推动为贫苦者修建公共浴室的运动。除此之外，他还最早诊断出一个阑尾穿孔病例，并且成功地对其进行了手术。

赫尔曼伯父的合伙人之一萨缪尔·威特考斯基（Samuel Wittkowsky）有一个儿子在1887年圣诞节当周在纽约游玩时突然生病了，根据当时的医学诊断来讲，这是所谓的"肠道发炎"（Inflammation of The Bowels）。为了更好地治疗这个男孩，家父请来两位医生一同会诊，他们是H.B.桑兹（H.B.Sands）和威廉·T.布尔（William T.Bull）。他们三人进行了全面而透彻的分析，深度交换了意见。家父建议将这个孩子的阑尾彻底切除。但是，桑兹医生表示反对，因为他认为这样做会导致死亡。家父因此与桑兹医生产生了严重的分歧和争论，但是家父还是坚信自己的主张是正确的，他指出："倘若我们不尽快进行手术，那么这个男孩子就会死掉！"

寻找有利于发挥自身要素禀赋的格局。在一些格局中，一些要素的相对价值更高；在另外一些格局当中，相同要素的相对价值则更低。你要根据自己具备的要素选择最大化这些要素价值的环境。在金融交易中，或许你擅长趋势分析，或许你擅长快进快出，或许你是宏观经济分析的专家，或许你善于揣摩对手盘的心理，不一而足，那就需要根据自己的特点选择市场和交易风格。

非常的成就来自非常的见解和路径！

　　家父在 1887 年 12 月 30 日为这个男孩进行了手术，其发炎的阑尾被彻底切除了。这个男孩的身体很快就痊愈了，后来也保持着健康状态。

　　A.J. 惠氏（A. J. Wyeth）是一位业界地位非常高的外科医学权威，他于 1889 年在纽约医学院的演讲中专门提到了家父的成就："我们所有人都应该感谢巴鲁克先生在阑尾炎外科手术上的巨大贡献和成就！"

　　家父对公共浴室的发展非常热心，他最初的热情应该是在帮助威廉先生主持诊所的时候酝酿的，当时家父还同时负责管理纽约少年精神病院（New York Juvenile Asylum）。当时流行一种叫"漂浮大浴盆"（Floating Baths）的东西，具体来讲就是将平底大货船从中间切开，夏天的时候大家就可以在其中游泳。当时纽约的北河（North River）仍在继续使用这种东西，而纽约城市污水都排进了这条河里。也正因为这个原因，家父总是将曼哈顿岛称作被污水包围的陆地。

　　为了改善这种状况，作为纽约医疗协会卫生委员会主席的家父推动了一场持续时间很长的改革运动，其成果就是在纽约和芝加哥建立起了政府主办的公共浴室。1901年，里温顿大街（Rivington Street）上的部分公共浴室也再度开放。为了纪念家父在这场改革中所发挥的作用，这些浴室后来都被重新命名了。

　　善于沟通和表达的家母也对公共事务变得热心起来，各种类型的慈善机构和协会组织都希望她能够加入。她不仅是美国革命女性协会（The Daughters of the American Revolution）和南方邦联女性协会纽约分会（The Daughters of the Confederacy）的会员，还积极投身于各种慈善事业，而不管其中涉及的是犹太教、基督教还是天主教。她都毫无宗教狭隘主义，只要能够值得参与其中，她就会加入。

　　母亲在某年夏天认识了 J.福德·莱特夫人（J.Hood Wright）。这位夫人是德雷克塞尔—摩根公司（Drexel，Morgan & Company）某位合伙人的妻子。当时，莱特夫人为了设立福德·莱特医院筹集款项举办了一场慈善展会。当时家母则在这次慈善展会中当义工，受到了莱特夫人的赞赏。她认为家母是一个非常聪明和善于沟通的好助手。后来，福德·莱特医院更名为尼克尔柏克尔医院（Knickerbocker Hospital），家父也成了那里的内科医生，坐诊变成了上门问诊。

　　在纽约定居期间，家母能够到犹太教堂礼拜，这件事情让她非常满足。因为在卡姆登镇没有一座犹太教堂，家母只能趁着偶尔去查尔斯顿的时候参加犹太教堂的礼拜仪式。

　　家母不仅去犹太教堂，也经常去基督教堂，而且是同那些非犹太教徒的朋友一块去。托马斯·迪克森（Thomas Dixon）牧师来自美国南方，为人急躁易怒，曾经写过一本书，名叫《部落男子》(The Clansman)。家母非常喜欢这个牧师的传经布道。另外还有一位在布鲁克林，名叫亨利·沃德·毕启尔 (Henry Ward Beecher) 的牧师，家母也经常去聆听教诲。

当时，大街上到处玩耍的孩子们传唱着一首歌，这首歌以毕启尔牧师为主角，讲述了他曾经陷入一段丑闻，歌词当然非常粗俗不堪。某天，我的一个好朋友到我家来玩，期间反复唱诵这首歌，以致家父非常反感，于是他识相地闭嘴了。

我还记得某回有人问家母作为一个犹太妇女，为什么会去一个将崇拜基督作为信条一部分的教堂？家母给出的回答让我印象深刻："倘若基督本人不具备神性，那么他的言谈和行为事迹，乃至死亡都不具备神性。"

4

在一个冬天的某天，我和大哥，还有一个名叫德拉克尔 (Drucker) 的男孩子一起在高德纳的铁匠铺附近玩耍。突然，有一些属于另外帮派的男孩子开始挑衅我们，拿着雪球砸过来，一场雪仗爆发了。我们与这个帮派本来关系就不好。不过，谁也没有预料到，他们开始拿起石头砸过来。我们人数很少，打不过，于是我们不断后撤，一直退到了租住公寓楼门口的台阶上。那群追着我们的家伙见状也不敢到台阶上来，他们转而与我们打起嘴仗来。当时我第一次听到"Sheenie"这个词。

我们从卡姆登镇搬到纽约来，因此带有南方口音。此前打架很多时候就是因为有些敌对的男孩子学我们说话。但是，当眼前这群人说出"Sheenie"这个词的时候，我和大哥都不知道什么意思。直到那个叫德拉克尔的同伴向我解释这是侮辱犹太人的词语。

说出这个词的那个男孩，至今我仍旧记得他的样子。他有一双蓝色眼睛，睫毛暗黑，身材魁梧，一副娃娃脸，他是头目。当大哥知道其中的含义后，满腔怒火地冲下去，追着这个人打，但却被一群人围在中间揍。虽然大哥擅长打架，但是也无法同时面对这么多的人。于是，我连忙跑过去解围。但是，对方人多势众，我也被打倒在地。大哥大声让我去楼上的客厅取他的马车辐条来。我立即爬起来拨开人群，冲到楼上取了辐条交给他。他拿着辐条，暴揍了那个蓝眼睛头目一顿。不到一会，大哥就把这群人赶到远处站着观望了。

大哥提出要和他们当中任何两个人打一场架，还骂他们是懦夫。此后，一个身材高大的男孩站出来接受了挑战。大哥当然毫不留情地狠狠揍了他一顿。从此以后，大哥就在这条街附近声名鹊起，甚至连附近的大街也被命名为哈特威哥。也是从那以后，再也没有人敢当着我们的面说出"Sheenie"这个词，或许他们会背着我们说，但是绝不敢当面侮辱我们。

从这场争斗当中，我第一次明白了大众对犹太人的偏见。在后来漫漫的人生道路上，我还遭遇过很多次对犹太人的偏见和侮辱。

此前我们住在南卡罗来纳州的卡姆登镇时，那里也同时居住有五六家犹太人。但是，从来没有犹太人在那里遭受过任何歧视。这些犹太家庭，有些是在美国独立战争爆发前就定居在卡姆登镇的，他们是德·里昂（De Leons）和列维（Levys）家族。而鲍姆（Baums）和威特考斯基（Wittkowskys）两个家族是独立战争爆发之后才来到这里的。在这个小镇上，他们广受尊敬，并未被差别对待。

里昂家族人丁兴旺，名流辈出，其中一位是派往法国的外交官，还有一位是南方邦联的卫生部长。我从未见过老德·里昂，因为南北战争后，他和其他拒绝投降的南方邦联军官一同逃到了墨西哥，直到数年后格兰特总统邀请他们，他才回到西部开了一个诊所度过残年。

在卡姆登镇的时候，每到周六，我们会在家里祈祷。这个时候我们不能到外面去，会穿上最好的衣服和鞋子，听母亲给我们念祈祷词。当时的卡姆登镇没有犹太教堂，于是我们只能在家做这些仪式。不过，周六这天周围几英里的人都会从乡下赶到镇上的集市交换货物，那时一个非常热闹的日子，但是我们却无法参加。

接下来的周日，出于对邻居的礼貌，我们被母亲要求穿上正式的服装，这些衬衣非常紧，勒得我们很不舒服，根本不方便玩耍。

如果一定要让我谈谈宗教之间的差异，那么我认为这种差异反而促成了宗教之间相互尊重与包容的态度。我们举家离开卡姆登镇30多年后，大概是在1913年，回到了阔别已久的小镇。当天的情景我至今仍然记得，当时到火车站接我的是一个黑人。当他开车经过故居的时候说："此前这里住了一位医生，北方佬们花了不少钱把他请去了，从他离开之后，这附近的人就没有医生照顾了，只能默默地死去。"他的这番话震撼了我。小时候，我还完全没有体会到医生救死扶伤的重要性，直到那时我才真正意识到家父在当地人心目中的地位。

对犹太人来说，奉行犹太教的习俗是非常重要的。家母是在严格奉行教义的家庭中长大的。因此，相比家父而言，家母更为看重这些。

家父在南卡罗来纳州的时候曾经主持过希伯来慈善协会（Hebrew Benevolent Association），在举家搬到纽约之前递交了辞呈，这封信我现在仍在保留着。家父为人正直，品德高尚，他在这封辞呈当中也表达了要将犹太教义和《圣经》中宣讲的高尚德操继续传承和发扬下去。此外，家父并不拘泥于教条，他曾经告诉过我："我不相信上帝是一个复仇者，会拿着一把利剑站在倒下的人们身边。"

某日，家父将我们兄弟叫进了他的书房，并且关上了房门。家父说："在最后期限，欺骗上帝也毫无价值。"他让我们兄弟答应他，在他临终之前，如果家母请一位拉比来给他做临终祷告的话，我们不能答应。

当时家父已经81岁了，中风在床，知道自己命数将近。当时家母也卧病在床。他们已经从床上爬不起来了，分别在二楼和三楼的房间里面躺着。此后，他们相继去世，家母比家父晚去世了半年。

家父将死之前，家母让我们兄弟几个进到房间去商量事情。她想要将西82大街犹太教堂里面的拉比费雷德里克·门迪斯（Frederick Mendes）请来为家父做一次临终祷告。而在此之前，家父专门叮嘱过我们不要允许拉比来。

当家母这样提出来的时候，我们只能抱歉不能遵从她的话，因为已经答应过家父。家母听到这些话之后开始小声抽泣起来，同时侧过身去，请我们离开，让她一个人静一静。

家父临终之前非常自制，并没有胡言乱语，他此前还担心自己会精神癫狂，讲出一些不得体的话。家弟赫尔曼长大后也当了医生，他当时想测试一下父亲是否清醒，于是坐在床沿上对家父说："我是哈特威哥，我是哈特威哥，爸爸。"

当时家父已经没有讲话的力气了，但是他将眼珠转向了大哥哈特威哥，这表明家父当时的神志还是清醒的。遵照家父的遗嘱，我们将他的遗体火化了。不久后，家母也去世了。按照家母的嘱咐，我们将家父的骨灰放到她的棺材里面，她脚边的位置。

在我年轻的时候，我与家母一样恪守教义。从这个角度来讲，我比兄弟们更像母亲。此后，在门迪斯博士的指导下，我学习了希伯来语，达到了可以看懂祈祷词的水平。我去犹太教堂参加礼拜，甚至于上了主日学校（Sunday School）。我会参与每个犹太教节日，在赎罪日当天也会严格按照犹太教义禁食，哪怕到了大学毕业之后也会这样做。

我在大学期间的人际关系很好，也被推选为班级干部，不过兄弟会（Fraternities）这秘密社团从来没有邀请我加入过。作为犹太人，我一直忍受着类似的歧视，即便是在华尔街，甚至于我奉有公职的时候也会遭到歧视。

当我崭露头角，拥有一些社会头衔之后，情况也仍旧没有显著好转。我反而成了那些极端反犹太主义者们喜欢的攻击对象。在《德博恩独立报》（Dearborn Independent）被亨利·福特收购之后，专门刊登了长篇报道，说我是国际犹太阴谋组织的领导人之一。所有这些攻击都是毫无根据的栽赃和污蔑。这类攻击最后竟然得到了三K党、查尔斯·考福林（Charles E.Coughlin）神父、杰拉德·史密斯（Gerald.L.K. Smith），还有杜雷·佩里（Dudley Pelley）之流的沆瀣一气。至于约瑟夫·戈培尔（Joseph Goebbels）和阿道夫·希特勒（Adolf Hitler）对我是什么态度就更不用说了。

这些围绕我个人的攻击并未造成最大的伤害。我的两个女儿才是最大的歧视受害者。我的两个女儿是在我妻子所在的新教圣公会中受洗的，尽管如此仍旧被舞蹈学校拒收。而妻子此前曾经就读于这所舞蹈学校，后来在新教教堂牧师的干预下，两姐妹仍旧被许多私立女子学校拒收。我的子女所遭受的这些不公平，其实是我受到的最大伤害。毕竟，孩子最不应该享受种族歧视和不公平对待的痛楚。

我并不想她们因为这些歧视而对社会抱有敌意，不希望她们因此而感到沮丧。我尽力跟她们解释清楚，为什么会遭到这些毫无道理的种族偏见，当然这并不是一件容易的事情。**我的解决办法是让她们将这些看作是人生奋进的鞭策，要以更大的努力来获得更大的成就。**

在美利坚合众国建立，并起草《独立宣言》的时候，当时的那些人的确非常有智慧，他们在定义不可被剥夺的人权时列出了"生命、自由和对幸福的追求"，而并非直接列出"幸福"本身。他们强调的是对"对幸福的追求"。他们承诺为民众追求幸福创造条件和环境，但是却拒绝直接给予幸福本身。毕竟，在任何社会条件下，都不可能实现所有人的幸福。正因如此，我告诫自己的孩子们，不要因为部分心胸狭窄的美国同胞就让自己也跟着盲目起来，而看不到这个国家的伟大之处。这才是我认为最为重要的东西。

> 一切人和事，无论是顺还是逆，都可以为我们所用，来成就伟大的目标和事业！在金融交易中，困难和挫折不可避免，关键在于你如何利用它们。

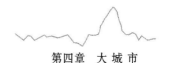

　　我脑海中经常会浮现一个想法，那就是如果这个社会和国家的偏见和歧视能够被根除，那么一切将多么美好啊。不过这一想法忽略了人性难改的现实。只有以个人努力和奋斗作为衡量人的标准，才能真正正确理解种族和宗教，才能在认知和见识上产生突破和飞跃。

　　美国能够赐予我们的珍贵遗产恰好是这个国家本身，因为这个国家本身就蕴含了每个普通人通过努力获得成功的机遇，大家都在同一起跑线上。更好的政府组织形式还未诞生，我们身处的就是目前最好的环境。如果个人的价值能够被恰当地正确认识和评判，那么我们就取得了重大的进步，这种进步也体现在我们对宗教和民族的合理认知上。

　　人生不是百米冲刺，而是接力赛。巴鲁克先生的伟大成就是建立在父母提供的基础上的。尽管如此，每一棒都应该努力，为下一棒的人创造优势。

大学时代

如果你有痛击对手的实力，在协商的时候就更容易达成谅解。

——佚名

1

我在纽约市立学院（The College of the City of New York）上的大学，当时只有 14 岁。这里需要补充的一点是，当时以这样小的年龄上大学并不能说明我有任何天赋。真正的原因在于那个时代并未开设公立的高中，因此只要你符合了大学入学条件，就能够在文法学校（Grammar School）毕业之后直接进入大学深造。

当时，我向往耶鲁大学，为了能够挣到足够的学费，我甚至计划好了去餐馆里面当服务员来攒钱。不过，家母觉得我的年纪太小了，缺乏独立生活的能力，因此我只好在纽约本地念大学了。

纽约市立学院位于 23 大街与列克星敦大街（Lexington Avenue）交界的地方，当时简称为 CCNY，这个简称沿用至今。以前的教学大楼很早之前就已经被拆除，现在在原址上还能看到工商和公共管理学院（School of Business and Public）的部分建筑。

当时我们家住在东 60 大街 49 号，因此我从家里到学校需要穿过 40 多条街区。

在我临近毕业的那一年，家父将我的零用钱提高到了每周 50 美分，相当于此前的两倍。如果愿意步行到学校的话，则每天可以增加 10 美分零用钱。

某天早上，我选择步行去学校，并非为了那 10 美分，而是因为当天遭遇了 1888

年那场大暴风雪。当时，所有有轨电车都停运了，除了步行去学校，我并无其他办法。第三大道东 1 号是当时唯一可以走的路，虽然也堆积了很厚的雪，但是能更好地躲避大雪。我艰难地步行到了学校，当天到学校的人并不多，无论学生还是老师都是如此。

午餐一般是我从家里带到学校的。大学的最初两三年当中，我都是穿家父剩下的衣服。不过，当时我长得很快，要不了多久，家父的裤子穿起来就太小了。即便如此，家母还是将家父的外套改了给我凑合着穿。

这所大学至今仍旧没有多大变化，仍旧是一所为所有愿意接受大学教育的男孩子提供免费教育的地方。当时，学费全免，课本和笔记本也是免费的，甚至于还发免费的铅笔。当然，免费的教育要求我们努力学习。入学要求非常高，平时的考核标准也很严格。每年每学期会举办两次考试，如果学生达不到要求，就会被要求退学。

仅仅是父母能够支付得起学费，就可以在某些竞争中淘汰大部分的人。人生是接力赛，面对现实，奋起直追吧。

我入学的时候班上大约有 300 多人，但最后只有 50 多人毕业。但是大部分人都是因为经济原因而不得不辍学的，并非是考试不达标。

许多男孩子都需要在放学后去打工挣钱。当时，一位名叫嘉诺·杜恩（Gano Dunn）的同学在读大学之余，还需要在公园大道宾馆（Park Avenue Hotel）打工，做夜间电报员的工作，攒钱上学，同时赡养寡居的母亲。而我则通过帮助家父管理账目和书籍而获取酬劳。

实际上，我入学的时候选择的是科学教育（Scientific Course）的相关课程，这个课程需要扎实的理科功底和现代语言能力。不久之后，我又转到了古典教育（Classical Course）的相关课程中，这个课程则需要古典语言方面的基础。由于中途转学，我不得不请了一位家庭教师补课，才赶上进度。

大学的课程要求在五年内学完。事实上，第一学年应该被叫作预科班，主要学习高中课程。这一个学年其实是过渡性质的，为的是能够更好地学习大学课程。当时，并不存在

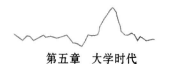

短训课程，也不存在选修课。

读大学之前，我以第二名的成绩从公立学校毕业，这确实不错。不过，我浪费了大学提供的机会。大学的所有科目当中，美术和科学是最糟糕的两门。

对于化学科而言，我唯一的记忆就是把一些硫酸倒进烧杯里搅拌，调成一种臭烘烘的东西，然后把这些东西倒进另外一个学生的口袋当中。其他冠以学术名字的科目，如生物学、地理学等都是由一个身高 6.4 英尺的威廉·斯特拉福德（William Stratford）教授负责，他留着一撮金色小胡子，英俊帅气。

在我的印象中，这位教授非常偏心，只对部分学生好，当然我并不在此列。由于对这位教授非常不满，自然也就无心向学了。就算知道一些东西，一旦他提问，我就完全记不起来了。

政治经济系有一位教授是整个学院当中最让我敬佩的人，让我记忆深刻。这位教授名叫乔治·纽柯木（George B. Newcomb），一副英国老牌绅士的派头，鼻梁上架着金边眼镜，讲课时嗓音不大，但是音调却很高。他经常把糖果含在嘴里，以便让声音富有磁性。他的口头禅是："想要在课堂上下棋的先生们，可以选择坐到后面去；想要听我讲课的先生们，可以选择坐到前面来。"

尽管我也喜欢下棋，但是更喜欢听这位教授讲课，所以我总是坐在前排，自然也很少错过这位教授的课程。

遗憾的是这位教授已经离世多年了，我此后在商业上的建树很大程度上都是受益于他的谆谆教诲。恕我冒昧，如果这位教授今天仍旧在世的话，他肯定不会认可现在主流的经济学理论。

纽柯木教授反复向我们强调基本的供求法则，要求我们重视并信任这一法则。我第一次听到这一法则，正是在他的课堂上。当时，他指出："价格上涨会出现两个效应，第一是供给增加，第二个是需求下降。如果价格下降幅度很大的话，

在商品期货的交易中，对现货供求的研究非常重要。有几个商品期货的大佬就是因为发现某一商品的价格长时间低于成本后买入，而赚到第一桶金的。

则又会出现两个效应，一个是厂商不愿意亏本生产，因此供给量减少。另一个效应是需求增加。这两个效应使得供求的均衡会被重新建立起来。"

正是因为师从纽柯木教授，同时深入理解了那些原理，我才能在十年后迅速积累财富。当时的纽柯木教授不仅传授经济学的东西，他还将哲学、逻辑学以及伦理学，还有心理学的东西都熔为一炉。现在的大学，恐怕会将上述学科分开来教授。

但是在我看来，由一个人综合地讲授上述科目以便让学生更好地理解和运用。今天的教育者已经忘记了除非将这些学科放在一起，作为一个整体来思考和运用，否则就无法有效地传授它们的真谛。

经济学教育岌岌可危，因为应试教育使得学生把记忆知识当成了接受教育，这是一个奇怪的潮流。在这种潮流下，应试专家就出现了，这类人的头脑当中塞满了各种知识细节，但是却不知道如何独立思考。

另外，我认为学校放弃古希腊语和拉丁语作为必修课犯了非常大的错误。我在纽约市立学院阅读了大部分的古希腊语与拉丁语的经典著作，甚至可以用拉丁语跟人交流。在掌握了这两门古老的语言之后，我发现自己能够懂得并鉴赏现代文明背后的渊源。倘若我并未掌握这两门语言，那么也就无法获得神会古代的感觉了。

帕洛伊·米切尔（Purroy Mitchel）作为市长主政纽约市期间，我还是纽约市立学院的一名理事。当时，学院计划进行一次大胆的改革，转型为一所工科学院。某日，帕洛伊召集所有的学校理事到市政厅商谈这项计划。虽然坐在市政厅当中，但是我却凝视着窗外，脑子里面全是在华尔街的一次股票操作。猛然间，我听到有人说："这次改革的第一步就是停止拉丁语和古希腊语的课程。"

"这究竟是怎么一回事呢？"这一席话让坐在椅子上的我突然回过神来，开始想要搞清楚究竟是怎么一回事。接着，

金融交易几乎不可能在学校当中传授，要想真正赚钱，最需要的是独立思考。金融交易也是少数人赚多少数人的钱，这就意味着越是普遍的思路越是不容易取胜。

经典是人类智慧的沉淀。在交易界也有一些百年经典值得我们去回味，这也是我每天凌晨专门花时间来翻译和解读这些交易经典的原因。

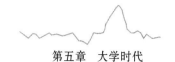

有人试图给我解释来龙去脉。

听完解释后，我开始陈述我的意见。有一个参会人员试图阻止我说话，但是我毫不妥协地继续表达我的意见。我反驳道，**教育的真正价值并不在于不断往头脑里塞各种信息和资料，而在于获得一种有效的思维训练，在于通过历史上的经典著作和伟大思想获得关于生命的了悟。**教育不在于灌输，而在于激发兴趣和开阔视野。如果纽约市立学院剥夺了学生们掌握拉丁语和古希腊语的权利，那么就会导致他们的心智缺乏伟大思想的滋润与浇灌，变得空洞贫乏。

当时的情景很可能让在座的人感到十分意外，因为一个混迹于华尔街、追求物质财富的投资者竟然用这样的理由来反驳他们。无论这次改革怎么样，当时我的发言还是阻止了纽约市立学院变成工科学院的计划。在会议中，我是最反对课程自由化的人。我甚至反对创立选修制度，因为某些不受欢迎的课程恰恰是对年轻人最有用的课程。生活并非尽如人意，也不会按照我们的期望发展，选修课制度违背了现实，赞同选修制度让我感到如火车碾压过心脏一样难受。

倘若现在我仍旧是学院理事的话，我会砍掉现在的那些短训课程，恢复古希腊语和拉丁语的重要地位。

同时，我还想恢复另外一种比较传统的教学形式，那就是培养学生公众演讲的能力。让一个学生当着大家的面发表正式演说，这种教学形式在我当学生的时候非常盛行，现在也应该恢复，因为这种方式能够让学生获益甚多。

在我的大学时代，每天早晨全体师生集合排成纵列。当时的院长亚历山大·斯图尔特·韦伯（Alexander Stewart Webb）将军会先读诵一篇《圣经》上的文章，然后校会就正式开始了。接下来，一名大二的学生会走上讲台，当众背诵，往往会背诵诗歌或者散文之类的。随后，一名大三的学生或者临近毕业的学生，会发表正式的演讲。

我在大二的时候也上台背诵，当时心中忐忑不安，非常紧张，生怕出错，好比小时候在外祖父家朗诵时的心情。等

要有挣钱的合法有效方法，也要有穷究人生意义的灵性追求。最好的是能够将赚钱的策略与人生的终极哲学结合起来。金融交易作为灵性追求的手段，也可以作为物质丰裕的手段，关键看你站在什么角度和层次。道和术，不可偏废，行于中道，放得长久！中国能够屹立几千年不倒，靠的就是中道的哲学。这是任何其他文明所不具备的，也是任何其他文明不能长久屹立的根本原因。

到我大三上台发表演讲时，我专门梳理打扮了一番。当天，我穿了一条条纹相间的裤子加上一件黑色马甲。我登上讲台后，首先向韦伯院长鞠躬，接着向全体教授鞠躬。期间，我的腿不由自主地颤抖，紧张得很。还有一些学生会故意来逗你，他们会扮鬼脸，比出滑稽的手势，想办法让你出丑。在这种情境下想要泰然自若，真的不容易。

对于那次演讲，我能够回忆起来的只有开场的一句话了：**完美的快乐并不存在！**（There is no joy without alloy!）这句话是从哪里来的，我完全记不得了，是拾人牙慧，还是自己思考得出的，已经搞不清楚了，但是我明白这是一句真理。

2

或许，上述的一番话让你认为我的大学时代并不快乐。事实上，这样的结论是不正确的。我正是在大学期间才开始成为歌舞曲艺表演的狂热爱好者的。当时只需要花费25美分，就可以在剧院的顶层包厢当中观赏精彩的演出。我们常常在售票窗口处排起长队买票，推推挤挤在所难免，但是买到票之后就会冲到楼上抢占好的位置。

记忆中最深的地方是西23大街的尼布罗花园（Niblo's Garden）和一家剧院。随着我们家的经济条件逐步变好，一些远离市中心的新剧院也兴建了起来，因此我们去看戏的机会增加了。说到这里，有一件让人遗憾和难过的事情不得不提起。当年家母和家父总是竭力让我们多接触当时一流的莎士比亚剧目表演者。

但是现在的我，对莎士比亚剧目的记忆程度，还不如对《黑巫师》（*The Black Crook*）的记忆程度深。我看的第一部妇女穿着紧身衣的戏就是《黑巫师》，如果你也看过这部戏，那么感觉应该非常特别。

大学时代的我们对国内政治并不感兴趣。因此，政治方面的事情我只记得当时有人提出铠甲50美分，让我举着火把参加一次支持格鲁佛·克利夫兰（Grover Cleveland）的政治游行。

不过，对于校园政治事务我还是非常有兴趣的。大学快要毕业的那一学年的上学期，我被选举为班长，下学期，我被选为秘书长。当时，班上跟我关系最好的人是迪克·莱顿（Dick Lydon），他后来成为了纽约最高法院（New York Supreme Court）的法官，他在那一学年的上学期被选为秘书长，下学期被选为班长。我同时还是班级活动日项目的主席。

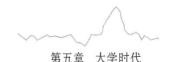

在大学里，除了班级组织之外，还有一些社团组织或者联谊会，其中希腊文协会和兄弟会是非常有影响力的。虽然很多犹太学生在大学当中表现优秀，但是仍旧被兄弟会排斥在外。

每年我都会被提名加入兄弟会，然后就是兄弟会审核批准流程中出现激烈的争吵。结果就是我从未被批准加入。不过，值得专门提到的是家弟赫尔曼在南方的弗吉尼亚大学读书期间，刚有加入兄弟会的意向就被批准了。

我的大学时代，除了兄弟会这类秘密社团之外，最能吸引我的就是文学和辩论社团了。我参加了两个社团，一个叫富润诺科思米亚（Phrenocosmia），另外一个社团叫爱泼尼亚（Epionia）。

富润诺科思米亚是一个以辩论为主旨的社团，偏重于深入探讨重大问题，当然也就对一些显得肤浅的问题持有轻视的态度。临近毕业那一学年，这个社团的主要辩题有如下三个：

辩题一：为了达成目标，可以不择手段；

辩题二：培根创作过莎士比亚戏剧；

辩题三：托拉斯对于美国的国家利益极其有害。

我已经记不清自己参加了哪一场辩论了。作为辩论协会的人，我非常高兴，但是真要面对公众说话，我仍旧感到力不从心，恐惧感油然而生。因此，用叶公好龙来形容我的情况也不为过，只要有实际辩论的机会，我就会悄悄地溜走。

另外一个社团爱泼尼亚的主要活动方式则是轮流在成员家中聚会。聚会中，首先倾听会员讨论霍桑（Hawthorne）、爱默生（Emerson）和梭罗（Thoreau）等的作品。接着，担任本次聚会评论角色的会员会对发言者的观点和论述进行毫不留情的批判和反驳。这个社团的活动记录显示，我曾经发表过对威廉·迪恩·豪威尔士（William Dean Howells）的见解，并且对另外一个爱泼尼亚会员关于奥利弗·温德尔·霍尔姆斯（Oliver Wendell Holmes）的见解进行了批判。

当你把自己投入到一个不舒服但不致命的格局中时，成长就是不可避免的了。给自己找一个格局，让自己能够处在"学习区"，而习得的技能和获得的资源非常有利于你个人最重要目标的实现。

尽管当时的我已经不再那么害羞和腼腆了，但是我在参加公众活动的时候仍旧会非常拘谨。某天，我们全家去参加某个远房亲戚的婚礼。我在现场局促不安，在客厅待了不久就溜到地下室去了，等到婚礼快要结束了才出来。

我第一次参加派对，是迪克·莱顿三个妹妹之一的玛丽首次公开参加社交的庆祝派对。当时心中的恐慌状态是我永远不能忘记的。迪克和我是非常好的朋友，我们相互到对方家串门，因此对他的三个妹妹也比较熟悉。即便如此，一想到要去参加一次正式的派对我就感到冒冷汗，紧张得不得了。迪克知道我生性腼腆，便通过家母邀请我参加，并且强调一定要让我去。母亲便告诉我是她希望我去参加的，否则我可能会因此恐慌得杀了迪克。

我告诉母亲自己没有晚礼服可以穿，她回答说我可以穿父亲的那套，非常适合我。我记不太清楚这场派对的具体时间，是大学最后一年还是倒数第二年。虽然家父有六英尺高，但是当时我肯定要比他高了。

派对当日的晚上，家母将那套礼服以及衬衫，还有领带分开摆出来，我费了好大的劲才把这些穿在身上。这套礼服的裤子短了一些，家母想了个办法用别针让裤子长了一些，不过反而弄巧成拙，裤子垂下来遮住了我的鞋子。外面穿的马甲也很短，家母也用别针来想了一些办法，使得马甲看起来没有那么短。

我的两只手很瘦削，因此看起来很细长，以至于露出很长一截在袖口外，家母对此也无能为力。同时，只要我一舞动手臂，外套的背部就会翘起来，这也无法补救。面对镜子，我才发现自己满头大汗，脸色也苍白得吓人。

家母为了确认没有大问题了，最后又仔细地检查了一遍。然后，拉着我的手到了门厅，扶着我的头，亲了一下。家母鼓励我说："你是世上最帅气的小伙子！"这些鼓励人心的话让我的心情稍微好了一些，也让我对自己有了一点信心。

"不要忘记，你是王族之后。谁也不会比你更优秀，不过在你显露出真正的实力之前，你并不会比任何人更棒。"母亲进一步给我打气。为什么母亲会这样说呢？对此我想解释一下，家母总是说自己是大卫王（King David）的后代，而且她需要证明点什么的时候就倾向于提这一点。

在我匆忙把大衣套在身上之后，家母鼓励性地拍了拍我的后背，让我感到派对上见到的每个人都会相处愉悦。我关上家门，快步走向迪克家。不过很快，那些在家里培养起来的勇气就悄悄地溜走了。当我走到迪克家的时候，夕阳的余晖照在房门上，那个时候深深的恐惧抓住了我。在他家门前徘徊了好几次后，我才鼓起勇气走进去。

在我踏入门内的时候，才发现连门童的穿着都比我的合身。门童礼貌地给我指路：

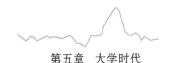

"先生，请到二楼后面。"

我找到了他所说的那个房间，将大衣脱了下来。当时这个房间就我一个人，其他客人应该都在楼下，下面的欢声笑语伴着音乐飘然而至。我急忙看了一眼镜子中的自己，脸色仍旧吓得没了血色，穿的衣服也不合身，脚步沉重，像灌了铅一样，完全迈不开下楼的步子。

不知道我在那里待了多长时间，突然一个女孩的声音出现了："哇，伯纳德·巴鲁克！你在那里待着干什么呢？"是迪克的二妹蓓茜·莱登（Bessie Lydon）。

她过来一把抓住我的手，把我拽着带到了楼下。一路上我最担心身上的那些别针全部掉到地上。当蓓茜将我介绍给一个漂亮的姑娘时，我还精神恍惚地呆站在原地。呆若木鸡的我仿佛看见她站在白色的云朵上，在蔚蓝的天空中漂浮着。对于一个紧张木讷的我而言，这就是当时这位美女留给我的印象。

此后，我记得自己开始跳舞了。但是我的注意力始终在那些别针上，仿佛一直有别针掉到地板上，发出清脆的声音。不过还好，似乎没有人注意到。

虽然当时我跳舞的样子还略显笨拙，不合身的晚礼服不时引发我的担忧，不过我还是快乐地度过了剩下的时光。

到了晚餐的部分。此前几天我都因为这次派对而紧张和担心，因此吃得很少。等到派对用餐的时候，我已经饿得不行了，于是狼吞虎咽，吃了不少。

或许我对参加派对时的穿着耿耿于怀，甚至描述得有点夸张了。不过，当晚穿着的衣服确实不太合适。不过，当晚友善可爱的人们让我逐渐忘却了这一点。我能够在第一次参加大型派对的时候玩得开心，全赖这些人的帮助。

此后，当我看到某个人和我初次在一起显得很尴尬时，我都会想起这件事情，于是我会努力缓和局面，让他能够放松下来。

勇敢不是毫不恐惧，而是在恐惧的时候还敢继续前行。拥抱你的恐惧和焦虑，然后你会发现它们不见了。对抗你的恐惧和焦虑，然后你会发现它们越来越强大。金融交易的亏损也让人感到恐惧，你是拥抱还是对抗呢？系统性亏损是策略存在问题，恐惧无法改变这一事实。合理的非系统性亏损则是交易应该支付的成本，是正常的，恐惧则是完全多余的。

3

经常熬夜做金融交易的人也容易发火，其中有很大一部分原因是身体造成的，俗称"肝火旺"。这个时候需要进行调理，可以找一些有经验的中医诊疗一下。急躁易怒的人，肝脏多少都有一些问题。

拥抱那些让你恐惧的事情吧，它们才能真正让你成长。

除了害羞腼腆之外，另外一个深深困扰我的问题是脾气急躁易怒。我经常发火，家母看到这样的情况后就会伸出一只手来拍拍我的肩膀，安抚我，让我平静下来。家母经常告诫我："要是没什么愉快的事情可以说，那就保持缄默。"

我总是急躁易怒，这副糟糕的脾气可能来自于小时候总遭受挫败和被人欺负。纽约 42 大街那里有一个健身房，我经常在那里训练以便让自己显得强壮。

当时流行一种街头运动，每个参加的人都可以选择自己喜欢的方式奔跑或者行走，或许可以称之为"跑酷"（Go As You Please Race）。我常常去模仿那些获胜者的动作，在纽约中央公园运动。

等到大学毕业那一年，我已经是运动健将了，当时我已经发育完全了，身高六英尺三英寸，体重大概有 170 英镑。令人感到奇怪的是，大部分体重都集中在上半身，我的胸肌发达，而两腿很细，以至于我穿着棒球服或者短裤跑步的时候，总是让路人忍不住笑起来。

在大学里，我既是曲棍球队的成员，也是拔河队的成员，这两项运动让瘦小的我获得了精神上的补偿。

有一段时间，我自认为自己在竞走和短跑上非常优秀，不过当我发现自己跑完 100 码至少需要 13 秒时，夜郎自大的情绪消失了。

不过，我还是不能完全控制住自己的情绪。某天我在大学校园里上楼梯，突然前面有个同班同学骂我，同时还骂了家母，于是我一记摆拳将其击倒。随后，我们两个人都被叫到了校长办公室。校长韦伯将军曾经在葛底斯堡指挥过北方军队的一个旅，算得上一位恪守纪律的军中典范。

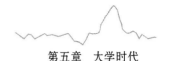

被我打了的那位同学脸上还流着鲜血，韦伯校长盯了我一会儿后突然严肃地训斥我："你不仅是一位绅士，还是一个绅士的儿子，居然打架斗殴。"

"校长先生，是我打了他，甚至我想打死他，因为他辱骂了家母。"

校长让我到更里面的办公室去，一会儿他也进来了。他对我说："像你这样的年轻人，应该去上西点军校，不过我还是要对你做出暂时停学的处分。"

校长建议我去西点军校深造，点燃了新的梦想，我要考上西点军校。报考军校之前，家父对我进行了体检。当他拿着一个发出声响钟靠近我的左耳时，我竟然听不到滴滴答答的声音，一下子让我懵了。原来，我的左耳已经完全聋了。

后来我才想起可能是一场棒球比赛导致的。当时，我参与了与曼哈顿学院（Manhattan College）的比赛。这场比赛在一个叫作莫宁赛德的高地（Morningside Heights）上举行。

当比赛进行到第九局的时候，有两三个人在垒上，我属于跑垒的一方。有几个男孩大喊起来："本垒打，小子，本垒打啊！"

第一个球就被我击中了，现在我都清晰地记得我击球时的巨大冲击力。跑垒者安全地回到了本垒。球被接球手接住的时候，我也跑到了本垒。我撞到了接球手的身上，把他手中的球撞掉了。裁判大声宣布："安全上垒。"

这引发了两队的斗殴。期间，有人拿着球棒猛击我的左耳，虽然当时我什么都没有感觉到，但实际上我的耳膜当时已经被击穿了。当然，我进入西点军校深造的梦想也彻底破碎了。

第二次世界大战期间，我在华盛顿与一些军官一起工作，负责动员和征募人员入伍。聊天的时候我提到了那场导致我左耳失聪的事件，并说如果没有那场棒球赛的话，我现在可能已经是个将军了。

当我从纽约市立学院毕业的时候，由于我积极参与班级

运动促使大脑分泌内啡肽和多巴胺，改变大脑结构，对于神经官能症和自卑有很强的疗效。金融交易面对的压力不小，加上大脑高度运作，容易出现失眠和敏感等神经官能症，定期运动可以很好地改善症状。

活动，成了一个酷爱且擅长运动的人。此后，我开始变得自信起来，感觉自己算得上是一个真正的男子汉了。

大学之后，我并未放弃体育运动，而是继续着自己的锻炼计划，定时到约翰·伍兹（John Woods）经营的健身房锻炼，成了那里的老顾客。这家健身房位于第五大道和麦迪逊大街（Madison Avenues）之间，也就是在 28 大街上，下面还有一家马场，替人照顾饲养马匹，并且出租马匹。

伍兹经营的这家健身房相当于运动者的俱乐部，律师、证券经纪人、牧师，以及一些名气很大的男演员，甚至一些职业拳击等专业运动员也常来这里健身。

虽然我在这家健身馆玩手球，但是大部分的精力还是花在拳击运动上。定期来这里训练的职业拳击手包括鲍勃·费茨西蒙斯（Bob Fitzsimmons）、乔·卓恩斯基（Joe Choynski）、比利·史密斯（Billy Smith）、塞勒·萨凯（Sailor Sharkey）和汤姆·瑞恩（Tom Ryan）等，我经常在旁边长时间观看他们的训练，希望得到他们的指教。如果这些职业拳手某天心情好，就会指导一下我们这些业余拳手，亲自示范一下正确的动作，同时指出我们的问题所在。

费茨西蒙斯曾经指导过我，他认为我的主要问题是出拳不够狠。他具体地给出了建议："当你出拳攻击对手的下巴时，就要想象着要把他的下巴打掉；当你出拳攻击对手的腹部时，就要想象着击穿他的身体。"他还经常鼓励我："在对抗当中，千万不要气馁和发火，要积极而克制。"

在这个健身房里，有一场拳击赛至今仍旧让我觉得刺激和兴奋。我当时和一位红发的警察对抗。他的身高与我差不多，但是要比我重许多。他负责第五大道的治安巡逻，是一个杰出的拳击手。

比赛开始后不久，他就在拳台内追着我打。当时我的鼻子和嘴巴都被打出血来了，不过我仍旧咬牙坚持。我用尽了浑身解数，但丝毫没有用。

当时的我开始支撑不下去了，头昏眼花，勉强站立。此刻，我的对手松懈了，开始放松了警觉，防御出现了空档。我抓住一瞬间的时机，使尽全力，一记左勾拳击中了他的腹部，然后右手拳击中其下巴。

这个高大强壮的警察倒在了拳台上，缩成一团，这是此生当中最让我震撼的一件事情了。当时由于我出拳的力气很大，以至于肩膀都抬不起来了。我站在警察旁边，等他站起来，但是他却一动不动。有人浇了一桶冷水在他脸上，他才缓过来，动了一下。这时候，背后有人拍了我一下，我转过身去，看到一个脸上布满雀斑的人正在咧嘴对我笑，正是费茨西蒙斯。

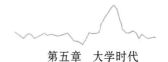

他笑着对我说："真可惜，你不是职业拳击手，多么好的拳手啊。你已经快要失败了，但是却坚持下来，并且逆转了局势，这就是你长期以来的风格。你现在找到那种感觉了吧，或许你现在的感觉并不好，不过另外一个人的感觉肯定比你还糟糕。"

他接着说："只要一个人还有还手之力，那么这场比赛就还没有结束。只要你还能还手，那么就有机会逆转整个比赛。**想要成为冠军和王者，你必须学会坚持到胜利，否则就只能拱手让人。**"

我将上述原则运用到人生的各个领域当中，尽管不能在所有领域都成为优胜者，但的确让我赢得了不少竞争和争斗，倘若我没有奉行这一原则，那么必输无疑。

任何事业和领域，如果你想要成为王者，就必须切实努力，面对其他人的嘲笑和讽刺，甚至威胁和恫吓。你必须去承受屡战屡败的痛苦。

拳击让我获益良多，直到今天我仍旧是一个狂热无比的拳击粉丝。在我年轻的时候，收集了一些卓越拳手的照片。当我结婚之后，仍旧设置了一个拳击台，就在自家房子的地下室，我经常在那里打沙袋。

此外，我还会进行一些力量和耐力的素质训练。这些体育锻炼毫无疑问促进了我的健康，不过这并非最为重要的益处。拳击让我学会控制自己的脾气，让我因此变得强壮而日益自信。

我曾经听说过这样一句话："**如果你有痛击对手的实力，在协商的时候就更容易达成谅解。**"我十分赞同这样的说法。

记住，成为仁慈的狮子！

我在 22 岁左右抱着粗壮的手臂照了一张相。每每看到这张照片的时候，就会感叹刚来纽约的小胖子已经发生了多大的变化了。照片上的我留着小胡子，一头卷发，赤裸上身，强壮的双臂交叉环抱在胸前。直到现在，这张照片仍旧放在我家的客厅里。它总是引发许多回忆，当然今非昔比，我早已不是以前那个懦弱的小男孩了。

跳入时代激流的勇气，足以彻底改变一个人的命运！顺势加码的勇气，同样足以彻底改变一个交易者的命运！

寻找工作

平和而坚定的语气，远比谩骂和退缩有力量。

——魏强斌

1

世上所有的父母都是一样的，他们在孩子尚小的时候就寄予了殷切的希望，希望孩子们按照自己的想法来展开人生轨迹。不过，孩子们总是有自己的打算，特别是那些处在叛逆阶段的孩子，总是倾向于走一条不同于长辈愿望的人生路。

父母希望我们弟兄四个都能接受最好的教育，但最后却只有弟弟赫尔曼和我读完了大学。

幺弟赛铃在 13 岁的时候被送进了一所军事学院上学。那时他还小，正是顽皮逆反的年龄。后来，他在学校打架，不得不离开学校。后来他进入到社会谋生，做过许多工作和生意，当过店员，也开过服装厂，他非常努力，最后他跟着我进入华尔街打拼。

赫尔曼想成为一名律师，最终却成了一名医生。他毕业于哥伦比亚大学（Columbia University）全科医学院（College of Physicians and Surgons），他获得了 PBK 联谊会（Phi Beta Kappa Key）的荣誉钥匙。他的学习成绩是我们四个人当中最好的，以接近满分的成绩毕业。

数年后，他关闭了自己的诊所，步入了华尔街。再后来，由于他的口才超群，先后被派往葡萄牙和荷兰担任大使。1853 年，他在 81 岁时去世了。

我大哥的一生也比较跌宕起伏。小时候，他生了一场大病，差点因此丧命。家母是虔诚的犹太教徒，因此就用自己外祖父哈特威哥·科恩的名字来给大哥取名。家母的外祖父是一名犹太教拉比，母亲希望大哥也成为一个神职人员。不过，大哥并未像母亲希望的那样，最终成了一名舞台艺术者，而我在其中起到了重要的作用。

大哥是我们四弟兄当中最帅气的，身高六英尺，像角斗士一样强壮，是女孩子们的偶像类型。他颇具专业运动员的素质，前后空翻和单双杠都玩得很溜，也擅长举重。

他的力量很大，我记得有一回自己坐在百老汇大街的某家咖啡馆里等他，忽然间有一个身强体壮的男子被扔进了咖啡馆。我才发现大哥正站在咖啡馆的旋转门外。

虽然大哥身体强壮，但在意外失去一条腿后，于84岁就去世了，比赫尔曼离世的时间早了两个星期。

直到现在我仍旧记得大哥首次登上舞台表演的样子。这件事情本身或许没有什么新意，也不能当作光彩的事情来炫耀。不过，有一次威尔逊总统却主动提起，因为他认为这件事非常有意思，当时正处于第一次世界大战时期，政治家们的神经都紧绷着。

大哥有一位挚友，名叫约翰·高尔登（John Golden），是一位戏剧制作人。他将这件事称为"伯纳德·巴鲁克的戏剧性逃跑"，尽管那是我第一次参与戏剧事务。

这件事情还得从我大学毕业快一年的时候讲起。当时，大哥还在戏剧学院学习，这所学院是迪昂·波西考尔特（Dion Boucicault）开办的。当时，他和一个年龄比他大的女人交往，这是一个对他人生影响深远的人。不过，在我们面前他只是把她称作一位优秀的演员。

这位女士为他们两人规划了一个非常精彩的艺术生涯和职业前景，一个舞台演员能够达到的最高水平。这个规划激起了大哥的雄心壮志，不过要实现这一梦想需要一个投资人或者说赞助者。他们的舞台才华需要一次机会来展示，而这

空想和理想之间只差一个词——"实现"：没有实现的理想是空想；实现了的空想是理想。要实现必须得先实践，实践了不一定能够实现，但是不实践一定不能够实现。"交易为生"是空想还是理想，就看你能否实现了，要想实现必须先实践！

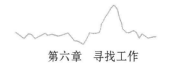

次机会主要取决于是否有投资人。

这位女士有一种强大的舞台魅力。当她和大哥来找我协商投资时，我被这位女士勾画出的利润前景所深深吸引。这位女士也是马克•吐温的粉丝，富有想象力，她在我们的脑海中描绘了一个可以容纳几千人的剧场，坐满了观众，而成本非常低廉。任何人听了她描绘的美好前景，都不得不心动，大赚一笔的机会到来了。这些利润会进入投资者的口袋，而且投资者还能获得艺术赞助者的荣誉。

当时我刚工作不久，每周只能挣到 5 美元，不过我还是想方设法筹集到了一笔钱，为《东部林恩》（East Lynne）这部舞台剧在新泽西州的森特维尔剧场（Centerville）首次演出做准备。

演员的招募非常顺利，大大出乎我的意料。由于演员都是资深的，因此排练似乎变得多余，不过这导致了严重的问题。

首演当天，我提前下班了，匆匆赶到轮渡码头与演职人员会合，然后一起坐船到新泽西。当我们抵达新泽西之后，我分发完了火车票，准备换乘火车。这个时候，这部舞台剧的男主角却提出来要先支付 10 美元的酬劳。此刻我当然没得选择，他当然没有任何意外地获得了那 10 美元。

表演开始了，大幕缓缓升起，座无虚席，那时候我真的是高兴惨了。直到那时，我仍旧对整个表演满怀信心，在我眼里这些人都堪称艺术家，特别是其中饰演大骗子的男主角更是如此，至少他已经提前得到了报酬，当然应该努力演好了。

另外，第三幕的时候女主角需要怀抱一个婴儿，而我们为此专门接到了一个真正的小演员，这可谓费尽心思了，也成了一个卖点。但是，最后还没有演到第三幕，就结束了，以至于我戏谑地说自己扼杀了一个杰出演员的前程。

那些招募来的演员恐怕只能在他们自己心中能被当作艺术家，事实上他们完全不熟悉这部剧的台词。第一幕的时候，

完全不熟悉的情况下进行投资，这就是能力圈之外的投资。

对于演员忘词或者念错词的情况，观众们时而愤怒，时而觉得开心。等到第二幕的时候，观众们就只剩下愤怒了。

尽管观众人数不多，但是肯定超过了演职人员数量，形势不妙啊。于是，我去到售票处让售票员将钱退给观众们，然后，我又跑到后台通知所有的演职人员，幸亏我早早买好了返程车票，趁着情况完全变糟糕之前，我们还是先走吧。于是我们通过一条灯光黯淡的窄巷子，走路抵达了火车站。

在观众还在等待第三幕的时候，我们已经急匆匆地来到了火车站。正在此时，一列火车进站了，我们匆忙跳了上去，以至于都没有仔细看清这列火车究竟去到什么地方。不过，幸运的是它是开往纽约的。

大哥并未因为这场挫折而沮丧和放弃，反而更加努力，不仅在波西考尔特的指导下学习，而且在波士顿学院（Boston Lyceum）进修。他在波士顿学院结识了约翰·高尔登。那时的高尔登是一个志向高远的演员，两人惺惺相惜，成了挚友，以至于家母经常把高尔登称作"老五"（My Fifth Son）。

在持续的汗水浇灌以及各种巡回演出之后，大哥的艺术才华终于获得了认可。《科西嘉兄弟》（The Corsican）的导演邀请大哥加盟，大哥以南森尼尔·哈特威哥（Nathanial Hartwig）这个艺名第一次出现在纽约舞台上，这部剧的主演是罗伯特·曼特尔（Robert Mantell）。此后，大哥又加入到了玛丽·维恩莱特（Marie Wainwright）创办的剧团，成了剧团的核心人物，出演一些经典剧目，例如《茶花女》（Camille）、《造谣学校》（The School for Scandal）以及几部莎士比亚的经典剧作。

在《卡门》（Carmen）这部剧当中，大哥与大名鼎鼎的奥尔加·奈瑟索尔（Olga Nethersole）演对手戏，这出戏创造出一个新潮的词汇——"奈瑟索尔之吻"，而这当中还有大哥的功劳在其中。

在这部剧当中，大哥饰演唐·何塞（Don Jose）。他站在酒吧门口看着卡门在眼前起舞，接着就是经典的一幕。大哥霸道地将奈瑟索尔小姐搂入怀中，抱着她快步上楼。上楼过程中，两人持续激烈热吻，以至于宣传海报上将之称为舞台剧中有史以来时间最长的吻。

此后，大哥在主演《萨福》（Sappho）的时候，再度和奈瑟索尔小姐合作，再度刷新了热吻和拥抱的时长，以致警察闯入剧场，轰动一时。不过，当时的大哥已经决定退出舞台艺术界了，实际上他当时的注意力已经近乎全部地集中在华尔街上了。

2

现在回到我的择业情况上来，最初家里规划的是让我子承父业，成为一名医生，不过我的现实情况让家母改变了其最初的想法。

当举家搬到纽约之后，萨缪尔·威特考斯基（Samuel Wittkowsky），也就是伯父赫尔曼的合伙人从南卡罗来纳州到纽约来采购东西。在和家母聊天的时候，威特考斯先生建议带我去见福尔医生（Dr. Fowler）。听到这些，我突然一阵厌恶，因为我并没有任何疾病，为什么要去看医生呢，其实，这名医生严格来讲是一名颅相师（Phrenologist）。他的办公室在斯蒂沃特商店（A.T.Stewrt's Store）对面，后来这家商店改名为约翰·瓦纳梅克商店（John Wanamaker's Store）。

福尔医生是一位言谈举止高雅温和的绅士，他带着金丝眼镜，让我记忆深刻。他仔细地看了我的头，然后用手指抚摸我的额头："夫人，你打算让你的孩子将来从事什么职业？"

"我计划让他成为一名医生。"家母答道。

"他确实能够成为一位优秀的医生，"福尔医生睿智地表示赞同，随后他进入到正题："不过我的建议是让他去更大的舞台展示才华，比如金融或者政治领域。"

后来，家母告诉我，正是这番对话让她决定不让我子承父业做医生的。

当我于1889年从纽约市立学院毕业时，对未来感到一片茫然。出于谋生的考虑，我开始为秋天进入医学院做准备，阅读医学相关书籍。不过，当时的我对于医生这份职业并无多大兴趣和信心。家里提起我的职业选择时，家母总是不失时机地讲起颅相师的话。家父当然知道这是引导我步入商界，他思考良久之后说了一句话："孩子，别当医生，除非你真的喜欢这份职业。"

经不起家母的反复唠叨，我只好放弃了攻读医学院的打算，着手找一份工作。不过，求职的过程真的是非常曲折，甚至让我万念俱灰，美好前途的希望完全破灭了。作为一个大学生，没有谁愿意从最底层的工作干起。按照招聘启事，我发了许多求职信，最后都渺无音讯。最后，实在找不到工作，我只能把家父的病人列出一个名单来，希望能够通过这些人找到一份工作。

这份名单上，我拜访的第一个人是大名鼎鼎的古根海姆家族的丹尼尔·古根海姆

（Daniel Guggenheim）。当时的我只有 19 岁，但是比丹尼尔先生还高出一英尺，让我有点局促。

丹尼尔先生见到我的时候，面露笑容，非常友善，颇具绅士风度，当然他也注意到了我的腼腆和尴尬。但是，对方的笑容也让我悬着的心放了下来。丹尼尔先生告诉我古根海姆家族计划进入采矿和冶炼行业，并询问我是否愿意当一个矿石采购人员，工作地点在墨西哥。

虽然家母善于决断，从不拖泥带水，而且总是鼓励我们弟兄四人要目标远大，但是却在去墨西哥这件事情上明确表示反对。她希望儿子们都能够留在国内，最好是在她身边。

家母总是表达希望我们住在离她更近的地方。某日，我和她一起漫步在第五大道上，她指着威廉·C.惠特尼（William C. Whitney）位于 57 大街的宅邸说："将来的某一天，你也会住到那样的宅子里面。"数年之后，当我告诉家父自己已经在 86 大街和第五大道的交界处的角上买下一处宅邸的时候，她又提起了相同的话题。

不能去墨西哥，我又转向了名单上的另外一个人查尔斯·泰特姆（Charles Tatum）他经营在位于巴克莱大街（Barclay）86 号的惠托尔—泰特姆公司（Whitall, Tatum & Company）。这家公司主要经营药剂师使用的玻璃器皿的批发业务。

泰特姆先生是费城的基督教贵格会教徒。在我大学毕业那年的夏天或者秋天，我进入他的公司当了学徒，这是我的第一份工作，工资为每周 3 美元。

某日，泰特姆先生突然让我去"摩根先生的办公室"（Mr.Morgan's Office）取一些证券，其实就是去德雷克塞尔—摩根公司（The Banking House of Drexel, Morgan & Company）。当我踏进那栋华尔街历史最悠久的大楼之一时，没有办理登记任何手续，工作人员立即把我带到了摩根先生面前。

我现在已经回想不起摩根先生对我说的话了，没有什么印象了。当时的我注意力全部集中在摩根先生那众人议论的鼻子和黄褐色的眼睛上，当然他的鼻子和眼睛增添了其神秘

> 每个人都是独立的个体，都有各自的合理利益诉求，但是资源是稀缺的，因此必须寻求大家都能接受的均衡和妥协。作为孩子，要在个人发展和照顾父母两方面兼顾，不能偏颇任何一方面。

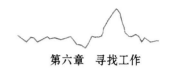

色彩，与他的影响力相得益彰。

当时的我非常迷恋拳击，并且已经练习了一段时间。当时我脑子里浮现出来的一个想法是摩根先生如果是职业拳手，会有如何不俗的表现呢。接着，我又想象如果现在摩根先生骑在一匹骏马之上，手持战斧，其英姿与查理曼大帝（Charlemagne）多么相似啊。

与摩根先生的会面，其实并未驱动我进入华尔街。如果摩根先生真的激励了我进入华尔街，那么这是一个非常好的心灵鸡汤文学。事实上，让我步入华尔街的是一家赌场，大多数行为端正的人都称这家赌场为"地狱赌场"。

摩根财团的人看到这段话，肯定非常受用。

3

纽约的夏天总是炎热无比，每当夏季来临时，父母就会带上我们到新泽西州的朗布兰奇（Long Branch）避暑。这是一个颇负盛名的度假胜地，里面有划船、垂钓、沐浴和赌博等各种休闲娱乐项目。最为重要的是在夏天这个地方非常凉爽宜人。

家父就在西端宾馆（West End Hotel）做专职医生。宾馆提供了一个套房，一共两个房间，一个作为办公室，另外一个作为卧室。周一到周五我会在城里当学徒工，但是心里一直挂念着家人。到了周末，我和大哥一起去朗布兰奇和家人团聚。我们俩一般是周六下午出发，朗布兰奇距离我俩工作的地方很近，因此很快就能到。我们两兄弟晚上就睡在家父的办公室里面的折叠床上，这是专门准备的。

偶尔我也会在新泽西的小银镇（Little Silver）的一家公寓小住一下。这家公寓的经营者在当地非常有名望，名叫迪克·博登（Uncle Dick Borden）叔叔。这家公寓距离快乐海湾（Pleasure Bay）非常近，这里的住客可以到那里去玩帆船，那

是一项非常刺激的户外运动。现在，我还记得驾着迪克叔叔名为爱玛 B.（Emma B.）的小帆船绕过普莱斯码头（Price's Pier），穿过什鲁斯伯里河（Shrewsbury）。驾驶帆船的时候，我只穿一条帆布裤子，鞋子、上衣和帽子都不用，享受自由和闲暇的美好时光。

我熟练地操纵帆船尽可能贴着岸边航行，以便展示我高超的驾驶技术。这个时候，我突然听到一位女士的甜美而富有魅力的声音。我抬起头来环顾四周，在码头上一个非常显眼的地方站着一个大美女，而大名鼎鼎的运动员弗雷德·杰布哈特（Freddie Gebhardt）则站在她身边，两人的关系看样子应该不简单。那个大美女正在逗杰布哈特开心，而我则成了开心的引子，她开始对我一番略带戏谑的评论。当然，我听了之后五味杂陈，就没有关注了，这里也不再细说了。

当然，这位大美女总体上还是赞美我的，虽然做人要谦虚，但是我还是很感谢她的评价的。不过，当时我过于注意她的评价，甚至忘记了对帆船的操控。忽然间，一阵大风袭来，吹在我的帆上。其他帆船上的人都大声提醒我，这时我才急忙回过神来，迅速采取操作，排除了险情。此后，我当然也没有弄船耍帆的闲情逸致了，专心于安全返航。但是，心里却很难平静，因为那时浮现出那位大美女赞美我的话。后来，我才知道这位大美女就是名气很大的女演员莉莉·琅翠（Lily Langtry）。

回到迪克叔叔的公寓后，我就步行前往蒙茅斯（Monmouth）参与赌马，这个地方在三英里开外，我之所以步行是因为可以省下 50 美分作为赌博筹码。这点路程对于年轻时候的我算不了什么。赛马场有许多名贵的马匹，有特尼（Tenny）、汉诺威（Hanover）等。当时许多参与赛马和赌马的名门望族，如奥古斯特·贝尔蒙（August Belmont）、弗雷德·杰布哈特（Freddie Gebhardt）和劳瑞拉（Lorillard）等，而卓伟雅思（Dwyers）家族经常是下注最大的名门。现在仍然想得起的骑手有墨菲（Murphy）、麦克拉弗林（McLaughlin），以及因为最后冲刺而逆转赛局的加里森（Garrison）。

朗布兰奇这块地方遍地是赌场，因此也成了度假的天堂。在家父工作的西端宾馆旁边就是菲尔·达利开的一家赌场。我不会到这家赌场下注，不是因为距离父母住处近，而是因为下注门槛高，一个筹码至少需要 1 美元，我可没有那么多钱。不过，我会去闲逛。

这家赌场非常热闹，里面有小贩、赛马下注登记人、运动员、证券经纪人、商人和银行家等。当然，真正有社会地位的名流都去包间了，他们可不希望被大众看见参与赌博。

某天晚上，我正在兴致盎然地观看轮盘赌（Roulette）和法罗牌（Faro）。忽然有一个资深赌徒走过来，名叫帕特·西迪（Pat Sheedy），他拍着我的肩膀说："小伙子，有

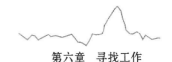

些话我想对你讲。"他示意我到外边的走廊上，方便说话。于是，我跟着他走出了赌场大厅。

"嗨，小伙子，我已经关注你很久了。你一直在这里逛来逛去，无所事事。你应该听一下我这个资深赌客的意见，切勿再来这类地方了。想知道，为什么我认识你吗？几天前的一个夜晚，我突然肚子不舒服，痛得难受，后来就是你的父亲给我诊疗的。他的人品似乎不错。同时，我也见到了你的母亲，也很善良谦和。一看你的双亲就是老老实实过日子的人，如果你沉迷在赌场当中，他们肯定会伤心的。当然，你也不会从赌场捞到任何的好处。"

不过，帕克·西迪的这番忠告丝毫没有说服我，我仍旧在各个赌场穿梭。又过了几个晚上，我的一个朋友迪克·邦索尔（Dick Bonsal）建议我们到另外一个赌场去玩一下，这是达利家族经营的一个场子。迪克是一个富二代，他自己也是出手阔绰。

迪克建议的这个赌场，门槛要低一些，只需要50美分的筹码。我换了两三个筹码后，就坐在轮盘赌局的桌子边认真观察，内心毫无把握，非常忐忑，犹豫不决。最后，我是在下注后挣到了2美元，手气还不错。

整个房间突然间安静了，一点声响都没有，连那个荷官也停下来了。我抬头查看到底发生了什么事情，一眼看到家父正站在门口。要知道，家父在朗布兰奇这个地方从事着令人尊敬的职业。而他的儿子却作为一个赌棍出现在了这里，这让我羞愧万分，无地自容。

事实上，我第一次参与赌博其实是家父给的钱。当时，我们父子两人正在赛马场。我告诉他，自己认为一匹叫帕萨（Pasha）的马会赢得比赛。家父认真地看了我一会儿之后递给我2美元说，如果你认为自己是对的，那么就坚持自己的判断。但是，帕萨的表现不尽人意，我人生的第一次赌博也就草草收场了。

不过，在家父看来赛马场的下注和赌场赌博是两回事，

绝大多数赌场，其实并非赌客与赌客之间的博弈，而是赌场与赌客之间的博弈。赌场总是不断地朝着完全有利于自身的方向完善和修改其规则。其实，很多金融界的资深玩家也喜欢玩得州扑克，这项具有赌博性质的活动其实更倾向于赌客与赌客之间的博弈。

性质是完全不同的。他走到轮盘赌局的桌子旁边，用温和的眼神望着我，同时用平和的语气说："孩子，等你弄完了，就出来，我们一起回家。"

我三两下就收拾好了，走在家父的前面出了赌场。在赌场外面，大哥站在那里。我当时就认为是大哥告的密，羞愧感烟消云散，反而有一种愤怒感，源自于大哥的背叛。

"到底是怎么一回事？为什么爸爸会到这里来？"我降低声音质问大哥，同时又怕被家父听到了。

大哥解释说他并未告密，是此前父母让他叫我回家，于是他在海滩到处找我，结果没找到。于是他们开始担心我是不是掉水里了，家父也匆匆忙忙出来找我。

回到西端宾馆，我和大哥默默地脱掉了外衣，准备上床休息。此时，家父并未责怪我，等到我和大哥躺在折叠床上时，他才开口，语气并不激烈，反倒相当平静："倘若你到了我这个年纪，那么就会明白为什么我会把儿子从赌场叫回来了。"

家父走了后，我已经进入到半睡眠状态，不过突然折叠床动了一下。我张开眼睛一看，母亲坐在旁边，将我抱在怀里，安慰了我几句，但是我心里却变得不平静起来。

当天夜里，我辗转反侧，难以入睡。心中总是出现一份忏悔感，伴随着那个帕克·西迪的话，觉得自己给家里人带来了巨大的耻辱。第二天早上，大约 5 点的时候，我悄悄穿好衣服并走了出去，怕吵醒了大哥。我步行到火车站，在站台边上的小饭馆里同车夫和商贩们一块吃了早餐，然后搭乘第一班开往纽约的火车。当早上的太阳缓缓升起的时候，我也变得积极奋发起来。我对自己说：一个身体健康的 19 岁男孩是不会就此消沉下去的。

当我回到纽约城的时候，我已经将前一晚发生的事情抛在脑后了，或者说是我故意的。我去贝尔维纽学院（Bellevue College）找表弟马科斯·海曼（Marcus Heyman），我发现他和同学们正在打扑克牌。他们经常在星期天打一天的牌来消磨

> 平和而坚定的语气，远比谩骂和退缩有力量。

082

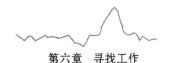

周末的时光。我提议他们到我家去打牌，因为当时家里刚好没人，同时我也高兴地加入到他们的牌局中。

我们正在地下室玩牌，马科斯不经意地抬起了头，忽然大喊起来："啊！姨妈回来了！"

我抬起头来，真的是家母回来了，她徐徐走下来。当家母走进房间的时候，我们都赶紧穿上外套，把扑克牌收了起来，不希望她见到这些东西。当时，我不敢正眼看母亲，因为她肯定已经把我看成无药可救了。同时，我也怕从她的眼里看出伤心和深深的失望。不过，她似乎并未像我想象的那样，而是跑到我身边，展开双臂将我抱住："孩子，见到你真是让我高兴，你本来就敏感，我非常担心你会想不开！"她这样说的时候，泪水已经流进了我的衣领里。

听到母亲这样说，我更加自惭形秽，但也让我对母亲的爱更加深沉了。接着，家母告诉我一个好消息，在来纽约的火车上通过别人介绍，结识了尤利乌斯·A.科恩（Julius A.Kohn）。此君是一个退休的服装贸易商，目前正在华尔街经营一家投资公司。他告诉家母，他的公司正在招聘一个愿意进入投资银行的年轻人，勤奋努力，愿意从零开始，严谨认真，诚实正直。另外，他还强调不能有不良嗜好。

家母非常热情地告诉自己认识一位符合这些要求的年轻人。

"他是谁？"科恩先生追问到。

"犬子，伯纳德！"家母完全没有注意到科恩先生的最后一条邀请。

次日，我如约拜访了科恩先生，他向我解释说在欧洲学徒是没有薪水的。即便是学徒工干了非常长的时间也是如此，因为他们是来学习的，他们本身无法创造价值。结果就是，他也不准备向我支付任何酬劳，不过他会全心全意教授我如何成为一个行家里手。

我决定接受这份挑战，进入华尔街。此后，我向惠托尔—泰特姆公司递交了辞职信。这就是我在正式踏入华尔街之前的工作经历。

4

我的新雇主是一个对下属和学徒要求极高的人，不过他并非不友善。事实上，科恩先生为人非常谦恭有礼，平易近人。从一开始，我就发现这是一份饱含激情的工作，

充满挑战，存在大量的学习机会。这与此前的惠托尔—泰特姆公司形成鲜明的对比，在那里工作是重复和单一的，让人感到沉闷单调。

科恩先生不仅教导我一些日常业务，还专门传授了复杂的套利交易（Arbitrage）以及其中的细节。具体来讲，同一只证券或许同时在许多地方上市，那么就会出现同一天在不同市场的价格差异，如一只股票在纽约、巴尔的摩、波士顿、阿姆斯特丹和伦敦等市场的报价存在差异。套利交易者可以在阿姆斯特丹买入，同时在波士顿卖出；或者在布恩思伯勒买入，同时在纽约卖出等，这样操作便可以赚到其间的差价，这就是套利的利润来源。

当时，证券市场存在许多简单的套利机会。

虽然我是一个刚来的新手，要负责一些外围工作，但是科恩先生仍旧给予了我真正的机会，因为我参与了外汇套利工作。这是一项对信息捕捉能力和计算能力要求很高的工作。因为汇率套利的利润往往来自于细微的差异。

在大量的实践后，我能够快速计算出某一货币兑换成荷兰盾、英镑、法郎、美元和德国马克的数值。我的这种能力在第一次世界大战和凡尔赛会议期间大显神通，当时我奉命处理一些难度极高的国际经济问题。

科恩的公司也参与到新发行铁路债券的交易中。在铁路公司重组的时候，会发行一些新的债券来替换老的债券。这项交易中存在风险，因为其中存在一些不确定性。如果重组后铁路公司的业绩表现喜人，那么新债券的价格就会显著高于老债券。当有铁路公司在重组时发行新债券替代老债券的时候，也存在通过买入老债券同时做空新债券获利的可能。

事件套利，巴菲特也玩这些交易。重组的题材投机和事件套利，各有侧重，但是前提都是重组事件本身。

除了重组后存在业绩风险之外，重组本身也存在极大的风险，因为重组最终有可能流产了，那么新债券就会一文不值。因此，我说这是一项风险较高的投资，当然利润也非常丰厚。

尽管我是一个资历尚浅的新手，但是在目睹和参与上述业务中，我也逐渐掌握了各种类型套利和外汇交易，对资产

重组和投机也有了很好的经验。我的一大爱好就是翻阅以前的交易记录。在我看来，我似乎对金融交易存在一种天赋，可以通过自学掌握这门技能。我在金融交易领域持续努力，以至于我成了大西洋西岸的主要套利交易者，并因此在华尔街声名鹊起。

事实上，当我来到科恩先生的公司后不久，他就给我发薪水了，每周3美元。当年夏天，家父决定回一趟老家。他在很小的时候就背井离乡，这是35年来首次回到欧洲。当时，赫尔曼伯父、家父和我们弟兄四人都到哥伦比亚号（Columbia）上给家父送行，这条船属于德国汉堡船运公司（Hamburg Line）。赫尔曼伯父一直非常喜欢我这个侄儿，于是他问家父为什么不带上我一块去，让我长长见识。

家父思索片刻后告诉我，只要我能够在船舶起锚之前收拾妥当赶来，就带我一同去欧洲。但是，那时候已经是深夜了，有轨电车早已经停运了，在当时看来这简直是不可能完成的任务。不过，我内心深处明白，这是一个难得的机会，最终我还是及时地赶上了这班船。

上船后，我被安排到了一个极其狭窄的船舱内，另外三位是古巴人。我们四个人都晕船，一直就这样晕乎乎地到了欧洲。

前面我已经提到了在德国的祖父母，他们给我留下了极为深刻的印象。我们父子俩专门去家乡探望了他们，然后就去了柏林。这是德国的首都，贸易和商业为这座城市带来了巨大的繁荣。最让我印象深刻的是勃兰登堡（Brandenburg）的石山和城市中随处可见的德国军官。

家父毕生都厌恶德国的军事狂热主义，当然他的这种情绪也影响到了我。那些身着军装、走起路来不可一世的军官们，让我心里十分排斥。当时，我对拳击非常感兴趣，而且正在练习，以至于我认为自己可以和任何一个德国军官进行一场对决。我记得自己当时年少气盛，甚至对家父说，如果哪个军官敢在我们面前撒野，我就会回敬他一拳，但是他劝

年幼或者年轻的时候，游历世界能够极大地提升一个人的格局。读万卷书，行万里路，做一件事，这也是我的口头禅之一。做金融交易，更需要大格局和深远的眼光，希望本书的读者们也能依此砥砺前行。所谓富养女和穷养儿其实是表象，砸钱培养子女的见识才是本质。富养的女儿，也可能吃不得苦，沉迷于物质之中不能自拔；穷养的儿子，也可能自轻自贱，鼠目寸光。读经典，游四海，这才是真正的王道！

我理性："孩子，那样做并不值得，太鲁莽了！"

这趟游历，出发时非常匆忙，以至于无法先向科恩先生请假，家母向他做了解释，希望取得他的谅解。当我回到纽约之后，他就让我继续回公司上班，言辞态度都非常温和，不过我并没有在他的公司待多长时间。原因是当我游历欧洲之后，心已经无法再像以前那样安稳了。眼界扩大，让我忍不住想要到更广阔的天地去打拼一番。最后，我和迪克·莱登准备去卡罗拉多淘金，准备在那里的金矿寻找发财机会。最初我预计母亲会反对我去，不过出乎意料的是她并未阻挠我。

我们坐了很长时间的汽车，似乎过了一天一夜，才到了丹佛（Denver），然后在车站换乘了马车继续前往科瑞普尔克里克（Cripple Creek）。科瑞普尔克里克是一座城镇，不过面积非常大，聚集了大量的矿场，这里有许多酒馆和歌舞厅，当然还有最吸引我的赌场。不过，当地的赌场都是比较低端的，因此那里的人们荷包普遍还不够鼓。

到了后，我们暂时住在镇上最好的宾馆里面，名叫皇宫宾馆（Palace Hotel）。我们到这家宾馆的时候已经非常晚了，被安排到一个放满折叠床的大房间里，于是我们只好从那些熟睡的人身上跨过去，以便到自己的床上去。

那些一夜暴富的传言和故事在这个小镇上广泛流传，这当然让我们非常兴奋，这表明我们来对了地方，说明我们是有眼光的。我记得其中一个故事讲的是一个木匠因为拥有了一个矿藏丰厚的矿场而一夜暴富。

当然，还有一个广为流传的股市是关于汤姆·沃尔什（Tom Walsh）的，他是艾佛林·沃尔什·麦克利安（Evalyn Walsh McLean）的父亲。当我后来在华盛顿进入政界时，认识了麦克利安，成了我的好友，他当时拥有"希望钻石"（Hope Diamond）。

如何参与到矿业的繁荣中去呢？在经过全面而认真的研究之后，我觉得将自己的资本投入到一只矿业股上，这只股票名叫"旧金山矿业"（The San Francisco Mine）。这是我买的

> 见识大变，则格局大变，然后就是行为大变，最后就是人生大变。

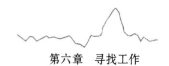

第一只股票，非常有纪念意义。等我把钱投入到股票中之后，本金也就所剩无几了，我们不可能继续住在皇宫宾馆，因为那是一件奢侈的事情。于是，我们搬到了公寓。从纽约带来的西装也被我收了起来，因为要到与毗邻旧金山的矿场做矿工来维持生计。

具体来讲，我是一名挖石工（Mucker），这份工作应该是矿场里面技术含量最低，但却是最累的活了。当爆破工完成工作后，我们就立即上去把炸开的矿石收集起来，运送到直达地面的矿车当中。这份工作听起来十分简单，不过并不轻松。

我刚干这份工作不久，就有一个高大强壮的矿工来挑衅。我心里想照这样下去，打一架是不可避免的了。如果真要打架，那么先发制人是最好的办法。不过，还没等到一个很好的时机，我已经忍不住揍了这个人。在这个大个子再度激怒我之前，我已经先动手了。

我一跃而起，给了他重重的一拳。我将他击倒在地，此后他再也没有来找过我的麻烦了，其他人就更不敢来惹我了。

莱登也同我一起工作，我们是白班，这样晚上就有时间去赌场寻找机会了。我更喜欢皇宫宾馆经营的那家赌场，因为那是这个镇上最好的一家。我们两人每晚都会去这家赌场参与各种赌博，结果几乎总是把我们在矿场上挣的钱输了进去。

我这个人善于观察和分析，于是我对轮盘赌局进行了一番仔细的研究，发现轮盘肯定是被赌场精心设计过的，能够被操控。当赌客们下注非常大的时候，轮盘总会在有利于赌场的一侧停下来。因此，我选择与绝大多数筹码相反的位置，这样一晚上下来我反而能够挣到几美元。

> 在非零和博弈中，选择与绝大多数人相反的行为反而容易胜出。

在赌场手气很好的时候，让我认为自己找到了一个稳定的收入来源，以至于不用去矿场干苦力也能维持生计。等我刚刚生起了这种想法的时候，赌场老板却把我叫到一边，警告我以后再也不要来了。

不过，失之东隅收之桑榆。矿场把我提拔成了爆破工，这样我就不用十分辛苦地搬运矿石了。爆破工要比挖石工更

投机巨擘回忆录——巴鲁克自传：顶级交易员深入解读

有些格局，无论你多么优秀，也只能深陷困境，非常努力也只能收获甚少。富二代是一种被动的有利格局，我们无法选择，但是存在大量的有利格局是我们能够主动选择的。

加轻松，但是我最大的兴趣仍旧是"旧金山矿业"，这家公司就在我上班这家矿场的旁边，我抓住有限的机会与旧金山矿业的矿工们聊天，以便了解更多的情况。在长时间的了解之后，我发现手里这只股票并没有预想中那么好。当时花言巧语将股票卖给我的那个人，向我展示了这家上市公司的辉煌前景，但事实证明这是我最糟糕的一笔投资。这笔投资让我学到人生的第一堂理财课，投资矿业公司往往是糟糕的买卖。

现实让我意识到纽约才是适合我打拼的地方，也是适合我放松和休闲的地方。当然，迪克·莱登也有同样的感触。在科瑞普尔克里克，我们俩的雄心壮志遭受了考验，挫折让我们几乎失去了信心。结果就是我们决定离开这个淘金小镇，回到纽约去，回到家庭的港湾去。我继续回到华尔街打拼，直到我的挚友伍德鲁·威尔逊让我脱离困境。

教训让我们进步

没有复盘，就不可能有进步。失败并非成功之母，复盘才是成功之母。

——魏强斌

1

股票市场对人的影响超乎想象，不可思不可议。当我年纪轻轻就进入到华尔街，参与股票交易，那时候对许多东西都不甚了解。虽然对专业技能和知识的掌握需要花费大量的时间和精力，但是对华尔街上的人心百态，我很快就见识到了。

为了挣钱，人们费尽心思，用尽各种伎俩，为了探听内幕消息使出浑身解数。如果他们认为你知道一些有价值的消息，就会对你曲意逢迎，热情地邀请你一块出去游玩，请你吃饭和看戏，甚至在家中设宴款待或者是到私人会所玩乐。倘若你认为他们这样做是出于真心交友的话，那么你就完全错判了情况。在这些热情的背后，他们想方设法想要从你这里打听到一些有价值的信息。他们会打着友情的幌子，展开不起眼的精心询问。

他们的掩饰工作做得很好，因此很难察觉到他们的动机。他们会将关键的问题穿插在各种寒暄和交谈之中，甚至一些看似毫不相关的评论和闲聊都有玄机在其中。他们神情自若，语气语调也很自然，甚至你完全意识不到就已经走漏了风声，说漏了嘴。

明白了这些之后，我在华尔街的事务中就力图恪守特拉普修道士关于缄默的戒律。守口如瓶，防意如城，不说那些无用的话。在孩提时代，我们经常读到这些修道士的

故事，但令人意外的是到了华尔街之后我竟然会与他们一样，需要遵从沉默不语的戒律。

毕竟，华尔街的阴谋诡计太多，稍不注意就会中了别人的圈套。即便是闲谈之中，也是陷阱重重，为了避免无意中上当或者泄露重要信息，我只能尽量不说话，少说话。但是，就算这样，也会激发别人从你口中套取有价值信息的强烈动机，因为他们可能认为你掌握了某些重要的信息但是故意保持缄默。

在华尔街的这些年，大量的询问信件涌向我家的邮箱。当我写下这段话的时候，又有不少信件送到。写信的人绝大部分都从未与我见过面，但是形形色色。有一次，有一份来信中甚至夹带了 15000 美元的现金，这是一位上流社会的遗孀写来的，她询问应该马上投资还是等一段时间再投资，以便能够更好地为晚年生活建立起足够的经济保障。

在这些信件当中，有一些经常被提及的问题。例如："现在的情况下年轻人要想白手起家的话，是否与你当年在华尔街一样容易呢？"

"你究竟是怎么判断出 1929 年的股市已经处于顶部位置呢？"

"随着年岁的增长，身体越来越差了，无法靠体力劳动维持生计了，请问有什么适合我的投资项目吗？稳赚不赔，让我能够把一辈子辛苦攒下的钱投入。"

"请你给出一些投资的建议，因为我有一笔资金可供投资，而且可以承担大幅的亏损。"

从上述一系列问题中可以看出，这些写信的人基本都把股市当作一个可以施展致富魔法的地方，犹如中世纪的炼金术一般。他们乐观地认为只要进到股市中，等到出来的时候，就成了腰缠万贯的富豪了。

如果股市真的存在暴富的简单秘诀，那么我也无法抵抗其诱惑。在华尔街和证券市场上，许多人都对内幕消息趋之若鹜，他们寄希望于一夜暴富而且不用承担任何风险。

事实上，我们这些在华尔街积累了大笔财富的人，并非纯粹依靠良好的运气，而是因为我们投入了大量的时间实践，并且从教训中不断进步，形成并且完善了一套有关金融交易的系统和策略，而这些东西即便到了现在仍旧具有普适性。

大众将华尔街看作一个巨大的赌场。不过，事实上华尔街与赛马场存在巨大的差异。华尔街的搏杀要远远激烈得多。但是，不管我怎么苦口婆心地劝说，那些痴迷于在华尔街一夜暴富的人都是不会醒悟并离开的。所以，我也懒得费力气在劝说上。

金融市场神妙难测，无论是股票价格还是债券和商品的价格，都是普通人完全无法理解的。股票市场涉及的因素错综复杂，毫不夸张地说任何事物都与股票市场密切

相关，不管是科技创新与发明，还是汇率的波动、异常天气和战争等都会影响到股票市场。许多因素和事件看似在遥远的地方发生，或者是相隔久远，但仍旧会对股价产生深远而显著的影响。

可以毫不夸张地认为股票市场是商业和经济，乃至社会和政治的晴雨表。当然，**所有事件和因素对股票市场的作用，都离不开人这个核心因素**。我们需要明白的一个重要的市场真相是：**如果你想要更好地把握市场的波动，那么需要关注的重点并不是事件和因素本身，而是大众对这些事件的预期和反应**。

我们可以作一个简单的比喻。事件和因素好比地震，而大众对地震的反应好比是地震仪。只不过在华尔街，所有的参与者构成了一个巨大的地震仪，大众对事件和因素的认知和预期的集合就是地震仪绘制的曲线图。

换而言之，**人是股票市场中最为重要的因素**，正是其中的参与者在竭力地预判未来。人类的生存和繁衍的欲望使得他们努力不懈，也使得股票市场充满了斗争的味道，无论是男人还是女人都参与其中。买家和卖家持有相反的判断，他们在贪婪和恐惧的驱使下相互竞争，避实就构成了他们的基本策略。在股票市场上的所有博弈都受到对财富渴望的驱使，说得更好听一些就是因为雄心壮志的驱使。

初入华尔街的时候，我只是懵懵懂懂的外围人员，完全不知道上述这些东西，所有的错误都犯了至少一遍。年少轻狂和眼高手低让我经常错得离谱。回过头来看，我在华尔街的经历堪称人格教育。在金融市场摸爬滚打的成长过程，让我逐渐领悟到关于人的精髓和要点，这些知识和技能远远比技巧本身更为重要。

毕竟，金融方面的知识和技巧往往只局限于这一领域，而关于人性的知识却能够用在所有涉及人的事务上。**随着我此后转向公共事务和政治领域，我越发觉作为一个投机客所具有的优势。在华尔街上领悟到的人心和人性，使得我在应**

> 无论是投机，还是投资，都离不开对心理因素的考量。索罗斯重视反身性，巴菲特重视市场，彼得林奇注重冷门股等，不一而足。

> 金融交易者与政治家有相同的工作：处理人心与利益。

对政治的事务时游刃有余。

因此，无论是我站在股票行情报价机前查看行情走势，还是在白宫发表公开演讲，或者是参与战时理事会和战后的和平协议，以及努力控制核能运用的风险时……**不管我在什么领域，人性都是一样的。**

2

我真正开始在华尔街起步是在 1891 年，当时我在豪斯曼证券经纪公司（A.A. Housman & Company）工作，这家公司位于交易大街 52 号。不过让人觉得不好意思的是，我也是依靠家母请托才入到这家公司的。我的第一份工作是通过母亲的努力获得的，这份工作也一样。

家母在投身慈善事业的时候，结识了德弗雷斯（A.B.DeFreece）先生。家母在为雅各布·西弗（Jacob Schiff）创立的蒙特菲欧慈善之家（Montefiore Home）募集善款时，认识了德弗雷斯先生，与他一起打理募款会，并且获得了这位先生的赞赏。

当我从科罗拉多回到纽约时，家母就介绍我专门去拜访了这位先生，而他又将我进一步引荐给了阿瑟·A.豪斯曼（Arthur A.Housman）先生。

豪斯曼先生有一个弟弟名叫克莱伦斯·豪斯曼（Clarence Housman），他性格温和，身材矮胖。当我们举家刚到纽约的时候，我去学校上学，就是他答应老师每天带领我上下学的。当我进入到豪斯曼先生的公司后，与他成了同事，一起工作。他是这家公司的会计，而我是一个负责行政后勤的办事员。这份工作每周能够给我带来 5 美元的收入，在那个年龄阶段这是能够获得的最好报酬了。

为了让我的工作成果与薪水相称，每天早上我都会早早地去开门。然后，将豪斯曼先生的办公室和办公桌打理得井井有条，笔墨纸摆好，否则豪斯曼先生就会觉得有些不对。接着，我会将好朋友克莱伦斯的账目从保险柜里面取出来，放在他的桌子上。而我剩下的工作就是摘抄信件并制作索引，以及编制公司的月度报告。最为棘手和烦人的事情，是其他公司的后勤和行政人员过来，我就需要查看繁复的资料。

当时还没有统一的股票交割清算机构，因此我们需要将交易后的股票送到持有人的经纪公司那里，通常而言我们需要在第二天的 14：15 之前将股票送到。

那时候，许多证券经纪公司集中在交易大街西北面的百老汇大街上的一栋大楼中。

这栋大楼人满为患，我们这些递送股票的人在这栋大楼中总是行色匆匆，相互冲撞，衣服摩擦发出声响。股票在递送之前，总是先捆成一大把。我会动作迅速地将股票递进出纳窗口之中，以至于出纳员还没有来得及反应，这个时候我会大声喊道："请给豪斯曼开支票！"完了之后，我会匆匆赶往另外一家证券公司。

在做这个工作的时候，也会遇到麻烦。例如，某天我在杰威特兄弟证券公司（Jewett Brothers）就遇到了一些摩擦。当天，我先将股票送往这家公司的出纳处，但是时间很紧，我先去别的公司递送完股票再回来拿支票。

等我回到这家公司准备取支票的时候，许多跑腿的年轻人也正在排队等着取支票。我的个子要高一些，因此我可以看到出纳窗口。刚开始我想挤到里面去，但被一个小伙子挡住了。于是，我隔着这些跑腿的年轻人朝着出纳窗口大喊："请问豪斯曼公司的支票弄好了吗？我是来取的！"

过了一会儿，根本就没有人答应我，于是我又大声地叫起来："出纳员先生，请你动作快点！把豪斯曼公司的支票交给我吧！"

出纳员听到我的喊声之后，抬起头瞄了我一眼。在我看来，他就如同一只被关在笼子里的宠物一样。

"你最好给我从凳子上下来！"他略带警告地说道。

"嘿，我没有站在凳子上啊！"我觉得他的这番话非常搞笑。

"说话客气点，小子，否则我出来赏你几个耳光！"出纳员开始着急上火了。

"你是认真的吗？"我戏谑地回应道。

不久，出纳室的门果然开了，出纳员气冲冲地带着两个公司的合伙人朝着我走来。等他们走到我面前的时候，发现我身高六英尺三英寸，都吓呆了，从他们口中可以听到发出惊讶的感叹声。

然后，我们都开怀大笑起来。出纳员和合伙人们都回到了出纳室，而我也很快地拿到了支票。此后，当我成为纽约证券交易所的会员之后，时不时还会遇到杰威特证券公司的那两个合伙人。他们见到我时，总是打趣地说："从凳子上下来！"

这些跑腿的活并不能长期干下去，我有更高的追求。当时的我想要成为一个会计，负责记账。我以前就曾经为家父管理过账目，为了深造我还报了一个会计和合同法相关的夜校。当时在这个夜校学到的东西，直到现在仍然清清楚楚。如果你拿一叠复杂无比的账本给我看，我根本无须借助他人的努力，就能够找出其中的问题。

对于证券交易而言，信息的作用是巨大的。在你投资某家公司之前，最好能够对这家公司的情况了然于心，这就是我在科恩公司学到的一课。

由于认识到信息和数据对证券交易非常重要，在豪斯曼公司工作后，我开始断断续续地坚持阅读《金融年鉴》（Financial Chronicle）和《普氏手册》（Poor's Manual）等。有空的时候，我还会阅读各类介绍公司基本面的书籍，并强记其中的内容。

我脑袋里装得东西非常多，以至于只要我闭上眼睛，脑袋里就能浮现出全美的主要铁路线路，以及这些铁路涉及的主要大宗商品运输。我可以推断出一些新因素对这些主要铁路线经营业绩的影响，比如一座新矿山的出现，或者是新住宅区的兴起会对周围的铁路线造成什么影响。或者是某些地方出现了旱灾或者洪水，我可以能够快速判断出周边哪些铁路的业绩会受到影响。

我的记忆力非常好，以至于当我现在观看一些答题类智力竞赛时，很多问题我不假思索就能脱口而出。如果几十年前就有这种电视节目的话，我可能躺着也能挣钱了。

另外，我也依靠倾听来获得信息。因为我左耳的听力严重受损，因此只能依靠右耳来完成听的工作。我总是聚精会神地倾听身边发生的各种谈话。在倾听的过程中，我很快发现与卓越人物比起来，我更擅长倾听那些街议巷论的东西。对于华尔街上发生的各种事情，都逃不过我的右耳朵。

逐渐大家都认为我是一个眼观六路耳听八方的消息灵通人士，有许多有价值的信息掌握在我手上。很多人，不管在华尔街的地位和影响力如何，都会找我打听消息。当时作为一个跑腿的小职员，我自然无法主动去攀附一些重要人物，反倒是这些人为了打听一些消息会来找我，也会咨询一些其实能够在书上查到的东西。

正因为我的倾听能力如此受人青睐，以至于成全了我结识米德尔顿·司库布雷德·巴利尔（Middleton Schoolbred Burrill）。巴利尔并非什么专业的证券人士，但是却持续从股票市场上获利，这是难能可贵的。年轻的巴利尔当时正在他父亲的约翰·巴利尔（John Burrill）的律师事务所从事法律相

类似的例子是做黑色产业链研究的分析师和交易者是一定要关注"大秦铁路"的动向的。

关的工作。而大名鼎鼎的投机巨擘范德比尔特家族则是这个律师事务所的大客户。

米德尔顿·巴利尔是豪斯曼公司的客户，因此他有时候会到我的办公室来聊天。对于我办公桌上摆放的《金融年鉴》和《普氏手册》，他并不感兴趣，他更喜欢就一些问题询问我。

这类有地位和影响力的人物询问当时默默无闻的我，让我自鸣得意，因为并非每个初入华尔街的年轻人都有这样的机遇。当然，成为一个答疑解惑的人，一方面可以获得荣誉，另一方面也可以知道这些询问者需要些什么知识和信息，可以为进一步的学习提供热情和方向。

我在大部分工作日，都是一个人用餐，通常只点一份便宜的三明治加上一瓶啤酒。偶尔，巴利尔先生会请我出去吃午餐。每当这个时候，我就暗自庆幸不用为午餐是否多点一份烤牛肉或者土豆泥而犹豫了，可以敞开肚子大吃一顿了。他经常带我去的地方是联合交易所（Consolidated Exchange）的地下室，这个交易所位于交易大街西北角的新街。

通常，我并不会嫉妒别人。只有在午餐的时候，当看见那些毕业于耶鲁和哈佛名校的同行们坐在餐厅，面前放着一份丰盛的午餐时，不由得妒忌起来。这些年轻人大部分都是一些金融大佬的儿子，相比之下我并非名校出身，也不是富二代，想要一顿丰盛的午餐也难以获得。

詹姆斯·基恩（James Keene）是我朋友当中最出色的投机者之一。他的操作水平无人能望其项背。而我正是通过巴利尔才认识了基恩。基恩非常热衷于赛马，他自己也有一匹高大威猛的马匹，名叫"多米诺"（Domino）。他对自己的这匹马很有信心，计划送这匹马去科尼岛（Coney Island）参加比赛，而且寄希望于能够在比赛中大赚一笔。但是，詹姆斯·基恩却担心自己亲自下注会引起注意，从而影响赔率，因此他希望找到一个代理人出面。巴利尔向他推荐了我，他觉得我能够很好地完成任务。

对于这件事情能够成功，我是有点焦虑的。我来到了基

> 詹姆斯·基恩是一个伟大的投机者，W.P.汉密尔顿在其名著《股市晴雨表》一书中长篇分析了基恩的一些操作。

恩先生在百老汇大街 30 号的办公室，与他见面。在见面之前，我已经查阅了一些赛马方面的专业知识，因而对整个任务有了一个大概的了解。见面后，基恩先生也确实询问了我几个问题，但是都并未超过我的了解范围。会面的结果是他确认我能够胜任这次赌马的下注工作，于是将几千美元的现金放进袋子交给了我。当时的我第一次见到这么多的美元现金。尽管我此前参与过赌马，但是在一匹马上也只下注几美元，当作娱乐而已。

次日，我登上了火车，前往科尼艾兰。按照计划，迅速在基恩先生的马匹上下了注，但是并未引起任何人的注意，当然他们也不会知道这笔钱实际上是来自于基恩本人的。

那匹被基恩先生寄予厚望的赛马表现出色，在比赛中一直处于领头角色。返程的时候，我在 34 大街乘坐渡轮前往市区。当时，由于身上全部塞满了现金，以至于我一直处于紧张状态，提防任何可能的危险。其实，任何人在这个时候都可能会遭遇不少突发事件，例如，后脑勺被猛击过后，就陷入昏迷之中，醒来之后，钱财就不翼而飞了。

我站在船上，风大浪高，我紧紧捂住身上的袋子，想着如果船沉了，怎么带着这些钱逃生。我告诉自己，如果船真的沉了，应该远离沉船和落水的人，因为那样非常危险。想到这里，我扣好了扣子，仔细检查了一遍。这笔钱千万不能丢了，必须一分钱不少地交到基恩先生手中，否则我就彻底辜负了他的重托，而且我也没有能力赔偿任何损失。如果真的出现什么闪失，我这个人从来都不愿意去寻找什么借口的。

3

当我年纪尚轻的时候，股票市场还并未像现在这么成熟和完善。在那个时候，股票市场非常混乱，如果你想要买入

人不知我，而我独知人。

某只股票，只需要支付总金额的 1/10 到 1/5 作为保证金就可以了，剩下的钱则由经纪人融资。一方面你可以用较少的钱来进行更大数额的买卖，好似借本生财；另一方面则是如果股价朝着不利的方向运动，保证金不够了，但是你也无法追加保证金，则经纪人就会强行卖出，这时候你投入的资金就完全没有了。

现在，证交所的制度变得越来越规范了。例如，你需要支付交易总额的至少 70% 作为保证金，这个保证金率比以前高出了许多倍。

在我工作一段时间之后，手头积攒够了一笔本金，于是我就拿着这笔钱到百老汇大街上的霍尼格曼—普锐斯证券公司（Honigman and Prince Firm）开设一个保证金交易账户。开户后存入的本金很少，通常我只交易联合股票交易所挂牌的股票，每笔买卖只有 10 股。

当时我偏爱的板块是铁路行业，这类公司处于破产管理人的监督中，此外也交易一些工业股。我的交易偶尔会挣钱。但是，对于任何刚刚进行交易的新手而言，都有赚钱的机会，不过新手赚钱的时候往往是因为运气，而不是因为他们的技能。最毒害人的情况莫过于持续走好运，以至于使幸运的人产生了错觉，认为这种光景会持续下去。于是，他们变得胆大鲁莽起来，一切如梦幻泡影的短暂胜利让他们变得疯狂起来。当亏损出现时，他们完全失去了理智，不愿意接受亏损，以至于使亏损变得更大，满满地沉沦于其中。当我是新手的时候，也避免不了这种堕落。运气好的时候，我会因为赚了几百美元的利润而得意忘形，不知道节制，以致最后输光了此前的利润甚至本金。

在我亏掉的资金当中甚至还有一部分属于家父，这让我自责不已。具体的情况是这样的，当时我看中了一只价位较高的有轨电车公司股票，当然我看好这只股票其实是有依据的，我确实深入调研和分析过这只股票。分析的结果表明这家公司运营的线路将伊利湖（Lake Erie）中的普特因贝

美国早期证券市场非常不规范，第一是保证金要求低，杠杆水平很高；第二是对赌经纪行和野鸡交易所非常多，专门靠吃客户的本金挣钱。

（PutinBay）上的一家酒店与大陆铁路系统连接了起来，而这就是我认为这家公司能够盈利的原因。

为什么我会注意到这家公司呢？这一切都与约翰·P.卡若热尔斯（John P. Carrothers）有关。我和家父于1890年去欧洲探望祖父母，在回程的轮船上认识了约翰·卡若热尔斯。此君当时正经营着一家自己的公司，他诚实正直，善于言谈，颇具人缘。我们相互留了联系方式，后来在华尔街见了面。当时，他给我推荐了这只股票，并描绘了这家公司的前景，当然其中不乏夸张之词。此前，我自己也连续盈利了好几笔，这也使得我自信膨胀。所有这些因素叠加起来，使得我认为宏图大展的机会就在眼前，于是我说服家父也投入一笔钱。

父亲当然非常信任和支持我，于是他投入了8000美元，这笔钱是其毕生的储蓄之一。当我信心满满地买入之后，股价却持续下跌，跌到非常低的位置，以至于我实际上破产了。

> 在真正能靠金融交易赚钱之前，谁不曾痛苦沮丧过？

此后，我长时间处于沮丧和自责之中，我觉得万分愧对父亲，让他毕生储蓄的很大一部分都亏损掉了。面对失败和亏损，我被击倒了，但是家父却并未因此埋怨和责备我，反而安慰和鼓励我，他说**不要因为一次失败就一蹶不振，在人生当中，品格比金钱更为重要**。

> 金钱是副产品和结果，把握过程才能更好地控制副产品和结果。

此后，我看好田纳西煤铁公司（Tennessee Coal & Iron）的股票，但却拿不出最低要求的买入保证金500美元。我告诉家母，如果有这笔钱的话，我肯定能够挣钱。她苦口婆心地劝我去找家父帮忙。

但是，距离上一次失败的时间还不久，我实在开不了这个口。但是，家母很快就把这件事情和我的想法告诉了家父。某天，我正在公司办公，前台通知有人来找我。我刚一打开门，家父正站在门外，他掏出上衣口袋里面的500美元支票递了给我。

当时我就愣住了，以至于我记不起来是否接受了这笔钱。此前，我刚让家父的毕生储蓄付诸东流，但他仍然无条件地相信和支持我。父母的这份大爱，让我暗暗发誓永远不要让

他们失望，是他们的爱让我斗志昂扬，永不言败。

在有轨电车公司的股票上大亏之后，我甚至想过永远离开华尔街，放弃金融交易。曾经一度胸怀大志的我，突然失去了自信的支撑，人生变得摇摇欲坠。任何一点外部冲击都会让我改变人生轨迹，我成了浮萍，任由摆布。但是，家父却是一个敏于观察的人，对他人心情感同身受，他明白了我内心的煎熬和沮丧，并且竭力安慰我。

部分人在金融交易中遭受重大挫折之后，或许会变得更加激进，将一切风险置之脑后，他们大胆追逐风险更大的机会。但是，我却相反，变得更加谨小慎微，不敢轻举妄动。此后，我逐渐养成了一个习惯，**无论遭受什么挫折和失败，都会进行反省和检讨，寻找结果与预期不符的真正原因**。即便变得非常富有之后，我仍旧保持了这一严谨和自知的习惯。随着我越来越有钱，投入到金融市场的本金越来越大，这个习惯也就越来越牢固，以至于无论多么巨大的成功都无法撼动和改变这一习惯。

每当我做完一个重大的决策，或者是大赚了一笔，都会暂时远离华尔街，寻找一个僻静安逸的地方，冷静下来客观地复盘此前的决策和交易，特别是当股票市场出现盛极而衰的特征时，我就会更加仔细地分析，避免遗漏任何重要的细节。即便如此，如果最后真的出现了什么纰漏，我是不会寻找任何借口来原谅自己的，反而迫使我更加努力地分析问题所在，让我更加牢记这一次教训，进而对再次犯同样的错误保持警惕。

事实上，无论我们从事什么样的职业，无论是在处理私人问题还是公共问题上，不管面对谁，这种持续进行复盘和反思的习惯都能带来巨大的利益和进步。

失败和错误带给我们的益处和进步，在某种程度上来讲比成功和正确还要多。因为教训可以让我们避免再度犯下同样的错误，更加清楚自己存在的缺点和问题，更能够掌握对方的行为和动机。

没有复盘，就不可能有进步。失败并非成功之母，复盘才是成功之母。

柳传志将自己成功的很大部分归功于复盘这项习惯。

反思和复盘还能够让我们更好地面对一些意料之外的新情况。面对新情况的时候，我们需要决定是继续此前的老办法，还是进行调整，避免遭受不必要的挫折和困境。大众非常容易将大量的精力花在一些价值不大的非关键环节上，因此也就没有时间分析事情的关键和本质。

事实上，要想搞清楚真正的问题所在，并非不可能。毕竟，我在早年的交易中所犯下的错误都可以归纳为两类。而事实上，所有的投机者和投资者都很难避免这两类错误，我身边的人当中就没有一个完全避免的了。

第一个错误源于无知。当时我对自己正在参与的证券并不了解，甚至仅仅知道其名字。其实，一只股票的波动趋势与基本面关系密切，它的业绩、业务模式甚至管理者水平和特点等都会影响股价走势。所以，这些因素都是我应该去了解和剖析的。

如果你想成为一个真正持续盈利的顶尖高手，那么驱动分析和心理分析是肯定要学习的，但是依靠心理分析来完善。巴菲特和查理·芒格所强调的"能力圈"是一个非常简单的概率，但现实当中我们却经常违反这一准则。看看第二次世界大战的轴心国所犯下的错误，你就会明白这项原则多么重要了。

第二个错误则源于不顾自己的实际能力和资源。缺乏充足的本金却大举操作，想要一夜暴富，采取过高的杠杆，结果却惨不忍睹。当刚刚踏入华尔街的时候，我总是押上了全部身家，而且融资水平极高，股价稍微一点波动，我的本金就全没有了。这是无头苍蝇般的投机，跟盲目的赌博毫无差别，至于介入的股票是涨是跌，完全看运气。当然，瞎猫也有碰到死耗子的时候，偶尔我也会押对个股，不过随时亏掉本金的可能性更大。

1893 年的时候，美国陷入经济萧条和金融恐慌的困境之中。期间，大量的厂矿都倒闭了，到处是空旷无人的废墟，大量的铁路公司也被破产管理机构接管了。两年之后的 1895 年，经济才逐步企稳，金融市场也稳定了，恐慌消退，一丝希望出现在地平线。这段时期在美国的经济史上举足轻重，此后的金融市场恢复了活力，而我也成了一名债券交易员和经纪人。

我一方面负责进行小额交易，另一方面则负责管理客户。对于经济萧条，此前我并没有什么经验，因此也不能说这种

情况将持续多久。大众都是基于直线预期在思考未来，经济萧条让他们认为这样的情况将继续下去。不过，我却认为很快经济将复苏，而金融市场存在大量的盈利机会。未来的繁荣将会弥补现在的萧条带来的损失。

此后，形势的发展的确如我所料。大众被眼前的灰暗现实所误导，如果他们能够通过黑暗看到微弱的光亮，则不会如此悲观，也不会错失此后的机会。

我看过一些书籍，耳闻过一些旧闻，也亲眼看见过一些事实。从这些信息和经验，我知道**那些金融大佬和产业大佬们的发家秘诀之一，就是在萧条的时候买入资产，等待繁荣再度到来**。在萧条中，这些资产因为流动性下降和持有者基于变现而处于低价，但是你却应该坚信，某天当经济从底部回升后，这些资产又会恢复本来的价值。**你在萧条时期，低价买入那些优质的上市公司，当经济恢复正常时，股票的价格就会恢复到正常的价格水平上，几倍甚至数十倍的盈利是完全可能的**。除了经济自身的恢复能力之外，政府也不会放任经济持续低迷，他们也会想尽办法来促进经济恢复，因此我们在低迷时候买入的资产就有了双重保障。

年幼的时候，我就非常喜欢铁路相关的一切。我在外祖父家住过一段时间，而门外则是铁路。每天都能听到货运列车轰鸣而过，最后消失在远处的天际线。火车上的司机经常朝着我挥手，或许他已经认得了我，又或者是与陌生人热情地打招呼。在我看来，铁路将你与遥远的地方联系了起来，让人浮想联翩。因此，我认为铁路的建设和运营是一件非常有意思的事情。

在萧条的大背景下，我认为整体来讲铁路行业存在过度扩张的情况，一些多余的线路应该被兼并重组。如果我想要从中找到值得购买的铁路公司股票，就必须分析出哪些公司最终能存活下来完成重组。那些最终活下来的公司，其证券能够带来巨大的财富效应。但如果买入的股票不幸破产退市了，则最终的结局可能就是一钱不值。当时的我其实站在一

李嘉诚的发家确实是按照这一原则实现的：在萧条的时候大量买入中国香港的房地产，然后在繁荣的时候进行销售或者抛售。

与格雷厄姆相比，巴鲁克还会投机，同时也更加擅长于投资实践。格雷厄姆将投资操作系统化和具体化了，让后人能够重复，这是他的最大成就。巴鲁克却没有留下什么系统的专著，不过这本回忆录却值得我们去反复阅读和揣摩。

个人生和事业的分岔点处，成败只在一念之间。

此前的失败和教训让我更加审慎地分析每家公司的经营状况。我专门用了一个黑色封面的小笔记本进行分析，把所有处于重组的铁路公司都列出来，进行全面分析。其中部分公司的股票存在较大的机会，指不定哪家公司能够让我一举成为大富豪。我在这些上市公司名字下面，详细地写下了我的分析和判断，以及相应的操作策略。在笔记本上记录，一方面是为了更好地指导操作，另一方面则是为了更好地检验判断和复盘。

我计划做空纽黑文铁路公司（New Haven），同时做多里士满—西点铁路公司（Richamond and West Point Terminal）。后者在重组后，成了现在南方铁路系统（Southern Railway System）的一个重要组成部分。我将自己的分析和计划都详细地记录了下来，我还对艾奇逊铁路公司（Atchison）和北太平洋铁路公司进行了分析。不过，我记录的最有价值的判断是：联合太平洋铁路公司的股票具有非常大的潜力，如果它被收购兼并，那么其规模肯定比此前大，而现在买入它股票的人必然会获得高达100%的回报。事实上，我的判断力确实正确，因为此后形势发展和股价表现确实如我预料一般。

但是不管我个人对这些证券的研究多么深入，但是要想将自己的判断推销给其他人，说服他们去买入这些证券都是非常困难的。毕竟，我是华尔街的一个无名之辈，缺乏足够的话语权。当时的宏观经济非常萧条，悲观情绪蔓延到整个社会和国家，而豪斯曼证券公司只是一个规模较小的经纪公司。更为要命的是，我看好的铁路行业当时正处于最艰难的时候，相应上市公司的业绩非常糟糕，债务负担很重，根本无法偿还。一般人是不敢在这种情况下买入铁路股的。即便是在经济繁荣时期，大家也对铁路股保持谨慎，而现在经济萧条，股市惨淡，铁路股就更让人望而生畏了。在铁路股的投资上，大众倾向于观望，生怕踏中陷阱。

我无法说服客户，但是也无法从身边信任的人当中找到资金，因为那时的我缺乏有资金实力的朋友。所以，我不得不借了一本黄页，逐页检索，从中寻找潜在的投资者。这是一项乏味而耗费精力的工作，弄得我头昏眼花。到最后，很不容易地筛选出几十个潜在的客户，并且给他们每人写了一封信。

为了能够说服这些潜在的客户，我费尽了心机。首先，我起草了一份文稿，然后再用标准的字体工整地誊写。抄写完了之后，我把这些信都寄了出去。此后，我只收到了少数人的回信，当然都否定了我的建议和请求。

不过，我并未因此放弃。每天在证交所休市之后，我都会到百老汇大街逐户推销。我走进每一家公司，努力说服他们，推荐我看好的个股和债券。我这样持续地坚持，

许多次都想要放弃，特别是遭遇闭门羹，甚至被人赶出来之后，那时候真是觉得无比的气馁和沮丧。但是，第二天，当太阳重新升起的时候，我又会重新踏上征途，虽然觉得尴尬和无助，但是仍旧会鼓起勇气去拜访陌生客户。到后来，我自己也数不清一共走了多远的路程了，鞋底都快要被磨穿了。幸运的是，我最后找到了一个愿意投资的人，他就是詹姆斯·泰尔考特（James Talcott）。

泰尔考特是第一个接受我建议的人，他长得高大强壮，皱纹显著的脸上长满了精心修剪的花白胡须。这些面部特征使得他显得富有洞察力，且异常干练，一副典型的苏格兰商人形象，非常符合他所从事的行业。当天的情况，我至今仍然记忆犹新。

本来我对当天达成交易已经不抱任何希望了，因为他的秘书早已非常不厌烦地拒绝了我许多次。但是，我仍旧不想要放弃任何机会。我坚守在他的办公室门口，希望能够见到他一次。终于等到他从办公室出来，站在了门口。于是我急忙走上前去，急着向他介绍自己。他下意识地点头示意，然后自顾自地继续向前走。

这种景象已经让我麻木了，我倒吸一口气，继续不顾体面地跟在他后面走，持续地向他介绍自己看好的股票和理由。我竭尽全力，努力回忆过去在大学时代掌握的那些演讲和说服技巧，同时力图不露痕迹地运用它们。我自我感觉良好，但是他显然对此却毫不感兴趣，皱起眉头，一味摇头，他对我所说的一切丝毫不感兴趣。最后，或许是因为他想要赶紧将我打发走，于是答应买入俄勒冈铁路运输公司的债券，我记得当时的利息率为6%，而每份价格为78美元。

每推销出一份债券，豪斯曼证券公司就会给我1.25美元的佣金。但是，这些收入在我眼中都只能算得上是小钱，我真正想要的是能够在华尔街大展宏图。如果我推销出的这些债券最终如我预期的一样上涨，那么就会树立起业界口碑，那些最初只是为了打发我离开而买入少数证券的客户会真正

真正的股市大底出现之时，往往是绝大多数人都不愿意买入的时候，这个时候很难募集资金。我有一个在长沙做私募基金的朋友，当他发现大底部的时候，却很难募集到足够的资金。但是，在2007年和2015年牛市顶部附近的时候，却有很多大资金不请自来。从中，你应该明白为什么逆向思维在股市中很容易了吧？当然，什么时候应该逆向，什么时候应该顺向，还是有学问和技巧的。

成为我的长期忠实客户，这显然比靠佣金赚钱更有价值。

此后，俄勒冈铁路运输公司成功地进行了重组，这只债券并未违约，当然其价格也就不断上涨了。当然，泰尔考特先生也因此记住了我的名字，后来他将一笔大业务交给了我们证券公司来处理。

当我负责为客户们操作的时候，总是非常谨慎和小心。我会持续跟踪那些已经买入的个股，如果预期到会出现大幅的反向波动，则会立即建议改变持仓，避免遭受大的损失。有时候，甚至能够在改变持仓后，因为新的头寸获得一些客观的利润。不过，内心那股狂躁的投机冲动却很难平息下来，蠢蠢欲动。

下午，等到证交所收盘之后，华尔街的年轻人就会出去娱乐放松。当然，其他城区的年轻人也会聚集过来，我当然也无法抵抗灯红酒绿的诱惑。第一七五大道附近的哈德逊河岸，有一家酒馆经常举办斗鸡比赛。坐在这家酒馆里面，可以眺望整个河面。带我去这家酒馆的人名叫桑迪·哈奇（Sandy Hatch），也是证交所的会员之一。他精力过人，擅长许多运动，当然也喜欢斗鸡这种项目。他养了不少斗鸡，也喜欢观看它们之间打斗。

某个非常热闹的晚上，我和一大帮人围着一个不大的斗鸡场，饶有兴致地观看两只公鸡搏杀。打斗的场面非常激烈，让人血脉贲张。在激烈的时候，我也跟着大家一起鼓掌欢呼。

忽然，身旁的人开始四散逃走，神色慌张，有人大喊："快跑啊，警察来了！"我的反应比一般人快，马上跟着一部分人跳出窗外，一路狂奔。

但事实上，这只是一场虚惊而已，有人误报了军情。大家陆陆续续地回到了酒馆，但是我却突然感到空虚惆怅，不愿再跟着回去了。

每当回忆起这件往事，我就会仍不住笑起来。倘若某天因为参与斗鸡赌博，而被押到法庭为自己辩解，那真的是太讽刺了。这肯定是极其丢脸的事情，要是被大家知道了，我长期树立的谨慎理性形象就被毁了，最终会导致客户资源流失。

此后，我再也没有参与过斗鸡赌博。我在与客户利益相关的操作上保持谨慎和稳健，但在自己的生活当中却玩世不恭，激进冒险，这是两种截然不同的风险态度。但是，如果我不加克制的话，很可能某天会将两种事务搞混，进而惹出大麻烦。

矛盾的两种风险态度已经在我身上斗争很长时间了。不过，我确实第一次清楚地意识到，同时也想真正地解决这一冲突。

或许，内心的冲突和挣扎是每一个年轻人都要经历的人生阶段，每个年轻人都要在两种风险态度上进行选择：继续大胆激进地冒险，不放过任何机会下重注，但也可

能竹篮打水一场空；或者是稳健谨慎地逐步向前，虽然走得慢，但却能够稳步积累起财富。然而，后面这种选择也意味着需要很长时间才能成为一名富豪。不过，我还是认为后者才是正确的致富之路。这条路虽然平坦稳健，但是却需要耗费更多的精力和时间，期间会有许多挫折和煎熬。

比翼双飞

在股价上涨的过程中，我尽力利用浮动盈利加码买入，让自己处于持续赚钱的状态。

——巴鲁克

1

在华尔街打拼 4 年之后，我仍旧没能取得实质性的突破，没有挣到可观的收入，看起来似乎付出与收入不成正比。期间，我的工资稳步上涨，从每周 5 美元涨到了 25 美元。这点收入可以用来做点小本投机，但是想要发大财的可能性几乎为零。这个时候，我有了一个大胆的想法，向阿瑟·豪斯曼先生提出加薪，要求每周 50 美元。

当然，正如我预期的那样，豪斯曼先生拒绝了我的要求，不过表示可以给我公司 1/8 的股份，这大大出乎了我的预期。

从另一个角度来看，我实质上加了薪。因为按照前一年的公司利润来算，我的实际周薪会达到 30 美元。如果此后的公司业绩增长，那么实际周薪超过 50 美元也是可能的。

当时的我也就 25 岁。为了让自己更好地开展业务和符合证券公司合伙人的形象，我认为应该提高自己服饰的档次。我先买了一套阿尔伯特王子牌（Prince Albert）西服，然后又购买了一顶高档的帽子，以及一些高档饰品来搭配。星期天如果天气晴朗，我会漫步在第五大道，享受自己的身份和这身行头带来的虚荣。只要我出门，就会精

心打扮一通，擦亮皮鞋，拿着手杖，一幅上流社会的派头。

漫步在公共场合，虽然可以装模作样地获得些虚荣，以便愉悦身心，但是也会有心情糟糕的时候。因为市场会碰到其他一些在华尔街当学徒的人。这些人大多数都是资深证券经纪人或者银行家的儿子，属于富二代，出手阔绰，花钱方面随心所欲。我漫步在第五大道上，享受美好时光，却碰到了他们迎面而来的豪华马车，让我妒火中烧。

我应该克制住这种糟糕的情绪，变得更加理性客观。如果我不能克服这种对成功和财富的妒忌，那么必然走向错误。

在我要求加薪的时候，豪斯曼先生询问过我的理由，我说自己想要结婚了。我的心上人叫安妮·格里芬（Annie Griffen）。我第一次遇见她是在念大学的时候，当时我和戴夫·申克（Dave Schenck）一起走在路上，经过他继父经营的旅馆时，碰到了两位漂亮的姑娘。寒暄过后，戴夫告诉我这两位姑娘是他的表妹格里芬和路易斯·葛温登（Louise Guindon）。

格里芬小姐身材高挑，让我过目难忘。于是，我开始到处打听这位小姐的情况。从各种渠道我了解到格里芬小姐住在西 58 大街 41 号，跟父母住在一起。每天经过第六大道去上班，当我经过她家的宅邸时，都会心情激动。

格里芬小姐的父亲叫本杰明·格里芬（Benjamin Griffen），其祖父是美国新教圣公会的牧师。格里芬先生是纽约市立学院 PBK 联谊会的会员，他的儿子跟我的弟弟赫尔曼都在纽约市立学院念书，并且还是同班同学。

格里芬先生经营一家玻璃贸易公司，从事玻璃进口业务，这家公司名叫霍恩—格里芬，霍恩是格里芬表亲的姓氏。格里芬夫人的父亲是一个炼油商人。我模糊地记得她父亲 W.J.威尔考克斯（W.J.Wilcox）的工厂因为大火而毁掉了。格里芬小姐家境富裕，有一辆豪华的马车和一名专门的马夫。

为了能够有机会结识格里芬小姐，我梳理了自己得到的各种信息。不过这些信息其实没有实质的作用，即便我们的弟弟是同班同学，但我也一筹莫展。

某天，我经过她家的门口，格里芬小姐离我越来越近了，我鼓起勇气走到她的面前，举起帽子礼貌地问道："请问你是安妮·格里芬小姐吗？"

"不是！"她冷冷地回答，好比一盆冷水从头浇下来，我呆若木鸡地站在那里，望着她回家的背影。这件事情之后，我很长一段时间都没有再见到她。

后来，还是戴夫特意安排了我认识格里芬小姐的闺蜜葛温登（Guindon）小姐。经由葛温登小姐，我和格里芬小姐才逐渐熟悉起来。熟悉后，我经常去她家拜访。不过，

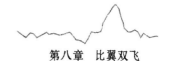

格里芬先生却坚决反对我们交往，因为他认为我们信仰的宗教存在不可调和的差异，而这是无法成婚的巨大障碍，即便一起最后也不会幸福。幸运的是格里芬夫人并未持反对态度，这让我有了一线希望。

格里芬小姐和她的母亲经常会在夏天的时候去马萨诸塞州（Massachusetts）的匹兹菲尔德（Pittsfield）度假，而格里芬先生则会待在城里面，这给了我机会。这个时候，每到周末的时候，我就会到匹兹菲尔德去，少数时候我们会跟她的朋友一块跳舞开派对，大多数时候我们则会骑行到较远的地方去。

当我上班经过她家的时候，她会在窗前守着向我招手。当然，我们也约定了暗号：当她将窗帘拉上去的话，表明她的父亲不在，我可以多待一会；当她将窗帘放下来的话，表明她的父亲在家，我就不能停留了。

有时候，我们俩会相约偷偷在中央公园碰头，在公园的长条凳上相依。我答应她，当我能够养家的时候就结婚。不过，我的投机事业很不稳定，因此结婚的希望也就一会儿大一会儿小。

1951年，罗伯特·摩西（Robert Moses）在纽约中央公园选了一块地方想要建一个亭子供人下棋乘凉，他想要我投资。我毫不犹豫地投了钱，这让他十分吃惊。其实，我有自己的小算盘，因为我经常去纽约中央公园跟安妮·格里芬会面。

2

成了豪斯曼证券公司合伙人的第一年，公司净利润为4.8万美元，我拿到了6千美元。这笔收入超乎我的预期，如果把这笔钱留着或许我就能结婚了，但是当时的我仍旧在重仓交易，因此很难留得住钱。

当我认为看准行情之后，则会将全部的钱投进去买入证券。一旦行情朝着不利的方向波动，我的钱就打水漂了。这种糟糕的情况频繁发生，我逐渐从中吸取了教训。此后，我都会预留部分资金以备不时之需。要是我早知道这点就好了，不至于如此狼狈不堪，颠沛流离。

1897年的春季，我已经成了豪斯曼合伙人快两年了。我东拼西凑了数百美元，买入了美国白糖精炼公司（American Sugar Refining）100股。这笔交易是我投机职业生涯的一次飞跃。在此之前，我已经下了非常大的功夫去研究这家公司的前景。这次操

作已经不再是乱赌一气，而是在全面而系统的分析后得出的判断，并据此操作。

当时，美国白糖精炼公司生产了美国 3/4 的白糖，税后利润高达 2500 万美元。这家上市公司派发的股息红利一直比较丰厚，但是公司未来前景也有很大的不确定性。因为作为糖业托拉斯的美国白糖精炼公司卷入了一场与咖啡巨头爱巴科兄弟公司（Arbuckle Brothers）的商业大战，两家大公司相互入侵对方的商业领域。

还有一个因素也让美国白糖精炼公司的前景存在极大的不确定性，这就是当时有传言说这家公司可能遭受美国国会的调查。当时的原糖进口是根据进口价格缴纳关税的，而市场上有传闻表明美国白糖精炼公司为了减少所需缴纳的关税，故意低报了原糖进口的价格，由此导致国会调查，并发现事实确实如此，因而该公司需要为此支付200 万~300 万美元的税款。

对于我想要买入的糖业股，关税因素对这个行业的业绩有很大影响。大众痛恨任何商业托拉斯组织，民粹党派的宣传加大了大众的这种情绪。大众的压力迫使众议院讨论通过降低食糖进口关税，以便打破美国国内制糖企业的垄断，国际白糖直接进入到美国市场，这将使美国国内的糖价大幅下跌，进而使得美国白糖精炼公司的股票价格大幅下跌。

参议院对白糖关税进行了全面的讨论，多方参与其中。但是，正如我所预料的那样，最终通过的方案不过是多方妥协的产物，实际上白糖进口关税并未发生什么变化。有一个重要的利益集团反对降低关税，那就是西部那些以农业为主的地区，他们认为足够高的白糖进口关税有利于国内的甜菜种植者。由于实际关税变化不大，这就使得先前的利空预期落空了，这导致美国白糖精炼公司的股价一飞冲天，到了当年 9 月初的时候已经涨到了 159 美元的高位。

在股价上涨的过程中，我尽力利用浮动盈利加码买入，让自己处于持续赚钱的状态。 当我将持有的多头头寸悉数抛出后，赚到了大约 6 万美元的利润，要知道我投入的本金仅仅是数百美元。经此一役，我信心大增，我认为自己就是克洛伊苏斯（Croesus）。

大赚一笔后，我马上给安妮·格里芬打了电话，万分高兴地告诉她，终于可以结婚了。当然，这笔飞来横财让她有点不适应，她担心这笔钱最终也会不翼而飞。于是，我向她承诺这笔钱不会再用来投到金融市场，只会用来结婚。

我和安妮约定晚上面见她的父亲，告诉他结婚的事情。格里芬先生礼数周全地招待了我，不过对于结婚的事情还是断然拒绝了。格里芬先生称赞我说，在来过他家的年轻人当中，我是他最喜欢的一个，不过我和安妮有着不同的宗教信仰，而这注定会成为婚姻之中的冲突因素，婚后很难过得幸福。

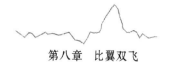

我将格里芬先生的话如实地告知了安妮，但却丝毫没有动摇她嫁给我的决心。接下来，我们将 1897 年 10 月 20 日定为结婚的日子。

3

当我将白糖精炼公司的股票卖出之后，马上到纽约证券交易所花 1.9 万美元买了一个会员席位。当我将这一好消息告诉家母之后，她非常开心地鼓励我："真不错，你将前程似锦！"

那天晚上，我和家母玩了纸牌游戏。深夜的时候，当我们快要结束游戏的时候，大哥和奈瑟索尔小姐来了，为了大哥续约的事情争论了很长时间，最后不欢而散。

为了帮助大哥摆脱困境，我建议如果他想要从事金融的话，我可以将自己的交易所席位送给他。我虽然买下了席位，但是一些手续还未完成，因此并未正式挂在我名下。大哥毫不犹豫地接受了我的提议，离开漂泊的艺人生涯，开始看起来稳定的金融事业。

不过，当我躺在床上的时候，却有点犹豫和后悔了。毕竟，我费了很大的力气才挣到足够的钱买下一个席位，让自己事业变得稳健一些。如果失去了这个席位，那么我的收入将再度变得不稳定起来，我太轻率了。考虑到这些，我失眠了。辗转反侧之后，我决定再买一个会员席位。

最终，我和安妮按照预定的日子结了婚。整个婚礼由格里芬的一个亲戚理查德·范·霍恩（Richard Van Horne）博士主持。霍恩先生身材并不高大，满脸络腮胡子，面目慈祥，有着与牧师相符的形象。他为了筹措我的婚礼考虑得非常周到，花了一些时间去考察所需要的婚礼仪式。我首先向他表示了谢意，但是希望他随意一些，按照正常的流程即可，不必太过费心劳力。

我和安妮的蜜月旅行是到华盛顿。因为一路都在晕船，所以坐船经过切萨皮克湾（Chesapeake Bay）的老波音特康福特海峡（Old Point Comfort）时，完全无法享受美景。在蜜月旅行中，我还带着安妮探访了我的出生地卡姆登镇。

蜜月旅行结束之后，我们回到了纽约，与我的父母度过了一段非常高兴的时光。家父和家母有自己的小天地，他们住在西 70 大街 51 号，日子过得挺有滋味的。我和安妮在西端大街 345 号租了一套房子住，虽然面积很小，不过却是我们的爱巢。1899

年 8 月，我们的第一个孩子诞生了，是个女孩，而且是家父接生的，名叫贝乐（Belle）。

此后，我们购置了自己的房子，面积很大，交通也很方便，在西 86 大街 351 号。每天都有有轨电车在其间穿行，我的儿子小伯纳德就在这里出生。有一个电车司机名叫彼得·米纳佛（Peter Minnaugh），与我们很投缘，经常来家里拜访聊天。在天气寒冷的时候，我经常冲一杯热咖啡给他。我们在一起聊天非常快乐，交情不浅。小伯纳德非常喜欢彼得。每年的 3 月 17 日是小伯纳德的生日，彼得总是在这一天穿戴正式地参加生日宴会，并且会给孩子一小块黄金作为礼物。此后，我们接连搬家两次，最后住在了第五大道，这里离 86 大街的街角很近。

在我和安妮结婚并且最终稳定居住下来之前，她毫无怨言地等了我许多年，对此我一直感到歉疚，因此总是找各种理由买礼物补偿她。她是值得我一生去珍爱的好妻子。某回，她告诉我不要再买那些价格不菲的礼物了，因为幸福本已存在，这让我更加感动。

尽管安妮的父亲格里芬先生直到婚礼举办时也没有同意我们的婚事，但在婚后一段时间内，看到我和安妮幸福快乐地生活着，他也逐渐从内心深处接纳了我们的婚事。他为此前的错误观念向我表达了歉意，而且后悔没有去参加我们的婚礼。

婚后的日子总是让我们感到快乐和幸福，在宗教信仰上我们必须相互尊重，并且总是陪伴在对方身边。当我去犹太教堂参加星期五的礼拜仪式时，安妮总是陪伴着我。而安妮自己也坚持去她所信仰的宗教的教堂。我们每天都恪守各自的宗教信仰和仪式，从不相互干涉。

同时，我们在孩子们的宗教信仰选择上也达成了默契。我们的两个女儿贝乐和蕾妮（Renee）接受她们母亲的宗教信仰。而儿子小伯纳德则等他长大了之后自行选择相应的宗教信仰。

涉及金融交易的观念有很多，我们不可能都认为这些观念是正确的，那么应该采取什么样的态度去对待呢？长时间的实践是检验真理的唯一标准。我们在选择交易理念和方法的时候，应该多看一些策略的长期历史表现。

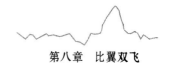

　　面对不同的宗教信仰，我无法说服自己去接受别人认为正确的宗教信仰。不过，我有自己的原则来对待宗教差异，这就是任何人都有信仰的自由和权利，我不会强迫任何人去信仰某种宗教。同时，我认为在宗教信仰上，男女也存在差别，他们对上帝的看法是不同的。所以，不管其他人的宗教信仰是什么，我们都应该学会去尊重和宽容。

我的第一笔大交易

即便判断正确了大势，如果错过了恰当的时机，那么也只能功亏一篑。

——巴鲁克

1

我正式成为一名合格的投机者源自在美国白糖精炼公司股票上的成功操作。这是我复盘和回溯历史交易记录的时候，得出的判断和结论。

"投机者"（Speculator）这个名词现在听起来似乎已经臭名昭著了，因为它近乎是赌博和胆大冒失的同义词。事实上，人们基本上已经忘记了这个词的来源，也就是拉丁语当中的"Speculari"。在拉丁语当中，这个词的本来含义是全面而深入地调查，进而得出正确的判断。

从过去的成败得失当中，我总结出了足够的经验和教训。从这些经验和教训当中，我认为只有那些能够判断出未来趋势，并且在趋势明显之前就成功介入的人才配得上"投机者"的称呼。要做到这一点事实上非常困难。因此，这样的先见之明和超凡出众的洞察力是珍稀罕有的，当然价值非凡。不过，这样的能力却非常有用，无论是小商铺决定下个季节购

无论是博弈论还是情景规划，这些学科都可以帮助你在预判未来的时候有所凭借，而且这些工具都是建立在科学基础之上的。一个交易者也要学会从博弈论的角度去思考。概率思维其实包含在博弈论之中，而且仅有概率思维并不足以应付金融交易，因为金融交易是人和人之间的博弈。任何结果不仅取决于你采取什么行动，而且取决于其他参与者采取什么行动。

买什么产品，还是国家的战略决策，都需要这种能力。

那么，如何才能获得这种超凡的洞察力呢？我个人认为有三个步骤和要素是不可或缺的。

第一个步骤和要素是获得全面而充分的信息，了解一些问题的过去、现在和未来，掌握其趋势和本质。

第二个步骤和要素是基于客观规律对未来的趋势进行预判。

第三个步骤和要素是根据预判采取行动，前提是拿捏好时机和力度。机不可失，时不再来。**即便判断正确了大势，如果错过了恰当的时机，那么也只能功亏一篑。**

另外我要强调的第一点是没有行动就谈不上成功。再好的想法、再精妙的预判，如果没有转化成为行动，那么都是纸上谈兵，空欢喜一场而已。善于思考的人非常多，好点子多的人也很多，他们可以对事物高谈阔论，也能够深入地发表自己的见解，对于规律他们了如指掌，对于趋势他们洞察于心。这类人总是喜欢在自己的精神世界中成为王者，敏于言谈，拙于实践。他们是思想上的巨人和行动上的矮子，虽然他们有不错的理论和观念，很多闪烁着智慧的光芒，但是却很难落实到行动当中，自然也就鲜有建树了。

我要强调的第二点是时机的把握。如果只是明白大势，却不能判断出恰当的时机，那么也容易遭受挫败。时机对于大众而言是隐藏不显的，如果大众都看出了端倪，那么就不能称之为恰当的时机了。

众人皆看好的机会，绝不是什么好机会，那不过是明日黄花而已。人多的地方，钱不好挣，而且异常危险。大家都争先恐后跳进去的地方，绝对是危机四伏的陷阱。

大众总是缺乏独立思考的能力，缺乏独立的见解。他们意识到的机会，往往都是燃烧殆尽的机会。在激烈的竞争当中，他们却不愿意独立思考，自然也就无法获得超越常人的成功了。总之，**众人都知道的时候，绝不是最好的时机了。**

在时机上，要拿捏得当很不容易。有时候，要耐心等待，慢就是快，心急反而吃不了热豆腐；有时候，则要果断下手，

世界上有四种人。第一种人既不思考也不主动采取行动，过着得过且过的轮回人生。第二种人喜欢思考，喜欢发表自己的看法，希望批判，喜欢抱怨，但是却很少采取主动行动去创造和改变。或许是他们点子太多，无法集中精力在任何一个点子上实践下去；或许是他们不愿意承担任何风险，因此不敢采取改变的行动。第三种人被梦想的激情所驱使，大胆行动，却很少总结和反思。第四种人敢于行动，善于思考和总结。在金融交易上，你也经常会看到这四种人。

决不能犹豫和拖延，否则必然后悔不迭。

我举一个具体的例子来说明。通常而言，战争爆发的时候都会出现物价上涨的通胀情形，强买交易也会随之出现，这些都会产生非常大的负面冲击。因此，作为政策制定者，必须防患于未然，当通胀苗头刚刚显现出来的时候，必须制定和执行强有力的政策来控制物价水平，要对利润、租金和工资的上限进行限制。这些是我在第一次世界大战期间担任战时工业委员会（War Industuries Board）主席的时候掌握的客观规律。

到了第二次世界大战爆发的初期，美国政府当局都未及时采取措施来控制通胀，没有对各种生产要素的价格进行管制，没有限制其最高价。富兰克林·罗斯福（Franklin Roosevelt）总统和国会对通胀总是处在犹豫和观望之中。等到通胀十分明显的时候，才匆忙采取行动，以至于错失了最佳的时机。此后，同样的情况又出现在朝鲜战争中。

我们可以回过头去重新设想一下，如果能够在战争初期就及时地采取有效措施杜绝任何隐患，防患于未然，那么就不会出现后来那么多麻烦了，或许国家的负债就要大大减少了。

把握时机不仅在管控战争恶性通胀上重要，在其他事务的处理中也非常重要。如果你在某件事情上拖延，那么成本就可能越来越大，甚至于等到情况恶化之后，亡羊补牢都不行了。

例如，1919 年的时候，绝大多数美国人都反对托马斯·伍德鲁·威尔逊（Thomas Woodrow Wilson）总统关于让美国加入国联（League of Nations）的提议，因为都无法觉察到这一提议的价值，反而注意到一些细枝末节的成本。现在来看，这些成本其实微不足道，如果当年能够实现那些提议，则后来的战争是可以避免的，和平会延续。结果，此后再度爆发战争，使得我们的孩子们也被迫卷入，损失惨重。非常可惜的是，威尔逊总统的远见卓识并未得到广泛的认可和支持，以至于美国没能及时采取行动，错过了时机，拖延带来巨大的

有些时间需要用来等待，有些时间需要用来追赶。如果你缺乏明确的交易信号，当然也就不明白何时应该等待，何时应该下手了。

代价，让人后悔不及。

不少人总是在赶时间，但却并不明白赶时间的意义何在，也搞不清楚时间和时机的关系究竟是怎么一回事。我们需要区分时机和时间，我们并不是一味地赶时间，而是要抓住最佳的时间点采取行动。

接下来，我讲一段亲身经历。从这个故事当中，你将会明白什么是恰当的时机，以及在恰当的时机采取及时的行动是多么重要。在这段经历当中，由于我采取了及时而精彩的行动，因此使得我合伙的证券公司获得了机智果断的声誉。

这段经历发生在7月4日国庆节前一天晚上。当时，我正和父母在新泽西州的朗布兰奇度假。阿瑟·豪斯曼深夜给我打了一通电话，告诉我有可靠的消息表明美国海军准将施莱（Schley）在圣地亚哥（Santiago）打败了西班牙舰队，后者几乎全军覆没。而此前，杜威（Dewey）将军率领美国舰队在马尼拉海湾也击败了西班牙舰队。美国海军接连大胜，捷报频传，这表明美西争霸战争将由美国胜利而结束。

这个时候，如果买入美国相关的股票，那么大赚一笔是铁板钉钉的事情。但是，次日是7月4日，这是美国国庆，当天美国的交易所都会休市。不过，伦敦的证券交易所照常营业。这给了我们跨市套利的机会。因此，只要我们在黎明破晓之前，发电报到伦敦，在那里大举买入美国公司的股票，那么一切就在掌握之中。但是，朗布兰奇无法发越洋电报，我们必须赶到纽约。

机会是看准了，关键是及时的行动却困难重重。毕竟，深更半夜前往纽约能够找到什么交通工具？当日是周日晚上，火车早就停运了。我们到处托关系，联系铁路公司。最终搞到了一列机车，挂上一节车厢，随着轰鸣声朝着哈德逊码头出发，这个时候刚刚深夜两点左右。

实际上，这相当于专列，这是我第一次享受如此的待遇，免不了自以为是。当时我脑海里全是纳森·罗斯柴尔德（Nathan Rothschild）先人一步地从滑铁卢战役中获取关键信息，进而缔造了财富传奇。我们乘坐的专列轰轰烈烈地逼近纽约，途中经过了不少城市和乡村，或许惊醒了不少梦中人。我感受到了宏大历史背景下的传奇使命，得意之情跃然纸上。

脑海里关于罗斯柴尔德的情景挥之不去，历史马上就要在我身上重演了。当时，纳森认为拿破仑会失败，而威灵顿（Wellington）将军会获胜，因此他下注拿破仑战败，英国获胜。但是，威灵顿在比利时的攻势并不顺利，英国证券市场普遍萧条。为了获取最新的战报，纳森不顾生命危险渡过英吉利海峡。当滑铁卢战事朝着不利于拿破仑的方向发展时，他就让家族成员大举买入英国证券了。然后，等待消息传为公众所知，

进而引发股市整体回升。纳森获得的消息比英国官方情报机构送往伦敦的消息还要早数个小时。

我乘坐的专列行驶于夜色之中，满含希望但却不可知的未来让我兴奋不已，也让我满怀期待，等待一次传奇降临。在列车行驶的尽头，新的历史等待我来铸就，螺旋式的轮回再次来到了同一地点。个人的伟大抱负似乎马上就要实现了，无比的喜悦让我前所未有地感受到生长在这片土地是如此伟大，民众如此勤劳和聪明，而军队堪称威武之师，美利坚的未来一片光明。

我如此渴望马上拥抱伟大祖国的胜利。美国军队从古巴到菲律宾，取得了一连串的胜利，从大陆到海洋，半个地球都笼罩在了美国的光芒之下。横扫一切的豪情壮志让我觉得美国作为一个新兴的帝国将无往不胜，当时的我并未意识到美国将要为此付出的成本，以及需要承担的责任。毕竟，当时的我还欠成熟，激情的比例大大超过了理智的比例。

急切的心情催促我们在下了火车之后，迅速赶到位于曼哈顿中心的公司。实在是过于激动了，以至于忘了带开门的钥匙。不过，任何困难都难不倒我，毕竟我血气方刚，雄心壮志不言愁。于是，我举着150磅重的赛铃进了开着的窗户。我胸有成竹地发了电报，等待新的一天的曙光降临。

不一会儿，阿瑟·豪斯曼先生也赶到了公司。他平时都极为克制，四平八稳，自制而严谨，积极乐观。不过，当时他也不可抑制地表现出激动的情绪。他想要第一时间将重大利好信息通知给客户们，他带着激情逐字念起："美国赢得了伟大的胜利……一个新的世界霸权崛起了……新的领地……新的市场……一个足以抗衡不列颠的大国冉冉升起……伟大的牛市将持续数年……"我负责通过电报将豪斯曼先生的铿锵字句发给客户们，听到这些豪言壮语，我按键的手更加有力气了。

几乎所有接到通知的客户们都要求大举买入。在客户的期许和我们的希望的驱动下，我们在伦敦证券市场大举买入

> 智者之虑，必然杂于利害。见到任何收益，都要考虑成本；看到任何成本，也要想到潜在的收益。金融交易之前，一部分人只看到潜在的利润，而另一部分人则只看到潜在的风险。

> 如何建立信息优势？这是一个历久弥新的话题。收集信息的能力、处理信息的能力都非常关键。大家都使用的信息源只能作为心理指标或者说情绪指标来使用。

美国股票。

次日，正如我们所预料的那样。等到纽约证券交易所开市的时候，所有股票都大涨了。持有的股票带来巨大的浮动盈利，我们和客户都赚了个盆满钵满。我们证券公司当之无愧成了业界翘楚，豪斯曼证券公司一举成名。

2

我不知道这桩大手笔的买卖造成何种的影响，反正几个月后我迎来一个职业生涯中的重大转折点。在我们大获全胜后不久，豪斯曼先生接到了一个建议，而这个建议给我开启了新的机会大门。

从此以后，我在股市中的操作策略与此前完全不同了。可以说，对我而言，这一经历在我的金融交易事业中具有重大的意义。同时，更为重要的是我与同时代的金融巨擘托马斯·福钦·瑞恩（Thomas Fortune Ryan）结成了深厚的友情，持续了一生，坚若磐石。

瑞恩高大英俊，坐拥大笔财富。他略带南方口音，但是举止仪态非常得体，温文尔雅。他低沉的嗓音增添了不少魅力，让人印象深刻。他善于谋划，对于各种情况了然于心，为任何意外情况做好准备，仿佛一切尽在掌握之中。同时，他行动果敢，毫不拖泥带水。总而言之，他是我在华尔街的朋友当中最具胆略的一个。

瑞恩出生于弗吉尼亚州的贫寒之家，其父是一个地地道道的农民。他完全是自力更生、白手起家的。崛起的历程坎坷而心酸，远远超出了一般人的想象。

瑞恩在金融交易中冷静严谨，给我留下了深刻的印象，也深深地影响了我的交易观念和操作手法。但是，在许多人看来，他是冷血无情的，根本不值得信赖。

为什么会出现这样的观点呢？因为大都会街区铁路公司（Metropolitan Street Railway Company）突然倒闭后的调查中，大量证据表明他的许多行为确实不道德、不够义气，根据公俗良德，应该受到大众的谴责。不过，从法律的角度来讲，他根本没有犯罪。

我见到瑞恩的时候，他正在瞄准詹姆斯·杜克（James Duke）的烟草帝国。他野心不小，正在寻找最佳的时机出击。那是我第一次见到他，他的眼中泛着志在必得的自信光芒。当时，他已经控制了纽约城市捷运公司（New York City Transit System），并且

是塔曼妮协会（Tammany Hall）中的实力派人物，握有很多的话语权，影响力巨大。

杜克先生也不是泛泛之辈。此前，他的几位合伙人想要悄悄剥夺其对美国烟草公司（American Tobacco）的控股权，他们通过詹姆斯·基恩偷偷买入这家公司的大量股份。杜克知道这些情况之后，毫不留情地告诉这些人："绝不要认为获得公司的控股权后就可以随便差遣我，我可不是随便让人摆布的人。惹毛了，我会再办一家烟草公司，不信你们就试试看！"那些人听了之后，毫无办法，只能妥协认输，以便安抚杜克，避免其另起炉灶。由此可以看出，杜克意志坚定，个性倔强，善于争斗，与他争利面临巨大的挑战，更不用提剥夺他手中的利益了。

杜克在美国的烟草市场上攻城略地，不断取胜，市场上的竞争对手一家一家地被击败，逐一被纳入到他的烟草"托拉斯"系统当中。虎视何雄哉，杜克当时的风光一时无二！到了 1898 年，只有布莱克—威尔烟草公司（W. T. Blackwell Company）、美国卷烟公司（American Tobacco Company）和利杰特—迈尔斯烟草公司（Liggett & Myers）尚能与其对抗，在烟草市场中保有一席之地。

杜克瞄准这三家公司，想要将它们收入囊中，他使出了浑身解数，给出了各种优惠条件希望能够将它们最终兼并了。但是，这三家公司可不是软柿子，相当不好对付，均拒绝了杜克的一切要约和条件。杜克并未就此放弃，而是继续进攻。他不断加大广告的宣传力度，同时大举进行价格战，希望以此拖垮竞争对手。根据当时的报道，杜克一年投入了 100 万美元广告费来促销自己的战斧牌香烟（Battle Axe），希望用这个产品打垮三家竞争对手公司。但是，这三家公司非常有法度，不乱阵脚，每次都能化解杜克的进攻。

在 19 世纪末的时候，那些喜欢 DIY 的烟民们非常青睐布莱克—威尔烟草公司推出的德勒姆公牛牌烟草（Bull Durham）。我也喜欢动手自己裹香烟，因此也偏爱德勒姆公牛

股权之争时，其中的对手盘和玩家更加具体而清晰。

牌烟草。而美国卷烟公司的海军上将牌卷烟（Admirals）与杜克的香卡博拉牌卷烟（Sweet Caporals）在市场上不分伯仲。那些喜欢卷烟的人总是在这两个牌子之间选择，非此即彼。不过，当时卷烟并非市场主流。当时的美国民众还是习惯于自己鼓捣烟草，将其放入烟斗中，雪茄和鼻烟也更受欢迎，直接咀嚼烟草也是老百姓热衷的烟草消费方式。不过，我觉得这有点恶心，自己是不会这样去做的。

平心而论，利杰特—迈尔斯烟草公司的咀嚼烟要比杜克的战斧牌香烟更具优势，市场销量远远领先后者。

当时的烟草市场上，与咀嚼烟草和雪茄相关的利益集团悄悄地通过金钱操控那些禁烟运动，使得社会舆论向着利于自己的方向发展。这些强大的烟草利益集团，动用自己手中掌握的权力和资源，利用大众的无知和热情打压自己的竞争对手，以便最大化自己的商业利润。

不过，禁烟运动也并非全是奸商和伪君子们用来打击对手的幌子，不少发动者和参与者还是良善之辈。我们需要以友善的眼光看待这个世界，保持一个美好的初心，只不过需要多一点甄别能力而已。

对抗杜克的烟草联盟的主角之一是美国卷烟公司，这家公司在1898年被瑞恩领头的财团所收购，然后被并入新成立的联合烟草公司（Union Tobacco Company）。联合烟草公司的总裁是谁呢？威廉·H.巴特勒（William H. Butler），此君先前是美国烟草公司的副总裁，他与杜克决裂之后离开了美国烟草公司。这次并购的实际幕后大老板是瑞恩、威廉·惠特尼（William C. Whiteny）、P.怀登纳尔（P. A. B. Widener）、安东尼·N.布拉迪（Anthony N. Brady）以及威廉·L.埃尔金思（William L. Elkins）等大佬。不过，他们行事低调，在注册这家新公司的时候，他们没有张扬宣传，尽量不让人注意。

在这场并购战中，一个重要的人物出现了，他就是C.W.哈兹尔庭（C. W. Hazeltine），人称哈兹尔庭上尉。此君毕业于安纳波利斯海军军官学校，游走于军界和商界。正式从海

纵横捭阖的基础是将所有重要玩家的利益和实力分析清楚。

军退役之后，他步入商界，投身于金钱的世界。当美国和西班牙之间的战争爆发之后，他又返回海军。等到战争结束，他又再度脱掉军装，重新当上了商人。

此刻，美国烟草行业的并购大战烽烟四起，各种利益集团和参与者纷纷登台。哈兹尔庭来到我合伙的这家公司，与阿瑟·豪斯曼先生见面。他带来了一份非常重要的情报——联合烟草公司正在计划收购利杰特—迈尔斯公司，这样做是为了在对杜克的竞争中更具优势。当然，前提是这次并购要成功才行，这样才能真正建立起对杜克的竞争优势。

哈兹尔庭和豪斯曼两位商量妥当后就来找我，他们正式将这一情况通报给了我。哈兹尔庭先生强调说他与利杰特—迈尔斯公司的关系非常好，如果我们决定抢在并购前买入其股票，他愿意充当中间人。

了解了整体情况之后，我决定先去拜访两个重要的陌生人，他们的角色十分关键。第一位是威廉·巴特勒的兄弟乔治·巴特勒。前面我已经提到过威廉·巴特勒此前是美国烟草的前任副总裁，现在是联合烟草的总裁。第二位则是联合烟草的幕后大佬之一瑞恩先生。

我希望能够从这两个关键人物入手。拜访先从简单的聊天开始，我希望通过一些看似平淡的话语暗示他们，我手头有一些资源可以帮助他们完成并购计划。

不过，这些人都非等闲之辈。他们非常谨慎，防备心理很强，几乎没有透露什么有价值的信息。不过，这更加让我确信哈兹尔庭先生提供的情报是正确的。威廉·巴特勒的计划是将与杜克竞争的三家大烟草公司整合到一起，成为联合烟草公司的一部分。在完成计划中的并购之后，他就能够与杜克平起平坐了，甚至让杜克的烟草帝国走向没落。此君时刻都在计划如何打败杜克，从中我已经嗅到了硝烟四起的气味，美国烟草市场即将面临腥风血雨了。

到了1898年12月初，形势的发展果然如我们此前所预期的那样。美国烟草竞争格局中，利杰特—迈尔斯公司成了一个左右杜克和巴特勒所代表的两大势力对比优势的关键砝码。这家公司当时是唯一一家独立的烟草公司，不在杜克和巴特勒的掌控范围之内。而此前，布莱克—威尔公司及其旗下著名品牌德勒姆公牛牌已经被联合烟草公司收购了。

形势开始变得严峻起来，杜克心里非常清楚这点，他知道必须尽快将利杰特—迈尔斯公司的筹码抓在自己手里。他立即派出自己的代理人前往圣路易斯（St.Louis）。原因是利杰特—迈尔斯公司的大部分股份都在圣路易斯人的手中。杜克开出了高价来获得这些股票，以便在未来的并购战中处于优势地位。

杜克这样想，瑞恩自然也这样想。瑞恩就是要打破杜克统治下的烟草行业格局，所以他委托我和威廉·H.佩吉(William H. Page) 律师去抢购这些股票，避免落入杜克之手。

我和佩奇都是第一次接受这么重要的任务。这样重大的任务，一方面让我们担心搞砸了，那样就辜负了瑞恩先生的重托。另一方面我们也想要在佩吉先生那里大显身手，以便获得更大的机会。

我们到了圣路易斯后，住在南方酒店（Southern Hotel），乔治·巴特勒早就等候在那里了。我们最先从利杰特—迈尔斯公司的总裁摩西·威特莫（Moese Wetmore）上校入手。直接与核心人物沟通，是最有效的方式。

当然，核心人物不仅是总裁一人，还有威廉·J.斯通律师（William J.Stone），大家都称他为"侦探比尔"。我已经忘记了此君到底是利杰特—迈尔斯公司的律师，还是威特莫的私人律师。此君资历很深，心机很重，可以说诡计多端，曾经当过密苏里州（Missouri）州长，也是美国国会的参议员。他代表的那批人在第一次世界大战之前蓄意阻挠威尔逊总统武装商船的战略计划，在国会上故意发表一些冗长拖沓的讲话。

与他们会面，不得不提高警惕，因为他们都是老狐狸。洽谈气氛看起来非常和谐，大家表面上都很愉快。他们善于揣摩人的心思，当然也明白我们此行的目的是什么。

我们在种植园主酒店（Planters Hotel）的套间里面与他们协商。我们在那个夜晚相处愉快，摩西上校非常诙谐幽默，言谈举止让人愉快，不过却不乏骨子里透出来的狡猾劲儿。

圣路易斯是一个让人慵懒的舒适之地，夹杂着南方的一些气息和行事风格。佩吉认为如果想要最终说服摩西上校，就必须逐渐推进，不要强取硬攻。

巴特勒和摩西上校是老交情了，他善于讲故事，引人入胜，同时也是牌桌高手。佩吉当然也擅长这些社交工具。于是，他们两个人每晚都要与摩西上校玩牌，吹牛，小酌一杯，那真是非常惬意的交际之道。

想要钓鱼，第一步要问鱼池在那里，第二步则要问鱼想要吃什么样的饵。绝大部分人并不清楚鱼在哪里，也不清楚鱼想要吃什么。做金融交易也是如此，一方面要明白格局是什么，另一方面要搞清楚对手盘是谁，情况是什么。

我和哈兹尔庭则负责另外一个方面的工作，悄悄去接触那些利杰特家族的人，他们作为继承人持有大量的利杰特—迈尔斯公司的股份。这就是整个并购大战中最为重要的部分。

没过多久，许多小道消息和传言开始充斥在华尔街和大众之间。这些传言都是关于烟草并购交易的。报纸上也开始报道这些事情，而这引发了普通民众的愤怒，特别是圣路易斯的人。普通民众非常厌恶托拉斯等垄断组织，而圣路易斯的普通民众则希望利杰特—迈尔斯公司能够作为一家独立自主的烟草公司存在，这是他们引以为傲的地方品牌。

当地的普通民众到利杰特—迈尔斯的厂区进行游行，其中还有 100 名当地的杂货商，他们高举反对垄断和托拉斯的游行标语，佩戴着相应的袖章。摩西上校接待了游行代表，聪明地用一些计谋将游行队伍分裂了。普通民众以为得到了摩西的足够承诺，于是满意而归。事实上，他们什么也没有得到。

摩西上校通过各种手段获得了买入利杰特继承人和其他股东股份的期权。这些期权涉及的股份加上他自己已经持有的大量股票，使得他成了整个并购的关键砝码。最终，他选择站在我们这边，接受我们的要约。

整个并购过程中，媒体的报道总是变来变去。例如，第一天报纸报道说杜克的集团成功获得了利杰特的股份。但是到了第二天，媒体又认为形势出现了一些变化。到了第三天，媒体则报道利杰特—迈尔斯公司已经被联合烟草给收购了。

最终，我们收购了这家公司。整个协议总金额为 600 多万美元，我们获得了超过 50% 的股权。当然，协议签署时无法确定 20 万美元的律师费用由谁承担，于是我们抛硬币来决定。最终，我们承担了这 20 万美元的费用，赢得了圣路易斯的友情，当然整个买卖是皆大欢喜。

3

与此同时，杜克在原有公司的架构下设立一个全新的子公司，名叫大陆烟草公司（Continental Tobacco Company），这家公司在场外证券交易所（Curb Exchange）交易。杜克又在放出新的大招了。显然，杜克和瑞恩之间的商业大战又升级了。

瑞恩当然并不会坐以待毙，他想要通过在证券市场运作来攻击大陆烟草公司的股

票，以便让杜克知难而退。而瑞恩选择我来负责这次运作，我直接接受瑞恩的指示和领导，被赋予全权，直接操盘。与之前圣路易斯的并购不同，我现在是唯一的负责人，足见瑞恩对我的重视。

前面已经提到大陆烟草公司的股票在场外证券市场挂牌交易。当时，无论是否刮风下雨，场外证券市场的经纪人们都聚集在露天场地里交易。他们在纽约证券交易所前面的大街上展开撮合等经纪业务。他们会集各个证券公司递交的买卖订单，同时将撮合和成交情况返回给各个证券公司。

当时，我都会在前往市中心的途中去瑞恩家中短暂停留。他的宅邸距离我的住处不远，在西72大街，我们相隔几条街。通常，他的门童会领着我进入到卧室。大多数情况下，当我到达卧室的时候，他还在睡觉；少数情况下，我到达时他已经起床了，正在剃须。

在当时的我看来，瑞恩夫妇相互疼爱。瑞恩全身心投入到事业当中，从生意中赚取利润让一家人过着优渥的生活。瑞恩的妻子则一心照顾整个家庭的日常生活，对孩子的教育和呵护甚是细心。他们的几个孩子都是男孩，非常活泼，年纪尚小。我去的时候，孩子们往往在房间里面乱跑，嬉笑打闹。瑞恩的妻子想要一个女儿，但是未能如愿，因此便对朋友们的女儿投注了感情。某个冬季，她就送了我女儿贝乐一件她亲手制作的羊毛夹克衫，做工上乘，别致典雅。

虽然，此前我取得了鼓舞人心的胜利，但在金融交易上还有很长的路等着我去走。实际上，我并未成为金融交易的顶尖高手。对此我很坦诚，毕竟我可能缺乏交易所需要的某种禀赋。我很庆幸自己很早的时候就意识到了这一点。

我做第一笔大额交易就是在大陆烟草公司的股票上。此后，我不再频繁交易，而是专注于少数利润丰厚的高胜算交易。这是正确的做法，我并不想在几美元佣金上精打细算，却常常亏损上万美元。这种在小利上斤斤计较，但却经常吃大亏的人并不是我想成为的人。

1899年年初的时候，我开始正式着手策划运作股票的具体事宜。为此，我特地另外雇用了两名证券经纪人。瑞恩先生给我了20万美元的亏损额度，这是很大的运作空间，使得我不那么紧张不安。

大陆烟草公司的股票当时在45美元的水平交易。在我介入6周之后，这只股票被打压到了30美元。当时，烟草巨头们之间的大战吸引了社会各界的广泛关注，华尔街的人们为此也绷紧了神经。所有人都认为大陆烟草公司会遭到重创，否则其股价也不会跌到这么低的价格。

　　大部分从事做空交易的自营券商和投机客，会追随股价下跌做空。这会导致股价进一步被压低。而我的交易策略却与此不同。

　　我倾向于在股价呈现弱势的时候逢低买入，在回升之后再逢高卖出。我采取滚动的方式操作股票，逢高抛售，打压价格，然后逢低买入，等到股价上升吸引足够的跟风盘之后再度逢高抛售，如此循环反复。依靠这种滚动的操作方式，我赚取了足够的利润。

　　日复一日地如此操作，我积累了足够的经验，技巧越来越纯熟。正当我得意之时，瑞恩先生却突然莅临，不请自来。他言辞严厉地警告我："不要忘了，我是让你激恼他们，而不是彻底毁掉他们。"他叫我暂停操作，同时又问我花费了多少代价才得到这样的结果，他认为我肯定赔了一些钱。不过，我却告诉他不仅没有亏钱，还赚了不少。虽然他在离开的时候面无表情，但我认为他肯定在偷偷地高兴。

　　此后，我按照瑞恩先生的意见停止了操作。华尔街看见大陆烟草公司的股价并未继续下跌，于是开始猜测杜克和瑞恩两大势力之间达成了妥协，和解的传言被广泛知晓。瑞恩在打压大陆烟草公司的股价时，展现出了可以动摇杜克集团的实力，这足以让杜克妥协。

　　1899 年 3 月 1 日，美国烟草公司召开股东大会，宣布正式批准并购联合烟草公司。当时联合烟草公司旗下有布莱克—威尔公司的德勒姆公牛品牌，以及美国卷烟公司和利杰特—迈尔斯烟草公司。

　　瑞恩、怀登纳尔以及布拉迪等人被选为美国烟草公司的董事。一方面，瑞恩等人进入到了烟草行业的核心；另一方面，杜克的美国烟草公司则完成了对整个美国烟草市场的垄断，能够赚取更加丰厚的利润。

　　在整个事件中，巴特勒兄弟成了瑞恩的棋子，最终又有被瑞恩出卖的感觉。巴特勒兄弟创建联合烟草公司是为了建立一个可以打败杜克的烟草托拉斯。但是，瑞恩并不是这样想的，瑞恩只是想让杜克妥协，借机进入美国烟草行业的核心。

　　瑞恩因此遭受了广泛的道德指责，大众都认为他其实一早就和杜克勾结好了，以便形成一个更大的烟草垄断组织。事实的真相我并不完全清楚，但是就我所知加上合理的推断，我认为瑞恩其实并非早就勾结了杜克。

　　不过，正如大众所预料的那样，当烟草巨头的战争结束之后，美国烟草公司及其子公司的股价就持续上涨。此前因为杜克和瑞恩的争斗引发的股价下跌其实是暂时的。

　　不过，人算不如天算，这样的垄断局面很快就遭受了政府的干预。政府强令分拆和解散烟草托拉斯。虽然我听说杜克竭力动用各种社会关系和资源试图挽救这个庞大的垄断组织，但还是回天无力。

巴菲特擅长于利用一次性利空买入具有持续竞争优势和广大潜在市场的上市公司。

过了一年时间，我碰巧遇到了杜克先生，他略带戏谑地告诉我："你简直想象不出为了阻止政府拆散烟草托拉斯，我付出了多少努力。在托拉斯解散之后，我甚至还一度想要重建这一组织，即便付出更大的代价也可以。最让我吃惊的是，解散托拉斯之后，竞争加剧了，而大家挣的钱反而更多了。"

垄断这种经营策略，表面看起来似乎可以赚得更多，但实际上那些追求垄断的人没能从中看到事情的另外一面，他们只看到了有利的一面。

4

参与烟草行业巨头之间的大战，成了我与托马斯·瑞恩密切合作的开端。从此，无论是在生活上，还是在事业上，我们都成了亲密无间的伙伴关系，这种挚友关系，一直持续到了 1928 年瑞恩去世为止。

瑞恩的城府很深，令人难以捉摸。甚至对待同一个人的态度也易反易覆，一会慷慨大方，一会小肚鸡肠。

当然，我和瑞恩的合作也有不少插曲和矛盾。在工作上，我总是坚持自己的原则，以原则为中心，原则才是最为重要的，而非以某人的情感或者利益为行事标准。除非要执行某个特定的交易任务，否则我不会与瑞恩在工作中走得近。他好几次都因为我对原则的坚持而勃然大怒。

在我们最初相处的阶段，我独立自主和坚持原则的态度几度让我们的关系触礁。例如，由于利益上的冲突，瑞恩和威廉·惠特尼总是想尽办法让詹姆斯·基恩坐牢。他们罗织罪名，控告他有一些不法的商业行为，导致他们持股的一家银行出现了损失。他们还希望拉拢我出庭作证，我断然拒绝了。

那个时代的商场斗争非常残酷，什么伎俩和手段都使出来了。斗争的双方毫无良心和人性可言，你死我活，绝不妥协。

本来，我认为由于我拒绝了瑞恩的请求，会导致我们之间的关系完蛋。但实际上，他却更加信任依赖我了。

无论是瑞恩，还是基恩，他们都非常信赖我这个朋友，即便他们之间是你死我活的死对头。他们之所以认可我，是因为他们认为我不会出于私利而坑害任何一方。他们的认可和肯定不可避免地让我为自己的独立自主和坚守原则感到自豪。

我和瑞恩结识不久的时候，有一回他邀请我到他新组建的莫顿托拉斯公司（Morton Trust Company）茶叙。当时的我出于好奇心，询问他对自己因为大都会街区铁路公司遭受攻击有何感想。事实上，这些攻击都是合理且有事实根据的。

瑞恩先生静默思考了一会，用他惯有的低沉和从容的嗓音回答道："喔噢，你难道没有看到砖头从那扇窗户砸进来吗？"接着，他站起身来，走到一个很大的保险柜旁边，用手拍了拍这只保险柜的外壳："这里面有许多东西，你能帮我卖了吗？"

这只保险柜里面放的是佐治亚太平洋铁路公司（Georgia Pacific）所发行的三期债券。保险柜打开以后，这些债券如同废纸一样胡乱地堆在一起，似乎接下来只有被扔掉的命运。我记得当时这些债券的平均价格大概只有 9 美元，远远低于其面值 100 美元。

对于卖出这些债券我是有信心的。所以，我立即到街上喊了一辆马车，我和车夫花了九牛二虎之力才将这批债券搬到马车上。这些债券铺满了马车，以至于我连下脚的地方都没有了。

我坐着马车径直往证券公司去。到了公司之后，我开始研究佐治亚州的这条铁路，我想挖掘一下卖点，让大众对这些债券感兴趣。

此后，我开始运作这些债券。某天，这些债券的交易价格达到了 30 美元。这或许就是瑞恩先生的心理价位，因为他立即给我打了电话，询问我为什么还没有全部清仓。我回答道，自己确实计划逐步清仓，但是认为后期上涨空间巨大，因此还需要耐心等待一下，那样会获得更大的利润。不过，瑞恩先生非常担心，急于兑现落袋为安，他不断催我早点卖出。我也无法完全无视他的意见，于是在 50 美元全部脱手。此后，这些债券的价格继续上涨，倘若耐心等待一阵子，我们甚至可以在 100 美元附近卖出。

除了这次运作债券之外，瑞恩先生在利杰特—迈尔斯公司的并购操作后不久，还让我购入诺夫可—韦斯特公司（Norfolk & Western）的股份，以便取得对这家公司的掌控。我大举买入这家公司的股份，同时避免引发股价大幅上涨，当然首次买入并未达到控股的程度。

还有一次，瑞恩先生吩咐我买入沃巴什铁路公司（Wabash Railroad）的股票，以便获得控股权。当时，我已经成了大手笔的交易者，市场影响力不可小觑。当我在执

行别人的委托指令时，大家拿不准到底我是在为自己买入还是替别人买入。更有趣的是，那些委托我买入的人，经常故布疑阵，他们装得好像与其无关一样，到处询问别人："巴鲁克到底是在为谁买入这只股票呢?"以至于背后的真正买家成了悬疑。

在这里有必要介绍一下买入沃巴什铁路公司股票的例子，因为它完整地展示了经纪人之间的合作过程。当日我走向撮合这只股票的专营席位。戴夫·巴勒斯（Dave Barnes）坐在这个席位旁边，正在参与交易。他是我以前的挚友，我们是在朗布兰奇认识的。他酷爱跟一群朋友到海里游泳，更有趣的是此君每次到海里游泳的时候都会在脖子上挂一个装着威士忌的小扁瓶，如果感到冷的话就会喝一小口。

我很高兴能够在交易所碰到他。当天，戴夫正在交易沃巴什，普通股的售价为3~4美元，而优先股的售价则在17美元左右。不过，我不愿意直接从他手上买入。因为我心里十分明白，如果他知道我要买入这只股票，那么他马上就会从其他地方买入，然后以更高的价格卖给我。

我希望坦诚相见，相互尊重。我走过去坐到他身边，一副坦诚的态度对他说："戴夫，我不得不严肃地告诉你，不要卖出或者做空这只股票，今天就这样吧，与大众保持距离才是明智之道。"

"好吧，巴尼（Barrie）!"他耸了耸肩，一幅无可奈何的样子，站起来离开了席位。巴勒斯总是喜欢叫我巴尼，我还真不知道为什么会这样。

他还真的离开了，当然也就干扰不了我低价买入沃巴什的计划了。我可以放开手脚买入其普通股和优先股。

从这个例子你可以看到当时证券经纪人之间的相处之道。如果你们相互认识，并且信赖，那么就会相互尊重。我不会绞尽脑汁，使尽手段与他斗争。在其他人面前显示智慧是非常愚蠢的，因为没有人傻到能够一直被你欺骗。客户的委托更为重要，因为其中涉及巨大的盈亏，我们的小聪明与这些盈亏比起来简直不值得一提。最好的办法是坦诚相告，这样反而容易完成自己的任务。巴勒斯最终也确实遵从我的忠告，因为他明白今天尊重了我的利益，改天我就会尊重他的利益，当他某天这样要求我的时候，我也会照办。

利杰特—迈尔斯公司的那笔交易让我们公司赚了15万美元的利润，要知道当年我们公司的利润总额也才50.1万美元，由此可见这笔交易占据了多大的利润份额。客观来讲，这笔钱在现在的我看来不算多，但是对于当时的我而言，这是一笔巨大的盈利。

我在豪斯曼证券公司的股权比例也被豪斯曼先生大方地从1/8提高了上来。我获得了公司总利润的1/3。我们公司也搬迁到了百老汇大街上的宽敞豪华办公室里，占了好几个房间。我们公司的业绩蒸蒸日上，逐渐成为纽约金融区当中首屈一指的大证券公司。

铸成大错

从市场中挣到钱是一码事，真正能够守住财富又是另外一码事。

——巴鲁克

1

此前，我在纽约证券交易所购买第一个席位的时候，花费了1.9万美元。后续的两年时间里，豪斯曼证券公司的生意红火，我也以合伙人的身份拿到了一笔丰厚的分红。仔细思考之后，我又在纽交所购买了一个席位，而将买入的第一个席位送给了大哥。我买入第二个席位的时候支付了3.9万美元，价格高了许多，差不多两倍多。不过，我并不在乎这点差别，因为我志向高远。

我眼观六路耳听八方，到处寻找金融市场上的大机会。我深知风险越大，则收益越高。我已经对证券投机颇具信心了。每次看到我的名字出现在交易所会员席位名单上时，我都无比骄傲和自豪。不过，人一旦自我感觉极好时，往往就会被现实的残酷所痛击。骄傲之后的惨痛教训让我明白，**从市场中挣到钱是一码事，真正能够守住财富又是另外一码事。**在金融市场上争得头破血流、情绪失控的人很难守住到手的

投机与投资是两回事，投机需要你每隔一段时间就要将利润从市场拿走，否则早晚被市场一次全部吞回去。

利润。

在本章我会坦承一个自己犯下的错误，即便是门外汉也不应该犯下这样的低级错误。当时，我得到了一个所谓的"内幕消息"——美国烈酒制造公司（American Spirits Manufacturing）前景看好，值得我们买入。同时，这一消息来自于与托马斯·瑞恩关系密切的人，而且此君还强调说瑞恩先生本人也非常认可这一点。我当然非常认可瑞恩先生的敏锐嗅觉和超凡判断力，于是便买入了这只股票。

当我信心满满地买入美国烈酒制造公司的股票时，这家公司还是这个领域的领头企业。因为这家公司的主要竞争对手——酿酒和牛业公司（Distilling & Cattle Feeding Association）在 1893 年的金融危机中破产倒闭了。酿酒和牛业公司在倒闭之前垄断了美国的威士忌市场，堪称"威士忌托拉斯"。

我听到的具体内幕消息声称一些巨头正在计划将美国烈酒制造公司与其他三家烈酒大公司合并起来，形成一家垄断美国威士忌生产和销售的托拉斯。

这个消息如果是真的话则意味着巨大的盈利机会，同时消息的来源在我看来也是值得信赖的，于是我毫不犹豫地押上了全部筹码。

但是，事情并未有我最初想的那么美好，反而朝着预期之外的方向发展。这也要归咎于我没有独立而全面地分析情况。

在并购重组的消息正式公布之后，美国烈酒制造公司的股价却转而下跌。此前该股一直在上涨，利好公布之后反而暴跌。下跌过程中，我不得不追加保证金以便保住头寸，无奈我没有后备资金可以动用，于是只能抛售其他股票来获得资金。

这笔糟糕的交易让我从云端跌落。利杰特—迈尔斯公司的那笔交易让我得意忘形，让我觉得自己的前途突然光明起来。谁也不曾想到，在数周之后，我又被打回了原形，亏得一塌糊涂。

我很想从金融市场源源不断地挣到丰厚的利润，以便给妻子更美好的生活。此前，我专门为她买了一辆豪华的黑色马车，有数盏玻璃灯，高贵精美。我还雇用了两个身穿制服的男仆专门负责驾驶这辆马车，让我的妻子过着优渥的生活，受人尊敬。

但现在，我们的财务急转直下，我不得不硬着头皮，鼓起勇气告诉她我们短时间内没办法在剧院包厢里看戏了，许多奢华之梦也只能暂时搁置了。

这次交易上的挫折是我毕生遭遇的最大损失，无论是物质还是事业上，都是一次巨大的挫折。

意志消沉、沮丧万分的我见到了瑞恩先生，和盘托出自己遭受的挫折。他询问我："我是否告诉你应该去购买那只烈酒股？"

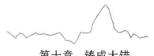

"没有！我只是从一个与你亲近的人那里听到了一些利好消息，但是却未能进一步深究下去。"我回答道。

"你一定要记住，千万不要轻信任何有关我说了什么的传言。"瑞恩听了我的回答之后，从容地告诉我，"凭我们的关系，你可以直接询问我，进而得到清晰的答案。"

跌倒了才能成长，这次挫折让我得到了足够的教训，那就是人们说出的一些话其实出于不同的动机，或许是为了炫耀，或许是为了热络关系，甚至只是丢出的鱼饵而已，目的是让你上钩。

大量的传言和小道消息在华尔街流传，随着我积累的经验和教训越来越丰富，我逐渐认识到这些东西是靠不住的。

所谓的"内幕消息"其实更多的时候是一个危险的陷阱，有时候其至连英格兰银行和美国财政部都会被误导。一些别有用心的主力会利用所谓的内幕消息诱导其他玩家。另外，即便这些消息真的来自于公司内部的人士，他们也可能过于自信或者忽视了金融市场对这些消息的解读倾向。

人性使然，我们总是非常重视那些充满不确定性的事项，即便这些事情未必是真实的。

如果一个人无法接触到内幕消息和传言，那么他就不得不独立研究经济形势和公司基本面，然后客观冷静地采取行动，而不是盲从他人。但是，如果这样一个人忽然得到了一些内幕消息和传言，那么他就会被迷惑住，进而忽视最显而易见的事实和独立的判断。我见过许多被内幕消息迷惑的人，其中许多还是公司内部的人士。他们不顾股价的趋势，以及更加全面和宏大的基本面，盲目持股，就算这些股票处在下跌趋势之中，或者是基本面糟糕，他们也紧握不放。

某日，联合太平洋铁路公司股票的交投十分活跃。库恩—勒布银行（Kuhn & Leob Co.）的奥托·卡恩（Otto Kahn）平时就喜欢发表一些高论，当时他正准备告诉我一些有关联合太平洋铁路公司股票的内幕消息。或许他讲的东西有事实依据，或许是客观的判断和分析，不过我都不感兴趣，我直

你是第几个听到这个消息的人？你在消息的生态链中处于末尾还是开始？主力如何看待这则消息？其他玩家如何看待这则消息？真实可靠的内幕消息要用来赚钱，也需要满足许多条件。第一，内幕消息确实关乎重大事项；第二，你必须位于消息传播链条的前端；第三，你必须在消息的效力消退之前，甚至达到高潮时全身而退。

独立思考和广泛交流，必须充分地隔绝，只能交替进行，不能同时并行。如果你热衷于广泛交流，久了之后就会缺乏独立思考的能力。

言不讳地告诉他："老兄，我可不想被你的话所干扰，我要保持自己的独立判断和清晰思考。因此，就不要跟我讨论联合太平洋铁路公司的股票将如何了。我会自行思考判断的。"

为什么我会这样打断卡恩就市场发表高论呢？因为长期的华尔街亲身经历，加上耳濡目染，已经让我坚信只有基于全面而详细的事实进行独立分析和判断才能真正洞察真相，传言和内幕消息都是飘忽不可靠的，效力并不稳定，经常都是陷阱。

我在美国烈酒制造公司遭受挫败后，詹姆斯·基恩告诉我，一些与这家公司有相关利益的人为了摆脱困境，故意放出了一些传言，以便拉升股价出货。当时，这家公司的经营已经步履维艰了，一些大股东为了制造卖出的机会，不择手段。

听从内幕消息，一将功成万骨枯，一个人发了横财，但是更多的人却因此而破产。这条致富之路非常坎坷，很难成功。

我并非是想借用基恩的话将责任推到那些诡计多端的操纵者身上，而是想要强调你的错误是你造成的，应该自己承担起来，不要归咎于他人。

在介入美国烈酒制造公司股票的过程中，我并未深入调查和研究，只是被一些空泛的说辞和愿景所迷惑。所谓的内幕消息让我犯下大错，整个过程我都违背了一个理性交易者需要恪守的法则。因此，最后的失败是我应得的，怪不得别人。

2

我在"威士忌托拉斯"的谣传上之后又过了几个月，我终于在身心上恢复了过来，久违的勇气来得恰好。我在金融市场上四处寻找真正的机会，最后我发现罗斯维尔·P. 福劳尔（Rosewell P. Flower）管理下的生意存在较大的机会，此君曾经担任过州长。

福劳尔很小的时候就失去了父亲，幼年的时候生活在纽约州北部的一个农场当中。他很小的时候就承担起了养家糊口的重担，很少有安逸的日子出现。苦难的经历锻造了他的钢铁意志，也让他深孚众望，曾做过国会议员和纽约州的州长。金融大佬亨利·卢克斯（Henry Clews）擅长识人，他一看到福劳尔就认为这是一个前程无量的人。

福劳尔后来投身商界，成了一位点石成金的经理人。他担任管理者的上市公司无一例外都受到股市的追捧。一旦他定下治理方针和措施，同时在华尔街宣布他的目标，那么相关的股票必然大涨，屡试不爽。他是一名极其优秀的管理者，经验丰富，业绩

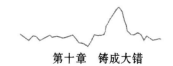

不俗。就算是业绩极差，濒临倒闭的企业，在他引入优秀管理制度和措施之后，也能起死回生，盈利能力大幅提升。他先后担任过芝加哥燃气公司（Chicago Gas）、芝加哥—岩岛—太平洋铁路公司（Chicago，Rock Island and Pacific）的最高管理者，期间的业绩昭彰，获得了极高的评价。

当时，福劳尔接手了布鲁克林捷运公司（Brooklyn Rapid Transit Company），相应的股票价格在 20 美元附近。这是一家管理不善、经营效率低下的捷运公司。

福劳尔走马上任之后，向公众宣布这家公司在他的治理下将会实现扭亏为盈，此后的业绩将持续上涨，相应的股价也将达到 75 美元。他制定的方针和具体措施确实提升了公司的业绩，当然也提高了员工的士气，股价也持续上涨。

这只股票在 1899 年春季成了市场龙头股。随着股价稳步上涨，我也买入了几回。不过，在狂热的上涨氛围中，我嗅到了一些异常和危险。这家公司的财务报表开始变得模糊起来，遮遮掩掩的，专业人士一看就会觉得其中有问题。直觉和判断表明这家公司处在高位的股价存在巨大的风险。

此前，当股价在 20 美元的时候，福劳尔宣布股价将会涨到 75 美元；等到股价上涨到 50 美元的时候，他又进一步提升了目标价位，宣称会涨到 125 美元。市场确如他预言的那样，步步走高，他再次点石成金了，所有的预言都实现了，从未落空。这只股票的走势看起来坚若磐石，气势昂扬。

不过，当众人一致看好的时候，现实却不那么尽如人意了。4 月的时候，该股涨到了 137 美元，然后就出现了滞涨。华尔街部分资深人士开始与我持有相同的观点，认为这只股票的价格已经大幅超越了基本面。

到了 1899 年 5 月 12 日，当天早上吃完早餐之后，我翻阅了当天的晨报，里面有一则福劳尔的声明，宣称布鲁克林捷运公司的业绩是稳步增长的，未来预期积极正面。

这则声明如同给市场注射了一支兴奋剂，早盘大涨。不过，到了下午，股价开始跳水。一些利空进场发酵。有消息

称福劳尔病危。

当日收盘的时候，《华尔街日报》刊登了一篇社论，宣称福劳尔只是有一些消化不良，并无大碍。但事实上，他的真实健康状态堪忧，等到报纸正式售卖的时候，他已经昏迷了。

事情的真相直到后来我才知道。病危前，一身疲倦的福劳尔去了长岛（Long Island）的一家乡村俱乐部，他本来计划享受一天清闲日子，钓下鱼享受下美好时光。当天，他的心情愉快，晚上吃了一顿丰盛的晚餐。但是，问题出在他在晚饭后豪饮了一大壶冰水，而这造成了他的突然抱病，而且病情快速恶化。在他与病魔抗争不久之后，就撒手人寰了。他在晚上十点左右去世。

这则突然而至的利空消息在股市炸开了锅。幸运的是，一些金融大佬联合起来参与了护盘和救市行动。具体而言，有如下大佬参与其中：J.P.摩根、范德比尔特（Vanderbilt）家族、达利尔斯·米尔斯（Darius Mills）、约翰·洛克菲勒（John D.Rockefeller）、亨利·H.罗杰斯（Henry H. Rogers），以及詹姆斯·基恩等人。因为涉及龙头股的安危，自然也就涉及整个股市的稳定，所以他们不得不介入其中，避免整个股市受到拖累。

当时市场上盛传，这只龙头股跌到 100 美元的时候，不少主力介入其中维持股价，此后股价从 100 美元回升到了 115 美元。不过，他们的目的并不是不计代价地持续维持股价，而是随着回升逐渐减持和清仓了这只股票。因此，当股市企稳，并且普遍上涨的时候，布鲁克林捷运公司的股价却再度跌向了 100 美元。终于，这只股票在 9 月的时候跌穿了 100 美元。当然，也有人想要抄底，如沃姆舍尔公司（I.&S. Wormser）的合伙人之一艾力·沃姆舍尔（Allie Wormser）就认为 100 美元是底部，想要在这个点位附近买入两三千股，我当然果断地卖给了他。

此后的形势发展其实很容易推测出来。这只昔日的龙头股再也没能涨到这个点位。等到年底的时候，布鲁克林捷运公司的股价跌到了 60 多美元。

再回顾一下巴鲁克在布鲁克林捷运上的操作过程，思考一下为什么他能够从中大赚一笔，找出至少三个原因，然后努力为每一个原因找一个反例，看能不能找到。

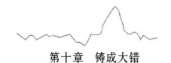

在整个过程中，我通过操作这只股票赚到了 6 万美元。元气终于恢复了，我东山再起了。

3

不过，祸福是变动不居的，成败得失无常。在我东山再起之后，真正的考验接踵而至。在布鲁克林捷运这只股票上落袋为安之后，我发现联合铜业公司（Amalgamated Copper Company）的股票有机会。于是，我和公司的大股东们计划一起运作股价，当时是 1901 年春天，我 31 岁的时候。

联合铜业公司于 1899 年创立，是一家铜业巨头，想要实现对美国铜业的联合和垄断，如同洛克菲勒对美国炼油业的垄断一样。

托马斯·劳森（Thomas Lawson）在 1905 年的时候出版了一本名为《金融狂飙》（Frenzied Finance）的书，专门叙述了这家公司背后的操盘手们风云际会的故事。

刚开始的时候，联合铜业公司并购了马科斯·达利（Marcus Daly）的巨蟒铜业（Anaconda Copper）以及其他几家铜业公司，资产标的总价值为 3900 万美元。

劳森在《金融狂飙》一书中指出，国民城市银行（National City Bank）在并购完成时，向达利一帮人签发了一张全额支票，并且约定可以凭这张支票随时提现。达利很快就将现金提取了出来，因为他想要参与联合铜业公司的股票认购。

联合铜业公司按照 7500 万美元的核定股本进行股票认购。几个金融大佬参与其中，他们相互配合，有着明确的分工，劳森负责制造大众的认购兴趣，亨利·罗杰斯、威廉·洛克菲勒和国民城市银行的詹姆斯·斯迪尔曼（James Stillman）三人则担任联合铜业公司上市的保荐人。这三个人都是当时美国金融界响当当的人物。

最终，联合铜业的发行价格为每股 100 美元，大众参与的兴趣高涨，实现了超额认购。达利将支票兑换成现金之后，将 3600 万美元打到了联合铜业公司的银行账户上，获得此前预留给他的份额。作为公司的创始人之一，达利可以说没有冒一点儿风险。他在确认公众的认购热情之后，才掏钱买入此前低价预留给他的份额，可谓稳赚不赔。如果公众认购热情不高，那么他可以不认购，或者大幅降低认购份额。当认购价远远超出预留价格的时候，他买入就可以赚钱。

所有的这些内幕，在 1901 年春季的时候都被很好地隐藏和掩盖了。当时，联合铜业的大股东们已经开始着手控制全球的铜供应量了。到了当年 6 月，联合铜业公司的股价已经涨到了 130 美元。这只飙升的股票很快在华尔街掀起波澜，大众都在兴致盎然地预测这只股票究竟会涨到什么点位。

此刻，我遇到了赫尔曼·斯尔肯（Herman Sielcken）先生，他是咖啡行业的著名商人，他在商界的判断力得到了公认的好评。他目光深邃，行事果断，身强体壮，要知道那时候他刚刚步入老年阶段。他的咖啡生意做得风生水起，不过他喜欢在股票市场上进行小规模的投机，借此锻炼和检验自己的商业嗅觉和判断力。

那天下午，我在他居住的华尔道夫酒店（Waldorf）与他深入地交换了意见和看法。他的观点是当时的铜价处于高位，压制了全球的铜需求量，反过来也就使得铜供给量处于过剩状态，当然也就使得美国的铜出口量处于下降状态。数年之前，**法国铜价操纵事件之所以功败垂成，也是因为供求大格局的压制。**

他对全球铜业的供求大格局进行了鞭辟入里的分析，同时断言如果联合铜业公司想要通过垄断进而推升铜价，最终必然会失败，如同数年前法国铜价操纵事件的结局一样。

聆听了斯尔肯先生的一番中肯之论后，我回味咀嚼了他的逻辑和观点，并且亲自做了深入而全面的调查。调查的结论表明他的观点是站得住脚的。

当年 7 月到 8 月期间，联合铜业的股价显著下跌。到了 1901 年 9 月 6 日，威廉·麦金利总统在水牛城（Buffalo）遇刺引发经济和金融恐慌，不过 J.P. 摩根及时介入，凭借其在金融领域的巨大影响力和名望才使得动荡的市场稳定下来，联合铜业公司的股价也在暴跌后出现了回升。

在联合铜业的股价反弹时，我下定决心做空这只股票。当时我的判断是由于全球铜的供给大于需求，因此无论这家公司的发起人如何努力运作和拉升其股价，这只股票最终还是要下跌的。我对自己的判断非常有信心，因此坚决地做空

其实，在商品期货的交易中，供求关系的分析具有十分重要的作用，许多一战成名的期货大佬都是基于供求大格局的分析。如何分析铜的供求呢？请参考《有色金属期货交易的 24 堂精品课》一书的相关章节。

这只股票，否则我就会错失良机。

托马斯·瑞恩听说我做空了联合铜业公司的股票之后立即找到我。他开门见山告诉我："伯尼！听说你做空了联合铜业，那些大佬们会让你尝到失败的苦涩滋味，对此你要清醒啊！"

瑞恩专门来提醒我，使得我不得不三思而行。除了瑞恩之外，还有一个人不得不让我敬畏三分，那就是詹姆斯·基恩，他也参与了运作联合铜业的股价。

经过对自己判断的反思和重新检验，我认为拉升联合铜业股价的这些大佬们是在与供求法则对抗。铜的供给量已经显著超过了其需求量，因此铜业公司的业绩必然是下滑的，那么股价也必定朝着这个趋势回归。供求法则是我在纽约市立学院里面接受的重要理论之一，对此我一直铭记于心。详细检查了自己的思路和结论之后，我决定继续做空这只股票。

尽管 J.P.摩根出面对市场大众的情绪进行了安抚，联合铜业的股价出现了一定程度的回升，但结果表明这仅仅是反弹而已。此后，股价还是跌到了 106 美元附近。我的空头头寸很快赚到了钱，不过市场总是处于持续的波动之中。后来，另外一个消息在证券市场中发酵，造成市场暴跌。

这则消息声称麦金利总统突然在 9 月 14 日离世了，要知道此前还称总统在遭到刺杀之后业已恢复了健康。另外，华尔街也有传闻称联合铜业的坐庄联盟出现了裂痕，其中一些人试图偷偷卖出股票。这些消息使得我谨慎地继续加码了空头头寸。

我的做空行为得罪了一些联合铜业的庄家和相关利益者，他们非常痛恨我的做空行为。不过，这却从反面证明了我的做空决策是正确的。相关利益集团的人警告我，如果我继续做空这只股票，大佬们会非常愤怒，小心我被群起而攻之。

当时的我年轻气盛，对于这类威胁不以为然。相反，正如鲍勃·费茨西蒙斯（Bob Fitzsimmons）说的那样："他们越是有分量，则摔得越不轻！"

劝说我放弃做空的各种理由纷纷出现，其中一种理由声称联合铜业是一家服务社会的企业，做空这家公司的股票无异于损害了社会的福祉。

种种谬论绝不能动摇我做空的决心和信心。我深知联合铜业的股价涨得越高，跌得越深，一方面他们将股票发行价定得过高；另一方面他们在股票上市后继续拉抬股价。

经济和金融的运行有着客观的规律，这些规律的力量是不可抗拒和悖逆的。商品的供求法则使得当时的铜价和铜业股的价格不得不下跌，以便形成新的均衡。

不过，一些商人和金融大腕却喜欢沉浸在幻想之中，他们为了梦想中的商业帝国

不管不顾大的趋势和格局。虽然他们为了缔造大企业花费了许多心血和代价，动机也无可指责，但是却忽略了大势和客观规律。

联合铜业的发起人及其相关利益人的行为并不符合经济规律，他们不顾事实和规律强行推高股价，这样的做法是不理性的，这就是我长期以来一直奉行的主张。我在金融市场上支配自己的金钱的时候，也是按照这一主张来行动的。

在做空联合铜业的股票时，面对周遭的抨击和非议，我特立独行，坚持自己的判断，在沉默中承担起成败得失荣辱。我的判断到底是正确的，还是错误的，事实将为我作证。

我在华尔街的行事作风是尽量保持低调，守口如瓶，保持沉默。我恪守自己的原则进行交易，独来独往，并不希望干涉别人的操作。好为人师并非我的风格。

不过，当时的我有一点怀疑自己的这种明哲保身的态度是否正确。或许我应该以牙还牙，以眼还眼，对那些愚蠢的人报以颜色。

此后，联合铜业公司准备召开董事大会，这引起了金融市场参与者的广泛关注。当时市场大众都在关注这家公司是否会继续其8%的丰厚红利政策。

开会的这一周引发了市场的波动。如果会议决定继续此前8%的高红利政策，那么像我这样的空头就会遭受灭顶之灾。

1901年9月19日，星期四，美国证券市场因为麦金利总统下葬而休市一天。聚集在纽约的财经记者和媒体都认为联合铜业会维持高红利政策不变。

次日，也就是1901年9月20日，星期五。联合铜业的董事大会终于在市场的期待中召开了。当天股市收盘后，大家才收到消息，联合铜业的红利从8美元调降到6美元。

市场有恐慌情绪开始蔓延。在星期六股市短暂的交易时段当中，联合铜业又跌了7美元，收盘价差点跌穿100美元整数关口。

周六的交易让我明白，做空交易的关键时刻到来了，下周一就会奠定成败大局。当时，有一件事情实际上意外地促成了我最终的成功。就在我准备等到星期一到来的时候，家母突然打来电话询问我是否知道赎罪日就要来临了。赎罪日恰好是下周一，这是犹太教当中最为重要和神圣的节日。家母是虔诚的犹太教徒，当然希望我回家同她们一起过这个节日，因此我不得不离开华尔街，无法亲临现场相机决策，这让我有点担心和不安。

我委托经纪人艾迪·诺顿（Eddie Norton）继续持有空头头寸，同时告诉另外一个经纪人哈里·康腾特（Harry Content）一旦联合铜业的股价涨到某个点位，必须开始回补

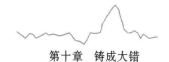

空头头寸。毕竟，联合铜业上涨的幕后推手们会想尽各种办法打击空头，让空头们知难而退，改变想法。因此，我必须做好止损措施，先考虑最坏的情况。一切预防措施到位之后，我才安心地回到家里跟家母一起过节。

我告诉经纪人们，不管周一出现什么情况，无论有多么严重，都不要来打扰我。尽管我已经把话说在了前面，但到了周一还是有人急匆匆地想要找到我。

当时我正在新泽西州，经纪人们正在焦急地寻找我，不过我可不愿意被他们打扰，也不想听任何股市上的最新消息。下午的时候，我和妻子一同到 1 英里之外的家母家中探望，经纪人的电话又打到了那里。

等到太阳下山的时候，赎罪日已经结束了。这个时候，我开始有闲情了解股市的情况。当天，联合铜业以 100 美元开盘，在一小时之内跌了 2 美元。此后，股价回升，直到中午还维持在 97 美元之上。不过到了下午，股价恢复跌势。倘若我当时在交易大厅内，很可能就落袋为安了，当然也就赚不了大钱了，或许我在这只股票上的故事就此结束了。

这只股票在整个下午都处于跌势当中，最后收盘于 93.75 美元。这笔交易让我大赚特赚，充足的浮盈让我能够应付此后的任何反弹。

当天的显著下跌走势让我欢欣鼓舞。此后，我对继续持有空头头寸并且加码更具信心了，这只股票会继续下跌。所以，我按照此前的计划和结论继续大胆做空。

当年 12 月的时候，这只股票已经跌到了 60 美元，我大赚了一票。我现在还清楚地记得，这次做空交易让我赚了大约 70 万美元。具体的出场点位我已经记不太清楚了。总之，这是截止到当时我赚钱最多的一笔交易。**我之所以能够赚到这么多钱，有两个主要原因：首先，那些坐庄的大佬们违背了明显的经济规律，逆市而行；其次，家母要求我和她一起过一个神圣的宗教节日，避免了市场短期波动的影响和干扰。**

在"威士忌托拉斯"股票上我折戟了，但是在联合铜业

商品期货的交易原则可以简单归纳为：供求定大势，利用技术手段顺势操作。当然，大宗商品相关的个股则要更加复杂一些，除了考虑商品价格趋势之外，还需要考虑公司本身的估值和经营管理水平。

上大获全胜。一个失败的教训和一个成功的经验从正反两个方面让我意识到任何传言和他人的观点都不是客观的事实，我们在进行决策的时候不能盲从这些东西。一个人如果想要在金融交易中真正成功，就必须随时维持理性，保持客观的思维状态，不要被任何情感所摆布，如同外科医生进行手术一般。一旦根据全面的事实和数据做出客观的判断，就必须坚信自己的判断，不要被一时的变化和局部的表象所迷惑，只有这样才能获得最终的胜利。

我得出的这一原则在政治领域同样有效。当政府任命我执行某项任务时，我会先全面搜集信息和事实，深入而系统地搞清楚真相和本质，在此基础上做出客观决策，然后展开行动。当我开始行动时，我就不会受到其他人意见和看法的干扰。

因为我的行事哲学和风格，威尔逊总统称为我"事实博士"（Dr. Facts）。我总是认为事实比任何精妙的言论更加有力。如果事实非常清楚，那么结论就无可辩驳，建立在清晰事实基础上的政策很容易得到大众的支持。

这样的例子数不胜数。例如，在第一次世界大战期间和战后，我首先呈现清晰的事实，然后给出对抗通胀的政策处方。开始的时候不少朋友总是提醒我这样的政策很难被政治家们认可，也不可能被批准，为什么我不能务实一些呢？

无论外界如何非议和质疑，无论现象如何变化和干扰，我都会坚持最初的判断。因为我最初做出判断的时候，是审慎地探究了一切相关的事实和真相的，并据此得出了解决之道。那么，在贯彻解决之道时，我就会毫不动摇。事实与真相，还有客观规律都是我决策的前提，探究它们虽然辛苦，但却是值得的，也足以让我得出有效而正确的结论。原则和规律是不为任何人所变化的，正如二加二永远等于四一样。

当恐慌来袭

当我进入金融市场和商业领域的时候，适逢那些金融巨擘和商界大佬们处于呼风唤雨的历史时期。我有幸亲眼见证了他们的辉煌和巅峰状态，他们是个人主义鼎盛时期的典范和代表。即便如此，他们事实上也要努力才能勉强保住自己的地位和辉煌。

——巴鲁克

1

经常有人问我为什么现在没有什么金融人士可以与世纪之交的那些金融巨擘比肩？难道现在的美国人一代不如一代了？

显而易见的原因之一是现在的证券市场确实与摩根、洛克菲勒、爱德华·H.哈里曼（Edward H.Harriman）等金融巨擘叱咤风云时的情况不一样了。1929 年之前许多做法，按照现在的法律来讲都是非法的。当时的一些证券界大事放在现在根本不可能发生。例如，托马斯·瑞恩和詹姆斯·杜克的烟草行业并购大战中，瑞恩委托我进行了那些交易，以及联合铜业中的一些庄家手法，现在都属于违法的行为。

另外，现在的税收制度更加严密和复杂，无论你拥有多少财富，很大一部分都要作为税收缴纳给政府。

> 肯尼迪的父亲作为美国第一任证监会主席上台后，进行了大刀阔斧的整治，投机大佬们销声匿迹，而格雷厄姆的学说却日益繁荣，结合《股票作手回忆录》来看，你会更加清楚其中的历史大脉络和规律。投机与投资，谁能胜出，都是有历史规律的。

另外，以前的华尔街具有鲜明的投机和冒险色彩，而现在金融系统更加复杂了，而且监管制度也更加完善了。证券市场与实体经济的关系更加密切了，金融市场参与者更加广泛，上市公司数量剧增，所有这些都体现了金融市场在深度和广度上的延伸。

正如美国的发展历史，我们从一个不断扩张、追求征服的国家变成了维护西方文明的稳定力量。简言之，我们从一个时代转变到了另外一个时代。

我们从孤立主义和个人主义的时代过渡到了全球责任的时代。对于这一点，想要在本书最后部分来介绍和探讨，因为这一过渡和转变在美国的历史上具有里程碑式的重大意义，意义深远。并且，当我想要很好地看清楚未来时，这一过渡和转变能够成为很好的依据，帮助我们揭开未来的序幕。

就我从事的事务范畴而言，主要是金融交易和政治活动。这并非因为我能够未卜先知，而是因为命运将我推到了一个变革的前沿当中，让我不由自主地顺应了趋势和潮流，从而在时代的前进和变革当中发挥了一分作用。

当我进入金融市场和商业领域的时候，适逢那些金融巨擘和商界大佬们处于呼风唤雨的历史时期。我有幸亲眼见证了他们的辉煌和巅峰状态，他们是个人主义鼎盛时期的典范和代表。即便如此，他们事实上也要努力才能勉强保住自己的地位和辉煌。

不过，很快格局出现了重大的变化，个人主义突然转向全球责任。在第一次世界大战期间，我被任命为战时工业委员会主席，这意味着美国需要主动承担起全球责任，而我必须直接来负责这一任务，解决所面临的问题。

当第一次世界大战结束之后，许多人都想要重新回到战争前的正常工作和生活状态，但是我却不得不继续战时延续的繁忙状态。在巴黎和会上，我担任了伍德鲁·威尔逊总统的顾问，然后一直忙到我出任联合国原子能委员会的美国代表。漫长的从政岁月当中，我一直忙于处理各种挑战，应对各种

把自己放到时代的趋势中，你将成就一番大业；将自己放到资产的趋势之中，你将赚得盆满钵满。有两种把握趋势的方式可以互为补充：第一种方法是预测，如从供求大格局、从经济周期等角度去分析；第二种方法是跟随，那就是所谓的趋势跟踪方法，主要从技术分析的角度去展开。

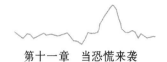

问题。同时，在四十多年的从政生涯当中，我发现自己一直试图将早年在金融市场和商界获得的经验教训用在处理公共事务上。

当然，早年的金融市场和现在的金融市场存在巨大的差别。可以说 50 年前的华尔街其实是少数大佬的赌场，至少他们发挥了极大的影响力。而现在的华尔街与当时的情况比起来有着截然不同的基本环境，因此现在的人很难明白 50 年前那些金融大佬们是如何呼风唤雨的，那时的一切很难用今天的尺度去想象。

50 年前的那个时代对于金融市场而言，群星闪耀。金融大佬们是整个社会的明星，当时的报纸杂志会持续大篇幅地报道这些大佬们的商业举动和日常生活。民众当中滋生出了对这些金融大佬的神秘感和敬畏感。这些金融大佬以摩根、哈里曼、瑞恩和洛克菲勒为代表。

当时的大背景下，任何一个有实力且胆大包天的人都能够影响，甚至控制个股的走势，乃至整个股市。举一个例子吧，讲一则关于丹·雷德（Dan Reid）的有趣故事。此君不仅是美国钢铁公司的董事，而且偶尔也是股市里面出了名的大空头（The Great Big Bear）。

有一次股市出现崩盘走势，而雷德趁机做空了数只股票，以至于在他离场之前，这些股票似乎真的被他控制了。

为什么他能够如此成功地做空市场呢？主要是因为他能够审时度势，**他选择在市场出现恐慌的时候果断出击。但是，市场的波动是有客观规律的，暴跌之后往往接着报复性的反弹，因此做空的时间窗口是短暂的。**雷德当然非常了解这一点，因此他往往以迅雷不及掩耳之势做空，速战速决，从不拖泥带水。在这一点上，他无可匹敌，这使得最强悍的投行家们也忌惮他几分。

雷德与亨利·P.大卫逊（Henry P. Davison）关系很好，他总是亲切地称呼后者为哈里。当时的大卫逊还只是 J.P.摩根最为重要的初级合伙人。

某天，雷德打电话给大卫逊："哈里，你知道我接下来要做什么吗？你猜猜！"

大卫逊知道雷德经常采取一些出人意料的大胆举动，实在难以猜测，因此坦白自己想不出来。

"你想知道我接下来要做什么吗？"雷德继续吊足了大卫逊的好奇心。

"我当然想知道，快告诉我！"大卫逊有点着急了。

"你当真想知道吗？"

"当然！快说啊！"大卫逊一边催促着雷德，一边想着雷德这个家伙做出什么来都是有可能的。

"好，那我就对你直说了，我不打算再做空了！这是一份不讨好的工作，让我感到疲倦了！"

当雷德回补空头头寸之后，股价几乎马上稳定了。

不过，现在的股市可是谁也难以操纵的，哪怕是操作几天也是做不到的。谁也不可能打个电话就让股市企稳了。因为市场的大环境发生了根本的变化。

50年前的股票市场当中，重量级的玩家之间是保持紧密联系的，他们经常一起行动，相互配合。最能体现这种紧密联系的情景无疑是当时的华尔道夫酒店。当时的华尔道夫酒店位于现在帝国大厦（Empire State Building）的位置。每当证交所收盘之后，许多交易者都会聚集在华尔道夫酒店。如果你属于这个圈子，那么你就已经获得了成功。我也是凭着利杰特—迈尔斯烟草公司并购交易的成功与名气才被这个圈子接纳的。

如果你能够在华尔道夫酒店待上一两个下午，就有机会遇到许多名人和大佬，如理查德·哈丁·戴维斯（Richard Harding Davis）、马克·吐温、莉莉安·罗素（Lillian Russell）、"绅士"吉姆·柯蓓特（Jim Corbett）、创思·戴普（Chauncey Depew）、"钻石"吉姆·布拉迪（Jim Brady）、埃德温·霍利（Edwin Hawley）。

当然，还能碰到许多商界名流，比如许多银行和铁路公司的董事长和总裁。查理·施瓦布（Charley Schwab）、詹姆斯·基恩与美国钢铁公司的大老板埃尔伯特·盖瑞（Elbert Gary）也住在华尔道夫酒店。我还亲眼看见约翰·盖茨（John W.Gates）在玩百家乐（Baccarat）的时候一次性下注100万美元，当时正是在华尔道夫酒店的一次私人晚宴上。

在这里，你几乎能够见到华尔街每个重量级人物。华尔道夫酒店也是研究人性的最佳实验室。你可以看到形形色色的各种人物，从而拥有了观察、研究和利用人性的大量机会。某天，我见到一件非常有意思的事情：某家公司的代表仅仅在这里出示了一张保证付款的支票（Certified Check）就轻而

徐翔倒下是A股标志性的事件，与当年肯尼迪父亲被任命为美国证监会主席一样，意味着野蛮和暴力的投机形式即将没落。顺势而为的投机以及客观冷静的投资才是真正的赢家之道！

邓文迪是"圈子理论"的最佳实践者之一，她开创了"头等舱的理论与实践"，善于学习和运用的人可以了解一下。

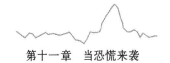

易举地获得了大笔融资。后面我会详细地展开这件事情。

在华尔道夫酒店当中有各种各样的活动场所，如帝国客房（Empire Room）、孔雀巷（Peacock Alley）、台球室以及男人咖啡屋（Men's Cafe）。这间咖啡屋摆设了非常出名的红木吧台，四个方向都可以坐人。这么多不同的房间的布置就好像是美术馆里面的展厅。不过，这里展示的并非精美的艺术作品，而仅仅是姿态各异的人类性格。

你可以坐在这些房间里面磨炼自己甄别人性的功力，看看哪些是真正的赢家，哪些是绣花枕头。区分纸上谈兵的人与埋头实干的人；区分装模作样的人与坦诚相待的人。**打磨自己读懂人性的能力，这是一件非常有趣和有价值的事情。**

某天晚上，恐慌击中了华尔道夫酒店当中的每个人，时尚与繁华突然被恐惧和逃离所取代，这件事情让我毕生难忘。这是我身临其境的第一次大恐慌，尽管这场恐慌仅仅持续了一个晚上，当然这场恐慌的影响力远逊于此后我经历的所有金融市场恐慌。例如，1907 年和 1929 年的股市暴跌和金融恐慌的规模及程度就超越了我所经历的第一次恐慌。

显然，通常情况下股市崩盘会对宏观经济造成巨大的冲击。但是，1901 年 5 月 8 日这次股市恐慌更多地展示了人性的特点，并未对宏观经济产生显著的影响。原因在于这场恐慌来无影，去无踪，持续时间非常短。在这场恐慌当中，由于我更多是一个置身事外的旁观者，没有多少利益牵涉其中，因此能够冷静客观地目睹整个事情的发展。

> 观察和倾听，你会变得更加聪明。我们总是说得太多，观察和倾听得太少，所以不够"聪明"，耳聪和目明才是真正的"聪明"。聪明与嘴无关！

> 对于社会科学而言，历史比理论重要，体验比知识重要！

2

早在金融危机发生之前，一切都有了征兆。如同历史上那些金融危机和恐慌发生之前的狂热与泡沫一样，人们都在兴奋地讨论一个新时代的来临，而这已经为此后的危机埋下

了种子。

大众的乐观情绪并非空穴来风，而是形形色色的理由催生的。当时美国在对西班牙的争霸战争中取得了决定性的胜利，大众对帝国主义的期许膨胀了起来，纷纷预期大片的新兴海外市场将拉动美国的经济。这种热情和乐观自然也就蔓延到了证券市场上。

女性交易者第一次大规模出现在了证券市场上。她们坐在华尔道夫酒店的玻璃套间内，端着茶杯，高谈阔论，她们热烈地谈论着美国钢铁、联合太平洋铁路以及联合铜业等热门股票接下来的涨跌。

当股市极端狂热的时候，三教九流的人都在讨论股票，比如各种仆从、侍应生以及理发师，每个人都在传播所谓的"内幕"。股市在上涨，因此他们的话总能应验，最后人人都成了股神！

股市的热情和上涨看起来似乎毫无止境。每次看来股市将恢复常态，步入稳定波动的状态时，一只新股就提前上市了，而市场也就掀起了新的浪潮，上涨接踵而至。

截至 1901 年 4 月的最后一天，股市创出了史上最大的成交量，也就是天量，当天的成交量高达 3270884 股。直观地来讲，也就是在当天 5 个小时的交易时段内，100 万美元的单子成交起来并不困难，每分钟就能消化一张这样的单子。证券经纪公司在这一天内累计获得的佣金就高达 80 万美元，这是非常惊人的。

股市在 5 月 3 日突然暴跌，各股纷纷下跌，下跌幅度最小的为 7 美元，最大的则高达 10 美元。包括我在内的许多人都认为这次暴跌意味着长时间预期出现的调整终于来了。

不过，行情的发展总是存在意外性。此后的周一，也就是 5 月 6 日当天，北方太平洋铁路公司却出现了惊人的暴涨。在我整个金融从业生涯当中，从未见过这样的妖股。当天这只股票开盘的时候，第一笔成交价格为 114 美元，较上周六的收盘价跳空高开了 4 美元。第二笔单子的成交价则继续跳

天量与天价的关系，天量与低价的关系，都可以深入研究一下。异常值是非常有价值的研究对象！在《股票短线交易的 24 堂精品课》当中专门有一章讲这一主题，可以参考阅读。如何逃顶？如何做空？天量是一个非常有价值的信号。

空，在 117 美元成交。

此后，这只股票频繁出现跳空成交。华尔街诺顿公司（Street & Norton）的艾迪·诺顿（Eddie Norton）是证交所场内的会员，他只要见到有人卖出这只股票就会买入。

为什么这只股票出现突兀的飙升走势呢？谁也搞不明白，无论是北方太平洋铁路公司的董事们，还是银行家们都说不出个所以然来。而忙于买入的艾迪·诺顿也守口如瓶，沉默不语。

或许是因为我的运气好，能够成为少数知道内情的人。北方太平洋铁路公司股票的上涨并非仅仅是因为有人在坐庄操纵股票上涨牟利，而是两大资本财团的对决。爱德华·H.哈里曼和詹姆斯·希尔（James Hill）之间为了争夺北方太平洋铁路公司的控制权爆发了股权大战，争相在股市上抢夺筹码。哈里曼背后的财团是库恩·勒布公司，而詹姆斯·希尔背后的财团则是 J.P.摩根。

为什么我能得知这些内情，且待后面详细分解。我先谈谈这场股权争夺战的来龙去脉以及其中的关键。

当爱德华·H.哈里曼刚刚踏足华尔街的时候，他仅仅是一个办公室的小雇员。此后，随着哈里曼在华尔街冉冉升起，影响力越来越大，最终成了摩根先生的对手，这点让摩根先生非常不爽。

哈里曼在华尔街崛起的早期阶段，就与摩根有过节。他后来与摩根有两三次正面的对抗，最终彻底击败了摩根。随着这些矛盾的激化，两个人之间的关系自然越来越糟糕了，甚至仇恨的种子也因此埋下。摩根对哈里曼的负面情绪和敌视态度永远地持续下去，以至于他总是以"那个拿着 2 美元佣金的经纪人"来称呼哈里曼。

故事还得从联合太平洋铁路公司说起。联合太平洋铁路公司在 19 世纪 90 年代晚期的时候，已经成了全美最差的铁路公司之一。当摩根拒绝对这家糟糕的铁路公司进行重组之后，哈里曼获得了对联合太平洋铁路公司的控股权，并且通过有效治理使得其重新恢复了往昔的繁荣，运营里程大大增加，扭亏为盈，利润大增。以至于希尔—摩根财团控制的大北方铁路公司（Great Northern）和北方太平洋铁路公司（Northern Pacific）都不得不重视哈里控制下的联合太平洋铁路公司，因为后者成了强有力的竞争对手。

哈里曼乘胜追击，低调而迅速地并购了南方太平洋铁路公司。等到竞争对手们恍然醒悟的时候，他已经鼎定了大局。摩根以前瞧不起的小经纪人现在成了铁路大亨，傲视群雄。

哈里曼其实与我们公司也有一次规模不小的合作，先是阿瑟·豪斯曼负责，后来则

由克莱伦斯·豪斯曼负责。当时，查尔斯·伊文斯·休斯（Charles Evans Hughes）与威廉·兰道夫·赫斯特（William Randolph Hearst）作为竞争对手于 1906 年竞选纽约州长这个职位。哈里曼委托豪斯曼兄弟下重注赌休斯会赢得州长一职。

豪斯曼兄弟下了几十万美元的筹码，然后就停止了。哈里曼知道以后立即打了电话过去："我不是让你们下重注吗？怎么就停了？接着下注啊！"

克莱伦斯·豪斯曼后来告诉我，当他在哈里曼的许可下进入到后者的办公室报告下注金额时，看到了民主党委员会的大老板、水牛城的康纳斯（Conners）。或许康纳斯在那里的目的是协商水牛城水运生意，但是我们认为他的真正动机不纯，很有问题。

当然，哈里曼后来也通过我合伙的豪斯曼公司进行收购南方太平洋铁路公司的操作。埃德温·霍利负责了这项任务的大部分操作。不过，我并未亲自参与其中，当时我也并不认识哈里曼先生。

某天我站在证券交易大厅之内，有个矮个子男人站在大厅里面，弯着腿，一副很大的圆边眼镜盖在脸上，初看起来有点神经兮兮的。

"嘿，那边那个想要大举买进联合太平洋铁路公司股票的矮子是何方神圣啊？"我转过身去询问后面一个场内交易员。

"他就是哈里曼！"

此后，我再也没有看见哈里曼出现在交易大厅里面。不过，直到现在我也没能搞清楚他当时为什么要亲自跑到交易大厅来。

希尔—摩根财团清楚地认识到由于哈里曼已经控制了联合太平洋铁路和南方太平洋铁路两家公司，因此自己必须控制能够延伸到芝加哥的铁路线。所以，他们决定并购伯灵顿铁路公司（Burlington）。

当然，哈里曼也有这样的打算。于是，哈里曼向摩根提议自己买入伯灵顿铁路公司 1/3 的股份。摩根当然毫不犹豫地拒绝了。哈里曼并未因此退却，采取了堪称华尔街历史上最为惊险的并购行动。他在公开股票市场大举买入北方太平洋铁路公司共计 1.55 亿股的普通股和优先股，这使得他占据了多数股权。

在拒绝了哈里曼的提议之后，摩根放松了警惕，于 1901 年 4 月初坐船前往欧洲。哈里曼趁机与库恩—勒布银行的高级合伙人雅各布·西弗联合采取行动，出其不意地大举买入北方太平洋公司的股票。

由于他们的大举买入，北方太平洋铁路公司的股价大涨了差不多 25 美元。不过，当时整个股市都在上涨，大众对于特定个股的上涨不会过多注意。但是有一种普遍的认识是伯灵顿铁路公司的并购交易会间接使得北方太平洋铁路公司恢复优势地位，因此股价上涨。

由于北方太平洋铁路公司的股价大幅上涨，以至于摩根银行和北方太平洋铁路公司的内部员工都开始抵不住丰厚的利润纷纷卖出自己持有的北方太平洋铁路公司的股票，迫不及待地落袋为安。

大北方铁路公司的董事长詹姆斯·希尔是一个非常敏锐的人。4月下旬的时候，他远在西雅图，不过北方太平洋铁路股价的异动也没有逃过他的法眼。他意识到事态严重，马上预订了一列专列直达纽约，这一专列的速度甚至比现在列车的速度更快。5月3日星期五的早上，他赶到了纽约。跟平常一样，他住在荷兰宾馆（Netherlands Hotel）。当天晚上，西弗就告诉希尔，哈里曼已经控制了北方太平洋铁路公司。

詹姆斯·希尔是一个不修边幅的人，长长的头发总是杂乱无比。他来自西部，带有那个地方的特点。开始的时候，他并不相信西弗的一番说辞，认为这只不过是言辞恫吓而已。不过，西弗先生善于装模作样，他不疾不徐地娓娓道来，以至于希尔最终相信他说的话是真实的。

不过，此后的事实发展表明西弗说的话并不完全正确，虽然哈里曼持有的优先股和普通股加起来确实数量不少，但是单就普通股而言，他并未占据多数。

次日就是周六了，哈里曼打电话给库恩—勒布银行，他们大举买入了四万股的北方太平洋铁路普通股。如果这个计划能够完成，那么哈里曼就持有了大多数的普通股，也就实际上控制了北方太平洋铁路公司。库恩—勒布银行的一个合伙人接到哈里曼先生的委托之后，立即征询西弗先生的意见，西弗先生当时正在一个犹太教堂之中，他给出的意见是今天暂时按兵不动。

等到周一的时候，哈里曼这方再想大举买入已经变得非常困难了。原来希尔先生在结束与西弗的谈话之后，马上找到了摩根银行的罗伯特·培根（Robert Bacon），给当时远在欧洲的摩根先生发去了电报。

5月5日的时候，摩根就立即回了电报，授权希尔立即在公开市场买入15万股的北方太平洋公司的普通股。哈里曼和西弗一方忽略了关键第一个条款，那就是北方太平洋铁路公司的董事具有回购优先股的权利。由于他们的重大失误，摩根财团仍然控制着这条铁路的所有权，因为普通股大部分还控制在他们手里。

我正是在这个时候得到了相关信息，知道股权争夺战已经在进行之中。那么我是如何具体得到这一重要内幕消息的呢？下面我会详细地展开。

3

我能得到这条关键消息，源于我的一个良好习惯。早在我是科恩公司的办公室小雇员的时候，我每天都会在美国证券市场开盘前 1~2 个小时赶到办公室。

我这么早去公司的原因是想查看能否从伦敦证券市场当中得到启示，因为有些股票同时在伦敦和纽约交易，两者之间存在价差套利的机会。伦敦市场更早开盘运行，因此可以从中寻找机会。

许多机会出现在周一，所以我会尽可能早地在这天早上赶到市中心的办公室当中，利用伦敦和纽约的跨市差价进行套利操作。毕竟，周末出现了一些新消息和情况，使得伦敦市场较纽约市场更早进行贴现。

现在回到北方太平洋铁路股票的情况。在周一的那个早上，北方太平洋铁路公司的股价出现了突兀的上涨，当时我就站在纽交所场内的伦敦股市行情电报席位附近，这个席位从事两市的套利交易。当时，我旁边站着一个出色的证券经纪人——泰尔伯特·泰勒（Talbot Taylor），他是詹姆斯·基恩的女婿，因此知道一些基恩的操作。而摩根进行大手笔的证券买卖时，往往会聘请基恩进行操作。

当时我发现北方太平洋在伦敦证券市场的交易价格要比纽约最近的报价更低，差价有好几美元。我将自己的发现毫无保留地告诉了泰勒。泰勒听后一言不发，只是用棕色的眼睛盯着我看，似乎有什么隐情。

"伯尼！"叫我昵称的同时，他开始手拿着铅笔，敲打着自己的嘴唇，"你是不是打算在北方太平洋铁路这只股票上榨出点利润来？"

"是的！让我给你透露一下其中的秘密吧！伦敦买入股票，然后马上在纽约卖出，这样就可以赚到一些差价了。"

泰勒拿着铅笔敲了一阵子嘴唇，然后又开始敲额头，沉默了好一会他才开口说话："如果是我，我绝不会从事这种蝇头小利的套利交易。"

我并未直接向泰勒询问他这样说的理由。毕竟，如果他想要说的话，就会告诉我，否则我要求也没有用。不过，我先开诚布公，或许能够让他透露一些内情给我。因此，我主动将自己在伦敦和纽约之间套利的秘密告诉了他。如果他认为我坦诚的策略对他有所帮助的话，他也会投桃报李。

泰勒默默地点头示意："这样吧！你可以在伦敦市场上买入北方太平洋铁路股票。不过如果我想要买入这只股票的话，希望你按照我的出价倒给我，我会让你赚些差价的。"

我接受了他的提议。他在这个席位旁边又站了一会儿，然后拉着我到了一个僻静之处，想要告诉我一些市场内幕。尽管这个地方已经非常不起眼了，没有人会听到我们在交谈什么。但是，他还是将声音压低了许多，生怕走漏了风声："伯尼！我之所以愿意将这一内幕消息透露给你，是因为我相信你不会来干扰我的买入操作。基恩先生正在为摩根先生买入这只股票。现在两方对北方太平洋铁路的股权争夺得十分厉害，剑拔弩张。现在的形势非常紧迫，需要我谨慎低调行事。"

"你要留点神！万万不可做空北方太平洋铁路的股票。我要大举买入这只股票，所以不能只在伦敦市场上买入，必须尽一切可能在各个市场上扫货。伦敦和纽约市场上这点差价根本算不了什么。"末了，泰勒强调道。

当天北方太平洋铁路的股价出现了异动，而艾迪·诺顿也在大举买入，让人如坠云雾之中，搞不清楚到底是哪码事儿。但是，当我知道一切内幕之后，局势变得明朗起来，不再扑朔迷离。泰勒透露的实情让我对异动看得更加明白，也知道接下来应该采取什么样的行动。

在我听到这一内幕消息之后，如果传播给其他人，那么市场的本来轨迹就被打乱了。更为重要的是，如果我将内幕消息泄露给其他人的话，那么泰勒以后就不会再信任我了，也不会愿意再透露有价值的信息给我。如果我泄露了这些消息，那么市场上就会出现争抢筹码的现象，那么泰勒就很难按照计划买到足够的股票了。

我在纽交所场内享受极高的声誉，因为许多经纪人都认可我的人品，知道我值得信赖，即便他们透露一些秘密给我，我也不会随处乱说。守口如瓶的我受到了同行的赞誉和青睐，他们因此也愿意透露一些秘密给我。他们会毫不隐瞒地将一些正在进行的交易告诉我。

事实上，我并不愿意被这些吐露的真言所包围，我尽量避开这些场合，避免别人将秘密透露给我。不过，有些时候却令我非常尴尬，因为有不少人不请自来地告诉我秘密。

例如，本来我在进行某笔交易，但是突然有人告诉我一些消息，而这些消息其实是有利于我持有的头寸的。但是，我知道这些消息之后，反而无法继续操作下去了，因为一旦操作下去，就意味着利用了这些消息，进而引发市场波动，可能会影响当事人自己的操作。

不过泰勒这次告诉的消息，非同小可，因为泰勒跟我关系非常好，而且这则消息对股价的潜在影响非常大。离开套利席位的时候，我仔细掂量着泰勒告诉我的一切。毕竟，如果摩根和哈里曼都在急着买入北方太平洋铁路的股票，那么这只股票肯定会大涨。那些做空的人肯定会倒大霉，因为他们几乎没办法买入股票回补自己的空头头寸，最后只能在非常高的价位离场。一轮逼空大涨就要开始了。

如果空头们在市场上买不到足够的股票进行回补，他们就不得不抛售其他股票来追加保证金。这样一来，整个股市都会下跌。

根据自己的这番分析，我决定不在北方太平洋上进行任何交易，而是做空股市中几只比较重要的股票。如果这几只股票被抛售，那么它们的股价将大幅下跌，这样我的空头头寸就能赚到足够丰厚的利润了。此后形势的发展正如我最初预料的那样。旁观者清，当局者迷，当时的我清楚地看到了纽约证券交易所上演的最疯狂一幕。

次日，也就是 5 月 7 日，周二。北方太平洋铁路公司的股票出现抢筹的情况，谁也不愿意卖出这只股票。股价一度触及 149 美元的高位，最终在 143 美元报收。甚至在收盘之前，大家还在争相抢购这只股票。

按照当时纽交所的结算规则，当日买入或者卖出的股票都必须要在次日交割完成。倘若某个人想要做空某只股票，通常的做法是首先向某个经纪人借入这只股票，同时还需要支付一笔费用。如果一个交易者做空股票之后需要离场，那么他就需要到市场中买入这只股票。倘若这只股票很难获得，那就需要极高的价格才有人愿意出售。在这种情况下，空头就需要支付很好的价格才能回补自己的空头。

但是当北方太平洋铁路公司的股价走势被逼空时，空头们完全找不到足够的卖家来回补自己的空头。当收盘的钟声最终响起时，经纪人们都慌了神，拥挤在北方太平洋铁路股票的做市商席位上，看是否有股票卖出或者借出可以帮助空头们回补。

在写作这段回忆的时候，为了更好地还原当天的情况，我还特定查阅了当天的《纽约先驱论坛报》。这份报纸描述了当天的情况，称其为极度疯狂的抢筹行为。根据我的记忆，这样的描述并无半点夸张的成分，绝对是忠实于事实的评论。

当时有一个交易员走过人群，然后这群人开始疯狂起来，他们都误认为这个人一定持有一些北方太平洋铁路公司的股票，马上围了过去。一大群人一股脑儿冲过去，将这个人撞到了栏杆上。

"嘿，先生们！请你们放我一马，我手头没有一股北方太平洋。我可没有将这只股票揣在口袋里面！"这个交易员被突发的情况弄得哭笑不得。

这时候阿尔·斯特恩（Al Stern）出现了，他是一位年轻有为的经纪人，走起路来精神抖擞。他是赫茨菲尔德—斯特恩公司（Herzfel & Stern）的合伙人。他来到交易场之内是受了库恩—勒布银行的委托。而库恩—勒布银行则是受到了哈里曼的委托买入北方太平洋铁路公司的股票。

斯特恩从容淡定地询问这群人："谁想要借入北方太平洋铁路公司的股票啊？我这里有很大一批。"

这群人一听说有股票可以借入，立即围了上来，都在大声喊叫需要股票。他们都使出浑身解数挤向斯特恩，希望自己能够借到或者买到股票对付过明天之前必须完成的交割。人群太疯狂了，大家根本顾不了体面，许多股票自动收报价机都被他们挤倒了。交易场内一团糟，震耳欲聋的叫喊声、奋力挥动的手臂。弱小的交易员被高大强壮的交易者挤到了外边。

这时候，斯特恩已经被挤到了一张凳子上坐着，旁边桌子上放在一本便笺纸。他开始不紧不慢地在上面记录下需要借出股票的经纪人名字以及数量。

他一边记录着借出股票的情况，一边招呼抱怨周围的人：

"好了，不要吵了，已经借给你了！"

"嘿，伙计！注意下你的手指，都要戳进我的眼睛了！"

突然有个人一把将斯特恩的帽子扯了下来，然后拿着帽子快速地敲着他的头，以便引起斯特恩的注意。

"嘿，快把帽子还给我！不要激动，礼貌点，否则有你好看的！混蛋！"

这群人越来越疯狂，一些人几乎都要爬到另外一些人的背上，都在争先恐后地挤向斯特恩。他们相互推搡，高声叫喊，谁的力气大、谁的体格壮、谁的声音大就更有可能接近斯特恩，或者引起斯特恩的注意。当时的情景就好似一群沙漠中的饥渴者在争抢一桶水一般。

很快斯特恩手里的股票就全被借走了，他的衣服也被扯得七零八落，这时候他如释重负，不过脸色却不好看了，实在是太累了。他好不容易穿过人群，挣脱出来。

第二天，也就是 5 月 8 日。人人都知道北方太平洋铁路公司的股票被逼空了。恐慌开始在整个市场蔓延，所有做空这只股票的人都知道了必须在当天收盘之前弄到股票来回补。于是，越来越多的人加入到了寻找可售或者可借这只股票的大军中。为了弄到股票，大家的出价越来越高，开盘的时候 155 美元，已经比昨日收盘价高出了 12 美元。开盘后不久，股价就飙升到了 180 美元的高位了。

西弗先生代表哈里曼在当天宣布已经取得了北方太平洋铁路公司的控股权。不过，希尔—摩根财团却拒绝承认失败，他们正在通过最伟大的操盘手詹姆斯·基恩来扭转乾

坤。他们对基恩有着绝对的信心，也给予了充分的授权。

基恩接受委托，进行操作的时候根本没有在交易所的大厅内出现。当然，他其实并非证交所的会员，做其他交易的时候也没有出现在交易大厅内。在这次操作中，他也并未出现在泰尔伯特·泰勒的办公室当中，一般人根本不知道他到底待在哪里。艾迪·诺顿负责将情报及时传递给基恩。具体的流程是诺顿首先将消息传给哈里·康登特。康登特收到消息之后，会在办公室里面走动片刻，然后才会踱步走到泰勒身边去，告诉泰勒需要捎给基恩的消息。

证券交易所里面的大众完全沉浸在恐慌之中，理性不见了踪影，个股普遍暴跌，哀鸿遍野。不过，因为我此前已经对局势有了充分的预判，也制订了完备的操作计划，所以在这波暴跌之中，我能够清醒而客观地看待形势的发展。当股价继续大幅暴跌，市场极度恐慌且创出天量的时候，我趁机买进了股票，了结了空头头寸。回补空头这天，我获得了丰厚的利润。

当持有的空头头寸离场时，我坚定地认为个股继续普遍下跌的形势已经到头了，无论是大众还是铁路大亨和金融巨头们都不会容忍，也无法容忍股市继续下跌了，他们会采取有力措施去结束这种极度恐慌。具体来讲，这次股市的恐慌其实是掌握在两大对立的财团手中，而他们早晚都会妥协的，而且从我的判断出发，我认为这种妥协和让步很快就会到来。

不过，形势的发展并未如我预期那么快。当日下午股市收盘之后，两大财团斗争缓和和妥协的迹象并未出现。

当日下午 3 点整到 3 点半这段时间内，那些此前借入股票的交易员和经纪人们开始恐慌起来，他们开始恐惧如果不能续借或者买入北太的股票，后果就非常严重。他们开始寻找救命稻草，这时候阿尔·斯特恩再度出现在证交所的交易大厅之内。于是，这一大群人疯狂地围了过去，把他挤在了一根柱子边上，要求续借北方太平洋铁路公司的股票。

斯特恩挣扎着爬上一条凳子，大喊着让这群人保持安静，不要推搡，宣布自己有重要的决定要讲。这群人很快就安静了下来，屏息凝神倾听斯特恩即将宣布的重大消息。

这个重大消息让许多人都瘫软了，因为这一消息是灾难性的，斯特恩宣布将不再续借股票，那些借入股票的人必须把股票还给自己。当然，斯特恩这样做并非是为了继续逼空，让股价继续疯狂上涨。杰伊·古尔德于 1872 年在芝加哥西北铁路公司（Chicago & Northwestern）的逼空操作中，便采用了极为残酷的手段榨干空头最后一点血。但是，斯特恩的决定与古尔德的动机是不同的。斯特恩之所以要马上收回股票，

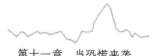

是因为哈里曼和摩根这两大财团的斗争已经到了最后摊牌的阶段了，现在必须把借出的股票收回来，以便根据持有的股份数目进行表决。

这天晚上，大批的人聚集在华尔道夫酒店，其中的公共场合和走廊都挤满了人。不过，这家酒店里面的人群与前几天已经出现了较大的差别。几天前，他们还衣着光鲜地谈笑风生，现在大家都顾不得体面了，同时人群中的女士数量也大大减少了。

人群的显著差异让我想起了动物界也存在类似的情形。当危险并不存在时，动物躺在阳光下懒洋洋的。这时候，它们会用舌头梳理自己的皮毛，或者是闲庭信步，引吭高歌。它们相互攀比，无非想要表现得比同类更有吸引力。但是一旦处于危险之中时，它们就完全丧失了这些美好的举止。人类又何尝不是如此呢？当恐慌袭来时，当恐惧蔓延开来时，优雅从容的举止和装扮都会烟消云散，因为他们已经顾不得那么多了。

当晚的华尔道夫酒店，你可以见证到人与动物的差别其实并不大。此前，这个酒店仿佛人间天堂，到处洋溢弥漫着快乐和纸醉金迷的氛围，而现在这里已经变成了人间地狱，恐惧和绝望蔓延开来，抓住了每一个人的灵魂。

恐慌的人们焦虑地在酒店里面走来走去，他们像患了强迫症似的到处打听任何消息。一些人太恐惧了，以致根本没有任何胃口，连水都喝不下去；一些人则通过灌醉自己来麻痹恐惧。理性已经远离了这群人，情绪抓住并控制住了他们。

形势危急，群情恐慌，在这种情况下还能保持镇定和理性思考的人都非凡夫之辈。约翰·盖茨和阿瑟·豪斯曼就属于这类非凡之辈。

约翰·盖茨是一个性格率直的芝加哥人，他天性好赌，勇敢自信。当时市场上盛传他在北太股票上大举做空，不过对此他予以了坚决的否认。他说，就算他真的做空了，也不会长吁短叹，焦虑不安。

事实上，他可能确实做空了，当然他仍旧不失风度。如果这次搞砸了的话，那么此前赚到的那些钱全部都要打水漂了。这个时候的约翰·盖茨与其他大佬一样都在等待一个问题的最终答案，那就是摩根和哈里曼两大财团是否能够很快达成协议。

4

次日，北方太平洋铁路公司（以下简称北太）股票的交易席位旁边挤着一群焦虑不安的人，他们都默不作声，惴惴不安地等待着"宣判"。这只股票上的两大对垒军团

仍旧没有透露出什么妥协的消息。

开盘之后，北太的股价不到一个小时就涨到了 400 美元每股。中午时分，这只股票的价格飙升到了 700 美元每股。到了下午 2 点的时候，甚至有 300 股北太的价格卖出了 30 万美元的天价，并且是通过现金支付的，差不多每股 1000 美元的样子。

恰好当时艾迪·诺顿也在做空这只股票，他后来告诉了我这样操作的原委：一方面他的直觉告诉他这样高的股价是不可能维持的，如果股价一直维持在这么高的价位上，那么整个股市都要彻底垮掉了。另一方面他也抱着赌博的心态参与其中。

北太的股价疯狂攀升，而其他股票的价格则疯狂下跌。部分个股的跌幅甚至超过了 60 美元。**银行提供给证券经纪人的融资利率高达 40%，甚至一度飙升到了 60%。**恰当的估值已经不复存在，大众已经完全丧失了理性。

艾迪·诺顿站在交易大厅里面，当他想到许多圈里的朋友即将大祸临头的时候，不禁流下了悲伤的泪水。当时的市场盛传着各种不实的谣言，例如，有一则发到伦敦的电报声称阿瑟·豪斯曼因为股市崩盘而突发心脏病猝死。以至于豪斯曼为了证明不得不现身证交所大厅，以便让大众看到自己仍然健在。

当时的乱局之下，每个证券公司内部都乱成了一锅粥。我的好朋友之一，H.B.毫林斯证券经纪公司（H. B. Hollins Company）的弗雷德·艾迪（Fred Edey）当时就冲到了摩根银行的办公室，警告他们如果不能提供紧急融资，那么到傍晚的时候就会有 20 多家券商倒闭。接着，艾迪又逐一拜访了许多银行，竭力说服他们为证券市场提供充足的融资。由于他的这些努力，证交所的会员们获得了充足的资金，从而度过了最艰难的时刻。

回补的空头们必须在下午 2 点 15 分之前拿出用来交割的股票。在这个"审判时刻"之前的几分钟时间，阿尔·斯特恩

流动性衰竭的时候，杠杆交易者不得不疯狂地追求流动性。交易者能够在这种情况下保持理性，往往与是否持有充足的流动性资产有关。抄底者的理性和胆量源自手中充足的现金！缺乏现金等于丧失理性！

158

作为库恩—勒布银行的特别代表站在了交易大厅的一把凳子上。为了让所有人都能听到即将宣布的消息，他拉高自己的声音："我司昨日买入的北太股票并不要求立即完成交割！"

艾迪·诺顿也在斯特恩之后表态，属于自己公司的 8 万股北太股票也不会要求相关方马上交割结算。

这些消息缓解了空头们的紧张情绪，北太的股价跌到了 300 美元的点位。整个股市的情绪开始平缓起来，危机有了解决的迹象。

挤在华尔道夫酒店的人们终于在当天下午 5 点的时候将悬着的心放了下来，因为从股票行情报价机接收到的最新公告让他们心安起来。这则市场公告指出：摩根银行和库恩—勒布银行将会以每股 150 美元的价格向回补空头者提供股票。这个报价比市场预期的要低得多，市场的恐慌就此彻底终结了。

在整个事件当中，恐怕很难找出比盖茨更加从容的人了。做空的事实他无法否认和掩盖了。在市场恐慌结束的这天晚上，他正在华尔道夫酒店的男人咖啡屋里面展示其幽默风趣的一面。当时，阿瑟·豪斯曼和律师马科斯·潘牧（Max Pam）正站在他的两侧。他是当晚的明星，大家都围着他，希望听一下他是如何度过这场劫难的。在这种场合下，盖茨努力显得更加高兴。

下面有人询问道："尊敬的盖茨先生，这场突如其来的大风你是如何看待的呢？"

盖茨幽默地反驳道："你把这样大的金融风暴称为大风，那可是我这辈子遇到的龙卷风了！"

接着有人直言不讳地问道："你是否已经破产了？"

盖茨话术高明地反驳道："这不过就是成熟的小麦暂时被风吹弯了一样而已！"他就像老练的政客一样在言语交锋上游刃有余："嘿！你知道吗？我以前在伊利诺伊州的时候养过一条狗，这条狗出去游荡的时候，总是被人踢，于是它就胆小起来，只能夹起尾巴来走路。不过，后来它习惯了这些攻击，于是放下了悬着的心，昂首挺胸地走路。我的情况就跟这条狗差不多。此前，我就像这条狗一样，只能夹着尾巴面对逼空走势。不过，现在，一切危机都消失了，我又可以昂首阔步了。"

又过了一两天，盖茨先生乘船前往欧洲度假去了，此前的一切都消散了。至少从他的脸上，你已经看不到任何阴影了。

两大巨头在北太上的股权之争终于平息了，但是大众却不免留下了一个疑问，到底谁赢了？谁最终控制了北太？

哈里曼就像初生的牛犊，毫无恐惧之心，有精力和雄心继续斗争下去。但是，摩

根和希尔却已经感到疲累了。为了避免这种情况再度出现，愿意做出一定的让步。

两大财团最终达成了协议，哈里曼在伯灵顿铁路公司和北方太平洋铁路公司的董事会当中都获得了席位。由此看来，哈里曼在这次股权的大战当中获得的好处其实是显著超出了最初预期的。

第十二章

华尔道夫酒店的各式人物

或许某天我会输掉一切，不过总有一天我会东山再起，王者归来！

——巴鲁克

1

北方太平洋铁路股票的逼空行情被片面地定义为金融巨擘们影响力达到顶点的标志性事件，因为历史学家们总是喜欢从一些现象当中引申和归纳出一个机械僵化的结论。

不过，这次事件确实具有重要的历史意义，因为此后的历史当中虽然也出现过一些巨头之间的斗争，但就强度和规模，以及影响力而言，都无法与北方太平洋铁路公司股权争夺战相提并论。哈里曼和摩根的这场对决堪称华尔街的世纪之战。

甚至到了今天，大众仍旧对这场金融大战兴趣盎然。在我看来这场股权战争表面看来是大亨之争，实质上来讲是整合铁路资源，使之更有效的两种路径之争。

从历史发展的大脉络和大背景来讲，不管是哈里曼，还是摩根其实都是美国经济增长和发展这个大舞台上的演员而已。他们的动作无非是经济和社会发展的要求而已，他们以各自不同的动作体现了同样的时代要求。因此，即便他们没有出现，或者他们没有采取任何行动，历史的大方向仍将浩浩荡荡，不会因为一两个大人物就改变。

回过头去查看历史上发生的那些事情，它们可以很好地解释当时我在华尔道夫目睹的一切，让我们更好地了解历史的本质和原因。那时的华尔道夫酒店挤满了形形色

绝大部分人都是被动地顺势和逆势，只有极少一部分人是主动地顺势！但是，没有人是主动逆势的！

色的人物，他们自以为是，玩弄各种手段，机关算尽。**一方面，大多数人没有认识到大的格局和形势；另一方面，他们也没有意识到小聪明其实毫无益处，只有害处，因为小聪明妨碍了看清楚大势和利用大势。**在国家发展的这个宏观大局之下，他们只不过是甘于冒险的莽夫而已，是非成败转头空，如同天空中的流星一般。

你总能够在华尔道夫酒店看到一些不可一世的狂妄之徒，他们热衷于大吹大擂，高谈阔论。其实，在我看来，他们的此种言论其实诓骗不了多少人。这里我用一个故事来呈现观点。有一个名叫艾迪·沃瑟曼（Eddie Wasserman）的交易者，貌似憨厚，大家都认识他，也知道他有一个坏习惯，那就是喜欢炫耀自己在金融市场上的操作。有一天，他走到雅各布·菲尔德（Jacob Field）身边，后者也可以说是华尔街上最顶尖和睿智的交易者之一了。

"雅各布，你猜猜看今天我已经做了多少交易了？"

"先为你的答案打个对折吧！"雅各布嘴上可不留情，毫不犹豫与含糊。

雅各布在从事金融交易之前，并未受过什么大学教育，他个子矮小，说英语的时候带着德国口音。尽管他的背景和外表一般，但是却非常精明能干。他这个人抓大放小，观其大旨，而忘其细节。这导致他总是无法记住交易的细节，以至于他的经纪人总是跟在他身后在交易大厅里面走来走去，以便帮他处理好那些琐事。

某天，雅各布的几个朋友为了感谢他，特意邀请他参加一个答谢晚宴。为了体现其尊贵，特意安排了两个魅力非凡的女士坐在其左右。开始的时候，三人之间找不到什么话题可以聊。最后还是其中一位女士主动打开话匣子，准备打破这种尴尬的沉默。这位女士询问雅各布是否喜欢巴尔扎克（Balzac）。雅各布仍旧一副失神的状态，撸着小胡子一本正经地回答道："场外的那些股票我通常都不感兴趣，当然也不关心了！"

他这样说，并非不懂社交礼仪，而是这位大名鼎鼎的法国作家并不在他所知的范围之内，因为他将全部精力都投入到了金融交易之中。如果你让他谈论华尔街，那么他可以滔滔不绝。

这一次的晚宴当中，他还带来了一个让众人惊叹的礼物——每个在座的女士都可以获得 50 股的雷丁公司（Reading）股票，当时 1 股的市价是 9 美元。同时，他还叮嘱这些女士们不要急于卖出这只股票，因为这只股票会很快涨到 100 美元。当然，这只股票最终涨到了 200 美元，恐怕料事如神的雅各布也没有想到吧。

形形色色的人在华尔道夫轮番登场，"演员"不计其数，不过其中有三个人非常特别足以引发我的好奇心，他们分别是"钻石"吉姆·布拉迪、詹姆斯·基恩和约翰·盖茨。这三个人在不同场合以不同的方式提出了同一个关于人性的问题——**每个人在公众场合有许多表现，如何通过这些表象看到下面的真实本质呢？**

2

"钻石"吉姆是一个非常有魅力的人，那些讲究穿着的人如果与吉姆站在一起，也会黯然失色。因为他们不过是些绣花枕头而已，与吉姆比起来只不过是一些爱好打扮、毫无思想的人。

吉姆最喜欢做那些让人出乎意料的事情，让人大吃一惊，或者说引发轰动和评论是他的爱好。他还有许多有意思的习惯，比如他不会将旧钞票放到钱包里面。倘若他收到弄皱或者弄脏的钞票则会到银行去换成崭新的。另外，他总是一副西装革履的样子出现在公众场合，同时挽着一个美女。

尽管吉姆非常高调，但是却未被大家所厌恶和排斥。之所以他能做到这一点，关键原因在于他本身就是一个真诚和蔼的人。与朋友相处的时候，他坦诚以待，从不贬低对方，也无害人之心，而是让对方相处得愉快。

大家都认为吉姆痴情于莉莉安·罗素。但是事实并非如此，吉姆的好友们都知道其实他许多年以来都在围着艾德娜·麦考蕾（Edna McCauley）转，讨其欢心。高富帅杰西·路威森（Jesse Lewisohn），这位路威森铜业公司（Lewisohn Copper）的继承者其实才是莉莉安·罗素的恋慕者和追求者，他总是在罗素的石榴裙边上打转。这四个人经常结伴同行，一起出现在公众场合，关系紧密。

某日，吉姆突然跑来找我："伯尼，完了，杰西私奔了，和艾德娜结婚了！"

听到这些，我吓了一跳，太让人意外了！

数年后，莉莉安·罗素也结婚了，新郎是亚历山大·摩尔（Alexander P.Moore）。摩尔是美国驻西班牙大使，两人结婚后罗素到西班牙定居了。

吉姆是从推销铁路设备开始赚到第一桶金的，他是这一行里面最为出色的销售员。白手起家的他，通过持续的努力积累了厚实的财富和人脉。

吉姆是一个性格复杂的人物，活跃在一个复杂的时代。当他从事实业的时候，作为一名商人他沉着冷静，低调而颇具判断力。但是到了百老汇大街之后，他则变得高调而善于吸引大众的注意力，成了"钻石"吉姆。为什么他能够很好地兼容这两种矛盾的性格特征，我只能给出一个简单的解释，至于真正深入而全面的剖析只能留给那些对性格研究特别感兴趣的人了。

吉姆在和别人聊天的时候，总是习惯于慢声细语地说话，字斟句酌。同时，他总是幽默地自嘲，某天他对我说："有个老弟非得要和我打赌，看谁吃得多。他拍着胸脯说一定完胜我。在下注之前，我问他一顿能吃几根火腿……哈哈！"

在我所认识的人当中，吉姆是自制力最强的人，他在生活和工作中非常自律。他从不喝酒和抽烟，甚至连茶和咖啡都戒了，要知道咖啡可是美国人的最爱啊。他的全部口腹之欲都放在了吃上面，以至于他一个人的食量顶得过三个人。有时候，大家坐在一起侃大山，就一会儿时间，他就可以吃掉几夸脱的冰淇淋和几打橘子。倘若外出旅行，你可能想不到他会带上多少吃的。某回，我就亲眼看到他在旅行出发时带了几箱子的橘子上路。还有一回，我在就餐前看他吃了三四打牡蛎作为开胃菜。

吉姆还是佩奇—肖糖果公司（Page and Shaw）的大客户，这家糖果公司甚至专门组织了一个研发小组开发了一款什锦糖，其中包含了 10~12 个品种，每颗糖重 1/4 磅。吉姆一次能够吃掉四颗这样的糖，而这些糖只不过是他大吃猛吃的开头而已。

吉姆有六英尺左右高，因为吃得太多而过度肥胖，不过他却对跳舞非常感兴趣。因为志趣相同，吉姆和我弟弟赛铃是铁哥们，他们经常一起参加各类舞蹈比赛。当然，最后的赢家总是赛铃。

有一回，吉姆在西 86 大街的单身大宅里面举办了一次舞会，而我意外获得了最佳舞姿奖。奖品是一款男士手表，外壳镶嵌着一层珍珠，这款手表很吸引女士的目光，符合女士们的审美。

吉姆的大多数活动都是公开透明的，而且很注重保护自己的隐私，不过多透露自己收藏的珠宝。但是，某天我告诉他说我和妻子会去他家里品鉴珠宝，另外会带上一

些朋友。他慨然应允，承诺安排好一切，并为我们一行 12 人准备好晚餐。

这段晚餐做得非常用心，席间的招待也很周全。每上一道菜，女士们都能收到一份用心别致的珠宝礼物。

吉姆非常注重这类场合的礼仪，因此他会克制自己的食欲，绝不比其他客人吃得多。事实上，他会提前吃一些。即便是到朋友家用餐，他也会提前吃一些。

当天晚上，吉姆从保险柜当中搬出大量他的个人珠宝藏品，大约有 25~30 套之多。每套饰品都非常齐备，从领口钉到腰带扣，以及眼镜盒、名片盒，还有戒指和拐棍把手。这些饰品都是他经常使用的，上面镶嵌着各种珠宝。他甚至还为自己准备了一套参加葬礼的饰品。

之后，我们还受邀参观了吉姆的大衣橱，里面的架子挂满了各种礼服和大衣，这些服饰大多数是用来参加宴会的，主要有四种色系——黑色系是基本的，另外还有珍珠灰色系、海蓝色系，以及深红色系。坦白而言，除了在商店之外，我此前从未见到过这么多的衣服和鞋子。另外，还有特别图案的披肩。

在吉姆宅邸的浴室当中，还有一个纯银的浴缸，而梳妆间里的用品都是纯金制作的。

吉姆还饲养了一匹名叫"金踵"（Gold Heels）的骏马，并让这匹马参加附近的各种比赛。

"一切比赛对于金踵而言都算不上什么大事！它不仅会赢得最后的胜利，而且会以领先一条街的优势获胜！"吉姆对自己的马非常有信心，他总是向朋友们如此保证。

金踵的表现和吉姆的自信使得大众达成一个共识，金踵是一匹优秀的赛马，以致它的赔率达到了 16∶5。比赛当天，吉姆坐在赛马场的包厢里面，朋友们围绕他坐着，兴奋而紧张。吉姆坐在人群的中间，他反复强调金踵会取胜。

不过，比赛相当激烈，最后冲刺的时候，几匹马齐头并进，不分伯仲。这个时候吉姆开始紧张了，他站了起来，挥动双手给金踵加油鼓劲。他张开了嘴，好像要喊出什么，不过最终却没有喊出声来。

杰西·路威森当时在金踵身上下了重注，胶着的形势让他十分紧张，以致用手擦着额头上的汗水。

金踵最终是险胜，以领先一个鼻子的优势赢得了这场比赛。胜利来之不易啊，朋友们都围着吉姆道喜。不过路威森却高兴不起来，他埋怨吉姆说："唉，我还真以为你的马会领先一条街呢！"

听到这番话，吉姆的脸瞬间就涨得通红，或许是感到惭愧，或者是心生愤怒，他

用手指着赛马名次的红榜说："谁获胜了？"他说这句话的时候还是结结巴巴的。

从这件事情可以看出，或许你努力地带领和帮助一批人获得了成功和财富，但是部分人却并不会对此表示感谢，反而会埋怨成功和财富来得过于艰辛。每当碰到这样的情况时，我就想起了吉姆最后蹦出来的那句话。

3

如果谈到"华尔街奇才"（Wizard of Wall Street）这个称号的话，詹姆斯·基恩当之无愧。在运作股票方面，我认为谁也无法与之匹敌。他的神来之笔是在美国钢铁公司股票上的造市操作，这次运作的委托者是摩根先生。

当美国钢铁这家托拉斯筹建的时候，需要发行 5 亿美元的优先股和 5 亿美元的普通股，而这意味着需要营造一个市场，来吸引足够多的参与者。就体量而言，这是一只大盘股，很少有人愿意参与大盘股，这么大的盘子一块上市，不仅会压低个股本身的价格，还会冲击整个钢铁板块和股市。

要为这样一只股票制造足够的买盘，对于绝大多数人而言是不可能完成的任务。在普通人眼里，只有上帝才有这样的智慧和手段，可以将不可能变成可能。不过，基恩却拥有了这样的智慧和能力，能够为盘子如此绝大的个股创造出足够的流动性，同时推动买卖双方按照自己的意图行动。基恩这次运作非常成功，摩根银行只投入了大约 2500 万美元资金来吸筹和运作，大量筹码被公众吃进，上市融资的目标成功实现。

基恩在此次运作中所采取的手段和策略别出心裁，精彩出众，以至于证券监管委员会自此以后禁止了这类做法。从道义上来讲，这类做法无可厚非，但是却可能干扰了市场的自然运行，让许多人幻想可以靠这些手段快速暴富。

基恩对于股票交易熟稔于心，或许他对于这种东西具有天赋，也可以认为他是依靠不断地学习而获得的。平心而论，基恩是一个依靠自己努力而取得成功的人，这也印证了那句老话："苦心人，天不负；有志者，事竟成！"

基恩在美国西海岸长大，但却出生于英国。在进入证券行业之前，他曾经做过牛仔、矿工和报社的编辑。最后，他决定进入金融业，在旧金山的证交所购买了一个会员席位。当他进入到这个行业之后，发现如鱼得水，他天生就具备了一定的金融领悟力，对于如何运作股票有着敏锐而快速的理解。

基恩长得并不高，算得上中等身材。他的衣着服饰并不考究，因此显得并不正式，但是却非常干净整洁。他留着较短的络腮胡子，整齐干净，由于胡须灰白，因此大家都称他为"银狐"。

年轻的时候他在加州度过，因此他在过于激动的时候，会下意识地脱口而出几句加州的脏话，透露出几分坚定。在某些情况下，他发脾气的时候反而显得很诙谐。在这个时候，他那尖锐的嗓音反而增添了说话的喜剧效果。

基恩是在19世纪70年代来到纽约的，他闯荡华尔街，追逐功名利禄。基恩刚刚步入华尔街的时候，适逢杰伊·古尔德的巅峰时期。等到我结识基恩的时候，他已经在华尔街浮沉多年了，大赚大赔过数次。

基恩最让我钦佩的一点就是他在亏钱的时候总是淡定从容，毫不失态，理性地接受巨大的亏损。某回，他在证券市场上遭受的亏损巨大，以致不得不变卖资产来偿还欠债。即便是在这种情况下，他也没有向自己的亲朋好友寻求援助，甚至于朋友们的好意也被他谢绝了。某些人认为基恩是死脑筋，但是在我看来这却是一种坚忍不拔的可贵品质，值得我敬佩和学习。

在运作个股之前，需要全面而系统的准备，这一过程需要耗费大量的时间和精力。基恩准备和计划运作个股的时候，非常谨慎和细致，而在执行计划的时候则迅速而果断。在需要等待的情况下，他非常善于保持耐心，以致大家都认为他已经放弃时，他却趁势而起。如果他确信自己犯下了巨大的错误，那么就会迅速止损，改变操作的策略和方向。

基恩的某次个股运作，让我从中学到了许多有价值的东西，让我更快在华尔街确定了正确的方向和思路，对于人性也有了更加透彻的理解。对于基恩的这次运作，我们从头说起。当时，科恩正在负责运作美国的柯大奇公司（U. S. Cordage Company）。基恩当时也在交易这只股票，他突然获悉这只股票的业绩很可能达不到此前的预期，也就是说未来的业绩无法支持当前的股价，于是他立即停止买入，并转而立即卖出此前买入的头寸。他的这一操作给我留下极深的印象，最令我印象深刻的并非是他快速转换操作方向，而是他先卖掉了其他合伙人持有的筹码，然后才卖出自己账户上持有的筹码。他这种首先考虑他人的品质深深地感动了我，在华尔街这个纸醉金迷的地方，还有人这么看重情谊超过了金钱本身。

有一段时间，证券交易所的人们都醉心于美国白糖精炼公司（American Sugar Refining Company）股票的投机，交投人气极旺。恰逢此时，有一份利空报告却被送到证交所。这份报告宣称有一艘装载着大量原糖且携带黄热病的运输船已经进入到了美

国港口。这则利空消息引发美国白糖精炼公司的糖价突然暴跌。场内交易者们争先恐后地卖出这家上市公司的股票。但是，基恩并未盲目跟随大众，因为他认为公司和股票本身并不存在什么问题。他不仅没有卖出，而且还加码买入。

这个时候，米德尔顿·巴利尔询问基恩这则有关黄热病的利空消息会对股市产生什么样的影响。正是这位巴利尔先生此前将我介绍给基恩认识的。

"噢！我反正是不会说这份报告会导致熊市降临的！"基恩以英国人常有的语气回答道。

基恩倾向于利用做多从股市中赚取利润，因此经常被当作股市乐观主义者。他说了一句脍炙人口的话："在第五大道上的那些豪宅没有一座是属于空头的！"这句话流传甚广，一度被误认为是我说的。

基恩热爱股市投机，乐此不疲。有人还曾经询问基恩，既然已经在华尔街挣到了几辈子都花不完的巨额财富，为什么还要继续在金融市场劳累奔波呢？基恩并未直接回答这个问题。他打了一个比喻来表达自己的观点："一只猎狗已经捕捉到了999只兔子，它为何还热衷于追逐第一千只兔子呢？所有的生灵都在参与投机，对于人类而言，投机精神是天生的！"

基恩嗜好赌博，因为他最大的人生乐趣就源于所有类型的博弈，赌博就是其中最为典型的一种。基恩拥有好几匹优秀的赛马，其中一匹名叫福克斯霍尔（Foxhall），这是以基恩独生子的名字命名的。这匹马在1881年的巴黎赛马大奖赛（Grand Pix）上夺得了冠军。尽管如此，这匹马并非基恩的最爱，他最爱的一匹马叫作赛森比（Sysonby）。

赛森比去世后，基恩将这匹马的全副骨架捐献给了自然历史博物馆（Museum of Natural History）。这匹马的骨架被安放在一个基座之上，供人参观。

某回，基恩和几个友人一同参观赛马博览会，期间突然挂念起了赛森比，想要看一下这位老朋友。于是，他们一行人离开了博览会，前往自然历史博物馆。基恩在博物馆待了数个小时，沉浸在赛森比既往的辉煌战绩之中。

某天，股市跌得一塌糊涂。收盘之后，我碰到了基恩。当时，他可能已经喝了几杯酒，脸上有些红晕了，不过仍旧泰然自若，身形挺拔。我向他诉苦说行情真的是太糟糕了，自己的交易也一塌糊涂，而他的回答一如既往：**"或许某天我会输掉一切，不过总有一天我会东山再起，王者归来！"**

这句话在华尔街也广为人知。当形势不利的时候，华尔街的同行们总是会通过复述这句话来鼓励自己。当我处于困境中时，当我一筹莫展的时候，我也会想起基恩鼓舞人心的至理名言，在败局后卷土重来！

4

基恩从容淡定且低调务实，因此在华尔街这个喧嚣高调的氛围中显得鹤立鸡群，他不但与"钻石"吉姆·布拉迪的行事风格迥异，与约翰·盖茨也完全不同。盖茨讲究穿着，追求物质和器皿上的浮华。盖茨说话声音很大，高亢而聒噪，喜欢自我吹嘘，自视甚高。尽管如此，盖茨却是股市和人生的大赢家，他是我熟知的股市赌徒中最了不起的一位。

盖茨具备了股市赢家的一切要素，可谓超凡出众。毕竟，在股市中能够彻底胜出的人都是极其稀罕的人物。盖茨颇具胆略，毫无恐惧犹豫之心。看似草莽英雄，却是见识过人，洞察力惊人。

盖茨最初从事的职业是推销员，穿着显眼的马甲，佩戴着略显浮夸的怀表，头顶着圆顶黑礼帽，略略歪向一侧。当他进入证券市场之后，仍旧是一个伟大的推销员。

盖茨作为一个商品推销员并非永远都能做到滴水不漏，无论是一个老练的推销员，还是一个刚入门的新手都会犯下某些错误。但是，盖茨作为一个证券推销员却似乎永远都对自己推销的东西满怀信心。这种信心刚开始的时候或许会让人心生怀疑，不知道这一信心究竟来自何处。在盖茨看来，美国的发展会超出所有人的信心和预期。他的这种乐观预期和情怀也影响到了身边的人和客户。

我欣赏盖茨这个人，也很重视与他的关系。无论是与他在股市上的交往关系，还是生活中的交际，都带来了许多快乐。不过，我还是需要理性地处理某些关系，因为我很早就明白在某些情况下需要保持冷静。例如，有时候当盖茨展开双臂主动拥抱我："伯尼，我需要你的帮助！"在这种情况下，我最好是躲开他。我其实是想要对盖茨的极端乐观主义情绪保持免疫，当然他可能也意识到了这一点。我这样做并不影响我们之间的感情。

在华尔道夫酒店，盖茨最喜欢光顾的地方是酒吧和台球房。大家经常看到他手上拿着一杯酒，似乎沉迷于酒精之中。但事实上，他并未酗酒，而是酌情饮酒，顾及自己的情况。

盖茨有一次教训了一家著名连锁对赌经纪行。他为什么要这样做呢？或许是出于道德动机，或许是为了挣钱，又或许纯粹是为了找点刺激和乐子。究竟是什么原因，

这里就没有必要追问下去了。

在那个野蛮生长的年代，一家对赌经纪行在本质上就是一家赌场，而且往往是卑鄙无耻的赌场。到这些对赌经纪行下注的交易者们其实就是在公然地对纽交所挂牌的股票进行赌博，他们的单子其实并未递到纽交所场内撮合和成交，对赌经纪行将客户的单子吃了下来。这样，客户们的对手盘就成了经纪行。

对赌经纪行在某些情况下也会操纵个股走势。例如，如果他们发现客户们在某只个股上单边下注巨大，那么他们就会进入证交所进行买卖，驱使这只股票的价格朝着不利于客户们的方向运动，进而触及他们的止损区域或者耗尽他们的保证金，这就是另外一种操纵手法。

盖茨联手其他几个人进行运作，准备以其人之道还治其人之身，用对赌经纪行的手法对付他们。盖茨这帮人在一家资金实力雄厚的对赌经纪行里给一些长期以来横向整理的个股下了买入订单。然后，盖茨他们则在证交所内运作这只个股，驱动其上涨。等到他们去对赌经纪行结算并提取利润的时候，却发现对赌经纪行招牌和老板都换人了。

盖茨可不吃这一套，他老练地警告对赌经纪行的滑头们，自己会打官司，也会让报纸来报道他们的卑鄙手段和行径。最终，这家对赌经纪行不得不承受部分损失，兑现盖茨这帮人的利润。

盖茨是一个能量爆棚的人，他总是处于兴奋和紧张的状态，赌博反而可以让他在紧张中找到一丝放松。赌博对于他来讲，算得上是一种娱乐项目。在往返纽约和芝加哥的列车上，他经常玩牌，上车伊始玩到下车结束，盈亏数额都非常大。但是，不管输赢如何，一下车，他总是精神抖擞。

我还记得有一次曾经在伦敦偶遇盖茨和易客·埃尔伍德（Ike Ellwood）上校，我们三人约在皇家阿思科特赛马场（Ascot Races）小聚。当天的天气很糟糕，异常闷热，甚至让大家都喘不过气来。我们订的是皇家观赛区域，对着装要求

J.Livermore 在《股票作手回忆录》一书当中口述了许多有关对赌经纪行的经历和故事，有兴趣的读者可以参阅。现在许多"黑平台"，其实就是对赌经纪行，很多金融衍生品本质上也是对赌合约。

严格，不得不戴着高高的大礼帽，盛装出行。我在皇家观赛区域的外面踱步，同时寻找投注点，盖茨当时已经在投注点了，他的大礼帽被掀到了后脑勺，礼服也敞开来。

"嘿，约翰，这场比赛有什么重要消息吗？"我询问他。

"目前还没有什么重要消息，伯尼。不过我准备先小试身手，看看运气。"盖茨回答我。

他嘴上说是"小试身手"，但却下了 7000 英镑的重注。

通常而言，喜欢唠嗑的赌徒都会在不知不觉中，将自己的钱念叨没了。但是，盖茨却是这个规律的反例。当他絮絮叨叨的时候，往往会把其他赌徒的钱给念叨没了。盖茨也参与飞碟射击游戏，每逢这种比赛他往往也能将其他参与者念叨输掉。

尽管盖茨是飞碟射击游戏的高手，但也并非毫无对手。不过，盖茨对自己非常有信心，总是下注押自己赢。而结果却是他在大多数时候都能够战胜那些比自己射击技术更为高明的对手。之所以会这样，我认为除了投机策略之外，还有很大的运气成分。他有一个非常重要的策略，那就是唠叨不停，虚张声势，促使对手紧张，甚至无法正常发挥。

> 技不如人，就需要从心态入手。

盖茨对于自己的心理战术非常得意，逢人就将自己在飞碟射击上的"丰功伟绩"高谈阔论一番。他把来龙去脉讲得绘声绘色，其间不乏幽默诙谐之论，以至于飞碟射击大赛最后变成了聊天大赛，说到高兴之处他还会大笑不止。

1900 年，在一场非常精彩的赛马比赛中，黄袍旗（Royal Flush）赢得了古德伍德杯（Good Wood Cup）赛马比赛。关于这场赛马比赛，有各种说法。而我则亲耳从盖茨那里听到了有关这场比赛的具体经过。不过，距离现在已经很久远了，我对于其中的细节已经不甚了了，但是我会努力回忆其中的细节。

事情的开端是约翰·A.德拉克（John A. Drake）计划带一批赛马去英国参加比赛，得到这个消息的盖茨想要参与其中，因此投了一半的钱。

这位约翰·德拉克先生其实是官二代，其父是爱荷华州（Iowa）的州长，以前是一名运动员。在我认识的人当中，此君是除盖茨之外唯一一位敢于下重注的人。德拉克与盖茨成了挚友，恐怕与此密切相关，同声相求啊。

他们两人在英国雇了一名顶尖的驯马大师，同时也赢得了几场比赛。后来，他们同时看好一匹名叫"黄旗袍"的赛马。尽管这匹马当时战绩普通，从未赢得什么比赛，但是他们还是看好这匹马，并且买下了它，委托给顶尖的驯马大师进行训练。

后来，盖茨得知这匹毫无名气的赛马竟然进步神速之后，就秘密对其进行了几次测试，期间还邀请了闻名遐迩的驯马大师约翰·哈金斯（John Huggins）来参与测试。

这位哈金斯先生的腿有点跛。当盖茨描述当时的情形时，手舞足蹈，他模仿着哈金斯走路一瘸一拐的样子，配合着手势和表情，尽力掩饰测试的经过。当黄旗袍飞快跑过小山坡之后，哈金斯禁不住兴奋地大喊起来："我的上帝，这世上再也没有马能够比它跑得快了！"

所有这些测试都是秘密进行的，以便黄旗袍能够出乎意料地一战成名，进而赢得更多的赌注。

> 形人而我无形；人不知我，而我独知人。

当黄旗袍宣布参加古德伍德杯时，投注点最初给出的赔率是 50∶1。当时的夺冠大热门其实是阿美力卡斯（Americus），塔曼尼协会（Tammany Hall）的大老板理查德·克罗克尔（Richard Crocker）是这匹名马的拥有者。

为黄旗袍报名参赛之后，盖茨和德拉克开始依据计划进行全面的下注。从英国到南非，从荷兰到澳大利亚，他们在全球范围内的下注点对黄旗袍下重注。没有密不透风的墙，盖茨的异常举动引起了一些人的惊讶和质疑。一匹战绩乏善可陈的赛马怎么能够如此看好呢？除了极少数知情人士，谁也无法解释清楚背后的真正缘由。不过，赔率却逐步下降了。

大赛开始的这一天，大众都异常兴奋，许多小道消息都在疯传。在比赛就要正式开始的时候，盖茨到投注点询问是

否可以按照 4∶5 的赔率对黄旗袍下点"小注"，投注登记人给出了肯定的回答。其实，我现在总算明白了盖茨口中的"小注"其实并不小。

"我投注 5 万英镑！"盖茨轻描淡写地告诉投注登记人。依据当时的汇率来换算，5 万英镑相当于 25 万美元，那可是一个大数目。

即便到了现在，也没有谁能搞清楚盖茨和德拉克在这场赛马比赛当中到底赚了多少钱。不过，质疑黑幕之声却喧嚣尘上。大众纷纷认为黄旗袍赢得古德伍德杯冠军这件事很不寻常，背后肯定有猫腻。我记得，赛后主办方和监管部门进行了一次全面而系统的调查。调查的结论是黄旗袍确实是一匹顶尖的赛马，不过这匹马却不得再出现在英国的赛马场上。

无论约翰·盖茨在赌博上显得多么疯狂，但是他对美国工业的发展却起了极大的促进作用。他对美国的前途充满希望，这种乐观主义情绪甚至影响到了周围的朋友，他是第一个想要建立 10 亿美元公司巨头的人。某天晚上，我们在华尔道夫酒店玩台球的时候，他以特有的语言魅力高调地宣布了这一伟大的商业构想。不过，当时我们都认为这只不过是空中楼阁而已，因为那时候高达 10 亿美元的投资是不可想象的。不像现在，几十亿美元的投资是稀松平常的。

当盖茨说出他的这一石破天惊之语时，许多人认为他不过是喝醉了，有人说他是年纪大了糊涂了。但是，更让人没有想到的是，年纪更大的 J.P.摩根对此兴趣更大，他也热衷于追求那些看起来不切实际的美好愿景，于是他们两人一拍即合，最后巨无霸美国钢铁公司成立了。

盖茨以前曾经在易客·埃尔伍德上校手下工作，那是一家铁丝制品公司，盖茨是其中的金牌销售员。不过盖茨很快就赚足了资本，自己开了一家同样的工厂，成了埃尔伍德的竞争对手，以至于后者不得不收购他的工厂。后来，盖茨也在这个行业内展开了并购，形成了具有铁丝行业垄断地位的美国铁丝制品公司（American Steel & Wire Company）。盖茨后来将这家公司转卖给了摩根，成了美国钢铁公司的重要组成部分。

美国钢铁公司的董事会主席也几经更替，以便让公司更加快速地发展。摩根先生最初从卡内基钢铁公司聘请了 37 岁的查尔斯·史瓦布（Charles M. Shwab）担任管理者。数年后，又让阿尔伯特·盖瑞（Elbert H. Gary）接替了史瓦布的职位。

盖瑞是盖茨引荐给摩根的，他本来是一名伊利诺伊州的律师。摩根敏锐地发现盖瑞与盖茨以及史瓦布都截然不同，非常胜任这份管理工作。当然，盖茨与摩根也是不同类型的人，盖茨很难从日常生活中获得足够的乐趣，他需要非同寻常的新鲜刺激。

就摩根先生组建商业巨无霸——美国钢铁公司的来龙去脉，存在许多经久不衰的

讨论，这种热情延续至今，无论是经济学者还是商界人士都乐此不疲。

不过，如果我记忆正确的话，摩根先生建立钢铁托拉斯的最大促成因素是当时行业内存在的激烈价格战。当然，这次行业并购行动是否受到了佛里克（Frick）、盖茨、史瓦布等人的影响，就不得而知了。关于这次事件，众说纷纭，莫衷一是。

总之，无论是从什么角度来讲，盖茨今天的成就都是天道酬勤的结果。他应该进入美国钢铁公司的董事会。不过，摩根却极力排挤盖茨，这样导致了两人之间的长期不和睦状态，甚至在盖茨去世之前都没有缓和。他们一度因为财产之争而陷入激烈敌对的状态，以至于连我也卷入其中，成了一颗重要的棋子。

我人生中的重大遗憾

不要犯傻了，伙计！我总是喜欢在比底仓更高的位置第一次加码，然后在比第一次加码更高的位置进行第二次加码。

——杰克·菲尔德

1

在我的人生当中，虽然只有相对较少的抱怨和遗憾，但其中一个较大的遗憾则是我从未拥有并且经营一条铁路。

能够经营并且拥有一条铁路是我在孩提时代就怀抱的雄心壮志。那时，当火车的轰鸣声远远传来时，我会跑到外祖父在温思伯勒的宅邸的院子外面，等待目睹夏洛特—哥伦比亚—奥古斯特铁路线（Charlotte，Colunmbia and Augusta Line）上的货运列车驶过。当列车驶过的时候，我会奋力挥手致意，不过列车从未停下来过。这就是我童年时就产生的对铁路的痴迷和梦想。

我离实现这一梦想最近的时刻是第一次世界大战之后，当时我与詹姆斯·杜克（James Duke）以及托马斯·瑞恩（Tom Ryan）进行过一次深入的交流。在这次交谈中，我表达了自己对铁路发展前景的乐观，以及铁路对美国经济的强大促进作用。我特别强调了大西洋铁路线的重大意义，这条线路从纽约延伸到了佛罗里达，这是一条充满光辉的金色道路，伴随着巨大的财富洪流，滚滚而来。

"伯尼的看法很正确，为什么我们不买下这条铁路，然后交给他来经营管理呢？"

瑞恩对着杜克给出了自己的评价和结论。

不久之后，在杜克位于 78 大街与第五大道交界处的宅邸中举行了一次晚宴。晚宴结束后，大家玩起了桥牌，而我恰好与亨利·沃尔特斯（Henry Walters）坐在同一张牌桌上。亨利·沃尔特斯是大西洋沿岸铁路（Atlantic Coast Line）的首脑。

杜克没有玩桥牌，在边上看了几局之后，轻轻走到沃尔特斯的身边，出人意料地蹦出一句话："我想买下大西洋沿岸铁路线交给伯尼来管理，你开个价吧！"

"当真？每股 65 美元！"沃尔特斯先是露出吃惊的表情，然后给出了自己的报价。

"没问题，就这个价吧。"杜克没有丝毫犹豫，爽快地接受了这个报价。

好事情总是不会那么顺利的。次日早上，沃尔特斯去了 J.P. 摩根那里，而后者毫不留情地否决了这项交易。后来有人告诉我，说摩根他们担心我转手将铁路融资业务交给库恩—勒布财团处理。其实，他们根本不用担心，摩根财团给出的交易条件更好，按照市场原则我肯定会交给他们来处理。

事情总是那么凑巧，在我实现经营铁路梦想的道路上，摩根财团总是以拦路虎的角色出现。例如，1902 年摩根以 750 万美元从约翰·盖茨手上获得了路易斯维尔—纳什维尔铁路线（Louisville and Nashville Railroad）的控制权。现在的普遍观点认为摩根在这笔交易中被坑了。当时的我也在努力争取这条铁路线的控股权，因此对于一些细节我非常清楚，现在我打算透露一些信息，以便让整个事件更加清晰明了。

1901 年的夏天，华尔街还处于北方太平洋铁路股票剧烈波动留下的阴影当中，而我则做出了一个重大的决策，将自己的大部分资金投入到路易斯维尔—纳什维尔铁路的股票上。当时这只股票的价格还在 100 美元之下。

为什么我敢在这个时候介入到铁路股上呢？因为我做过一项深入而全面的研究，结论是这家铁路公司拥有辉煌的前景。在此结论下，我开始大举买入这家公司的股票。

丰厚利润的生意必然存在许多竞争者，你有什么独特的竞争优势可以战胜其他竞争者呢？

　　我的打算并不仅仅是通过买卖股票获利，我想要进一步获得这条铁路的控制权。要完成这么大的计划，我个人的资金显然是不够的。于是，我邀请了部分朋友参与进来。其中，我最为倚重的一个人是埃德温·C.霍利（Edwin C. Hawley），他是明尼阿波利斯—圣保罗铁路公司（Minneapolis and St. Paul Railroad）和爱荷华中央铁路公司（Iowa Central Railroad）的董事长。他曾经替爱德华·哈里曼从亨廷顿（Huntington）手中买下了南方太平洋铁路公司（Southern Pacific）的股票。总之，此君对于铁路行业的运营和并购非常有经验。

　　为了说服霍利加入到我的阵营中，我首先强调了路易斯维尔—纳什维尔铁路公司的股票是纽交所铁路板块中最便宜的。接着，我专门分析和展示了这条铁路线的光辉前景。具体的理由有三条：第一，如果这条铁路线能够与芝加哥—东伊利诺伊州铁路线（Chicago and Eastern Illinois Line）接通，那么就能将运输能力延伸到芝加哥地区；第二，如果与大西洋沿海铁路线、南方铁路线或者是滨海地区铁路线三者中的任何一条相邻，那么就可以乘上美国南部经济发展的顺风车；第三，路易斯维尔—纳什维尔铁路的股权控制在国外的罗斯柴尔德家族（The Rothschilds）手中，他们在美国的代理人奥古斯特·贝尔蒙特（August Belmont）直接管理这条铁路，但是绩效差劲，而我们一旦获得了控制权，则可以带来一个积极进取的全新管理层，业绩肯定会大幅提升。

　　在这场谈话中，我高谈阔论，唾沫横飞，但是霍利却显得不为所动，始终绷着那张苍白严肃的脸。这让我陷入了深深的挫败感中，我认为自己并未说服他。

　　我极力拉进来的第二个重要人物是杰克·菲尔德（Jake Field）。此君是一个金融奇才，他在北方太平洋铁路公司股票的逼空行情中持有1万股，大赚一笔。他同其他几个人加入到我的计划中。某天，他发现我在股价下跌时不断加码，于是毫不留情地告诉我：“不要犯傻了，伙计！**我总是喜欢在比底仓更高的位置第一次加码，然后在比第一次加码更高的位**

投资的核心在于商业，商业的核心在于竞争优势和潜在市场空间。

财团可以延续数代人，而政治世家则很难。财团家族在需要的时候可以从政，但是政治世家要从商则不是那么随心所欲。经济的斗争不至于生死，而政治的斗争则往往牵扯生死。全球资本家应该是本书读者努力的首要方向。

投机者在做多时，底仓可以在回调的时候进场，但是为什么加码不能在回调的时候进场呢？

置进行第二次加码。"

换而言之，**杰克倾向于市场走势立即支持自己的判断后再加码。他喜欢顺着市场走高分批买入。**总而言之，他的理论是完备的。

当我们买入路易斯维尔—纳什维尔铁路的股票时，跟风买盘也开始进场了，股价开始逐步走高。不过，这些跟风盘只是为了赚个短期价差，于是大多数人在稍微有点利润后就开始卖出了。杰克·菲尔德也属于这类买盘，我试图说服他持有更长时间，不过他还是迫不及待地卖出了。最终，我成了仅次于罗斯柴尔德家族的第二大股东。当然，这对于我谋取控股权而言并不够，于是我再度寻找合作者，继续增持。

不谋全局者，不足以谋一域；不谋万世者，不足以谋一时！

2

到了 1902 年 2 月，路易斯维尔—纳什维尔铁路的股价开始显著上涨，交投热络，相比此前一个月，现在人气大涨。

某天，我正坐在这只股票的交易席位上，偶然瞄见了另外一个买家的报单。单子不小啊，这让我大吃一惊，粗略意识到某个大佬开始对这只股票产生兴趣了。抢筹行为开始了，于是每次他递单子的时候我都以更高的价格跟进。最终，我知道他背后的势力是芝加哥—东伊利诺伊州铁路的那帮大佬们。

不久，约翰·盖茨也参与到股权争夺战中。他先是通过在华盛顿的经纪人 W.B.席步思（W. B. Hibbs）买入股票，后来又通过自己的儿子在纽约新创办的哈里斯—盖茨证券经纪公司（Harris & Gates Company）买入。由于盖茨此前习惯于短线炒作，因此大众认为这次操作不过是短线投机而已。

我的买入操作一直在按部就班地进行，直到 3 月某天下午 3 点过后，埃德温·霍利走进了我的办公室。

"伯尼，我想让你替我获得路易斯维尔—纳什维尔铁路的控制权。"说出这句话的时候，他还是那副严肃冷漠的脸。

从后来公开的股东名单当中，可以看到股东名字和相应的持股数，我们这帮人的名字也赫然在目，包括乔治·克罗克尔（George Crocker）、H.E.亨廷顿（H. E. Huntington）、克里斯·亨廷顿夫人（Mrs Collis P. Huntington）、L.C.威尔（L. C. Weir）、托马斯·汉姆林·哈伯德将军（Adams Express Company），还有我的公司合伙人阿瑟·豪斯曼。其中，威尔是亚当斯快运公司（Adams Express Company）的老板，而哈伯德则是铁路律师。这些人多少都与霍利有些关系，这些人的加入意味着我当初为霍利描述的光辉前景其实是打动了他的，至少留下了一些有说服力的影响。

在路易斯维尔—纳什维尔铁路控制权的阵地战展开之前，我坦诚地向霍利为首的财团透露了自己的实际持股数量。我主动提出将自己已经持有的股份与计划替其买入的股份归并到一起，按照这些股份的成交均价一起给他。这个提议被霍利婉言谢绝了，因为他认为这样会缩减我持股的利润，于我而言并不公平合理。

霍利希望我继续持有这些股票，在他需要控股权的时候以市价卖给他。对于他的这个公平提议，我理所当然地表示接受。

当天晚上，许多念头出现在脑海中，以至于我兴奋得无法入睡。收购路易斯维尔—纳什维尔铁路的伟大蓝图初具雏形，不过担忧紧随而至。霍利财团的实力雄厚，有了他们的支持，我经营铁路公司的梦想就很容易实现。但是，事情完全也可能朝着相反的方向发展。

不过，我无法控制整个局势，当时唯一能够做得到的事情就是大量买入路易斯维尔—纳什维尔铁路的股份，买得越多越好。

天色才有点亮，我已经无法继续躺着床上了。我起床后，决定为股权争夺战奠定良好的开局，于是迅速跑到办公室给

> 商场上，如果存在"暗亏"，那么合作关系就会受到侵蚀。聪明的商人总是会避免"暗亏"的存在，无论是自己还是别人都不应该吃"暗亏"。自己吃"暗亏"，那么就是作了毫无用处的牺牲，别人吃"暗亏"，要不了多久合作关系就会出现裂痕。

伦敦的经纪商发了一份电报，花费 7 万美元，获得了 2 万股的看涨期权。

当霍利下午去到我办公室的时候，我正在证交所的交易大厅内。通过交易大厅内的电话我向他解释了我的操作。不过，他并不认可我在伦敦购买期权的做法。

对于他的犹豫和担心，我能够理解。所谓的期权就是给持有者在未来操作的权利。当时我购入的这些看涨期权使得我们有权在未来 90 天之内按照期权成交前一天的股票平均成交价加上利息买入股票。

要想在看涨期权上获利，则要求在行权期内股价出现显著的涨幅。如果最初股价是 107 美元，那么行权时股价要涨到 111 美元以上，那么持有买入期权的人才能获利。

形势的发展确实跟我当初预计的一样，路易斯维尔—纳什维尔铁路的股价后来涨到了 130 美元以上，事实证明了我当初的判断是正确的。

回到买入看涨期权之后不久那个时点，当时霍利对我的操作抱有怀疑态度。我试图用自己的理由说服他，我告诉他通过期权介入可以避免引起大众的注意，不会直接推高股价，进而提高我们的买入成本。当我们在期权市场上以合理的价格锁定大量股票之后再行权，则可以起到出其不意的作用。

在这次谈话的结尾时，霍利表示愿意从我手上获得 1 万股的看涨期权，而我继续持有另外 1 万股。在我看来，他并未认可我的理由，只不过为了表达信任而这样做而已。我告诉他如果他不愿意的话，我可以将一半转给其他人，而我自己持有另外一半。形势的发展没有辜负霍利对我的信任，该股显著上涨。

随着股价大幅上扬，风险也在急剧。因为我们的大举买入，加上跟风投机者们的追随，路易斯维尔—纳什维尔铁路股票的成交量出现了飙升。4 月 1 日到 4 月 5 日短短数日，该股的成交量就从数千股放大到 6 万股以上。到了 4 月 10 日，创出天量，成交数额超过了 60 万股。这只股票出现了逼空行情，如同此前的北方太平洋铁路的股票一样。

当时北方太平洋铁路公司的股票出现失控走势，以致哈里曼未能快速获得绝对控制权，完全是因为雅各布·西弗的失误，从而未能在周六及时买入北方太平洋的普通股，到了周一时才发现为时已晚。

历史倾向于重复自己，路易斯维尔—纳什维尔铁路的股票再度上演了同样的戏码。这一次，主角换成了奥古斯特·贝尔蒙特先生。前面已经指出，此君是罗斯柴尔德家族在美国的利益代言人，具体来讲就是路易斯维尔—纳什维尔铁路公司的董事会主席。

路易斯维尔—纳什维尔铁路公司持有 5 万股未流通股。当贝尔蒙特发现路易斯维尔—纳什维尔铁路的股价不断飙升时，他觉得这是一个赚钱的机会。他只看到了表象，认为通过卖出手头持有的 5 万未流通股可以大赚一笔。"纸上富贵"冲昏了贝尔蒙特先生的头脑，让他只看到了利润，而忽视了风险。他完全没有搞清楚格局，以至于连兵临城下的紧迫性都没有感受到。

路易斯维尔—纳什维尔铁路的控制权争夺战已经展开了，罗斯柴尔德家族就要失去第一大股东的地位了。作为代理人，贝尔蒙特先生浑然不觉，反而拱手让人。4 月 7 日，贝尔蒙特先生要求公司董事会授权将这 5 万股股票卖出。

霍利财团和盖茨财团都按照计划买入了贝尔蒙特抛出的所有股票。此时，贝尔蒙特犯了另外一个致命的错误。按照纽交所当时的规则，未流通股上市后要 30 天后才能进行交割。贝尔蒙特急不可耐地卖出了股票，但是这些股票却不能按时交割，这就使得他不得不先行从市场上借入同等数量的股票来满足次日的交割。他只能从市场上已经持有股票的人手中拆入，这样我们就控制了局面。

当时，我并未想要以势压人，不过盖茨他们却有这个打算，他们想要发动一轮逼空行情，压榨贝尔蒙特。11 个月前，北方太平洋铁路股票上的逼空行情仍旧让大众心有余悸，我也不想悲剧重演。如果霍利他们想要发动逼空行情，那么我会毫不犹豫地选择退出。

幸运的是，霍利与我的立场一致，我们以合理的价格将股票借给了贝尔蒙特，以便他能够及时完成交割。后来，盖茨也回忆说当时他也并不想要卷入到一场逼空操纵中。

凡事做绝，自己也不会有后路。中道方能长久！

不过，当时的情况却并不像盖茨后来所说的那样。当时，盖茨财团一直在与霍利财团争夺控制权，但是双方不得不进行一些妥协，否则就是两败俱伤。当时，种种线索表明盖茨试图阻止我们以合理价格将股票借给贝尔蒙特。但是，我和霍利则主张以合理价格将股票拆借给贝尔蒙特。

3

我们必须与盖茨一方协调。所以，当我们在华尔道夫酒店的咖啡屋见到盖茨的时候，我就鼓动霍利一起过去商谈。

在这次深入的沟通中，我们发现如果双方合作的话，就能完全控制路易斯维尔—纳什维尔铁路公司。这促使我们自然而然地成立了联盟，盖茨财团和霍利财团携手合作，将资金和持有的股份放到一起运作，一起拿到控股权。事成之后，这条铁路的经营权会交由我来管理，这正是我长久以来梦想的事业。现在，梦想距离实现只差一步了。

按照总股本统计，我们还需要 4 万股就能取得控制权了。于是，我在次日就委托证券经纪人普洛沃斯特（Provost）买入同等数量的股票。

路易斯维尔—纳什维尔铁路股票的投机风潮和潜在的逼空走势引发了摩根财团的警觉，他们开始担心如果这条铁路被并购会侵蚀他们在南部的铁路权益。

摩根先生当时正在法国，于是委托他的一位合伙人乔治·W.铂金斯（George W. Perkins）与盖茨谈判。摩根的立场很鲜明：我们联盟需要多少钱才会让出路易斯维尔—纳什维尔铁路的控制权。

这场谈判对我而言是漫长的折磨，因为每天都在焦急地等待谈判的最终结果，每天都在怀抱希望，希望形势的发展朝着有利于我梦想的方向。

某个早上，泰尔伯特·泰勒（Talbot Taylor）来找我，透露了一些最新进展。原来头天晚上，铂金斯根据摩根的指导意见与詹姆斯·基恩进行了沟通。基恩给出的建议是应该快速决断和行动，以免夜长梦多，必须不计代价地获得路易斯维尔—纳什维尔铁路的控制权。

美国产业界当时为了铁路控制权争得头破血流，这是一片红海。那么，当时的产业蓝海在哪些领域呢？

得到这些消息之后，我马上去与霍利先生沟通。当我站在他公司的电梯包厢时，感觉电梯实在运行得太慢了，时不我待啊。

当我进到霍利先生的办公室时，他已经穿戴完毕，准备出发去与对方谈判了。我立即表明了自己的立场，那就是不会放弃任何一股，如果他们想要卖出，尽管卖出。

霍利先生对我的立场表示理解和尊重。他让我先留在办公室等候最终的谈判结果，当他与盖茨先生，以及铂金斯先生谈判妥当后会立即回来告诉我结果。

当日下午，霍利先生高兴地回到了他的办公室，而我等候已久。盖茨在霍利到达之前，已经与摩根财团达成了一份协议草案，霍利看后表示赞同。

这份谈判协议的主要条款如下：盖茨和霍利财团将持有的 1/3 股份以每股 130 美元的价格转给摩根财团；摩根财团对于盖茨和霍利财团持有的另外 2/3 的股份拥有 6 个月内的买入期权，行权价格是每股 150 美元。

这份协议对于盖茨和霍利财团而言确实非常有利，转手就意味着巨大的利润，只是我拥有铁路的梦想又一次折戟了。

对于这份商业协议，霍利本人是非常满意的。但是，我直言不讳地告诉他，我并不满意这份协议。对此，霍利非常吃惊。我给出的理由是他忽略了其中蕴含的潜在风险，那就是一旦形势不妙，摩根可以选择不执行剩下 2/3 股份的买入期权。这份协议让摩根处于不败之地，如果形势好，他可以行权，进而取得控股权，而我们则丧失了拥有一家好公司的机会；如果形势不好，他可以放弃行权，我们虽然获得了一家公司的控股权，但是却要面对糟糕的经营环境。在不利的经济形势下，持有这家公司的股东们会争先恐后地抛售，那时候我们这些大股东就更加举步维艰了。

> 摩根在这份协议上采用了博弈论中的占优策略。

不过，霍利认为我过于忧虑了："如果你认为这笔交易并不划算，你可以在公开市场上卖出你的股票。"

"你是认真的吗？"霍利直率的回答让我大感意外。

"我是认真的。既然这笔交易达成的时候并未考虑你的意见，那么你就有权自由处置你的股份。不过，我希望你能够保留 1 万股，以表达我们协同一致的良好意愿。我可不想盖茨那帮人总是认为你不愿意与他们站到一起。"

最终的结局就是我留下了 1 万股，以表示与霍利他们一致的行动。当摩根按照协议买入我们持有股份的 1/3 之后，我个人手里还剩下 6666 股了。

4

虽然我失去了经营一家铁路公司的机会，炙热的梦想被冷水浇了一头，但是我在金钱上的大笔进账让我的心情转瞬好了起来。当然，事情并未就此结束。我的老板阿瑟·豪斯曼手头还持有这家铁路公司的股票，而我们的经纪公司还需要继续为霍利的一些合伙人处理他们手中持有的这只股票。

我想要说服豪斯曼先生，让他意识到摩根存在放弃行权的潜在风险，因此我们需要备案。不过，豪斯曼先生向来积极乐观，他认为摩根不会那样做。

虽然我苦口婆心，但是霍利和豪斯曼先生都认为我是庸人自扰。我以行动表明自己的判断——卖出了所有剩下的头寸。我认为自己已经尽到了合伙人和朋友的义务，其他的只能听天由命了。

此后不久，盖茨的儿子查到了我的持仓头寸，当时我基本上已经把路易斯维尔—纳什维尔铁路的股票卖光了。虽然盖茨可能会因此对我有情绪，但是我也没有必要进一步解释了。

到了 5 月底的时候，摩根持有的期权就要到期了。当时，我们得到消息，摩根财团将收购墨农线（Monon Route），也就是芝加哥—印第安波利斯—路易斯维尔铁路线（Chicago，Indianapolis and Louisville Railroad）。收购完成后，路易斯维尔—纳什维尔铁路公司和南方铁路公司将拥有其控制权。

得知这个消息之后，我建议霍利立即发函给摩根财团。函件指出摩根财团在未经我们预先同意的情况下以路易斯维尔—纳什维尔铁路公司的资产为担保收购墨农铁路，据此我们可以认为这是一个承诺，也就是说我们手头剩下 2/3 股票的买入期权将被摩根财团执行。

从法律的角度来讲，当摩根财团宣布收购墨农线之后，此前的买入期权就必须被

执行了。这让我悬着的心彻底地放下了。自从买入路易斯维尔—纳什维尔铁路的股票以来，我的心就一直悬着，直到发出信函之后我才踏踏实实地睡了一觉。

不过，此后宏观经济和金融形势出现了重大变化。1902年8月的中下旬，美国的金融市场出现了谨慎情绪，一些不利因素开始显现。此时，摩根先生从欧洲返回美国，他主动邀约盖茨和霍利见面商谈。

在盖茨和霍利赴约之前，我和他们两人沟通了一下，给他们打了预防针："现在我们在法律上掌握着主动权，因为他们进行墨农线的并购使得他们必须执行买入期权。我们必须坚持这一立场，一定要拒绝其他任何提议！"

一连串的协商和谈判就此展开。果然如我所料，他们见面后，摩根希望能够将行权期延长半年。摩根使出利诱的伎俩。他告诉盖茨，只要再耐心等待较短的时间，就能赚得更多。摩根进一步指出如果北方证券公司（Northern Securities Company）能够在当前与西奥多·罗斯福（Theodore Roosevelt）的那场著名官司中获胜，摩根将成立一家南方证券公司（Southern Securities Company）来运作南方铁路公司的股票，推升其价值。

盖茨坚决要求摩根以每股150美元的价格立即执行买入期权，收购盖茨和霍利财团手中剩下的股份，共计20.4万股。根据我的消息和判断，霍利当时的态度并不坚决，他在某种程度上是赞同延期的。

最终，交易按照最初的协议完成。在行权后半年的时间内，金融恐慌袭击了美国。如果当时霍利同意展期，那么股票就砸在他们手里了，后果不堪设想。

这笔交易就此完美落幕。我从中净赚了百万美元。相比其他合伙人，我的利润算是中等。在摩根行权买入的股票中，我只有6666股，因此我最初持有的股票当中只有少部分以150美元的高价卖出。不过，由于我最早进场买入，平均持股成本要比其他人低15个百分点。

巴鲁克是如何做到先知先觉的？他全面地对上市公司的商业前景进行了评估，还很好地利用了情景规划思维预判各种可能的情形。

这笔交易也成了盖茨的神来之笔，以后经常被人提起，作为盖茨的代表作。大众认为盖茨的惯用手段是通过威胁控制某条铁路线，使得利益相关方不得不出高价买下这条铁路线。盖茨就是这样让摩根不得不痛下决心买入路易斯维尔—纳什维尔铁路公司的。当然，大众最津津乐道的话题还是盖茨财团狂赚 750 万美元的事实。

但事实上，我们买入路易斯维尔—纳什维尔铁路的股票并非像大众认为的那样是为了最后高价转手给摩根先生。我最初的计划是控制并且经营一条铁路。不过，后来事情的发展完全脱离了最初的设想。越来越多的人参与其中，我最初的计划逐渐破灭了。最后，我不得不想办法从中解脱出去。

对于盖茨而言，他看准了形势发展中的机会，于是果断介入。事实上，摩根收购的 3.6 万股当中，霍利财团和我只占 1/3 一，而 2/3 都在盖茨财团手上。从这个数据来看，盖茨确实是为了高价转手给摩根而介入的人，盖茨财团的人确实是为了赤裸裸的价差利润而来的。

无论过程如何，最终我成了一个富有的人。同时，由于我在整个交易中的出众表现，我在华尔街的一些大佬眼中闪闪发光。例如，安东尼·N.布拉迪（Anthony N. Brady）邀请我加入中央信托公司（Central Trust Company）担任执行委员。如果我接受这一邀请，那么就会与一些大名鼎鼎的金融家们共事，他们是：福瑞德里克·P.奥尔考特（Frederic P. Olcott）、小阿德里安·以瑟林（Adrian Iselin Jr）、詹姆斯·思培耶（James Speyer）、C.N. 布利斯（C. N. Bliss）、奥古斯图. P. 居里亚德（Augustus P. Juilliard）以及詹姆斯·N. 华莱丝（James N. Wallace）等。

不久之后，我又收到了进入凤凰人寿保险公司（Phoenix Life Insurance Company）董事会的邀请。经过认真思考后，我谢绝了这些真诚的邀请。婉拒的理由是我认为作为一家银行或者保险公司的董事，我不应该再同时进行股票投机，但是我最喜欢的事业还是证券投机。不过，当时我也开始怀疑自己是否应该继续留在华尔街，当然这些内心萌动的想法我并未透露给布拉迪先生。

一个转折点

我还是一言不发，但是我心里明白这些人操纵股市的野心如此之大，这表明股市已经亢奋到头了。

——巴鲁克

1

某天，我去探望家父，告诉他我已经是百万富翁了。当天的情形我至今仍然记忆犹新。家父慈祥的脸上露出询问的表情，好像对于我说的百万美元还不清楚到底是怎么回事。

我以为是家父不相信我已经挣到了百万美元，于是想将账目凭据拿出来给他看看。

"孩子，不用了！我相信你已经成了百万富翁。"家父说了这句话之后便开始另起话题了。

对于自己已经赚了百万美元这件事情，我不应该希望父亲会给予多大的赞许，因为在他看来，道义和社会贡献的价值远远超过了金钱本身的价值。年幼时，我们在南卡罗来纳州，那时他就抱持着这样的态度。当时，家母对此也颇有微词，因为家父将治病的时间花在一些毫无经济收益的试验田上。

当我在最初的铁路投机中将他一生的储蓄金打了水漂之后，他仍旧没有因为金钱损失而改变他对我的支持。他对我充满信心，继续在金钱上支持我的金融投机事业。

这次见面，家父的态度让我反思自己的事业和人生。如果一个人富可敌国，但是

如果不将财富拿去做更有意义和社会价值的事业，那么这么多财富又有什么价值呢？

凡是在市场上交易的东西，身为百万富翁的我都有能力买到。但是，许多东西也是金钱无法购得的。与家父比起来，我虽然赚到大笔财富了，但是他却在医学和健康事业上为人民做出了更大的贡献，其价值远胜于我。

其实，我的内心深处是非常想要学医的，那是我最初的人生愿景。弟弟赫尔曼当时已经是一位名医了，我是很敬佩和羡慕他的。

家父的态度让我下定决心一定要在基本的价值观上与他保持一致，要与他的普世情感协调。家父在纽约的瑞雯顿大街（Rivington Street）建立了首批公共浴室，这是他努力为社会做出的贡献。家父还呕心沥血撰写了一系列有关水疗的专业书籍，其中还有两本被翻译成了德文版和法文版。

尽管如此，家父仍旧像普通的执业医师那样兢兢业业地进行诊疗服务。在各种名誉的光环之下，他仍旧如同成名之前一样，坐着简易马车出诊探病。他的时间都被行医占据了，以至于他几乎没有尝到过休息和娱乐的滋味。例如，当他和家母朋友们一起吃晚餐的时候，很可能席间就被人叫去出急诊了。又如，我们和他一起去剧院的时候，总是需要在售票处留下他的名字和座位号，以便需要急诊的人能够顺利地找到他。

家父从来不曾抱怨自己的职业，不过显然他的职业让他的身体承受了巨大的压力，损害了他的健康。1900 年 7 月，家父迎来六十岁大寿。当天，我劝说他放弃行医，当一名医学实验室的研究人员，领一份固定的工资，过上有规律和清闲的生活，能够从繁重的诊疗工作中解脱出来，家父当然非常高兴。我的这个建议也让他感受到了来自儿子的关心，自然更让他开心。至于我是否是有钱人，这并不是他关心的事情。

不过，家父仍旧顾虑重重，因为他无法割舍对病患们的关心。他了解这些人的病情，不放心将他们委托给其他医生。于是，他继续为这些病人诊疗，不管是白天还是晚上，他都会应这些病患的需要而出诊。

当时的我乐观地预期随着自己财富的增长，可以为家父创造时间更加充裕的环境，从而帮助他集中精力在水疗领域进一步著书立说。

家父确实不负众望，到了 1906 年的时候，他已经成了美国水疗领域的业界翘楚和权威。此后，从 1907 年到 1913 年，他担任了哥伦比亚大学（Columbia University）全科医学院水疗系主任。

不过，家父推广水疗法的过程充满了反对之声。在当时，许多医生并不认可水疗法。在他们看来，这只不过是一种近乎巫术的东西，骗人的假把式而已。不过，我是到了 20 世纪 40 年代，才完全知道当年家父为了推广水疗法遭受了多大的阻力。

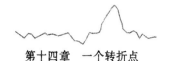

我在 20 世纪 40 年代的时候捐了不少资金给一些大学和医学机构，希望他们加强水疗法等物理医学的研究。例如，我帮助表维医院（Bellevue Hospital）建立了一个物理医学和复健研究所（Institute for Physical Medicine and Rehabilitation），现在这家机构已经成了全球范围内的业界典范。

当我努力推进这项工作的时候，发现美国医疗协会（American Medical Association）的一个部门持续阻挠和反对。我必须与之抗争，才能让水疗等物理治疗方法在医学领域立足。

1957 年春，我的巨大努力终于看到了曙光。美国医疗协会准备为小亨利·韦斯卡迪（Henry Viscardi Jr）颁奖，以表彰他在物理复健领域的卓越贡献。韦斯卡迪天生缺失双腿，但是他身残志坚，孜孜不倦地致力于物理康复的研究和推广，帮助许多残疾人融入正常的生活和工作，使得他们能够凭借物理手段融入到生产劳动中。家父长期以来努力的方向与韦斯卡迪一致，也就是通过理疗帮助人恢复健康和活力。现在，这种努力已经得到了主流和正统医学界的首肯和支持。

现在继续回顾家父在 1900 年的努力。在当年夏天，我帮助他进一步加大了对整个社会的贡献，而这让我非常高兴。当然，通过促成他人的事业是很难完全让自己有成就感的，只有努力完成自己的事业才能获得巨大的成就感。不过，这种巨大的成就感光是靠挣钱是无法企及的。同时，投钱到有价值的事业当中并不比直接参与这项事业更能带来快乐和成就感。

2

赚到大把钱之后，我并没有变得满足，总觉得人生缺少点什么。但是，我没有立即采取行动来缓解这种缺憾。这样的情况持续了差不多一年时间，直到在华尔道夫酒店举行了一次晚宴，才重新点亮了我的人生之路。这次晚宴是为钻石火柴公司（Diamond Match Company）董事长巴贝尔（Barber）专门举行的。

晚宴结束之后，玩百家乐（Baccarat）的桌子就布置好了。曾经在古德伍德杯赛马中与盖茨合作促成黄旗袍夺冠的约翰·德拉克以及地产大佬劳伊尔·斯密斯（Loyal Smith）共同坐庄。其他人就座，纷纷下注买了筹码。其中，白色筹码最小，一枚 1000 美元。

开始的时候，盖茨以 2000 美元、3000 美元和 5000 美元下注。几轮过后，他嫌下注太少，开始骂我们这些人是小气鬼，于是自顾自地提高了赌注。哈里·布莱克（Harry Black）和哈德森（Hudson）也跟着提高了赌注，达到了 2.5 万美元。

不过，很快哈德森就不再跟随提高赌注了。我认为盖茨肯定是想要大赌一把的，这对我风险太大，我不会盲从，于是我将每局的赌注限定在 5000 美元以下。有两个玩家看到我谨慎起来，于是也模仿我的做法，这两个玩家分别是休·华莱士（Hugh Wallace）和威利斯·麦克柯米克（Willis McCormick），前者后来成了美国驻法国大使。

劳伊尔·斯密斯看到这种保守和谨慎的局面非常不高兴，他正在桌上鼓捣筹码并且说："你们这帮小气鬼真是没劲啊！"

接下来，赌注不断提高——一局 5 万~7.8 万美元。

本来是一场娱乐，现在大家都赌红眼了，到底是什么原因呢？一方面，输得惨的人开始变得极端情绪化，想要扳回本来；另一方面，此前一直赢钱的人也会变得盲目自信，极端自大，野心越来越大。不过，随着赌局延长，输赢变得模糊起来，没有谁亏了许多，也没有谁赚了许多，一晚上玩下来，很难分出输赢。

没有分出赢家和输家，这让盖茨十分窝火。于是，他变得更加激进，将下注金额提高到了 10 万美元。庄家接受了他的下注，其他玩家也开始提高下注了。不过，我还是特立独行，按照自己的计划坚持不超过 5000 美元下注。

盖茨在牌桌上的这种冒险举动，我还是生平第一次看到，确实让人感到吃惊。当时，我就怀疑他是否真的要这样玩。德拉克和斯密斯的表情告诉我这一切确实是真的，盖茨就是要这样玩。

盖茨并未就此打住，他继续增加下注，将赌注提高到了 20 万美元。两个联合坐庄的人接受了他的下注金额。其他玩家这个时候不敢跟了，大家都成了盖茨口中的小气鬼。盖茨以 20 万美元的金额下注了若干次，总体下来既没有赚，也没有亏。

盖茨把自己的所有筹码收到一堆，在手里鼓捣一番，堆成同样高的两叠，每一叠都有 10 个黄色的筹码，两叠共计 100 万美元。

堆好筹码之后，盖茨略微出了一口气："这点钱不算多！"他说话的语调其实有点异常，边这样说他边打量两个庄家。这个时候，所有人的目光都聚集在两个庄家身上。作为庄家之一的斯密斯认为下注太大，风险太高，他不愿意接受。不过另外一位庄家德拉克却认为可以接受。听过后者的一番劝说，斯密斯接受了盖茨的下注。德拉克开始发牌了，虽然发牌动作看起来熟练而从容，但是脸色却非常惨白。斯密斯站在德拉克身后，他的脸色同样难看。

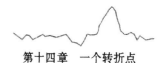

　　最终，盖茨和庄家打了平手。德拉克算得上是我见过的人当中胆量最大的一个，他对于这样的结果非常满意。不过，盖茨却并不满意，因为他最初的目的是赢，而不是打成平手。

　　此后，赌局开始进入保守阶段，因为庄家们宣布如果桌上的下注超过50万美元，他们就不再接受了。尽管如此，大家还是继续玩了很长的时间。我继续执行自己的谨慎策略，他们下注的金额仍然不小，不过我只是象征性地跟一下而已，每次下注的金额都不超过5000美元。

　　不过，这一夜赌博娱乐的结局却非常神奇，最终大家基本上盈亏相抵。而一位最怕输的人，最终也输得最惨。就我个人而言，赌局结束的时候我手头还有1万美元。

3

　　次日上午，我和往常一样在埃德温·霍利位于57大街和百老汇大街之间的单身公寓逗留了一会儿，然后就和他一起坐车去市中心了。乘车期间，霍利将盖茨和德拉克这一次来纽约的目的和盘托出，他们计划和基恩、丹·雷德（Dan Reid），还有霍利等几个人一同运作股市。得知这个消息，我并未说话。

　　霍利看我没有反应，又进一步描述了他们的计划，比如怎样买入30万股不同的个股。路上他详细介绍了运作股市的细节，意图引发我的兴趣，邀请我加入其中。

　　我还是一言不发，但是我心里明白**这些人操纵股市的野心如此之大，这表明股市已经亢奋到头了**。当我们来到百老汇大街20号的公司办公地点时，霍利站在楼梯上询问我："伯尼，你想要占多大的比例？"

　　"或许25%吧！"我回答他。

　　"看来，我们无法满足你的要求啊。"霍利说这话的时候抬起了眉毛。

　　"老兄，其实我根本不想买入！我更愿意卖出或者做空！"

　　为什么我有这样的想法呢？我向霍利解释道，其实自己一路上一直在思考昨晚的赌局，其中蕴含的教训值得我们去深思。如果钱来得太容易了，人们就会变得不理性。

　　无论是在牌桌上，还是在赛马场，**一旦人们越玩越大，赌注达到一个惊人的水平，那就意味着他们已经丧失了原则和理性**。如果股市在这样的人手中运作，那么就会变得极端危险。

市场有分歧的时候，行情并不危险；市场观点高度一致的时候，行情就可能出现快速逆转和崩塌。

"整个股市的价格已经非常高了！如果说现在的股市与此前的股市有什么显著不同的话，那就是股价已经显著过高了！"我进一步向霍利表达了自己的市场观点。

我的这番肺腑之言可能说服了霍利。毕竟，他是一个善于思考，颇具洞察力的市场老手。尽管如此，在我说出自己根本观点的那一瞬间，他还是表达了不认可。等到我们分手时，他还是没有表达出看空股市的观点。

当我上楼来到自己的合伙公司，准备下单做空股票时，合伙人阿瑟·豪斯曼先生立即表示反对。他当时对股市的看法也是乐观的。当天下午，我在华尔道夫酒店时，一大群看多股市的乐观主义者纷纷拿我开涮，他们想尽办法让他加入到多头的行列。不过，我并未被他们所影响，反而从中看到了形势发展的另外一面，那就是这些多头在内心深处开始变得不安起来，他们极力看多的言行反而透露出他们虚弱的一面。

我立即通过电话告诉霍利自己遭遇的情况：**"嘿！和如此拥挤的多头们站在一起，绝对是大傻瓜一个！"**

"确实如此！或许你才是正确的！"霍利带着附和的口吻勉强同意了我的观点。

不过，这帮大佬们仍旧自顾自地重仓买入股票，股市应声大涨，但是很快就乏力了。

平时的那些聪明人开始自我安慰："就是那些空头在搞事，下跌不会持续多久！"

市场可不管你以前有多聪明，继续下跌，而且其中一轮下跌的幅度巨大。股市收盘之后，我来到了华尔道夫酒店，在酒店的酒吧里面找了一张桌子坐下，听到一些也在这个酒吧的交易员重复一些毫无意义的自我鼓励和安慰的话语。

当时，杰克·菲尔德也在酒吧里面，他是少有的空头之一。他代表我们两个看空者与那一大群看多者交流。**我对于争论行情毫无兴趣，市场会最终裁决谁对谁错。**

没多久，詹姆斯·基恩来到了酒吧，他开始将自己的亏损归咎于我这样的空头："先生！你如何看待伟大的豪斯曼证券

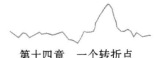

公司？他们翻手为云覆手为雨，在股市中兴风作浪！"

或许多头将自己的亏损和失意归咎于空头，会更好受一些。但却于事无补，因为**始终是真相在发挥作用**。股市跌了，并非因为我在做空或者卖出股票，而是因为股价本来已经过高了，估值过高，超越了经济因素能够解释的水平。其实，看空者的意见和做空者的操作，无论是对于市场大众还是投机狂徒而言都是良药苦口利于病。否则，狂热的行情在缺乏空头的阻止下会继续高歌猛进，最终泡沫越来越大，一旦破灭则后果就更加糟糕，多头们的损失会更加巨大。

大众很难明白**操纵和坐庄其实是能发挥短期和局部的影响力**，即便是那些老手也很可能未能清醒地认识到这一点。**就本质而言，宏观经济和公司的基本面决定着市场的波动。只有当那些多头将股价推升到显著脱离基本面和价值的水平时，空头才能大概率地赚钱。**

在股票市场上，看涨比看跌的人多，买入比做空更加普遍，这或许是因为美国文化中根深蒂固的乐观主义情绪。不过，极端和盲目的乐观也会带来亏损，这种亏损或许比悲观主义带来的亏损还要巨大，因为过度乐观使得我们丧失了警惕，从而完全暴露在巨大的风险之外。

自由市场和制度带来的主要好处就是同时存在买家和卖家，同时存在了乐观者和悲观者。如果股市上只有多头，没有空头，那就如同没有了言论自由，盲目乐观主义将蔓延，最终因为缺少抑制而带来灾难。

4

大约也就是在这个时候，我开始厌恶同时操作自己的账户和别人的账户了。我管理和经营着一家证券经纪公司，这意味着我需要为别人的账户负责，一心二用让我觉得难受。

人因为惧怕损失和幻想收益而不愿承认真相，但是要想避免损失和获得收益就必须认识和接受真相。这就是获利的悖论！真相让人痛苦，但却是获得快乐不得不认识和接受的前提！

道氏理论对于操纵和坐庄的观点与巴鲁克一致，大家可以参考对比一下。

极度悲观，则一事无成；极度乐观，则一蹶不振！

此前，我婉言谢绝了安东尼·布拉迪盛邀我加入中央信托董事会的好意。当时，我向他解释一个投机客不适合同时担任这样一家公司的董事成员。在内心深处，我认为一个投机客应该特立独行，自己决策，并且承担此后的一切结果。在此后的股海浮沉中，我更加坚定了自己的这个观点。

金融市场的交易中，没有完全确定的结果，高度不确定性是其本质特点。同时，我也不希望因为别人听从我的建议采取了行动，最终由我来承担责任。**无论多么优秀的投机客都会在金融市场中犯错，失误和亏损不可避免。只不过优秀的投机客一旦发现自己犯错之后，就会立即离场止损。**

但是，如果许多人因为听从了优秀投机客的观点而操作，但市场证明这种观点是错误的时候，这些人却无法及时离场止损。但是，如果投机客想要遵循为人处世的基本原则，那么他就必须承担起让这些跟随者及时离场的责任。但是，这样的责任实在是太过沉重了，我自己就数次处于这样的两难困境之中。为了不违背做人的基本原则，我必须在发现自己观点错误时，要么替那些采纳意见者离场止损，那么说服他们离场止损。但是，这样的责任让人压力巨大。

此前，我对于独自交易的意义还未深刻认识，但到了这个时候我已经发现交易是孤独的，是需要独自前行的。一方面我在交易自己的账户，另一方面又在管理或者建议别人的账户。

不过，如果完全独自交易，那就意味着我需要彻底退出豪斯曼证券经纪公司，这也让我非常为难。如果我真的对公司撒手不管，那么后面会发生什么就很难说了。

在32岁的时候，我就赚到了以前想象拥有的财富，这些财富足够我一生的开支。事实上，每年我需要花费10万美元。而现在，我赚到了足够维持一生开支的财富，而我仅仅在五年内就做到了这一切。

在我的家族中，只有外祖父沃尔夫曾经富甲一方，除此之外就没有什么富豪了。况且，外祖父去世之前已经近乎一

交易和修行都是孤独者的功课！

贫如洗了。不过，父母家族的人虽然并非有钱阶层，但是却怡然自得，过着快乐幸福的生活。反倒是我在有钱之后变得迷茫起来，不知道是否应该离开华尔街的浮华世界，转而投身法律界，去帮助那些弱势和贫苦阶层的人们，捍卫他们的利益。

1902 年夏季的时候，我变得更加困惑，不知道接下来的人生应该怎样度过，怎样才能变得更加有意义和有价值。为了走出迷惑，重新找到人生的方向，我决定去欧洲走一趟，找到内心的真正声音。

当时，美国的股市已经涨得很高了，价格已经显著超过了内在价值，因此我选择卖出大部分的股票，持有现金为王。在启程前往欧洲之前，我重新配置了个人资产，将一些钱从合伙公司和股市上提现，准备将这些钱存入国民城市银行（National City Bank）。

到了国民城市银行后，我要求面见一下这家银行的总裁詹姆斯·斯迪尔曼（James Stillman）先生，不过当时我忘了带介绍信了。当时的银行不像今天，有这么多的副总裁，因此他们并未安排我会见某个副总裁，而是让我见到了出纳霍利斯·M.吉尔伯恩（Horace M. Kilborn）。

吉尔伯恩开门见山地询问我需要什么帮助，我就说需要开一个银行账户。然后，他询问我的姓名。他竟然不知道我是谁？这对于年轻气盛的我而言是一个重大的打击，我在华尔街也是声名显赫的人了，这家银行的人居然不知道我的名字。毕竟，斯迪尔曼先生组局的某些交易，比如联合铜业（Amalgamated Copper），我都参与过。

为了避免进一步的尴尬，我提到了咖啡贸易大佬赫尔曼·希尔肯（Herman Sielcken）。一听到这个名字，吉尔伯恩好像熟悉，态度有了变化，然后他开始问我需要开多大的账户。我掏出 100 万美元的支票，这下子他知道我的分量了。

事情办妥之后，我携妻子，带着家父一块去欧洲旅行，同行的还有亨利·C.戴维斯（Henry C. Davis）。此君是阿瑟·豪斯曼张罗进来的人才，他对于美国的时事非常了解，因此对于促进我们合伙公司的业务很有帮助。这次欧洲之行，我希望能够让戴维斯对欧洲的事务更加了解，但实际效果乏善可陈。

虽然戴维斯跟我们一同到了伦敦，但此后就不想再继续行程了。之所以会这样，是因为他不喜欢那些语言不通的异国他乡。欧洲语言众多，戴维斯无法直接沟通，因此他不喜欢欧洲，当然也就不了解欧洲，而且也不愿意去了解。

戴维斯曾经参与北方太平洋铁路的建设工作，当然他是作为地形勘测人员。后来他进入到了金融市场，他对于股票市场的运作烂熟于心，不过却并不醉心于此。**他对于判断股市的涨跌有着独特的方法，他会将目光从市场的当下波动中移出来，远望田**

莫为浮云遮望眼，这句话说起来简单，如何具体做到呢？判断股市的趋势，就要跳出眼前的涨跌，从经济周期和流动性，以及筹码和预期的角度来分析股市。经济周期处于哪个阶段？衰退还是繁荣？流动性处于什么阶段？第一次加息还是加息末期？第一次降息还是降息末期？筹码集中在散户手里还是主力手里？市场预期是一致看跌，还是一致看涨，又或是分歧明显？

丽兹酒店是被称为"世界豪华酒店之父"的凯撒·丽兹于1898年创办的，距今已有100多年的历史了。虽然从其外观看来并不十分起眼，但它却以最完美的服务、最奢华的设施、最精美的饮食和最高档的价格而享誉世界。

野，站在一个更加宽阔的历史背景下看到市场的整体趋势。

我记得有一回我和戴维斯一起开车穿过一片广阔的田野，他意味深长地说出了一段颇具哲理的话："拔掉野草，就能为农作物的丰产提供最好的环境……这就是成功的捷径！"

与戴维斯作别后，我们两口子和家父一同从伦敦出发，开始一段优哉游哉的旅程，我们一路向东，横跨欧洲大陆，一直到了君士坦丁堡（Constantinople）。此后，家父又独自去了维也纳（Vienna）、柏林（Berlin）和巴黎（Paris），访问一些医学界的同行，他在这些同行眼里都是大咖，备受推崇。而我们两口子则辗转回到了巴黎。

旅行结束之后，我并未深入而且全面地思考个人的职业前途，不过此前想要成为律师，为捍卫贫苦大众利益而战的想法彻底被我放弃了，因为这意味着我需要重新去学校学习法律，然后再开始执业，这需要花费很长的时间，非常不现实。旅行结束之后，对于接下来的人生应该怎样过，自己到底擅长做什么，我仍旧没能理出一个头绪来。

在旅行快要结束的时候，我们住在巴黎的丽兹酒店（Ritz Hotel）。有一天深夜，我在睡梦中被叫醒了，因为家弟发来电报，说阿瑟·豪斯曼先生处于绝境之中，而合伙公司也濒临破产。看完电报，我浑身就瘫软了。

但是，我立即采取了行动，从自己账户上转出部分资金到公司账上，并且乘坐到美国最快的船。到了码头，阿瑟·豪斯曼先生正焦急地等我。他告诉我，由于他和埃德温·霍利重仓持有明尼阿波利斯—圣保罗铁路公司和科罗拉多—南方铁路公司的股票，而这两只股票都出现了暴跌，导致合伙公司出现了财务危机。

我立即接手了公司股票账户的操作，注入大量资金维持保证金规模，这样就可以继续持有头寸。我一直持有这些头寸，一段时间之后铁路板块企稳回升，我才将公司操作账户转交给豪斯曼先生，他可以在盈利水平上卖出头寸。

能够凭借自己的能力和实力帮助豪斯曼先生渡过难关，

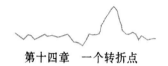

保住他的资产和业界声誉，这让我非常欣慰和自豪。豪斯曼先生提携我步入了华尔街，帮助我在华尔街立足和成长，我所回报的努力或许远远小于他曾经对我的帮助和提携。

对于未来的人生和事业如何推进，我毫无计划，各种因素撕扯着我，翻来覆去地想着这一切，让我举棋不定。最终，我做出了一个重大的决定——逐步从豪斯曼合伙公司退出。

这一决定耗费了我大量的时间和精力，穿越了内心的重重阻碍。毕竟，我与豪斯曼兄弟共事多年，相识相知，共患难同富贵，要分道扬镳实在是非常困难。但是，一旦做出这一决定之后，我释然了，一下子肩头的重担就放了下来，整个人变得轻松起来。我的人生再度变得自由起来，可以挥洒自如了，去做一些更有意义的事情。

我将自己的想法和打算和盘托出，托马斯·瑞恩表示赞同和支持。此后，他屡次邀请我作为合伙人，而我总是将当初他对我的赞同之词抬出来，表示我想要继续走独立发展的人生和事业之路。

到了 1903 年 8 月的时候，我已经完全从豪斯曼经纪公司退出了。我搬到了百老汇大街 111 号，直到我最终放弃纽交所的会员席位时我都住在这个地方。

搬到百老汇大街 111 号的时候，我已经 33 岁了，终于拥有了完全属于自己的公司。这是我人生新的篇章，这就好比我在棒球赛场上打出了本垒打，或者是拳坛名宿直言我有冠军天分，又或者是我获得了人生的第一份工作，销售出或者持有第一份债券。

当我的公司开张时，家母发来了电报表示祝贺。我将这份电报珍藏起来，装裱妥当挂在了办公室的墙壁上。家母还送来一只绿底红点的陶瓷小猫，直到现在这只陶瓷小猫还放在我的桌子上。家父也送了一张他的照片给我，上面写着一句勉励我的话："恪守诚信，矢志不渝！"

我给自己订下了一些原则，首要一条就是"绝不为任何人操作证券账户！"这是我最为重视的一条原则，此后的职业

抄到资产价格底部的人，很多时候并非最聪明的人，而是那些有足够现金的人。

生涯中我奉行不渝，只有少数几个例外。

其中一个例外是我替罗德岛参议员纳尔森·埃尔德里奇（Nelson Aldrich）操作了他的个人账户。我们相识在一家橡胶种植和加工公司，我们都是这家公司的股东。某次这家公司开完股东大会，他询问我有什么投资机会。我告诉他，美国钢铁公司的股票被低估了。我给出了具体的理由，那就是美国经济即将复苏，美国钢铁公司的新订单数目将显著增加。他让我帮助操作，在他的账户上买入这只股票，我婉言拒绝了。

埃尔德里奇参议员与家父的年纪差不多，他也曾在军中服役，属于北方联邦军队。面对我的拒绝，他并未不高兴，而是继续耐心地请求道："嘿，孩子，帮我买下这只股票吧。买入后，我会让周围聪明的人都知道这个消息。具体的操作就交给你了吧。"

经不住他的诚挚恳求，我替他买下了一些美国钢铁的股票。紧接着，他就开始将自己买入该股的消息告诉了一些在美国钢铁公司工作的朋友。这些人虽然身在美国钢铁公司，但是并未觉察到宏观形势的变化，反而替埃尔德里奇捏了一把汗。面对质疑和担忧，埃尔德里奇先生回答他们说这是自己的忘年之交巴鲁克先生提议的。他在美国钢铁的朋友们听说后，不置可否，也没有再进一步就此发表意见了。

我与埃尔德里奇先生的友谊持续终生，直到他去世为止我们都是莫逆之交。尽管我不赞同他的政治主张，但是仍然敬重他的人品。他去世之后，在遗产清单当中我发现了一些自己替他买入的股票，对此我感到十分自豪和欣慰。

总而言之，除了少数几次替他人买卖证券之外，我从未替他人操作过账户。为什么我要离开豪斯曼经纪公司开立自己全资拥有的公司呢？根本上还是为了自己交易，承担起自己操作的全部责任。

当我拥有了自己的公司，就能够独立自主地进行金融交易了。不过，这个时候一些新的因素突然出现在我的人生中，以致我的交易次数越来越少了，投入到交易上的时间和精力也越来越少了。

从1903年秋季开始，我在股票市场上投入的时间持续下降，因为我的精力转移到了其他领域当中，公共事务占据了我越来越多的时间。

第十五章

与古根海姆家族携手并进

除了抓住危机和恐慌造成的金融市场大底部之外，我还对新兴经济领域保持关注，抓住新产业，进行风险投资，这在当时也算是前沿领域。

——巴鲁克

1

刚刚踏入职场的时候，1889 年我从古根海姆家族（Guggenheims）那里获得了一个机会，去墨西哥学习矿石采购，不过因为家母的阻止最终作罢。如果当时成行的话，我现在可能已经成了矿业专家。不过，历史总是在反反复复中前行。16 年之后，古根海姆家族再次向我抛出了橄榄枝。

一个新的机遇露出水面，古根海姆家族今非昔比，已然成了称霸矿业的巨无霸。要知道，以前这个家族不过是在科罗拉多州有两个小矿而已，而且还是与他人对半持股。

16 年后，当我第二次接到这一家族的邀请时，脑海里不断浮现出当年接受丹尼尔·古根海姆（Daniel Guggenheim）面试时的尴尬景象。当时的我正在努力从这个家族初创的事业中获得人生第一份工作。

弹指一挥间，16 年过去了，我在金融领域逐渐成长起来，

16 年后巴鲁克还能被古根海姆家族邀请合作，根本原因在于这 16 年巴鲁克也成了金融界的巨擘。邀请是基于实力和利益考量。

并且获得了受人敬重的业界地位，许多名气不凡的大公司邀请我加入他们的董事会。之所以有这么多邀请，还是得益于我在金融领域善于抓住趋势反转点，逆市而为，数次大胜，同时我善于沟通协调。所有这些个人优势和能力使得大家越来越看重我在金融市场运作和商界谈判沟通的能力。当然，古根海姆家族也不例外。除了能力之外，我已经从金融市场中积累起了足够的个人资本。

如果你缺乏足够的资金，那么只能错失良机。当1893年金融危机席卷整个社会时，我不受大众情绪的影响，独立地认识到危机和恐慌之中存在巨大的机会。危机和恐慌使得证券价格暴跌，证券持有者们夺路而逃。这个时候如果能够大胆买入，持有到经济复苏之后，那么收益必然惊人。不过，当时的我手头拿不出足够的钱来抓住这个机会。这件事情对我影响至深，让我明白在危机和恐慌之中拥有巨大的现金头寸是多么重要。此后，我开始努力积攒资本，为大机会储备充足的弹药。

命运女神总是垂青那些努力做好准备的人，等到1903年金融危机和恐慌爆发时，我手头已经积攒了足够的本金。

其实，在这次危机爆发之前的一年，也就是1902年的时候，我就认为证券市场的整体价格虚高。于是，**我在那时便卖出了手头持有的绝大部分股票，选择持有现金为主。当市场因为危机和恐慌而暴跌的时候，我就有底气可以大举买入，持有等待经济复苏和金融市场恢复元气。这一次我下定决心抓住机遇，不想再度错失良机。**

除了抓住危机和恐慌造成的金融市场大底部之外，我还对新兴经济领域保持关注，抓住新产业，进行风险投资，这在当时也算是前沿领域。

1893年的大恐慌之后，铁路行业的振兴对金融市场的复苏起到了巨大的推动作用。而1903年的大恐慌之后，美国工业的快速发展极大地推动了原材料行业的扩张，进而促进了经济和金融的繁荣。

"在金融市场中要克服贪婪和恐惧！"这种陈词滥调你会经常听到。我是坚决反对这种观点的：第一，在我看来，贪婪和恐惧是中性的东西，其对错要放在具体环境中去评价；第二，巴菲特曾经说过——"在所有人都恐惧的时候保持贪婪，在所有人都贪婪的时候保持恐惧。"由此可见，如果你的贪婪和恐惧与共识预期高度一致，那么就是危险和错误的；但，并非贪婪与恐惧本身就是错误的。贪婪和恐惧都是进化中产生的自我保存机制，其出发点是积极的，带有正面目的。

价值严重低估和高成长是巴鲁克比较重视的两类股票。前者与买入时机和共识预期密切相关，后者与商业格局和竞争优势密切相关。

一个健康发展的经济体，每隔十年会出现一个新的主导产业，这个产业是经济增长最快的部分，也是新增财富的最大源泉。学术上将这个十年左右的周期称为产能周期或者是朱格拉周期。巴鲁克深知这一周期的财富潜力，乘势而为，大获成功！

在第一次世界大战爆发前的十年里面，**我趁势而为，顺应宏观经济发展的大势，大力投资原材料行业，**如铜矿、铁矿、金矿、橡胶和硫黄矿等。这些行业为经济发展提供了重要的原材料来源，我喜欢这类风险较高的投资，它们是新兴产业，具有巨大的财富效应，对人类社会和经济的发展意义重大。

在这类投资中，我会不停地换更快的"马"，因为我是一个追求新变化的投资者，当公司生命周期走到了稳定阶段，能够稳定地分配股息的时候，我就会卖出它们的股票，并寻找新的风险投资标的。参与创造，而不是固守成功，我对这样的创富过程非常享受。

通过这类投资，我不仅获得了财富，而且积累了大量有价值的知识和经验。这些经验为我步入公共事务领域提供了跳板。第一次世界大战之后，伍德鲁·威尔逊总统任命我为国防委员会（The Council of National Defense）的顾问委员。我的具体职责是负责工业原材料的供给，以便满足战备的需要。由于此前从原材料投资中获得了相关的丰富经验，因此我在这份工作上表现卓越，以至于我最终获得了战时工业委员会（War Industries Board）主席的职位。

我能如此顺利地在公共事务领域崭露头角，离不开古根海姆家族的帮助，因为我是在与他们的合作中才深入到原材料行业的。这个家族传承着优秀的品质，这是一个令人肃然起敬的伟大家族。古根海姆家族的族长是老梅耶尔·古根海姆（Old Meyer Guggenheim）。这位老先生曾经是家父的病人。在我年幼的时候，经常能够碰到他。虽然那时我从未和他说过话，但是意识到他是一个沉着淡定的人，他总是静静地坐着抽雪茄，烟灰掉在衣服上也完全无所谓，完全不为外界所动。

当我初步踏入工业原材料行业的时候，能够碰到古根海姆家族是足够幸运的，因为他们让我少走了许多弯路。

他的儿子们喜欢重复一个故事来说明老梅耶尔的人生和商业理念，这个故事对我也有非常大的启发。某天，有人怀

其实，人生并不平等，人生是接力赛。建议大家看一本书《不平等的童年：阶级、种族与家庭生活》（*Unequal childhoods class，race and family life*），只有敢于直面这个最大的人生现实，才能真正地跳出最大的限制。巴鲁克的成功至少有 1/3 是他的家庭提供的，阶层限制了你的想象力和资源。如果突破这种限制，最为重要的一步是承认并且觉察到这种限制！

揣一个致富计划来面见老梅耶尔，他对自己的发财计划激动得难以自制："你看，古根海姆先生，这是一个天大的发财机会啊。这个机会将带来无比巨大的财富和权势！"老梅耶尔只是"哦"了一声，并未接话。

这就是所有古根海姆家族成员的沉稳风格，他们不会仅仅被金钱等物质利益所迷惑和引诱。除了金钱之外，他们还看重其他东西。例如，他们热衷于慈善和艺术，他们将大量的家族财产投入到了文化艺术，甚至航天技术和学术的研究上。

当老梅耶尔 50 多岁的时候，他意识到纺织行业是夕阳产业，应该为家族产业另辟蹊径了。 他的一位经年老客户极力建议他进入到新兴的矿业，接下来他产生了浓厚的兴趣，认为这个行业前景远大。于是他购入了一家铅银矿一半的股份。这家铅银矿名叫 A.Y.和民力合伙矿业公司（A.Y.and Minnie），位于科罗拉多（Colorado）的立德威尔（Leadville）。

1881 年，老梅耶尔决定去看一下自己投资的矿。到了以后，他发现矿坑里面渗水严重，于是他决定投钱研发排水设备，而这一决定成了古根海姆家族的财富之源。

老梅耶尔决定做大自己的生意，于是命令自己的七个儿子效法自己的思路一起努力。这个家族的凝聚力异常强大，他们团结一致在矿业领域发展壮大。

由于主要的有色金属都是伴生出现的，因此他们在开采出矿石的同时还需要进行冶炼。有些矿石易于冶炼，而另外一些矿石则需要更好的冶炼技术和更高的冶炼成本。因此，古根海姆家族的人便分工协作，各自负责某一环节和领域。整个家族就像一支训练有素的军队，在指挥官老梅耶尔的带领下稳步推进。

所有人都各司其职，充分发挥自己的才华。例如，第六子西蒙（Simon）曾经花费了两年时间在欧洲学习西班牙语和法语，以便更好地在墨西哥发展家族事业。此后，又是为了家族产业，他打起铺盖来到了科罗拉多的布埃罗（Pueblo），

很多一时成功的人并不知道自己是被风吹起来的，以致没有及时寻找新的风口。古根海姆家族能够长盛不衰，在于他们在持续寻找新的风口。

在一家精炼厂当考勤。

而老梅耶尔的另外一个孩子丹尼尔（Daniel）在家族产业中迅速展露出足够的才华，甚至比老梅耶尔更加胜任，最终成了家族产业的新一代领袖。丹尼尔带着古根海姆家族在矿业叱咤风云，直到他于 20 世纪 30 年代去世。即便到了今天，他的许多传奇故事仍旧在坊间流传。

当然，我这里也有关于他的一些故事，我只讲其中一个。这个故事足以向大家展示其高尚的品质和情操，因为它展示了丹尼尔在第一次世界大战期间以实业报国的光辉事迹。

当时，美国还未参战，但是政府已经开始在做战争动员了。战争动员部门估计马上需要 4500 万磅的铜。我当时是国防委员会负责原料供应和后勤的责任委员，因此需要考虑这批军需铜的来源以及合理价格。

当时我就想到这件事情可以求助于小尤金·梅耶尔（Eugene Meyer Jr）。此君多年经营铜业公司，业界声誉良好，人脉广泛，而且热心于公益事业。当我登门拜访时，他热情地迎接了我。他坦诚地给出了自己的建议，提议政府按照"一战"前十年的铜均价来为政府采购定价。那意味着支付的价格是 16.66 美分/磅，但当时的市价却是 36 美分/磅。

产业界能够做出这么大的让步吗？他们同意大幅削减价格吗？丹尼尔·古根海姆先生当时每个星期天都会住在圣瑞吉斯酒店（St. Regis Hotel），下午 5 点的时候会在那里接待一些拜访的朋友。我和小尤金一同去了这家酒店，希望能够见到丹尼尔先生，单独与他商谈一下政府购买铜的计划。

我开门见山地告诉丹尼尔先生，政府采购铜的操作将为整个国家备战定下一个范例，如果运作得好，那么就会激励整个产业界支持国家。战争已经不可避免，美国将卷入其中，这意味着无数美国家庭将会把自己的儿子送上战场。在这种情况下，如果商界和产业界从中渔利，那么就会招来社会各界的反感，因为这会被认为是在发国难财。如果产业界能够下调政府采购支付的价格，这无疑会释放出一个良好的信号，

有些人需要动之以情，有些人需要晓之以利害。因人施策，因势利导！

意味着他们是爱国的。

我和小尤金抛出了长篇大论，而丹尼尔先生则认真地倾听着。等我们结束谈话，等待他给出意见时，他以一贯谨慎的风格回答道："我需要先跟自家兄弟谈一下，然后再跟其他铜业公司沟通一下。"我询问他需要多少时间才能给出确切的回复时，他说明天到市中心来找他就能知道最终答案。

次日，我们去市中心见丹尼尔先生，一见面他就告诉我们问题解决了。

我亲身经历的这件事让我认识到了古根海姆家族的优秀品质，正是这一品质让他们在采矿和冶炼行业获得了极大的成功和尊重。

他们善于审时度势，善于根据实践的反馈调整方向。在踏入采矿业大约一年之后，古根海姆家族发现如果采矿能够与冶炼结合起来，那么利润将变得更加丰厚。一旦他们发现了机会，就会迅速抓住，于是他们在科罗拉多的布埃罗投资了 125 万美元兴建了冶炼厂，这是西蒙·古根海姆工作过的地方。最初，这个冶炼厂的矿石主要是从墨西哥进口的。后来，美国国会通过了对墨西哥的矿石禁令，于是古根海姆家族就在墨西哥境内另外建立了一家冶炼厂。

19 世纪 90 年代的时候，美国的银铅矿业处于困难时期。1899 年，行业并购烽烟四起，当年有 18 家企业被美国精炼公司（American Smelting and Refining Company）兼并。美国精炼公司实际上控制在 H.H.罗杰斯（H. H. Rogers）、洛克菲勒家族以及路威森家族（The Lewisohns）手中，他们即便不是持有了绝大多数股份，也持有了多数股份。这个矿业托拉斯也曾经邀请古根海姆家族加入，不过被后者谢绝了。古根海姆家族希望获得这个托拉斯的控制权，而这一点显然无法被其他几家接受。

分歧显而易见，利益冲突随之而来。古根海姆家族与美国精炼公司开始激烈的斗法，但基本上每次都以古根海姆家族胜利告终。

让利润奔跑和截短亏损，其实都是审时度势的变现。

到了 1901 年，美国精炼公司的这些大佬们被迫重新与古根海姆家族谈判，最终按照古根海姆家族提出的条件达成协议。丹尼尔最终成了美国精炼公司的董事长，而且他兄弟中的四个进入到了董事会，他们事实上控制了美国精炼公司。

2

在这场产业争斗风暴平息之后，我对美国精炼公司的股票产生了浓厚的兴趣，这里面有大机会。我下足了功夫来研究这家公司，此后在所罗门·古根海姆（Solomon Guggenheim）的邀请和协助下分批买入美国精炼公司的股票。我不仅自己买入，也向周围信得过的朋友推荐。

不久之后，这只股票的交投开始活跃起来，市场上越来越多的资金开始关注和参与其中。在 1905 年牛市发动之前，这只股票已经在短短 18 个月的时间内从 36 美元涨到了 80 美元。

事实上，古根海姆家族与洛克菲勒家族的商业恩怨由来已久，绵延数年。1904 年，古根海姆家族在矿业的拓展已成燎原之势，太平洋沿岸地区和阿拉斯加地区都已经成了产业发展的前沿阵地。

不过，阿拉斯加的矿业发展始终处于不温不火的状态，即便到了今天仍旧低于预期。

当时，太平洋沿岸地区总共有三家大型的冶炼公司，分别是加利福尼亚联邦铅业公司（Federal Mining & Smelting & Lead Company of California）、华盛顿挞卡玛矿业公司（Tacoma of Washington）和加利福尼亚塞尔博铅业公司（Selby Smelting & Lead of California）。其中，洛克菲勒家族通过并购加利福尼亚联邦铅业公司进入到了太平洋沿岸布局，同时他们对另外两家矿业公司也虎视眈眈，如果能够并购其中一家，那么就

> 产业大洗牌和重组之后，往往都有较大的机会。

能够让标准石油集团在古根海姆家族的新地盘上撕开一条大口子。

古根海姆家族肯定不会坐待形势恶化，他们开始尝试抢先并购挞卡玛矿业公司和塞尔博铅业公司，不过几次尝试都流产了。于是，我向丹尼尔·古根海姆提议由我出面来完成并购。

我有一个好友，名叫亨利·C.戴维斯（Henry C. Davis），与挞卡玛矿业公司的董事会主席兼首席运营官威廉姆·R.鲁斯特（William R. Rust）相熟。戴维斯建议我对鲁斯特坦诚相告。事实上，鲁斯特对古根海姆家族的印象较好。结果就是戴维斯和鲁斯特两人都愿意促成这笔并购。

这个结果当然令人感到高兴，不过要最终完成这笔并购，我还需要获得一个重要人物的支持，这就是达利乌斯·米尔斯（Darius Mills）。此君亲身经历了1849年的加州淘金热（California Gold Rush）。

米尔斯是挞卡玛矿业公司的第一大股东，也是塞尔博铅业公司的重要股东。当时，他已经80岁了，不过仍旧精力旺盛，积极参与各种业务，颇具效率。他还经营着几家带有慈善性质的廉价旅馆，为穷人提供一些帮助。这些旅馆的收费非常便宜，每晚收费20美分，三餐全包仅需另付15美元。尽管如此，由于米尔斯管理效率很高，因此仍旧能够从这些旅馆获得正的利润。

当时米尔斯正在纽约，从我的公司办公室步行到他办公的地方仅仅需要5分钟时间，他的办公室位于百老汇大街的米尔斯大楼当中。当我见到他的时候，他的举止很像我的外祖父。

我们进行了长时间的沟通和协商。在进入正题之前，他满怀激情地回忆起年轻时到加州淘金的情景，当时他经常在马车下面打地铺。我见时机成熟，便转入正题，希望他能够将其持有的两家矿业公司的股份以期权方式转让给我。他虽然口头上拒绝了我，不过留下了一些回旋余地，并未完全把话讲死，意味着还可以继续谈判协商。更为重要的是，他承诺不会同时与洛克菲勒家族协商并购事宜。

我与亨利·戴维斯，以及A.C.乔普林（A. C. Jopling）律师于1905年1月搭乘火车前往美国西海岸与米尔斯进一步谈判。具体的谈判地点是位于华盛顿州艾瓦特（Everett）的挞卡玛矿业公司办公室。为了表示诚意，我提出以每股800美元的价格收购米尔斯手上的普通股。这是一个非常诱人的条件，米尔斯当然也无法拒绝这样优惠的条件，于是双方签订了45天内有效的买入期权协议。协议的具体内容如下：挞卡玛矿业公司现有董事全部退出董事会，90%的普通股转让给我方，现有的四个金矿开采合同一并转让。这四个金矿有三个都位于阿拉斯加。

收购挞卡玛矿业公司的事情基本完成了，接着就需要着手塞尔博铅业公司的并购了，于是我们南下去了圣弗朗西斯科（San Francisco）。塞尔博公司的股东人数众多，持股比较分散，加上部分股东非常珍视手中的股权，因此收购工作面临的困难很大。

更为不利的背景是，许多媒体开始报道我们的并购活动，当地的所有报纸都在推测我们与古根海姆家族有密切关系，一时引来满城风雨。事实上，我们确实是古根海姆的代理人。但是，一旦股东们知道了我们的底细，则整个谈判就变得更加艰难了。

洛克菲勒家族这个时候也并未闲着，他们对形势的发展非常敏锐，丝毫不放过我们的任何行踪和动作。当他们发现我们正在尝试收购塞尔博之后，就开始马不停蹄地着手应对之策。

某日，纽约那边打电话来催促我赶快采取行动，他们并不清楚其实我们一刻也没有闲着。在圣弗朗西斯科，我们就像热锅上的蚂蚁一般，天天忙得不可开交，但是进展甚微。

催促的电话加上其他一些线索，让我意识到形势变得越来越紧迫了，所剩的时间不多了。在收购挞卡玛公司的过程中，威廉姆·鲁斯特发挥了重要作用，自然给我留下了深刻的印象，于是我邀请他加入到了收购塞尔博铅业公司的攻坚战。

除了他之外，我还邀请了达利乌斯·米尔斯先生加入，他也愿意动用他的巨大影响力，促成这桩并购案。最后，我们的努力换来了正面的结果。在我稍微让步之后，收购条件终于达成了一致，就等待最终签署股权收购合同了。这些最后的工作我放心地交给了乔普林去完成，而我终于可以松一口气了，于是在 3 月初搭乘前往纽约的特快客车。

在我回到纽约后不久，塞尔博铅业公司的收购协议就在乔普林负责下最终完成了。这个协议是以股票期权的方式进行约定的。当我认为万事大吉的时候，半路杀出一个程咬金。在旧金山（圣弗朗西斯科）有一个矿业工程师，名叫佛雷德·

投资涉及共识预期和竞争优势的判断，不过这还不够，还需要考虑利害相关方。

布拉德利（Fred Bradley），他带领了一帮人威胁要推翻此前达成的收购协议。在 3 月剩下的时间里，这帮人闹得天翻地覆，让我寝食难安。幸好，鲁斯特和戴维斯从中斡旋，最终把这件事给平息了下去。

前面我已经提到了一点，那就是一旦挞卡玛和塞尔博两家公司被古根海姆家族收入麾下，那么洛克菲勒家族的矿业财团在太平洋沿岸和阿拉斯加地区就失去了根据地。因此，我代表古根海姆家族赢得了这场激烈的矿业并购战。

接下来，顺理成章的就是我拿到自己应得的酬劳了。不过，事情总是会出现一些新的变化。最初，丹尼尔·古根海姆是计划将这两家公司合并成一家新的公司，而我的酬劳则是分得一些这家新公司的股票。但是，当收购完成之后丹尼尔却改变了想法，他认为应该将塞尔博和挞卡玛并入美国精炼公司。

计划赶不上变化，我的酬劳应该怎么算也出现了变数，需要重新商定。丹尼尔让他的律师萨缪尔·昂特梅耶（Samuel Untermeyer）跟我协商确定酬劳的数额。

此君可是商场老手，谈到钱从不松口，他竭力想要压缩我赢得的份额，捍卫他客户的利益。这是我第一次和他打交道，费力地讨价还价可不是我的风格，搞得我精疲力竭。

如果按照组建新公司的最初方案，我获得的股份大概值 100 万美元，这就是我预期中的酬劳。最后，我告诉昂特梅耶先生这是自己的底价，一分钱也不能少。他听到我的报价后，反问我是不是想要从美国精炼公司身上咬掉一大块肥肉。

这番话在我看来完全就是中伤，深深地激怒了我。我双手撑着桌子，语气坚定地还以颜色："昂特梅耶先生，你完全是胡说八道，我从来没有这样想过！"然后，我头也不回地走了。

丹尼尔明显是先让一个强势的律师试探下巴鲁克的底线。通过强硬看似蛮横的谈判，丹尼尔掌握了巴鲁克的底牌。

昂特梅耶本身无法定夺这件事，于是问题又回到了丹尼尔·古根海姆那里。丹尼尔一口答应了我的要求，他以其特有的口吻说道："如果伯尼认为他应该获得 100 万美元的酬劳，

那么就肯定没错，给他 100 万美元吧！"

除了律师费用以及其他一些支出，100 万美元的酬劳最终到我手里还剩下 90 万美元左右。然后，我开了两张面额均为 30 万美元的支票，寄给了亨利·C.戴维斯以及威廉姆·R.鲁斯特。

他们两人收到支票后大吃一惊，强烈要求退回。我坦诚地对他们说，这是他们应得的。他们两人在整个收购过程中给我提供了巨大的帮助，缺少了他们的努力，这件事情根本做不成。我必须表达自己的感激。

有价值的行为必须得到激励，这就是正强化。

3

美国精炼公司的股票持续大涨让我马不停蹄地从加州赶回去。在我离开的两个月时间内，也就是从 1 月初到 3 月初，这只股票已经从 80 美元涨到了 100 美元以上。当我了结塞尔博和挞卡玛的期权之后，美国精炼公司的股价已经向上突破了 120 美元。涨势太快，对我而言其中似乎存在许多不健康的成分。

此前，我曾经向许多朋友推荐了这只股票，如果继续疯狂上涨，随着泡沫越来越大，最后会以猝不及防的暴跌收场，这会给他们带来巨大的亏损和精神上的痛苦。经过审慎的研究之后，我建议他们应该马上卖出这只股票。随后，在去会见古根海姆家族时，我也把自己的顾虑告诉了他们。

古根海姆家族的人仍旧沉浸在胜利和上涨的喜悦之中，他们很难对局势有一个客观而冷静的认识，当然也就不会赞同我的观点了。他们认为现在的股价并未存在多少泡沫，当然也就很排斥我的看空主张了。尽管他们在实业界声名显赫，整个矿业都不得不俯身倾听他们的意见和看法，他们非常了解自己的行当，但是在金融市场他们却过于天真了。其实，

股票市场的出现，让实业界的人容易被眼前的波动所迷惑，进而忘记了股票的本质。

这样的例子实在是太多了，不少在实业界的大佬最终都在股海中翻了船。

伟大的公司创立者们很少能够胜任股市的操作，他们缺乏相应的能力和经验。当然，E.H.哈里曼是一个显著的例子。但是，创立了大北方铁路公司（Great Northern Railway）的詹姆斯·J.希尔（James J. Hill）在踏入股市之后表现得像一个孩子一样。术业有专攻，我无法对那些"万金油"委以重任，无法信任他们，因为我明白只有极少数人能够在同时做好一件以上的事情。

我告诉古根海姆家族应该卖出美国精炼这只股票，同时我自己也言行合一了。我的一些朋友也卖出了他们手中持有的该股。当然，还是有部分人忽略了我的建议，他们继续持有这只股票，古根海姆家族则是其中的代表。

1905~1906年，牛市喧嚣无比，大众沉浸其中不能自拔。我对周围人的提醒和警告相当于对牛弹琴，毫无作用。美国精炼的股价在一次短暂回调之后开始上涨，开始的涨势缓慢，不过逐渐加速。到了1905年8月的时候，该股已经向上突破了130美元。同年11月，该股涨到了140美元，月底就触及157.5美元。

毫无疑义，我个人可不喜欢这么疯狂的涨势，这样的涨势过于脆弱，容易闪崩。

古根海姆家族并不喜欢我的空头态度。股价像马脱了缰绳一样狂奔，这让他们很受用，因为这意味着像我这样的空头在不断被市场嘲弄。不过，我们的私人关系并未因此损害。所罗门·古根海姆一如既往地信任我。他还将一些关键的商业机密透露给我，例如，他计划并购国民铅业公司（National Lead Company），以便完成整个铅业的整合和掌控。

美国所有的铅业公司当中，国民铅业公司是实力最为雄厚的一家。不过，这家公司的流通股份很少，只有15万股，因此在股市上的交投并不活跃。从1905年10月到11月，该股持续上涨，原因有两个，第一个原因是该公司业绩乐观，

在《股票短线交易的24堂精品课》当中我提出了一个分析个股趋势的框架：AIMS。这个框架强调从大盘（Market），个股业绩和技术优势（Advantage），板块和主力（Industry and Institution）以及题材（Story）四个角度来预判个股的走势。任何个股的走势都可以从这四个角度去厘清。此处，国民铅业主要受到了大盘（M）和基本面优势（A）的驱动。

第二个原因则是大盘持续上涨。

尽管国民铅业的股价上涨了，但是我仍旧认为收购这家公司的最好方式是从二级市场入手。我将自己的观点如实地告诉了所罗门·古根海姆。他赞成我的意见，并将收购的任务完全委托给了我。

我接受了他的委托，**同时要求他守口如瓶，不要向任何人透露这一行动，无论对方是朋友、家人还是公司成员都要严格保密。**

次日早上，我立即找到了证券经纪人哈里·康腾（Harry Content），告知他我要大举买入国民铅业公司的股票最终取得控制权。我给出的具体策略是在开盘后就拉高建仓，抢夺筹码，让其他潜在买家退缩。

为什么要这样操作呢？因为必须快速拿到筹码，否则夜长梦多，一旦大家或者其他主力开始哄抢筹码，则获得公司控制权的可能性就越来越小了。

当证交所在早上10点开市的时候，我已经坐在办公室的报价机前面了。我手边就是直通证交所场内交易大厅的电话，随时可以拨出。

国民铅业的开盘价报57美元。随着我们大举买入，该股上涨了3美元。正如我所预料的那样，这个时候康腾打来电话说抢筹者出现了。

我告诉康腾先暂停买入。过了一会儿，康腾打来电话说虽然搞不清楚抢筹者的背景，不过显然出现了忧虑，没有接着买入了。不久之后，市场出现了显著的抛盘，很可能是此前抢筹者现在正在抛售。

接着，我让康腾继续大幅拉升。快速的上涨让浮筹开始涌出，同时让更多买家变得观望起来。这就是我这样操作的心理原理：通过快速拉升然后暂停，让持股者倾向于卖出，让持币者倾向于观望。

等到当天下午3点股市收市的时候，我已经为古根海姆家族赢得了国民铅业的控制权。我只用了一个交易日就大功告成了。康腾在其中发挥了重要的作用，因此从开盘到收盘，股价上涨了不到8美元，以64美元多收盘，我们付出的代价不算大。由此可见，康腾的操盘水平是非常高的。

在并购了国民铅业公司之后，美国精炼公司的股价创出了新高。1906年，美国精炼的股价已经升到了174美元的高位。所有的人，无论是公司管理者，还是持股者，都在热情洋溢地憧憬着这只股票的美好未来，他们认为涨到200美元是很快的事情。

众人皆醉时，危险已经悄然而至了。股市突然暴跌，美国精炼的股价快速跌到了161美元。古根海姆家族授权的经纪人和操盘手则在使出浑身解数避免股价下跌。趋势不可逆，反其道行之于事无补，在小幅反弹之后，美国精炼的股价继续下跌。

当不幸降临在我们身上时，我们总是倾向于怨天尤人，将责任推到某个人身上。这种维护自尊和良好感觉的本能深深植根于人类天性之中。现在我也成了那个替罪羔羊。

实际上，当美国精炼的股价升至 120 美元的时候，我曾经苦口婆心地劝说过周围的人注意风险过高。但是，他们当时并未听从我的劝告。等到现在股市大跌时，他们遭受了巨大的损失，反而将怒火发在我身上。当时，市场上传言美国精炼的股价下跌并非是因为其本身估值过高，而是因为巴鲁克进行了做空。一时间，关于我做空的流言传播甚广。

我做人行事都秉持自己的原则，绝不会忘恩负义。古根海姆家族信任我，委托我收购股权，我怎么可能反过来危害他们的利益呢？这些流言非常恶毒，毫无根据，却让我非常受伤。

古根海姆家族的人也在流言中丧失了判断力，他们中的一些人开始疏远我。这让我感到失望和痛苦。虽然遭到了误解，但是我却不愿意放下身段去拼命解释，因此除非他们提出来，否则我不想主动去解释。

某天有人说所罗门·古根海姆说我参与了做空美国精炼的股价。我觉得解释的机会到了。在见到所罗门之后，我将美国精炼股价涨跌过程背后的机理简要地描述了一遍。虽然我离开的时候，他仍旧非常愤怒，但是我确信已经不再是因为他仍旧坚信传言，而是他后悔当初没能听从我的警告。

次日，出乎意料的一幕出现了。所罗门专程跑来向我道歉。因为一位从事证券经纪业务的古根海姆家族的亲戚向所罗门坦承，市场上流传的关于我做空的说法其实是空穴来风、凭空捏造的。

关于我的谣言确实在古根海姆家族那里终止了，但是形势的发展却变得对古根海姆家族不利了。因为美国精炼股价持续暴跌，导致市场大众开始怀疑古根海姆家族的财务状况了。一旦市场对这家公司的信心动摇，那么就会进一步恶化其股价和公司的资产负债表。

我觉得自己应该采取一些行动了。一天下午，我专程来到古根海姆家族位于百老汇大街 71 号的办公室，询问是否愿意接受我存放 50 万美元资金，以便向市场表明古根海姆家族的财务状况值得信赖。当时，古根海姆家族的几个兄弟都在场。丹尼尔眼含热泪，并且代表他自己和整个家族向我道谢。当我询问还需要些什么帮助时，丹尼尔说道："只要人们对公司还有信心，那就足够了。"

此后，我在市场上大举买入美国精炼公司的股票，这可能是恢复大众对公司信心的最好方式。

　　除了这件事情之外，还有另外一件事情促成了我和古根海姆家族的关系变得更加亲密。有一次，古根海姆家族正在计划处理手中的犹他铜业公司（Utah Copper Company）的股票，而丹尼尔就此征询我的意见。当时，有人建议丹尼尔将股票直接转手给古根海姆家族有持股的另外一个辛迪加，这样做的利润丰厚。

　　"你应该知道，我们将你当兄弟一样看待。"丹尼尔希望我直言不讳。

　　"既然你们拿我当兄弟，那么我就有话直说了！"我回答道。

　　我告诉丹尼尔，如果他们将股票转给另外一个他们同样持股的公司，那么在犹他铜业公司的其他股东看来，这是损害他们利益的，这会极大损害股东之间的信任和关系。

　　"你不用进一步阐述了，你的观点是正确的！"他握着我的手，感谢我直言相告，让他意识到了可能要犯下一个大错。此后，他在许多场合反复提及此事上我对他的提醒。

寻找橡胶

从阶级和利益集团的角度去观察和分析人类社会的各种现象，你就会有豁然开朗的感觉。金融市场有重点驱动因素，人类社会也有重点驱动因素。在我看来，人类社会最为重要的驱动因素就是阶级！

——魏强斌

1

我拥有的第一辆车是潘哈德（Panhard），具备 8 马力或者 12 马力。在一次从巴黎到波尔多（Bordeaux）的比赛中，这辆车获得了亚军。在 A.C.博斯特维克（A.C. Bostwick）先生的建议下，我买下了这辆车。这位博斯特维克先生继承了一大笔财富，这笔财富是从标准石油公司身上获得的。

潘哈德牌汽车在那个时代堪称极速怪兽。能够买下这辆车让我引以为傲。最初，我请了一个专职司机来驾驶这辆车，司机的名字叫海因里希·西尔艮巴赫（Heinrich Hilgenbach）。此君的驾驶技术堪称精良，但是却嗜酒如命。如果他没有喝醉，那么万事大吉，如果他喝醉了，那么开起车来就惊险刺激了。

潘哈德汽车的点火系统（Ignition System）在启动的时候有非常大的声响，好像一门刚投入使用的加农炮一样。这使得一些人不敢乘坐这辆车。当我们夏季度假的时候，会沿着新泽西北部的海岸驾车而行。路上的人对此非常熟悉，以至于当我们驾驶潘哈德驶过的时候，他们会从马车上跳下来牵着马匹，避免因为马受惊吓而出现乱子。

至少有一位邻居认为我的车存在"扰民"的情况，那就是小尤金·梅耶尔的父亲。当时，我还未意识到这一点，也无法理解他的看法，直到许多年以后我才体会到。

我的第二辆车是 40 马力的黄色梅赛德斯（Mercedes），这辆车花费了我 2.2 万美元。大佬 W.K.范德比尔特（W.K.Vanderbilt）拥有一辆同款车，他是美国第一个拥有这款车的人。

我第一次开着这辆车的时候跑了很远，一直开到了格兰特的墓地（Grant's Tomb）。如果不是车子出了故障，我会开到更远的地方。后来，我还驾驶着这辆车与博斯特维克在朗布兰奇的路上进行了一次表演赛。博斯特维克开的是一辆美国车，时速超过每分钟 1 英里。每个人都认为这场比赛非常精彩，但是我的收获却是最大的。

在汽车上路的早期阶段，有一条现在听起来不可想象的交通规则：当汽车经过一辆马车之前，如果马车上的人举手的话，则汽车驾驶者就需要立即将车停下来，等马车驾驶者下车将马控制住才能继续行驶。另外，在纽约还限制了汽车行驶的速度，不能超过 10 英里每小时。同时，也不准汽车开进中央公园内。

由于纽约的限制太多，因此大多数时候我都会去限制更好的新泽西州玩车。另外，由于当时欧洲的路况普遍比美国好，因此在夏季度假的时候我将车开到欧洲去玩，这样才能尽兴。

汽车作为交通工具的早期阶段，价格非常昂贵，而且性能也极其不可靠，当时的车胎也用不了多久，或许开个数百英里就会爆胎。

尽管当时的汽车性能非常不稳定，但是我仍旧认为这个行业会日益繁荣，可以毫不谦虚地说当时的我已经清晰地看到了汽车行业的光明未来。

在那个年代，汽车与时尚挂钩，大家都梦想着能够拥有一辆汽车。而我看得更远一些，我认为汽车行业的繁荣会增加对橡胶的需要，而这会使得橡胶产业迎来大发展的机会。

在 1903 年的大恐慌中，在各类工业股中我选择了买入橡胶品制造公司（Rubber Goods Manufacturing Company）的股票。这是美国为数不多的几家大型橡胶制品公司之一。**由于持有了这只股票，我对橡胶的产业链下游进行了深入而持续的研究。**随着研究的深入，我萌生了整合橡胶产业链的想法。这是一个巨大的机会，正如洛克菲勒家族当初整合石油产业链一样。

当然，我个人的财力和资源有限，光靠我一个人是无法做成这件事情的。但是，时不待我，还未等待 1903 年这波金融恐慌结束，我就开始四处寻找有干劲的合作伙伴了。我需要找到资金雄厚，同时有业界影响力显赫的人来合作。斟酌再三之后，我发

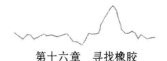

现古根海姆家族是最佳选择。

于是，怀揣着橡胶商业帝国构想的我找到了丹尼尔·古根海姆。我邀请他一起参与并购橡胶品制造公司，获得其控股权。此前，在金融恐慌爆发时，我逢低买入了一些股票。现在，这只股票已经上涨了一些。为了促成合作，我主动提出来，自己手头这批筹码也可以纳入到这次并购当中来。只要能够进行合作，我自己可以做出一点让步。

丹尼尔先生说，他会认真考虑我的这个建议，他需要跟几个兄弟商量一下。此后，我等了很久都未得到任何消息。虽然我自己持有的橡胶品制造公司的股票已经有很大的浮盈了，但是仍旧高兴不起来，因为我心里挂念着橡胶商业帝国的梦想，不知道能否如愿以偿。最后，我实在等不下去了，于是卖出了手中持有的橡胶股。

数月过去了，丹尼尔跑来询问我持有的橡胶股。我回答说因为等他回话的时间太长了，丧失耐心后我完全卖出了。他对此表示遗憾，并且提出了有关橡胶业的另外一个建议，他希望我能够为此进行一番深入的调查。

他的这个商业建议就是要想在橡胶业干一番大事必须先找到稳定且供给量充足的橡胶来源地。如果能够找到这样的供给地，那么橡胶的工业用途才能稳步扩大。当时，橡胶的主要来源都是野生的，需要靠巴西亚马孙河流下游的土著来采集。这使得橡胶的供应相当不稳定，也限制了其在工业上的大规模使用。

当时的经济对橡胶的需要并不显著，10万吨橡胶就能满足。但是，到了第二次世界大战的时候，那时我担任橡胶委员会（Rubber Committee）的主席，当时光是美国的橡胶需求量就达到了67.2万吨。

有一个名叫威廉姆·A.劳伦斯（William A. Lawrence）的发明家，他创造了一个新流程，可以从银胶菊（Guayule）中提取橡胶。这种植物生长在墨西哥北部地区。这位发明家将自己的发现透露给了托马斯·瑞恩（Thomas Ryan）和参议员

巴鲁克持续介入到美国经济的新兴主导产业当中，自然赚得盆满钵满。他有意识地介入到了股市中的相应板块当中，这些板块与主导行业有关，也是热门板块。

纳尔逊·E.阿尔德锐奇（Nelson E. Aldrich），希望他们能够感兴趣。这两位又竭力说服古根海姆家族参与其中。于是，丹尼尔·古根海姆跑来找我。说起来，还是瑞恩和阿尔德锐奇两位先生让丹尼尔真正认识到了橡胶业的光辉前景。

于是，我前往墨西哥进行调查收集相关材料。首要目的是将银胶菊的潜在商业价值搞清楚。银胶菊生长在墨西哥的半干旱地带，数百万亩的半沙漠地带中。同时，通过简单的人工栽培可以三年左右成熟。

随着调查越来越深入，我对橡胶业的热情越来越高了。在我国，如果气候条件正常，那么也能像热带非洲和南美洲一样产出橡胶。进一步来讲，美国就获得了一处稳定的橡胶供给地。最终，这次实地调查促成了大陆橡胶公司（Continental Rubber Company）于 1904 年 11 月成立。此后，这家公司更名为洲际橡胶公司（Intercontinental Rubber Company）。参议员阿尔德锐奇与瑞恩先生、丹尼尔·古根海姆，还有我持有等额的股权。而年轻的约翰·D.洛克菲勒（John D. Rockfeller）、H.P.惠特尼（H. P. Whitney）、路易斯·P.诺顿（Levi P. Norton）、C.K.G.比灵斯（C. K. G. Billings）以他们的亲属和朋友持有剩下的股权。

> 你得先有资源、权力或能力才能进入到高端圈层，然后就可以利用圈层本身的资源和关系增强自己的实力。

2

墨西哥并非我们寻找橡胶供应源的唯一目的地。其实，我们同时在世界上许多地方进行了调查和勘测。我们的勘探人员一度深入到亚马孙河的上游地区，越过安第斯山脉（The Andes），顺着山脉西坡继续往下走一路寻找橡胶产地。在非洲，我们的勘探人员则沿着刚果河及其支流进行地毯式的搜索。另外还有数只勘探队则进入到婆罗洲（Borneo）及周边海峡殖民地寻找橡胶供应地。

我们的勘探人员有两个在非洲丧命，还有一个在加勒比海的暴风雨中坠船失踪。勘探队当中有一位名叫威廉姆·斯特顿（William Stayton），他在寻找橡胶的过程中一度被困于委内瑞拉的密林之中。他独自穿越丛林，经过十分艰险的跋涉之后终于走到了海边。在海边他看见远处海面上漂浮着一艘小帆船，他大声呼救，但是并未出现任何回应。于是，他不顾疲劳地游了过去。上船后，他发现上面的人都得了黄热病（Yellow Fever）。斯特顿曾经在美国海军学院（U.S.Naval Academy）受训，对于如何应付当时的情况非常有经验，于是他接管了这艘船，将大家平安地带回了港口。由此看来，斯特顿与这艘小船的相遇，对于双方而言都是幸运的事情。

后来，这位先生坚定地为废除禁酒法案（Prohibition Amendment）而战，并因此扬名立万。

我们进入到非洲勘探实际上是受到了比利时国王利奥波德二世（King Leopold Ⅱ）的邀请。他是显赫的人。在年轻的时候，他就发现自己的国家无法满足自己的穷奢极欲，或者说宏大梦想无法在比利时这种弹丸小国实现。而让比利时成为一个殖民强国则能改变这一切。通过一系列巧妙的周旋，利奥波德将位于富饶的刚果河盆地纳入到自己的殖民版图中，表面上独立的刚果自由邦（Congo Free State）就这样成立了，他所有的这些运作都是在英国为首的欧洲列强注视下完成的。

单单从经济的角度来看，利奥波德的这些操作与摩根、哈里曼、洛克菲勒或者瑞恩的水平不相上下。

刚果河流域最丰饶的地区在比利时王室的直接控制下。他们近乎残暴地开发了这一地区，特别是在早期阶段。出产自刚果的橡胶被称为"血色橡胶"（Red Rubber）。为什么会有这样的称呼呢？一方面，当地橡胶在颜色上有这样的特点。另一方面，当地土著为了生产橡胶付出了惨重的代价。一些欧洲强国添油加醋地渲染了其中的血腥，而比利时为了避免道德上的被动做出了宣传上的对冲。比利时宣传一切负面报道都是出于嫉妒。不过，我认为事实上"血色橡胶"的说法

利奥波德在比利时国内是一个十分友善的"开明"君主，但在刚果的统治就是非常残暴的，为什么会有这样的反差呢？实际上，人更多的时候是被情景和形势所决定的。一旦有了欲望的驱动，人就会在某些形势下变得"不道德"。

并非空穴来风。

1906年的夏天，利奥波德71岁了，外界的压力使得他不得不考虑重组刚果政府。他在当地的残暴和血腥统治，引发了国际社会全面声讨。他再也无法漠视外界的压力了。这个时候他开始想要引入一些名声较好的资本家来发展刚果的经济。他开始打听美国笃信天主教的资本家中谁是最能干的。有人告诉他托马斯·福钦·瑞恩（Thomas Fortune Ryan）是不二人选，因为瑞恩曾经在自己家里建立过一座私人教堂。

当利奥波德打听到瑞恩的时候，瑞恩正在瑞士忙于投资和收藏艺术品。此后，利奥波德与瑞恩在布鲁塞尔见了面。利奥波德发出了邀请，美国刚果开发公司（American Congo Company）和刚果国际森林和矿业合作社（Societe Internationale Forestiere et Miniere du Congo）就这样成立了。美国刚果开发公司在橡胶的勘探和开发上具有特许经营权，而刚果国际森林和矿业合作社则专注于森林和矿产资源的开发。

利奥波德在赚钱上精明异常，他通过颁发特许经营权从两家公司获得了50%的股份。另外，森林和矿业合作社25%的股权给了比利时的资本家们，瑞恩在这家公司只占了25%的股权。利奥波德在商业上实在是太精明了，否则谁能把托马斯·瑞恩这么聪明的商人说服接受这桩生意。

在比利时王室的恭维下，瑞恩满怀热情地回到了美国准备大干一场。他联络了古根海姆家族、H.P.惠特尼、参议员阿尔德锐奇以及我，还有另外两个人，邀请我们加入这个项目。

丹尼尔·古根海姆最初对这个生意并无多大兴趣，因为他很珍惜自己在劳工界的名声，并因此为荣。他不想与利奥波德这个臭名昭彰的人有任何瓜葛。同时，他强调如果要参与这个项目就必须公平地处理好与工人的关系，否则一切免谈。

我开始的时候也有一些犹豫，因此并未马上参与其中。我怀疑利奥波德这样做的目的是消除美国在国际社会上对他的负面评价和压力。尽管如此，瑞恩对于这次合作还是热情高涨，因为他认为获得特许经营权实际上会极大地促进当地的人道主义发展，任何参与其中的资本家其实都能够像塞西尔·罗兹（Cecil Rhodes）在南非所做的那样提高刚果的人权状况。

当意识到这一点之后，古根海姆决定参与其中时，我也加入了进去。瑞恩满怀信心地开启了一项伟大的事业，最终他的美好愿望实现了。

经过两年多充满危险的艰苦勘探之后，美国刚果开发公司并未找到什么有价值的矿产，不过却出人意料地在刚果国际森林和矿业合作社的土地上找到了钻石。这使得后者的股票成了很好的投资标的。

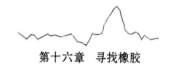

这两家公司都是瑞恩一手策划和建立起来的，因此他投入了极大的热情。他之所以这样，一个重要的原因是国王的力邀。当他在公司的土地上第一次发现钻石之后，就时常怀揣钻石到处展示，兴奋之情难以抑制。就好比一个小男孩到处炫耀自己拥有的玻璃弹珠一样。

3

不过，我们寻找橡胶的主要目的地还是在墨西哥，我们的精力主要还是集中在那里。1904 年年初，我去墨西哥勘察的时候，就决定购买几百万英亩的土地来种植银胶菊，同时建立一家工厂，借助劳伦斯的新工艺流程来提取和炼制橡胶。

我们一行数人，包括我的妻子，以及家弟赛铃，还有参与北方太平洋铁路逼空行情表现卓越的艾迪·诺顿。还有其他几位不太熟悉的人士，我已经记不起他们的名字了。我们乘坐私人专列穿过拉雷多（Laredo）进入到墨西哥境内。当火车行至整个路段海拔最高的热水镇（Agua Caliente）时，我的肚子和胸部突然一阵剧烈疼痛，不过当火车翻过这个高点之后症状就消失了。

在墨西哥城，我们住在益图彼得酒店（Iturbide Hotel）。也就是在这里，我们第一次看到了斗牛。不过，我认为这种比赛太过血腥了。我本人对于大多数体育运动都感兴趣，比如打猎和赛马，但对于斗牛却非常排斥，并不希望看到这种比赛。第一次观看斗牛就见到好几匹马被牛角顶伤了，鲜血直流，直到最后凝结成了血块。血腥的场面令人作呕，让人愤怒。

我的妻子和赛铃则把多数时间花在了购物上。买下来的东西名目繁多，花样百出，其中还有不少宝石和原石。当他们出去购物和游玩时，我则专注于橡胶生意的进展，与墨西哥的官僚们展开磋商。这个过程让人晕头转向，精疲力竭，我被从法律到农业的诸多问题给弄迷糊了。当然，从中我对墨西哥的认识也更加深刻和全面了。

在墨西哥逗留期间，一幅对比强烈的社会等级图画在我脑海中形成了。一方面，上流社会奢华无比，比如以总统波菲里奥·迪亚兹（Porfirio Diaz）为核心的圈子，这个社交圈子的人衣着光鲜，谈吐优雅，与欧洲那些名流圈子不相上下。但是，另一方面，在这些上流社会的浮华之外，还有几百万挣扎在债务和贫困中的下层劳苦大众。

阶级严重对立，贫富差距巨大，引发了有识之士的关注，随后人们才意识到需要改从阶级和利益集团的角度去观察和分析人类社会的各种现象，你就会有豁然开朗的感觉。金融市场有重点驱动因素，人类社会也有重点驱动因素。在我看来，人类社会最为重要的驱动因素就是阶级！

变这种社会状况。不过，当时的我还并未预见到墨西哥即将迎来的社会变革，因为我还未重视到墨西哥社会变化的强烈需求。

其实，在前往墨西哥之前，我就对墨西哥官僚阶层的交往之道有所耳闻，他们的一些做法确实有些特别。当然，人**性相通**。就我而言，我认识的墨西哥人有些诚实正直，另外一些则坑蒙拐骗；有些助人爱国，另外一些则损人利己。所以，无论你在什么国家，都会遇到友善的人和需要提防的人。

在墨西哥遇到的诸多人士当中，有一位给我留下了深刻的印象，他就是巴布洛·马丁内兹·德尔·里奥（Pablo Martinez Del Rio）。此君能说英语、法语、德语和意大利语。他受过良好的教育，具有广泛的文化背景，在这个世界上的任何公司当中他都能得到重用，获得广泛的声誉。

德尔·里奥先生担心政府让美国人在墨西哥获得太大的影响力，以致影响墨西哥经济的发展。正如他向我解释的那样，当墨西哥政府给予美国人特权某天会成为美国兼并墨西哥北部的一个借口。

数年之后，里奥先生的话就差点应验了。当时，美国石油界的一些人就提议美国政府出面兼并墨西哥北部，幸好当地的总统威尔逊拒绝了这一提议并且阻止了这些人的行动。

当时，美国已经介入了第一次世界大战。威尔逊总统邀请我到白宫参与石油短缺的讨论。当时，美军已经因为石油短缺出现了行动受限的情况。因此，在讨论会上有政府官员建议派兵占领墨西哥坦皮科（Tampico）的几座油田。甚至有几只美国海军特遣队已经处于待命状态。

当时，威尔逊总统还未等到争论结束，就按耐不住自己的怒火了，他用坚定而理性的语言表达自己的主张。

"你们现在要我做的事情，正是被我们反对的德国干的勾当！你们说我们需要墨西哥的石油。当德国入侵比利时的时候，他们也是这样说的。后来入侵法国的时候，他们也是这样说的。先生们！你们应该量力而行，有多少油，打多大的仗"！

现在回到我们在墨西哥的橡胶项目。我们在当地通过正

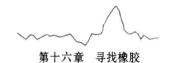

规途径购买了 300 多万英亩的土地，交易价格公道合理，也没有附加条件。当然，我对于其他便捷购地途径也有所了解，但是当时做那样的事情也不符合时宜。

在购买土地之前，我们向当地人描绘了远大前景——帮助墨西哥引进一种全新的产业，不仅能够充分利用荒地，还能够提供就业机会。当然，迪亚兹总统内心也确实寄希望于此。我们同墨西哥人签订了商业合同，不过执行起来难免如同在其他国家和地区一样会遇到诸多麻烦。

事实上，这次橡胶项目的合同在执行过程中遭遇的困难并未出现在墨西哥境内，而是出现在美国国内。

我们在墨西哥的托雷翁市（Torreon）建了一家橡胶工厂，从银胶菊提炼橡胶。我们与美国橡胶制品公司（American Rubber Goods Company）签订了销售合同，在合同约定的两年时间内他们会购买我们托雷翁橡胶工厂产出的全部橡胶。当我们的工厂正式产出后，他们却拒绝履约。他们的说辞是我们产品的质量不合格。这不过是借口而已，事实上我们的产品质量毫无问题。

通常面对这种问题，我都会寻求在法庭外达成和解。但是这次我决定对美国橡胶制品公司采取法律行动，于是提起了商业诉讼。当时，美国橡胶公司（United States Rubber Company）已经控股了美国橡胶制品公司，于是我起诉的主体变成了美国橡胶公司。

不过，当时有两个人竭力让我们放弃诉讼：第一个是摩根，另一个是第一国民银行（First National Bank）的乔治·F.贝克尔（George F. Baker）。我最终采纳了他们的意见，转而寻求并购美国橡胶公司，并将其整合到我们的产业链当中作为下游。不过，这条路也没能成功。

于是，我又找到了钻石橡胶公司（Diamond Rubber Company），不过它们的出价太高，也最终作罢。

最终，由于未被获准与美国橡胶公司展开并购战，我一肚子怨气。一气之下，我将洲际橡胶公司的股权悉数卖出，选择了退出这门生意。此后，洲际橡胶公司和其他一些橡胶公司开始采购墨西哥工厂的橡胶。随着经营步入正轨，洲际橡胶公司也开始支付股息红利了。尽管墨西哥反对派军队在政局动荡期间也曾经干扰过银胶菊种植园的正常运营，但是整体上该项目已经从高风险变成了稳健商业项目。

墨西哥政局不稳，虽然我此前比较认可迪亚兹对墨西哥的贡献，但是在他倒台之后墨西哥的发展确实迎来了曙光。墨西哥经济和社会发展的大好机遇出现了，我是这样认为的。但是绝大多数美国人并未认识到这一点。

4

墨西哥面临的问题一部分源自对帝国主义留下的殖民阴影，这是许多欠发达国家共同面对的困境。

在我出生时，美国正处在南北战争结束后的大规模重建时期，战乱带来的痛楚挥之不去，留下的阴影在人们心上打下了深深的烙印。不过，墨西哥的情况却显著地不同，作为欠发达国家，如果想要发展经济就必须在政治上推倒重来。历史的沉重包袱是经济发展的巨大障碍。

如果不能清晰地认识历史，放下历史包袱，那么过去遭受的不平等往往会妨碍政治领袖们清晰地认清当下的利益格局，以至于不能很好地调动民众的生产热情。在亚非拉许多地方都存在类似的例子，需要墨西哥的领导人引以为戒。

欠发达国家的政府总是对利润的驱动力缺乏足够的了解。民众对劳动具有热情，那是因为劳动的收入大于成本，劳动的产出大于投入。社会和经济要进步也需要这样的利润驱动。反之，如果劳动的报酬非常低，产出小于投入，那么可供分配的收益也非常少，整个经济也就缺乏足够的发展驱动力。只有企业能够盈利，那么国家的独立和民众的福祉才有所依靠。

当然，利润的分配经常存在不公平的现象。但是，这种分配上的不合理完全可以在不影响利润的前提下得到纠正。

利润驱动力同时也是获得和捍卫个人自由的宝贵手段。是什么因素在驱动人们工作？总体而言，存在三个重要的驱动因素：第一是对工作本身的热爱以及能够服务大众；第二是利润和收益的追求；第三是一些更高威权当局的强迫。

在一个社会中，**如果驱动人们工作的因素变得有效和活跃，那么这个社会前进的动力就会超越其他社会，**因为激励作用变得明显。

家庭联产承包责任制极大地激发了农民的工作热情和整个社会的发展动力。一个国家长期的兴衰最终会体现在股市的长期走势上，而国家的兴衰往往是由激励机制的效率决定的！如果大家都寻租，则经济就会停滞；反之，则经济就会发展！

铜对于美国的重要性

站在国家发展趋势上，站在与国家阶段发展密切相关的新兴主导产业上，选新兴主导产业中具有较强竞争优势的企业，这就是风口中的王者！

——魏强斌

1

世纪之交，我开始认识到世界上发生的任何一件事情都可能影响到证券和商品市场。我在伦敦进行的套利操作以及圣地亚哥海战（Battle of Santiago）之后先于众人的大手笔操作不仅给我带来了丰厚的利润，更重要的是让我明白了**地理维度上全局视野的重要性**。世界上某一个角落发生的事情会迅速驱动华尔街的金融市场。

另外，当我从事诸如铜、白糖和橡胶等大宗商品交易时，也渐渐明白了大宗商品会在全球范围内达成供需平衡，也就是说**我们从事大宗商品交易时必须从全球的角度来考虑供求**。

虽然我很早就看似萌生出了上述观点，但直到第一次世界大战之后我才深刻地体会到全球化格局下各种因素的紧密联系程度。有时候，**面对着需求远超供给的现实，面对着资源极度稀缺的困境，我不得不再三权衡，以便实现收益最大化和机会成本最小化**。

某个时期，美国国内拥有的硫酸铵（Ammonia Sulfate）已经供不应求了，但是却依然在向西班牙出口，因为出口能够获得更高的经济回报。两害相权取其轻，两利相权

取其重。

当我负责战时物质供应管理时，还需要权衡同一批钢材是用来建造一艘驱逐舰还是一艘商船，是留在国内使用还是输出到法国的兵工厂等，这样的权衡决策很多。

总而言之，如何高效地权衡是我在战时学会的。不过，早在第一次世界大战爆发之前，凭借在金融市场上积累起来的丰富经验我已经意识到了经济原理在国防事务中的价值。

20世纪初的时候出现了两种迹象，对未来潮流敏锐的人已经意识到了其中存在的时代趋势。第一个迹象是德国和美国作为新兴海上强国崛起；第二个迹象是电气化，电气时代（Electrical Age）降临了。

新技术的涌现促使世界范围内竞相追逐各类新兴原材料。追逐利润的动机确实存在，但并非人类在全球范围之内勘探和开采自然资源的唯一原因。技术是被忽略掉的一个重要原因，正是工业文明的大举发展使得我们能够利用更多的自然资源，也正是技术的进步让人类能够过上更好的生活。技术进步使得国防体系和军事装备出现了质的变化，海军得到了振兴，老式武器逐渐淘汰和退役。

勘探新兴原材料的行动同样也在美国国内展开。从1880年到1890年，世界的铜产量增加了10倍之巨。人类寻找新能源和新原材料，几乎将整个地球勘探了一遍。对于铜的巨大需求，使得一些商业嗅觉灵敏的人迅速进入到铜业领域，古根海姆家族无疑是其中的佼佼者。快速增长的铜矿需要，使得美国西部的铜业公司找到了利用低品位铜矿的方法，最终使得美国在铜的供求上做到了平衡。

> 每个时代都有主导产业，洞察到新兴主导产业，你就获得了暴富良机。

我也参与到了铜业的发展大潮中，并且一直建议对美国国内的铜矿进行符合经济原理的高效开采。在美国铜业的发展道路上，我也贡献了一分自己的力量。我为铜业的发展提供了融资便利，在坚持了9年之后，相关项目终于成功了。

2

在犹他州，靠近宾厄姆（Bingham）的地方有一个大峡谷，经过勘探发现存在低品位的铜矿，不过很难进行具有经济效益的勘探。当地有一位退役的上校，名叫恩诺思·A.华尔（Enos A.Wall），他想将不可能变得可能，于是在这里买了 200 英亩的土地，为此花费了 2 万美元，不过最终未能成功地提炼到铜。

华尔最初的投资似乎都打了水漂，这个时候丹尼尔·C.杰克林（Daniel C. Jackling）出现了。此君来自于密苏里州（Missouri），他身材高大，十分爱面子、讲派头。他曾经在大学当教授，不过看起来却更像矿工。到犹他州之前，他在科罗拉多州加农市（Canon City）打理着一家锌矿。他也一直尝试着从低品位的铜矿中提炼出铜来。

这个时候有一个从国外移民到美国的资本家，名叫德拉玛（Delamar），他手里有一份宾厄姆的产权，在产权到期之前他想从中获得一些收益，于是派出工程师去调查，看能不能从当地的矿藏上找到利润。不过，他的工程师报告说当地的铜矿根本不能带来任何经济利润。于是，他想要尽快将手上的产权卖出。杰克林建议查尔斯·麦克尼尔（Charles MacNeil）买下峡谷的产权。

对价值的分歧导致了买卖。

就这样，犹他铜业公司（Utah Copper Company）在 1903 年 6 月成立了。麦克尼尔担任董事长，华尔是副董事长，而杰克林是总经理。

杰克林的商业想法基本上是简单的，正如许多伟大的商业设想那样。通过大量实验，杰克林发现传统的开采方式以隧道和竖井展开，在低品位铜矿上很难进行获利。于是，**他打破常规**，设想利用挖土机进行露天开采，然后将矿石投入

页岩油气业的发展也有类似的故事。Think Different!

到研磨机械中通过浮选法提出铜，最后进行精炼。

为了让这一设想落地，杰克林提议先建造一间研磨厂，每天能够处理 3000~5000 吨矿石。这个处理能力在当时是惊人的，因为那个时代类似的研磨厂每天处理的矿石量在 300~500 吨。倘若能够大幅提高研磨效率，同时避免成本显著增加，则从低品位的铜矿中开采和提炼铜也会变成一门利润丰厚的生意。

聆听完杰克林的商业设想后，大家都明白了这是一项大胆的试验，必然需要前期的大量投入，特别是资金上的。通过股权募集资金是一个可行的办法，当时犹他铜业公司的股价是 10 美元。公司的发起人们认购了大部分的股票，公众对此仍旧毫无兴趣。资本还存在显著的缺口，此时麦克尼尔登门拜访了我，向我展示了这个项目的前景，特别是潜在的利润空间。

最终，在麦克尼尔的说服下，我答应与杰克林见面谈谈。初次见面，杰克林给我留下了良好的印象。他在技术和商业的设想在我看来最终应该是可行的。如果行得通的话，那么这个商业项目的潜在利润是无比丰厚的，于是我决定大举认购犹他铜业公司的股份。

各种努力之下，杰克林最终到手的资金也并不宽裕，于是他建了一个规模不大的一体化研磨厂。他的计划是通过这一个小型研磨厂的运行和试验，为更大规模的投产做准备。不到一年时间，研磨厂投产了，期间所有股东都翘首以盼，满怀希望，也心怀忧虑。投产后的结果令大家感到高兴，因为运行结果表明最初的设想是可行的。

杰克林想要乘胜追击，于是立即着手建造一个规模大得多的研磨厂。不过，资金是横亘在大家面前的第一大坎儿，需要数百万美元。

1906 年，就在犹他铜业公司四处寻找资金的时候，古根海姆家族大举进入铜业领域。古根海姆家族对宾厄姆州开采铜矿一事早有耳闻，也认定这是一个巨大的商机。于是他们

聘请大名鼎鼎的矿业工程师约翰·海思·哈蒙德（John Hays Hammond）进行了调查。哈蒙德不仅业务素质过硬，而且擅长袖舞，精于公共关系的处理。

此君的一生颇具传奇色彩。早年，他在南非期间曾经被布尔人（Boers）逮捕，被判处死刑。经过美国参议院的斡旋才逃过一劫。此后，古根海姆家族和威廉姆·C.惠特尼聘请了哈蒙德管理古根海姆家族的矿业公司。当时，古根海姆家族的矿业公司位于墨西哥境内。哈蒙德一方面深入钻研勘探技术，另一方面还要处理好与墨西哥总统迪亚兹的关系，帮助古根海姆家族在墨西哥商界开疆拓土。

回到宾厄姆铜矿这件事情上。当哈蒙德接到古根海姆家族的调查委托后，立即派了两位得意干将——西雷·W.穆德（Seeley W. Mudd）和A.切斯特·比迪（A. Chester Beatty）前往峡谷调查。这两位先生其实是经验丰富的矿业工程师，他们的到来使得犹他铜业公司得到了急需的资金，而古根海姆家族也顺利进入了铜业领域。由于先发优势明显，古根海姆家族奠定了铜业领域巨擘的地位，相对于其他同行来说，比如联合铜业公司（Amalgamated Copper Company），拥有巨大的竞争优势。

联合铜业公司当时已经是铜业的大型托拉斯，他们也曾经派出一流的工程师前往宾厄姆的峡谷进行调查，结论是杰克林的方案行不通。不过，此后行业发展的趋势却让联合铜业公司的人唏嘘不已。现在，美国铜业开采和冶炼的主要方法就是在杰克林当年提出方案的基础上发展起来的。

当古根海姆家族介入犹他铜业公司之后不久，股票市场的投机风潮再度涌起。这波牛市比1903年大恐慌之后的任何一波上涨都更加迅猛，大量资金涌入股市。犹他铜业公司具有良好的商业前景，加上牛市氛围，使得许多投资者愿意以20美元的价格从古根海姆家族手上购买这家公司的股票。要知道，这些股票不久之前还是古根海姆家族以10美元的成本获得的。

布尔人，源于荷兰语"Boer"（农民）一词，是居住于南非和纳米比亚的白人种族之一，为荷兰、法国和德国白人形成的混合民族的称呼。

杰克林高兴地拿到大笔资金后迅速地将其投入到扩大再生产中。项目运作得良好，杰克林不断要求追加投资。有股东提出抗议：反对发行一笔 300 万美元的公司债券来满足融资需求。

杰克林为了扩大生产规模，融资胃口越来越大，这使得公司的许多人感到不安，这些人的代表就是副董事长华尔先生。华尔是第一个到宾厄姆尝试开采铜矿的冒险分子，连他也对杰克林的资金需要感到不安。在董事会上，华尔坚决反对进行债券融资。不过，他并未成功，于是他辞去了董事职务，退出了董事会。但他并未就此停手，转而向法院起诉。最终，法院判决禁止犹他铜业公司发行债券融资。不过，这个禁止令并未彻底断绝发行债券的途径。最终，禁止令解除了，犹他铜业公司着手通过发行债券为业务融资。

不过早在禁令解除之前，也就是双方交锋激烈的时候，丹尼尔·古根海姆就邀请我一同讨论和协商发行 300 万公司债券的事情。对此我当然十分乐意，同时也提出了承销费率为 5%。

根据我的初步估计，这些债券中的大部分都能够轻松地销售出去。不过，世事难料。正当我认为一切都将顺利进行的时候，海镫—四通公司（Hayden & Stone Company）的查尔斯·海镫（Charles Hayden）半路杀出，他突然造访古根海姆家族，并且提出以不到 1% 的承销费率揽下这桩生意。

事实上，如此低的承销费率根本无法盈利，我也从未听说过有这么低的承销费率。不过，如此低的承销费率难免会让古根海姆家族的人动心，以至于忽略了基本的常识。我很难坚持按照自己的承销费率来继续这笔生意，最终海镫—四通公司揽下了这笔生意。最后，这次债券发行获得了超额认购，而杰克林也因此获得了充足的资金来继续其大型研磨机的研发。

此外，联合内华达公司（Nevada Consolidated）也在这段时间内想要通过发行可转债（Convertible Bonds）来为自己的项目融资。联合内华达公司当时也联系了我来承销这个项目，但是最终这个项目还是被海镫—四通公司给揽下了。查尔斯·海镫不放过任何一个可能产生利润的机会，所以两个项目都被他拿到手上了。这里补充一句，联合内华达公司事实上是一家非常优质的公司，后来被犹他铜业公司收购了。

3

刚开始的时候，大家普遍认为杰克林的研磨工厂在 1906 年年底之前就能开始投产运行。不过，期间建设进程因为一些问题而延长了，以至于到了 1907 年春季，工厂才正式投产运行，到这个时候杰克林应为此投入了 800 万美元。

1907 年 3 月，股票交易市场出现了一次较为严重的下跌。经验丰富的市场人士明白此刻应该及时收手了。但事实上，几乎没有人意识到一场重大的市场风暴已经来临，金融大恐慌就要降临了，即便是大名鼎鼎的摩根先生也未能看出这一趋势来。

到了当年夏天，杰克林的工厂开足马力，但是金融市场却变得十分动荡。到了 10 月，尼克尔波克信托公司（Knickerbocker Trust Company）倒闭了，而董事长也自杀了。这一事件引发了整个金融市场的恐慌，以致纽约许多银行出现了挤兑。这样规模的挤兑潮在我的从业生涯中还是第一次出现，因此纽约此前似乎从未出现过挤兑。金融恐慌从银行业蔓延到了证券市场，在极度恐慌的时候似乎整个美国的信贷系统都要崩盘了。当时，大众突然认为只有现金才是最安全的，美国陷入到南北战争以来最恐慌的金融风暴之中。

当时 J.P.摩根先生已经 71 岁了，这个"金融沙皇"当时力挽狂澜，我在这里就不再赘述其中的过程了。不过，我禁不住想要讲述一下当时与摩根先生合作的一件往事。

为了稳定市场，摩根决定创建一只平准基金用来干预市场，而这只基金需要众多金融机构一起出资。期间某天晚上，我在床上难以入睡，我对是否参与这只基金思考良久，最终下定决心向市场表明自己的态度。

我决心去到摩根的办公室，参与这位金融巨擘牵头建立

要想预测泡沫和危机，必须系统而持续地跟踪信贷，这一点在当时并未被完全认识到，当然也没有人持续地而全面地去执行了。

的平准基金。我个人计划注入 150 万美元现金。这可不是一笔小数目，当时除了摩根本人之外，没有任何一笔个人注资能够超过这一数目。

次日，当我前往市中心的时候，改变了计划。我不想去面见摩根，于是直接到了曼哈顿银行（Bank of Manhattan Company），见到董事长斯蒂芬·贝克尔（Stephen Baker）。我告诉他无论他们银行愿意为平准基金注入多少资金，我都会坚持从我个人账户上划转 150 万美元注入摩根牵头的平准基金。这笔钱最终以曼哈顿银行的名义，而非以我的名义转入了摩根牵头的市场平准基金，用来救市。

为什么我突然打了退堂鼓，没有直接去面见摩根本人呢？直到现在我仍然搞不清楚到底是怎么回事。当然，我并不认为是因为本人低调而谦虚。其实，当时的我非常希望在摩根先生那里留下一个良好而深刻的印象，也希望与他建立良好的个人关系，表明我敬佩他，同时也对美国的经济前景充满希望。不过，最终我还是没有按照自己最初的计划行事，没有走进摩根先生的办公室。

倘若当初我能与摩根先生面对面地交流，那么我与摩根他们的私交肯定会变得更好。有良好的私交做基础，则我此后在并购大西洋沿岸铁路公司和得克萨斯海湾硫黄公司（Texas Gulf Sulphur）时就不会遭受太大的阻力了。不过，凡事都有两面性。如果我在金融事业上与摩根他们绑在了一起，那么威尔逊总统可能就不会让我担任战时工业委员会的主席了，我也就很难有机会步入公共事务领域了，当然也就无法为国家做贡献了，最终也不会达到今天的人生高度。总之，**一件事情结果是多重的，不能简单地断定一定是好，或者是坏。**

坦然地面对结果，然后利用结果！

当 1907 年的金融恐慌达到极致的时候，摩根先生牵头的一系列稳定市场措施的效力仍旧存疑。在这个人心惶惶的时候，犹他铜业公司的查理·麦克尼尔突然发来电报，请求我提供 50 万美元的现金用来发放工资。此前，铜价从 22 美分每磅跌到了 12 美分，而这家上市公司的股价也从 39 美元跌到了 13 美元。不过，杰克林为了留住员工和保住公司，不得不硬着头皮继续生产，以致铜制品在铁轨旁边不断累积。

我只是一个独立的证券投资者，并未参与银行的运营，这个时候竟然有一家由古根海姆家族控股，海镫—四通公司负责融资的公司找我借钱。更奇葩的事情是，我竟然能够在大恐慌中拿得出这么大一笔资金借给他们。其实，这体现了我的预见性。

早在金融危机爆发之前，我与一些人就预判到了随着信贷收紧，金融市场会出现下跌，但是并未想到最后会演变成了一场危机和恐慌。当信贷不断收紧的时候，我就增加了自己在曼哈顿银行个人账户上的现金头寸，并且告知贝克尔自己将随时提取这笔资金，让他做好准备。

当然，贝克尔也拍着胸脯保证我能够及时提取这笔钱，因为他们以客户利益为重。

当犹他铜业董事长麦克尼尔请求借款时，我已经认识到**经济具有周期性，萧条会走，繁荣会来**。经济的发展离不开铜，至少替代品在一两个经济周期之内是不会出现的。结论就是犹他铜业不会倒在现在的经济萧条中，**冬天过去就是春天，夏天必然会来，因此我应该抓住寒冬提供的机会**。因此，我去曼哈顿银行找到了贝克尔董事长，告诉他我需要马上提取 50 万美元现金。这笔资金正是麦克尼尔当时急需的，他正需要这笔钱发放员工们的薪水。相比从银行借款而言，现金更能够应急。

贝克尔指派专人去银行金库里面提取现金，清点完毕后放进了一个专门的箱子里面，然后通过特快专递运到盐湖城（Salt Lake City）。当天，金融市场上的贷款利率已经飙升到了 150%。不过，我告诉麦克尼尔只需要按照 6% 的年利率付给我就行了，而且贷款期限我没有要求。但是，麦克尼尔在寄给我的借条上仍旧清晰地写着 20% 的利率。

完成了给犹他铜业公司的借款之后，我立即在股票市场

牛市在悲观中诞生，在怀疑中成长，在乐观中成熟，在兴奋中死亡。最悲观的时刻正是买进的最佳时机，最乐观的时刻正是卖出的最佳时机。

上大举买入这家公司的股票。这个时候大众极度悲观，犹他铜业公司的股价也跌得惨不忍睹了，价格已经非常低了。

随着经济企稳，并且复苏，金融市场也恢复了乐观情绪。犹他铜业公司度过了最为艰难的时刻，危机后第一年的业绩大大高于杰克林的个人预期。**此后的 30 年当中，这家公司累计分红了 2.5 亿美元以上，还不算股价上涨的巨大收益。**杰克林于 1903 年在宾厄姆挖出的那个采矿坑，成了地球表面最大的人造坑之一，而犹他铜业所在地也成了世界上最大的铜矿作业区。

究竟什么样的项目才算得上是优秀呢？这是许多人关注的问题。我想，犹他铜业项目可以作为标杆。这家公司能够在 1907 年的经济和金融危机中顺利度过，这就是一个优秀投资项目应该具备的最大特点。

良好的投资项目就如同一个优秀的人一样，**逆境是优秀者的试金石。**同样，一个优质的投资标的必然也能够经受住逆境的考验，同时在形势稳定和转好后，优秀的投资标的必然大幅回升，迅速创出新高。

杰克林为犹他铜业不断地研发出新的工艺和流程，这些新技术和设备极大地提高了这家公司的市场竞争力，当然也就提升了公司本身的价值。**当一家公司内在价值得到了实质性的提升，同时又有足够的现金流，那么就能够安然无恙地抵抗住经济衰退和金融风险。**

金融市场的恐慌使得股票普遍下跌，错杀难免。但是只要一家公司具备足够的市场地位、良好的成长性和优秀的管理层，那么其股价早晚会恢复到正常水平。金融市场的恐慌反而给了低价买入优秀公司的机会。当然，金融恐慌也成了检验优秀公司的机会，犹他铜业公司就经受住了这样的检验。

犹他铜业公司能够度过危机，持续成长，创造丰厚的股东价值也表明了优秀人才的重要性。杰克林在 35 岁的时候就大胆地提出了一个伟大的产业设想。他构想和试验出的这个方法能够让全球铜产量增长一倍。虽然进展不太顺利，因为

投机主要考虑情绪，投资主要考虑价值。而那些伟大的投资者和投机者则会同时考虑两者，因此伟大的投机者和投资者其实是同一个层次的两面。

他花费了 5 年时间才找到愿意投资的人和足够的资金，然后又投入了 4 年时间来琢磨。最终，他成功地实现了最初的构想，当然也极大地回报了那些最初投资和支持他的人，不负众望，终成大业。

杰克林的优秀不止于此。到了第一次世界大战的时候，他的技术天赋再度闪耀，最终获得了一枚杰出服务勋章（Distinguished Service Medal）。当时大众普遍认为制造无烟火药是不可能的，不过杰克林却突破了技术上的障碍，为政府建造了一家无烟火药厂。

最初，杜邦家族（The Du Ponts）向军方提出了一个制造无烟火药厂的方案，不过后者认为存在许多限制和障碍，难以落地。为了讨论这一问题，军方在某天上午专门组织了一次研讨会。在会议快要结束的时候，我推荐了杰克林，认为他能够克服困难，完成这一任务。

陆军部长（Secretary of War）贝克尔（Baker）听了我的建议之后说，他计划跟总统详细沟通一下再回复我。当天下午，散会后我就给住在旧金山圣弗朗斯酒店（St. Francis Hotel）的杰克林打电话。我将事情的来龙去脉说了一遍，并且告诉他无论结果如何，我希望他能够先赶过来。

很快，数日之后，贝克尔就让我将杰克林请来。我告诉他："杰克林已经到了，我这就让他进来！"

当杰克林进去面见陆军部长之前，我提醒他："千万不要让他们给你套上军装。一旦你穿上军装，那么你就得服从上级的命令。而任何高你一级的军官都是你的上级。"

当然，杰克林听从了我的建议，没有穿上军装。他按时完成了工厂的建设，同时保持了行动自由。

1933 年，美国矿业机电工程协会（The Mining, Mechanical, Electrical and Civil Engineering Societies of United States）将约翰·弗里茨奖章（John Fritz Medal）授予了杰克林。这个奖项是美国工程师能够获得的最高荣誉。

在第一次世界大战期间，他还建造了一个导向磨铣器

对于技术革新者而言，纪律是最大的障碍之一。

(Pilot Mill)。这台机械主要用在明尼苏达州梅萨比岭铁矿区 (Mesabi Range of Ironore)。当高品位的铁矿石被开采之后，这台机械可以对低品位的铁矿石进行开采。

当然，创新者不可能永远都收获成功和荣誉，挫折和失败也是不可避免的。此后，当他第三次在低品位矿石开采领域进行大胆创新，试图制造一套机械开采阿拉斯加 (Alaska) 的低品位金矿时，遭受了失败。当然，作为投资者，我也承受了一些损失。

4

这个风险投资项目涉及阿拉斯加朱诺金业公司 (Alaska Juneau Gold Mine Company)。这是我参与的最费钱的一个项目，因此在盈利之前我已经投入了大笔资金，前期投入资金量超过了我参与的其他项目。

这家公司的主要资产为一处露天金矿，位于朱诺市 (The City of Juneau) 以南一座横跨加斯蒂诺海峡 (Gastineau Channel) 的山脉边上。这座矿山是弗雷德·布拉德利 (Fred Bradley)、J.H.马克肯兹 (J. H. Mackenzie) 以及马克·瑞夸 (Mark Requa) 告诉我的。马克·瑞夸是赫伯特·胡佛 (Herbert Hoover) 的挚友。这些人都是矿业方面的领军人物。

事实上，胡佛先生也曾经对这一处矿山兴趣浓厚，不过我们却赶在了他前面。当然，忙中容易出错。后来，我们也为自己的鲁莽付出了代价，并为此懊悔不已。

杰克林此前已经北上到了阿拉斯加地区，他发回了一份积极乐观的报告，认为挨着阿拉斯加朱诺金矿的阿拉斯加金业公司具有良好的产业前景。

由于我十分信赖杰克林的职业素养和判断，因此并未亲自进行调查，然后匆匆决定加入这个项目。

1915 年春季，这家公司的研究报告显示其拥有矿山的黄金储量惊人。同时，这家公司准备发行 40 万股，发行价每股 10 美元。这次发行中未被公众认购的股份将由我和小尤金·梅耶尔认购。

在相关的发行文件中列出了我和梅耶尔的全名。此前，我的名字还从未出现在股票发行和认购的法律文件上。整个发行非常顺利，出现了 5 倍超额认购。股票发行没过几天，股价已经涨到了 15 美元。一切看起来都非常幸运，形势大好。

但是，此后不久，大众就得知杰克林发现这家公司矿场的实际黄金含量远远低于预期。这一消息使得这家公司的前景突然黯淡起来，股价也随之大跌。

最后，杰克林都放弃这个毫无经济价值的项目，这家公司也不得不关门停业。不过，布拉德利却出人意料地拒绝就此放弃。由于我是该股的保荐人，得到了大众的认可，那么就应该同布拉德利共同进退。其他几个大股东也是这样的想法，于是我们决定继续坚持下去。募集的资金很快就被消耗光了，大众也逐渐丧失了对这个项目的信心，阿拉斯加的金矿业不再为投资者们所关注。

但是，有几个人并未失去信心：W.H.克罗克尔（W. H. Crocker）、奥格登·米尔斯（Ogden Mills）、弗雷德·布拉德利以及尤金·梅耶尔，还有我。米尔斯的儿子在赫伯特·胡佛总统的内阁当中担任财政部长。我们决定一起出资300万美元继续金矿的运作。

阿拉斯加朱诺金业公司的股价在1916年最后一个交易日在7.75美元收盘。这个股价水平在我看来虽然不满意，但好歹还是一个不算太差的点位。不过，次年却大跌到了2美元。到了1920年，更是跌到了1.125美元。

1921年经济周期又步入了大衰退阶段，公司的股价更是进一步下跌到了0.625美元。公司债券的持有者们已经对还本付息不抱任何希望了，他们准备取消抵押物的赎回权。

阿拉斯加朱诺金业公司的经营已经到了山穷水尽的危险境地，不过救命稻草出现了。到了1921年9月的时候，公司出人意料地赚到了2.4万美元的营业利润。当然，这笔钱肯定无法覆盖固定费用支出，但为扩大产出规模提供了基础，随着产出扩大，固定支出就能够被摊薄。

布拉德利循序渐进地优化公司的生产流程，逐渐增加产量。即便几吨矿石才能产出价值0.8美元的黄金时，他也能通过增加产量来产生足够的利润。十年前只有疯子才会想到通过这种方式从低品位矿石中获利。

到了1930年的时候，公司已经偿还了所有的负债，到了

经济也有四季，周期股的投资需要着重研究经济周期，如航运股和大宗商品股等。

1931 年的时候则第一次宣布分红。这家公司能够走出困境，开始分红，一切都应该归功于布拉德利的坚韧不拔和积极进取。

此后，**富兰克林·罗斯福（Franklin Roosevelt）总统宣布美元相对黄金贬值，黄金价格提高了。**这一政策使得阿拉斯加朱诺金业公司的业绩大幅受益。虽然我们是这家公司的大股东，但是我和《华盛顿邮报》（*Washington Post*）的出版人尤金·梅耶尔仍旧反对罗斯福的政策。

接下来的几年当中，由于生产成本持续上涨，同时矿石品位越来越低，阿拉斯加朱诺金业公司再度陷入了艰难之中，最后不得不彻底关闭。不过，直到今天，当时为金矿修建的配套电厂仍在继续运行。

> 分析黄金的要点是注意黄金的三重属性：货币属性、投资属性和商品属性。罗斯福的政策主要通过黄金的货币属性冲击了金价。想要系统而准确地分析金价的交易者可以参考《黄金短线交易的 24 堂精品课》一书提出的框架和策略。

5

开采低品位矿石的经验和能力对于维护国家安全价值巨大。当我国在制定国际贸易政策的时候需要权衡是从国外进口更加便宜的原材料，还是努力开发自己品位较低成本较高的原材料。

在这一问题上，我并未完全确定自己的观点。在某些情况下，我会选择自由贸易，支持从国外进口；在另外一些情况下，我则会选择贸易保护主义，支持国内生产。例如，两次世界大战期间，国内生产是非常关键的。

杰克林先生研发出了低品位矿石的开采和冶炼技术，这给了后来者不断优化和提高的基础。倘若没有杰克林在技术上的奠基工作，那么第二次世界大战期间美国就需要大量从国外进口铜，而这势必将占用大量的海运能力。如果情况真的这样发生，那么就会拖累战争的后勤保障能力，最终殃及取胜。

从这个情况出发，我一直认为应该鼓励低品位矿石开采和冶炼技术的提高和创新。当然，从阿拉斯加朱诺金业公司这个例子上我发现要想将这个想法付诸实施，还需要面对许多约束条件。

在当前的这种局势下，我们需要在两种主张之间进行恰当地折中：一方面，我们继续从国外进口廉价的原材料，这相当于国家安全部分捏在他人手上；另一方面，我们应该加大技术进步，充分利用国内资源。

我不认可不计成本的努力变得自给自足，像希特勒在发动"二战"之前做的那样。同样，我也不认可牺牲独立自主，仅仅是为了遵循自由贸易的原则，为了国家安全我们必须拥有一定的自给能力。

要想妥当地处理自由贸易和自己生产的矛盾，并不是靠某个主义或者建议就能一劳永逸地解决这个问题。一刀切的做法是非常不理性的。一方面，我们要考虑当下成本，另一方面，还要考虑到技术进步。毕竟，技术的创新和提高会让数年前无利可图的生意变成利润诱人。

我认为政府当局应该为涉及国防和国家安全的原材料建立动态数据库，追踪和记录供求的变化，特别是国内生产和进口的比例，需要控制在一个安全的比例之内，保持恰当的平衡。通过这个数据库，可以掌握宏观经济运行的总体成本，同时也能确定某一个类型供给来源的权重。

看问题一定要从对立的两面来分析，然后再综合权衡。伟大的交易者，何尝不是如此！

第十八章

摩根拒绝赌运气

极端的乐观和极端的悲观都会让人失去理智，盲从大众，进而处于危险之中。

——巴鲁克

1

非常不幸的是由于措辞不当，我失去了让J.P.摩根先生加入到自己项目的机会。我没能与摩根先生成为合伙人，意味着失去了与当时全球金融界最伟大巨擘携手并进的机会，当然摩根先生也失去了大赚一笔的机会。

这个项目是我商业和金融生涯的巅峰之作，从中我赚到了此生最大的一笔利润，同时让美国稳坐全球硫黄业的宝座。但是，摩根先生没能加入其中，也给我留下了不小的遗憾。

对于摩根而言，金钱并非全部，手头项目带来的大把利润使得他对一两笔交易并不那么在意。参与我的这个项目，他会显著增加其财富，但是少了这个项目，他仍旧是金融界的头号人物。

西奥多·罗斯福（Theodore Roosevelt）总统推行的政策与摩根先生的主张存在巨大的分歧，而我支持前者的产业和社会政策。尽管如此，我仍旧将摩根先生视为自己的金融导师。能够接触和跟随摩根先生学习，是我职业生涯中宝贵的经历。不过，我对晚年的摩根先生并不了解，以致错失良机，这成了我的一大憾事。

我刚进入华尔街时，还是负责传送文件和票据的学徒工。有几次，我将证券凭证

和市场报告交给他本人。有一次我还在圣乔治教堂（St.George's Church）边的小伙子俱乐部（Boys' Club）见到过他。这是我第一次在工作场外碰到他。当时，他正在全神贯注地观看旁边一个小孩子从雪茄盒上剪下拼图来。

当年我在阿瑟·豪斯曼公司负责送文件和单据的时候，有一回负责送一份市场报告给摩根先生，这份报告是密尔沃基电气（Milwaukee Electric）的债券报价数据。

摩根先生翻阅报价数据之后，猛然抬头问我对此数据作何观点。我以为他询问的是整体市况，于是未加深思地回答说："我认为市场即将陷入恐慌之中！"

对于我潦草的回答，摩根先生用他那标志性的目光注视着我，立即作出了权威的质问："年轻人，对于恐慌你究竟懂得多少呢？"

当时的我一下呆若木鸡，不知道如何回答。

这就是我年轻时与摩根先生仅有的一次简短对话。此后，到了1909年我意外地收到了摩根公司的查尔斯·斯蒂尔（Charles Steele）的请求，让我调查一个硫黄矿。这处矿藏靠近得克萨斯州的布拉佐里亚（Brazoria），位于墨西哥湾沿岸，在加尔维斯敦（Galveston）西南40英里处。

令我颇感意外的是摩根财团的人会委托我来完成一件重要的投资前调查。我当然怀着积极的态度达成了委托调查和合作协议。协议的主要内容是假如调查表明硫黄矿具备乐观的开采前景，则摩根财团负责投资，而我负责管理和运营，利润按照6∶4的比例进行分配。

当然，我的第一个步骤是找到一个能够完全胜任相关工作的矿业工程师。我首先想到了西雷·W.穆德（Seeley W. Mudd），他在古根海姆勘探公司（Guggenheim Exploration Company）的哈蒙德（Hammond）手下效力。穆德接受了我的邀请之后，又找了一个年轻的助手，名叫斯宾塞·布朗（Spencer Browne）。

我们一行人一路向南来到了得克萨斯州的目的地，在荒野之中开始勘探打孔工作。

每天我坐在一块名叫布莱恩山冈（Bryan Mound）的地方。看着钻井工人们打井取出样本，然后进行成分化验，查看是否含有硫黄。夜里，我住在布拉佐里亚的小酒店里面，一边赶着惹人烦的蚊子，一边研究着世界硫黄贸易的数据和形势，思考着未来我们可能在其中扮演的角色。

最终，穆德得出结论认为布莱恩山冈有一半的可能实现可盈利的硫黄矿开采作业。

得到这一结论之后，我马不停蹄地赶回到纽约，急着向摩根本人回报调查结果。我的建议是可以全权买下这块地方，全部费用也不过50万美元而已。并且补充说我愿意自己掏钱提供其中的25万美元，用来"赌一下运气"！

"赌一下运气"的说法太过于冒失了，我应该用"投资"来替换。

"我从来不赌运气！"摩根这样说的同时摆出了见面结束的手势，靠运气的冒险在他看来是不值得继续下去的。

摩根先生当天就给我浇了一盆冷水，我瞬间从天堂跌落到了地狱。本来怀抱着极大希望的我，正等在高谈阔论一番后，将我在小旅馆熬夜研究得出的结论和盘托出。我还未来得及展开自己的陈述，一切就结束了，这让我一下子变得沮丧无比。

根据我深入而全面的研究，我发现当时美国经济和工业的快速增长增加了对硫黄的需求，毕竟硫酸是当时化工原料中最为重要的部分，而硫黄是制造硫酸的原材料。美国的硫黄产业正处在爆发式成长的前夕，一个行业即将来临的辉煌在我眼前若隐若现。不过，当时我觉得一切都完了，因为摩根先生当时的武断让我根本来不及展开自己的推理和结论。

美国硫黄矿业的发展在当时已经进入到了新的阶段，毕竟此前美国基本依靠进口来解决工业对硫黄的需要。**开采硫黄矿的技术在美国得到了飞速发展，意味着一个新的行业即将面临爆发。**

在开采技术革命之前，具体来讲是在 1900 年之前，纯硫黄的开采和生产在很大程度上被意大利垄断了。意大利的西西里岛（Island of Sicily）的硫黄产量在当时占了全球总产量的 95%。

大概在 1870 年左右，西路易斯安那（Western Louisiana）发现了一个蕴藏量丰富的硫黄矿。但是早期开采难度很大，因为流沙和毒气极大地阻碍了开采工作的进行。这些障碍和困难在颇具天赋的赫尔曼·弗拉思（Herman Frasch）看来，不过是一些挑战罢了。弗拉思是一个成功的石油工程师，他本来是到路易斯安那寻找石油的。但很快他加入到了当地硫黄矿的开采攻关中。

经过数年的试验之后，弗拉思终于在 1891 年完善出一种新的硫黄开采技术，这个方法就是现在大名鼎鼎的"弗拉思方法"（Frasch Process）。

那么，弗拉思方法究竟是怎么操作的呢？首先，向地下打入一根金属管，直径大概在 10 英寸。接着，再依次嵌套入三根直径逐渐减小的金属管。其中一根金属管负责向地下灌入温度极高的热水，溶解硫黄矿，然后通过另外一根金属管压入空气，使得液态硫黄矿从第三根金属管来到地面。这些液体直接输入到大储藏库进行冷却，形成固体的硫黄。

弗拉思的这套硫黄开采方法使得西路易斯安那的硫黄开采变得可行。联合硫黄生产公司（The Union Sulphur Company）基于这套采矿策略建立起来，并因此赚得了丰厚

的利润。

不过，随着美国经济和工业的迅猛扩张，联合硫黄生产公司的产量已经远远无法满足国内需求了，这就推动了工商界寻找新的硫黄供应地。同时，弗拉思方法到1908年就不再受专利法保护了，这意味着我们可以寻找类似于西路易斯安那的硫黄矿，然后运用同样的方法进行开采，这是一个天赐良机。

上述这些信息我本来是想当面向摩根先生陈述的，但是令人遗憾的是他草率地结束了谈话。这令我感到不快和委屈，于是我决定寻找其他商业合伙人继续将这个项目进行下去。

2

最初穆德和我接受摩根财团的委托在得克萨斯勘探的时候，有许多人出现在现场，包括勘探者、发起人、介绍人和土地拥有者，以及各类想要分一杯羹的人。当时，我们只是大概看了一下部分地块。

在摩根先生决定结束在布拉佐里亚的硫黄项目之后，我和穆德则决定继续把这个项目进行下去，我们需要将调查进行得更加全面和扎实一些。

穆德对位于得克萨斯一块名叫"大穹顶"（Big Dome）的地块非常感兴趣。这块地位于马塔戈达县（Matagorda County），是A.C.爱因斯坦（A. C. Einstein）提醒我们注意的。此君与圣路易的一家工业事业公司保持着密切的业务往来。

经过勘探之后，穆德证实了此前的乐观判断。接着，我组建了海湾硫黄制造公司（Gulf Sulphur Company），并且着手在马塔戈达县购入更多的土地用来开采硫黄。

同时，一些将布拉佐里亚硫黄矿作为商机介绍给摩根的人在后者放弃后开始独立开采，他们建立自由港硫黄制造公

硫黄主要用来生产硫酸、染料、烟花爆竹和橡胶制品，还可用于军工、医药、农药等部门。

司（Freeport Sulphur Company）。这家公司建立后就持续赚取丰厚的利润。

第一次世界大战爆发后，对硫黄的需求急剧增加。为了应对急剧增长的市场需求，联合硫黄生产公司和自由港硫黄制造公司都在扩大规模，加大马力进行生产。在这两家企业扩大规模之后，看起来市场不再需要第三家企业建立起来了。

当时，我们所有需要做的就是等待市场未来的发展。爱因斯坦建议我们继续在马塔戈达县购入土地，我接受了他的建议，同时委托他邀请当地的土地拥有者与我们一道进行未来的开发。不过，这些地主们更多的是想将土地卖给我，而不是参与到未来的商业开发中，于是我自己成了这些地的唯一拥有者。

到了1916年，硫黄市场的需求出现了猛增，战争的持续使得硫黄的需求上了一个台阶。自由港硫黄制造公司的股权回报率达到了200%，这是市场发出的明确信号，我们不应该错失良机。穆德认为我们应该立即启动硫黄开采，不过还需要找到更多的资本来支持。

三年前，J.P.摩根去世了。在我看来，摩根财团在此前对硫黄开采行业是感兴趣的，因此我决定沟通一下，看他们是否对海湾硫黄制造公司的项目感兴趣。

我联系了亨利·P.大卫逊（Henry P. Davison），他将我的情况告诉了托马斯·W.拉蒙特（Thomas W. Lamont），后者是摩根财团的合伙人。拉蒙特邀请威廉姆·博伊斯·汤普森（William Boyce Thompson）调查这个项目。汤普森是纽蒙特矿业公司（Newmont Mining Company）的创始人，这家公司最后成了全球最大的矿业和石油投资公司。

在经过认真地调研之后，汤普森建议摩根财团参与其中。最终摩根财团占股60%。在海湾硫黄制造公司正式运营以后不久，摩根财团把自己手里持有的股权以微利卖给了汤普森。这项股权转让并未先行与我协商。在我看来这是一项不恰当的商业行为，因此我向摩根财团表达自己的不满。

按照商业惯例，我应该有优先受让权。换位思考，倘若摩根财团的优选受让权没有得到尊重，那么他们是绝对不会原谅对方的。

其实，摩根财团当初是以每股10美元取得这些股权的，如果他们能够坚定地持有，则获益巨大。看看数据就明白了：到20世纪20年代末期，最初的360万美元取得的股权已经增值到了4500万美元，另外还产生了超过2500万美元分红。

摩根财团在不知会我的前提下私自转让了股权，不仅有损商业道德，也失去了丰厚的商业利润。

3

同时，当美国卷入到第一次世界大战后，总统威尔逊提名我进入战时工业委员会（War Industries Board），最终我成了这个委员会的主席。具体的过程可以参考前文，这里不再赘述。

当自己步入公共事务之后，我认为不应该再牵涉任何与政府采供合同相关的企业经营和投资中。因此，我放弃了纽交所的会员席位，也清空了相关企业的证券头寸。

在卖出的股票当中，包括像费希博德公司（Fisher Body Company）这样的优质股票。我卖出的不少股票此后数年都能带来丰厚的股权回报。不过，我并未因此而后悔，因为正如家父所倡导的那样——人除了追求个人物质财富之外，还应该服务于大众，在精神世界上有更高的追求。

不过，我手头还持有一些没有上市的原始股，无法了结头寸，于是只能继续持有，其中包括海湾硫黄制造公司以及加州一处钨矿的股权。对于这些非公开流通股权的处置，我做了如下安排，并且在就任公职时向威尔逊总统做了汇报：我的秘书玛丽·宝艾尔（Mary Boyle）小姐将负责这些股票的日常管理，它们的分红将捐给红十字会（Red Cross）和其他爱国机构。威尔逊总统批准了我的股权处置办法。

钨矿的股权产生了可观的红利。当然，这些红利最终都捐给了慈善事业。而我创办的海湾硫黄制造公司直到战争结束才投产，这家公司后来改名为得克萨斯海湾硫黄制造公司（Texas Gulf Sulphur）。

当我在战时工业委员会任职时，联邦矿务局（Federal Bureau of Mines）要求短缺战争物质的生产商们增加他们的产出，而这些生产商们在获得建材和设备上享有优先权。而我

<hr>

1908 年 7 月 23 日，Fisher 三兄弟在成功制造出凯迪拉克封闭式车身后，在俄亥俄州克里夫兰共同创办了费希博德公司。从最初作为凯迪拉克的车身供应商开始，直到在被通用汽车收购之前，费希博德始终是通用汽车在北美生产的所有车型的独家车身供应商。在并购到通用汽车旗下后，费希博德仍然一直都是其独家车身供应商。

名下的得克萨斯海湾硫黄制造公司也在这个名单上。

战时工业委员会在华盛顿办公，某天我正走在办公室外的走廊上。这个时候我碰到了沃尔特·埃尔德里奇（Walter Aldridge），他是得克萨斯海湾硫黄制造公司的总裁。我问他到这里来干什么，他回答说是专程来询问优先权事项的。具体来讲，政府当局正在审核优先提供给得克萨斯海湾硫黄制造公司开采设备。

当时我已经很久没有参与公司的管理了。不过得知这个消息之后，我立即联系了陆军部长牛顿·贝克尔（Newton Baker），告诉自己是这家公司的股东。接着，我又联系了担任得克萨斯海湾硫黄制造公司董事的老同学迪克·莱登（Dick Lydon），告诉他作为军需品的硫黄务必平价销售，按照成本价卖，如果成本价也比同行的最低价高，则亏本也要维持供应。

不过，得克萨斯海湾硫黄制造公司在战争结束后四个月才正式投产，因此我当时的担心和做法其实是多余的。

在我参加完巴黎和会（Paris Peace Conferenc）回国后，我立即积极参与到得克萨斯海湾硫黄制造公司的管理事务中。硫黄开采和生产行业当时已经出现了一大堆问题。战争戛然而止，已经导致另外两家硫黄生产企业陷入到了供过于求的困境中。战争结束导致市场需求大幅萎缩，但是企业却无法迅速调整生产，由此导致数百万吨硫黄只能露天存放。

更进一步来讲，三家硫黄生产企业之间充满了强烈的敌视情绪。联合硫黄生产公司早在战争持续期间就因为弗拉思方法的专利权问题起诉过自由港硫黄制造企业。不过，由于专利已经过期，不再受法律保护，自然也就败诉了。这场官司的结果让在使用弗拉思方法的我松了一口气，否则也会惹上官司。

不过，联合硫黄生产公司并未放过我们，他们又找到另外一个理由起诉我们。起诉的理由是由于我们两家公司的矿山相邻，因此我们抽取了他们矿场下面的硫。这个起诉的理由让我感到愤怒。

庭审期间，联合硫黄生产公司的一位股东，也是弗拉思家族的成员，指控我在战时工业委员会任职期间，以政府采购合同为条件，向联合硫黄生产公司索取贿赂。他给出的证据之一是赫尔曼·弗拉思先生生前曾经在政府提出过类似的指控。显然，这是一个谎言，因为赫尔曼·弗拉思先生早在 1914 年就去世了，那时候第一次世界大战还未爆发。我在庭上当机反驳他应该回去认真学习一下历史。

经过激烈的交涉，最终双方在庭外达成了和解，不过双方的关系已经不可能修复了。

"一战"后的 20 世纪 20 年代，世界经济处于衰退中，工业萧条，原材料的需求大幅萎缩。美国的工商业界迫切需要海外市场来消化过剩的产能。当然，国外那些工商业垄断组织也有类似的想法。

这时候《韦伯—波莫雷内出口法》（*Webb–Pomerene Act*）出台了，这个法案为美国企业的出口提供了极大的支持，对于当时处于困境中的硫黄生产行业而言算得上一剂强心针。

法案出台后不久，三家硫黄生产企业共同注资组建了硫黄出口公司（Sulphur Export Corporation）。接着，又与意大利西西里岛的硫黄制造企业达成协议，对全球市场份额进行分配和管理。

接下来的五年时间当中，美国硫黄生产的行业格局出现了翻天覆地的巨变。最开始是得克萨斯海湾硫黄制造公司的销售量追平了联合硫黄生产公司，两家公司并列第一，而自由港硫黄制造公司的市场销量下滑到第三名。不久之后，联合硫黄生产公司在路易斯安那州的矿区因为蕴藏量枯竭不得不关门。接下来，自由港硫黄制造公司的新矿区经济效益远远低于预期。最后的结果就是得克萨斯海湾硫黄制造公司运气好得出奇，成了全球规模最大、成本最低的硫黄生产商。

随着行业龙头地位确立，得克萨斯海湾硫黄制造公司的股价也气势如虹，从最初的每股 10 美元涨到了 1929 年的 320 美元。这样的股价已经远远高于其内在价值了，这是我个人当时的观点。在大牛市中，股价已经高得离谱了，因此我卖出了手头持有的 12.1 万股，同时让周围持股的朋友们也马上卖出。

不过，当时大众一片乐观，股价也处于持续上涨之中。在这种狂热的氛围之下，大部分友人都对我的忠告充耳不闻。甚至还有一些朋友反过来认为我是一个跟不上时代和潮流的人，他们认为我太悲观了，未能认识到新时代的辉煌前景。

当然，我只能让时间来证明什么观点是正确的，什么观点是错误的。在 1929 年股市大崩盘之前，我已经彻底了结了手头持有的硫黄公司股票。

需要反复提及的一点是：在股市操作中，我选择在股价仍旧上升时卖出，而不是去追逐最后一点利润。**不追求卖在最高点，是我能够数次躲过股灾的秘诀之一。**持有筹码到顶部，或许能够多赚一点钱，但却容易套在顶部，最终功亏一篑，眼看着巨大的浮盈变成巨大的亏损。我的做法虽然看起来谨慎，甚至胆小，但却让我的财富稳健增长。尽管我错失了一些暴利的机会，但是却避免了破产的危险。**在充满陷阱的金融交易之路上，我就如此谨小慎微，如履薄冰。**

一些人总是自吹自擂——他们能够卖在市场的顶部，买在市场的底部。我可不相

信这一套，神志不清的人才会这样说。**当股价足够低的时候我买入，当股价足够高的时候我卖出。按照这样的稳健方式去操作，我避免了在极端市况中被击倒。极端的乐观和极端的悲观都会让人失去理智，盲从大众，进而处于危险之中。**

"足够"一词可以通过筹码和预期，以及估值来度量。筹码集中在散户手中，市场一致看多，估值过高，则股价足够高；筹码集中在主力手中，市场一致看空，估值过低，则股价足够低。

4

为什么我们都落入到股市癫狂的陷阱之中，成了 1929 年大崩盘的受害者呢？我个人认为很大程度是历史上重复出现的群体心理（Psychology of Crowds）导致了这种悲剧的发生。

《纽约先驱论坛报》（*New York Herald*）的金融记者约翰·德塔（John Dater）是第一个促使我思考这个谜题的人。群体行为的非理性就是这个谜题。

20 世纪初，当我从欧洲返回美国时，德塔在轮船上采访了我。我们谈到了狂热，接着他建议我阅读一本他刚看过的书——查尔斯·麦基（Charles Mackay）写的《流行偏见和大众狂热》（*Extraordinary Popular Delusions and the Madness of Crowds*）。

轮船到美国后，我和德塔开始到处寻找这本书，在进了许多图书馆和旧书店之后，终于寻获一本。麦基的这本书第一版于 1841 年面世，1932 年由 L.C.佩奇出版公司（L. C. Page and Company）再版重印上市。

这本书描述了几百年时间里面，大众数次被投机泡沫所迷惑，人类的智慧和理性完全被狂热所取代。这本书的出版仍旧未能让这种群体的非理性有半点改观，任何国家直到今天也无法在投机狂热中幸免。

这本书讲述了三个巨大的投机泡沫从形成到破灭的过程。严谨认真的荷兰人陷入郁金香泡沫（Tulip Craze）中；热情活跃的法国人被密西西比泡沫（Mississippi Bubble）所迷惑；保

在《投机大泡沫的大众心理学》一书当中我对《流行偏见和大众狂热》一书进行了彻底翻译和专业解读，感兴趣的读者可以找来参照阅读一下。

守的英国人则被他们的南海泡沫（South Sea Bubble）所鼓动，最终惨淡收场。

当我读到其中的疯狂举动时，震惊万分，忍不住喊出来："这怎么会发生呢！"不过，历史一再上演。在这本书首次出版之后的历史中不止一次出现了投机泡沫与群体非理性的上演。比如 20 世纪 20 年代的佛罗里达地产泡沫（Florida Land Boom），以及 1929 年的股市大泡沫崩盘。而群体非理性同样也应该为希特勒的上台负上部分责任。

群体非理性频繁地出现在人类历史上，这表明其根植于人类的天性之中。这就如同候鸟的迁徙和沙丁鱼的洄游一般，都是某种固有的特质，强大地主导着人类的行为。**而且这种群体行为和心理具有显著的周期性**。例如，在一轮牛市中出现了大幅飙升，突然间一些利空事件出现，无论其大小，抛盘出现，然后持续增加，此前看多的人群突然转向，似乎从睡梦中清醒过来，牛市惯性思维猛然间被打断。

"惯性思维"（Continuity of Thought）这个词用得非常贴切，中肯精妙。事实上，这并非我原创的词汇。我第一次听说这个词，是我在操作钢铁股的时候，当时 J.P.摩根正在钢铁股上吸筹。当时整个市场处于上涨之中。

正当所有股票仍旧处于升势的时候，岩岛公司（Rock Island）的股价却掉头重挫。这个时候我刚好跟米德尔顿·博瑞尔（Midleton Burrill）在一起，看到这种情形他点评到："崩盘打破牛市惯性思维！"

在此之前，我还从来没有听过类似的说法。不过，我立刻就体会到这句话的精髓和含义。这句话好比先知们的预言，我认可其中的观点。于是，我立即卖出了所有的钢铁股票，即便摩根财团仍旧在积极护盘，我也坚决落袋为安。

现在回到麦基撰写的这本经典书籍。这本书从头到尾都在描述泡沫中的王公贵族、商贾学者们中如何疯狂。**在集体非理性的情绪感染下，一个人的社经背景、受教育程度和职业素养，都无法帮助其抵御这种狂热**。联系到 1927~1929 年的股票市场投机热潮，情况完全一样，无论你背景如何，无论你处于什么阶层，都被股市的癫狂所迷惑，毫无免疫能力。

对于 1929 年发生大股灾中的一切，我现在仍旧历历在目。对于自己当时的应对之道，我也记得非常清楚。从 1928 年开始，我就对股价水平感到担忧了。这样高的股价水平其实是缺乏坚实基本面支持的，"一战"后战胜国和战败国在债务问题上交锋激烈，而国际贸易也面临各种干扰因素。在这种情况下，新一波的经济繁荣也缺乏足够的驱动因素。另外，早在股灾发生之前的 1927 年，**当美国联邦储备委员会（Federal Reserve）宣布大幅放松信贷的时候，我已经意识到大放水将吹起巨大的资产泡沫**，而我并非喜欢这种不负责任的做法。

实际上，我在 1928 年的时候就多次进行减仓操作。在那个时候我就觉得牛市已经处于尾声阶段了，崩盘就快来临。不过，市场继续上涨，根本不理会我的看空。

到了 1929 年 8 月的时候，当时我正在苏格兰享受狩猎的乐趣。突然接到来自美国的消息：有人正在组建一家新的铁路集团同时与现存的几家大铁路公司进行股权互换的资产并购重组行动，目的是为推升相关公司股价提供题材。这些举动都是市场极度狂热的标志。

我立即发电报给仍旧身在纽约的三个挚友，询问他们对大势和大盘的看法。其中两位不置可否，而第三位则强烈看涨。此君是美国金融界的头面人物，他通过电报回答了我的提问，他认为美国整个经济和工商业形势积极向好，意味着股市将继续大幅上涨。他对自己的观点非常有信心。结果，他在这波股市崩盘中完全破产了。

股市的狂热让我感到有必要缩短在苏格兰的行程，于是我决定马上坐船回到美国。在伦敦等候上船的时候不长，不过我却几次给身在纽约的经纪人发电报，让他买入股票。不过，次日我又让他立即卖出。在狂热的市场中，在客观的利润面前我也无法自制，不过我尽量快进快出，避免被市场击中。

上船后，我碰到一个善于交际的年轻证券经纪人，经营着一家券商公司。他竭力想要成为我的证券经纪人。于是，我委托他为我做了几笔卖出交易。在船上，人无法选择时空，远离喧嚣，于是我们有了思考的大把时间。在这段时间，我考虑清楚了整个市场的趋势。到了纽约之后，我立即抛出了所有多头头寸。

麦基的书对我影响至深，在那些黯淡的日子里，我会重读他的经典之作，出人意料的是他的书竟然具有鼓舞作用。**他的书展示了人类野蛮生长的希望是多么缺乏坚固的基础，同时也指出人类极端绝望的情绪是毫无根据的。**在历史上，无论对未来的预期多么黯淡，现实其实都会变得更好。

无论人类试图做什么，总是倾向于过度。当满怀希望时，

做投机，一定要一只眼睛紧紧盯着信贷周期和金融创新！特别是交易泡沫行情或者危机行情的大投机家，必须紧盯信贷变化的临界点！关于这一点详见拙著《泡沫与危机经济学》的系统分析和解剖。

在别人恐惧时我贪婪，在别人贪婪时我恐惧（沃伦·巴菲特）。

我总是不断告诫自己："2 加 2 始终等于 4，没有任何人能找到一种方法不劳而获。"当跌落低谷时，我总是不断告诫自己："2 加 2 始终等于 4，没有任何力量能够让人永处黑暗深渊之中。"

我的金融交易哲学

事实上，真相是任何投资都必然包含一些风险，任何交易都必然包含一些运气的成分，因此赌博不能完全避免。

——巴鲁克

1

欧内斯特·卡塞尔（Ernest Cassell）先生是爱德华国王七世（King Edward Ⅶ）的私人银行家，他有一句至理名言，让我受益匪浅，被我奉行不渝。

欧内斯特先生的这句话是："当我还是一个默默无闻的年轻人时，我在金融交易上有所斩获，那时人们只是将我称作赌徒；随着我的本金和交易规模开始增加，人们开始改口称我为投机者；随着我的交易规模继续增加，人们现在则成为我银行家了。事实上，我的操作方式一直如此。"

那些认为存在一类纯粹投资行为的人们应该好好反思上述一席话了。当我面对 J.P. 摩根先生说出"赌一下运气"的时候，摩根先生鲁莽地拒绝了倾听我即将给出的理由。

事实上，**真相是任何投资都必然包含一些风险，任何交易都必然包含一些运气的成分，因此赌博不能完全避免。**

爱德华七世，生于 1841 年 11 月 9 日，卒于 1910 年 5 月 6 日，1901~1910 年就任国王。

在人生中，任何人都不可避免地需要承担风险，与运气为伴。如果人类在历史长河中不愿承担任何风险，那么今天的文明与成就就不会出现。哥伦布（Columbus）为了发现一条通往印度的新路线，冒着极大的风险前行。当时，几乎没有什么人敢这样做。在我们时代的亨利·福特（Henry Ford），他敢为人先地做出了首款 T 型小轿车（Model T），因此跻身于最伟大的投机者之列。

即便一些事情看起来只有些许完成的希望，甚至不可能完成，但是我们也不能愚蠢地放弃胜利的可能与努力。我们能够采取的最佳行动或许是更好地理解和降低其中的风险因素。或者采取另外一种策略，在冒险和尝试的时候保持客观和理性。这条策略不仅适合处理公共事务，也能运用于赚钱领域。

正如我在前面已经强调的那样，**真正的投机者是那些洞悉未来，并且未雨绸缪的人**。这就好比一个外科医生的职业行为，他必须能够通过一些复杂甚至矛盾的症状与细节找到问题的核心与关键，然后果断而坚决地进行干练的操作。这些操作必须基于此前明确无误的判断之上。

在股票市场上，为什么洞察入微会变得如此的困难呢？因为人类的情绪干扰了判断的客观性和准确性。**驱动股票市场涨跌的因素并非是客观的经济力量或者是其他变动中的事件，而是人类对这些事件的反应。**

无论是投机者还是市场分析人士，他们面对的一个恒久挑战就是如何将冰冷的经济事实与不可捉摸的市场情绪区分开来。

对于金融交易者而言，真正的挑战不多。最为重要的挑战之一是如何**将自我与情绪区分开来，让前者不受后者的干扰**。

我周围有很多人，他们能够对别人的情绪和动机变化洞若观火，但是却无法客观地看待并且清晰地评估自己的情绪与错误。

驱动因素通过心理因素，进而导致行为因素变化，最终体现为市场的波动。心理因素扭曲和放大了驱动因素。

事实上，我也是这样的一个人，知彼而知己。

我将陈述两个交易相关的经历。这两个故事将表明旁观他人时我们如何聪明，而面对自己时我们多么糊涂。

频繁地对我们行为的动机进行甄别和定义，可以促进前额叶活跃，进而有效管理边缘系统带来的冲动和非理性。

2

作为一个人性的研究者，我总是认为，一个优秀的投机者应该在自己行动之前就明白其他参与者会怎样行动，同时客观地看待自己。这是我的一个信条，1906 年 12 月的某个下午，威廉·克罗克尔（William Crocker）不期而至，到了我的办公室造访。此君的父亲是加利福尼亚中央太平洋铁路公司（Central Pacific Railroad）的缔造者之一。

克罗克尔具有迷人的个性，对此我早已耳濡目染。他仪表堂堂，善于打理自己的外表，就连胡须他也会精心修剪一番。当然，他有一点结巴，不过思维却非常敏捷，这种看似矛盾的特质却让我感到有趣。

他是一个有责任心的银行家，当形势恶化的时候，他从不丢下客户不管。不管形势变得如何糟糕，他总是镇定自若。

当天登门拜访我的时候，与克罗克尔一同来的还有他的朋友——内华达参议员乔治·尼克松（George Nixon）先生。开面见山是克罗克尔的行事风格，这次见面也不例外："尼克松需要 100 万美元，我认为他是一个有信用的人！"

尼克松是金田联合矿业公司（Goldfield Consolidated Mines）的拥有者，不久前他收购了组合矿业公司（Combination Mines），两家公司离得很近。这次收购一共需要支付 2578216 美元，分三次付清。第一笔付款金额为 100 万美元，需要在三周内支付。由于市场传言尼克松缺乏资金，导致金田联合矿业公司的股价暴跌。

在一番简单的沟通之后，我同意借给尼克松 100 万美元，

为期一年。他写了一张借条给我，这笔借款由金田联合矿业公司的股票担保。

不过，这笔借款仅仅解决了尼克松的第一笔收购款。他还要面临接下来的两笔收购款项，共计 1578216 美元。这些余款需要在四个月内付清。收购条款约定，这些余款可以用现金支付，也可以用金田联合矿业公司的股票来支付，选择权在组合矿业公司的拥有者那边。

就尼克松而言，最理想的情况当然是组合矿业公司的大股东们选择接受股票而非现金支付。

我告诉克罗克尔和尼克松自己有一个计划可以让组合矿业公司的股东们选择股票支付。我并未当面陈述和解释自己的这个计划，给了他 100 万美元的支票之后，我只是告诉他接下来严格按照我的指示来操作。

我告诉尼克松："当你去华尔道夫酒店时，在咖啡吧找个椅子坐下来。大家都知道你缺钱，所以会有人迫不及待地上来询问你收购款筹的如何，支付进度如何，是否存在困难等。你要缄默不言，只需要亮出这张 100 万美元的支票即可。然后，将支票收回口袋。如果有人提出想要购买金田联合矿业公司的股票，你就告诉他需要去跟巴鲁克商量。"

事情的发展果然如我所料。当尼克松走入华尔道夫酒店的咖啡吧还未完全落座时，就有人忍不住上来打听消息了。当然，他们主要是询问尼克松的财务问题。尼克松按照我的计划演得有模有样，他拿出那张支票。无论旁人问什么问题，他都简短地回答道："去找巴鲁克！"他漫不经心的语气表明身上的重担已经被卸下来了。

次日，尼克松前往芝加哥，去会见组合矿业公司的大股东们。整个过程他仍旧按照我的指示去行动。他将那张百万美元的支票拿给股东们看了，对于接下来的余款绝口不提。

组合矿业公司一位大股东离开了会议室，不久之后纽约场外股票市场出现金田联合矿业公司的大抛单。我早就预料到了这种测试市场的行为，在此之前已经埋下了不少买入单。当这些大抛单出现时，股价纹丝不动，波动幅度不到 1 个点。市场表现非常强劲，完全出乎大多数的人预期。

我的计划的剩下部分如预期一样展开。100 万美元支票加上金田联合矿业公司股价的坚挺，在组合矿业公司的大股东那里产生了极强的正面心理效应。他们选择了股票支付而非现金支付，在剩下两笔款项支付进程还未开始之前，他们就想要锁定以股票支付。

尼克松高高兴兴地回到了纽约，因为融资难题被完美地解决掉了。他给了我 10 万

股股票作为酬劳。我大方地接受了，因为这是我应得的。

在读者把我捧上天，奉为巫师之前，我想要你们继续听完我的第二个故事。

此前我已经讲述了我是如何在联合铜业上发财的。当时赫尔曼·希尔肯向我解释了联合铜业的巨头们想要控制铜价的行为是多么愚蠢。而我采纳了赫尔曼的推论和观点，并因此而大赚一笔。

本质上而言，整个操纵事件算得上是一个供求法则有效性的简单测试。即便是天才投机者参与了操纵，也无法悖逆供求法则。或许你会认为在经历这样一次事件之后，我会对市场供求法则敬畏几分，绝不会犯类似的错误，试图以个人的才智与谋略战胜供求法则。但是，我后来确实糊涂地做了糊涂事。

1902 年，巴西的圣保罗州（State of Sao Paulo）颁布了咖啡种植禁令，不得在五年内扩大咖啡种植规模。这意味着 1909 年的咖啡收成将严重减少。没有人比希尔肯先生更了解咖啡贸易了。他根据经验判断，种植规模的限制加上糟糕的天气前景，将使得未来的咖啡价格出现显著上涨。

1905 年初，我已经在大举买入咖啡合约了。由于这属于保证金交易，因此价格上涨若干百分点就能够让我获利丰厚。

但是，预期中的咖啡价格上涨并未出现。天气并未出现任何问题，1906 年咖啡反而会丰收，做多的投机客要失望了。尽管从此前的推理来看，1902 年实施的种植规模限制会在 1906 年对咖啡价格产生影响，但是这一切并未发生。

到了 1905 年年末，咖啡价格已经在 80 美分徘徊了一年，此后价格突然暴跌。这时巴西政府开始采取紧急措施稳定咖啡价格了。政府当局在咨询了像希尔肯先生这样的业界权威之后设计了一个价格稳定计划。计划的具体内容是政府将数百万袋的咖啡豆储备起来，不在市场上交易。

得知这个政策后，希尔肯坚信这一托市举措将稳定咖啡的价格，于是他建议我坚守手中的多头头寸。

另外，希尔肯为政府的托市行为提供了融资服务，帮助他们获得了浮息贷款。

不过，咖啡价格此时继续下跌。每个百分点的下跌都会让我损失几千美元。不过，我仍旧坚守多头头寸。眼睁睁地看着我的银行账户结余不断缩水，许多年累计的财富就这样慢慢消失了。

当然，当时的我应该采取的操作应该是尽快了结这些多头头寸。当咖啡价格在 1906 年不符合预期地下跌时，随着形势越来越明朗，我应该迅速离场。**迅速离场意味着兑现损失，但是在股市上最初的损失往往是最小的损失。死守亏损的头寸，拒绝承**

认判断失误，这是交易者犯下的最糟糕的错误之一。

道理我都清楚。但是我并未理性地行动，反而像绝大多数业余交易者那样被困在了市场中，失去了推理的能力。

市场中的新手倾向于卖出刚开始盈利的头寸，而死死地握着持续亏损的头寸。兑现利润，让你心理上更舒适。而握着亏损不兑现，让你怀抱着让浮亏变成盈利的希望。

事实上，在股市中的正确操作策略应该是卖出表现差的股票，持有表现好的股票。大多数情况下，股票上涨是因为它们优秀，而股票下跌时因为它们糟糕。

上面这些我吐露的道理，我自己掌握了吗？但是，我又是如何操作的呢？1903年，我大举买入了加拿大太平洋铁路（Canadian Pacific）这只股票。买入后，这只股票表现亮眼，大幅上涨。并且，根据我的深入研究，预判它还会继续上涨。但是，结果我却卖出了这只股票，以便为亏损的咖啡期货多头头寸补充保证金。

当我卖掉赚钱的加拿大太平洋铁路股票后，这只股票继续上涨，而我持有的咖啡多头合约却继续下跌。当时我正在圣弗朗西斯科（旧金山）的西边，瞬间开始变得清醒起来。离场才是我最好的选择！

这笔交易狠狠地教训了我一把，让我亏损了70万~80万美元，学费昂贵啊！甚至此后的许多天，我都吃不下饭。金钱上的损失倒是其次的，最大的打击落在自信心上。当时的我下定决心，**决不在任何自己不了解的领域承担巨大的风险。**

当一切结束之后，冷静下来的我才发现这笔交易从头到尾都是错误的。希尔肯能够清晰地看出那些为铜价托市的人愚不可及，但在他非常熟悉的大宗商品领域，他却犯下了同样的错误。这看起来十分荒谬。

我们常常因为对美好结果的垂涎而忽略了现实的可行性和可能性。当我们被美梦冲昏头时，知道的内幕越多，则越容易忽略和违背基本的供求法则。

专家们倾向于站在甚至傻子都不敢去的危墙之下！

旁注：

"截短利润，让亏损奔腾"是符合人性的做法。

在能力圈内投机与投资！

客观规律是第一位的，美好愿望是第二位的！交易存在客观规律，盈利只是符合这个规律的副产品而已！

3

我认为上面两个故事反映了**摆脱情绪认清真相是多么重要，也是多么困难！**谈到我的教训，希望其他人能够从中汲取养分。不过，我对此表示相当怀疑，因为知易行难！

我发现他人犯下的错误往往使得我们更加急切地犯下同样的错误。为什么会这样呢？许多人不甘平凡，想要证明自己能够击败游戏和格局本身，表明他们比那些犯错的人更加聪明和优秀。基本上我们都是在亲自品尝了错误与失败的苦果之后，才会真正明白其中的教训与经验。

由于我对建议的实际效果持有怀疑的态度，因此我在本书的前面部分不愿意抛出任何有关投资或者投机的策略与规则。不过，从个人经历中我仍旧总结和学习到了一些有价值的交易规则。对于那些足够自律的交易者而言，这些规则是有价值的。

下面就是我个人沉淀多年的交易规则：

（1）除非你能够全职，否则不要从事投机。

（2）提防给你提供内幕消息和买卖交易的人，如理发师、美容师和侍应生等，无论他是谁。

（3）在你买入一只证券之前，深入全面地调查相关公司，调查它的管理层和竞争对手、公司未来的营收和增长前景等。

（4）不是试图买在底部、卖在顶部。除了骗子之外，没有人能够持续做到这点。

（5）学习如何快速和干净地兑现亏损。不要奢望所有止损都恰到好处。如果你在市场中犯错了，那么尽可能地及时离场。

（6）不要买入和持有太多种类的证券。相对集中持有少数几只股票能够让你更好地跟踪它们。

了解真相是实现利益的前提和基础！但是人们往往不愿意去了解真相。

（7）定期重新评估你的持仓，定期查看投资的表现，评估资产标的的前景是否已经发生了显著的改变。

（8）研究税务方面的相关规定，最大程度利用税法的条款最大化自己的买卖利益。

（9）抱有恰当比率的现金头寸，不要将所有资金孤注一掷。

（10）不要试图成为任何领域的投资专家，固守知识和能力的优势领域。

上述这些交易法则归纳起来，其实主要体现了我从个人经验中总结出来的两个结论：**第一，在采取行动之前需要调查和掌握相关的事实，明白真相，这是极端重要的；第二，调查和研究是一个持续不断的过程，我们要保持耐性，坚持去做。**

举一个例子，我曾经听说一个关于罗斯柴尔德家族（The Rothschilds）的故事。这个家族的金融家们堪称时代典范，他们中的一位当时想要为自己爱人的财产保值，于是投资了奥地利和德国的政府债券，以及英国和法国的长期公债。多年以后，这些资产的价值却严重缩水了，只有此前的 1/5 了。奥地利和德国的公债变得一文不值，而其他债券也大幅贬值了。

一个投资者不能在做出一项投资之后就高枕无忧了，事情都会发生变化的。目前世界上尚未开发的地区或许会成为新的产品供应地，而这会改变目前这些公司的竞争地位。当一项新的发现出现时，现有资产的价值往往会出现缩水。新的发现可能是技术领域的，也可能是大众的消费习惯等。例如，原油和电力的出现，使得煤炭的价值大幅下降了，但是煤化工技术的出现也使得煤炭出现了新的用途，这又提升了其经济价值。

事实上，只有极少数的事物其经济价值能够在几个世纪内保持恒定不变，如金银铜等贵金属，以及珠宝和艺术品，还有农田等。

即便是这类不易贬值的资源也只能说到目前为止是这样

不了解真相，一切都是无用功！

的，很难保证未来它们不会出现贬值趋势。

现在，由于人工养殖培育珍珠的大规模推广，珍珠这类珠宝的价格也大幅下跌了。再者，包括美国政府在内的各国政府已经将私人持有黄金定为非法的了，这使得持有黄金变得不那么划算，甚至算得上是冒险。

正是由于一项投资的价值决不能一劳永逸地予以断定，因此我才敦促每个投资者定期重新评估其投资头寸的合理性。也正是因为定期评估的必要性，所以我们不能持有太多只证券。一个人要想做出健全的判断，需要足够的时间和精力。**一个投资者只有具备了充足的时间和精力，才能够跟踪和关注那些改变资产标的价值的驱动因素。**一旦驱动因素多起来，时间和精力不够则容易顾此失彼，造成纰漏。

所知不全是危险的，这句话用在投资领域比其他领域更加有效。

在评估一家公司价值的时候，需要分析三个主要因素。

第一，**评估资产负债情况。公司的实际资产如何，现金相对负债的情况如何，实物资产价值几何等。**

第二，**公司经营的业务是否有比如特许经营权等"护城河"，其产品和业务是否是消费者或者客户所必需的。**

我经常思考驱动经济的最强劲力量，得出的结论是：当一个经济从底部回升时，推动其回升的力量来自于人们需要生存。即便我们身处最为黑暗和绝望的时期，也必须劳作，以便满足基本的温饱需要。而这种行为其实是让经济止跌回升的力量。人们要生存下去，不能确定必须消费品应该包含些什么。因此，生活必需品相关的资产标的就投资角度来讲往往可以持有很长时间。

消费、金融和医疗三个板块常常出现跨越牛熊周期的大牛股。

第三，**最为重要的是管理层的品德和才干如何。**我认为那些资金薄弱但是有着良好管理层的公司比资金雄厚但是管理层表现拙劣的公司更值得投资。糟糕的管理层会毁掉一个优秀的公司。管理层的优劣对于公司未来的增长前景十分关键。管理层是积极进取、力争上游，还是尸位素餐、坐吃山

巴鲁克提出的三大要素与三个投资大师的主要思路符合：第一点是格雷厄姆的主旨；第二点是巴菲特的主旨；第二点是菲利普·费雪的主旨。

空？多年的经验让我意识到一家拥有优秀管理层的公司比只是资金雄厚的公司更值得投资。

在分析一家公司的时候，上述三个要素必须反复参验和斟酌。同时，我们需要持续评估。有时候或许我会犯下某些错误，但是如果及时脱身的话还是能够获得一些利润。

这里举一个例子来说明。1904 年年初，我听说苏线铁路公司（Soo Line Railroad）计划增加其小麦运输能力，修建一条从明尼苏达（Minnesota）的锡夫里弗福尔斯（Thief River Falls）到北达科他州（North Dakota）肯马尔（Kenmare）的支线，这条支线从东到西延伸了 300 多英里。

我委托亨利·C.戴维斯去西部调研苏线铁路公司计划的可行性。他调研回来后，我们默不作声地摊开地图。从戴维斯带回来的信息，我得出结论：大量的小麦经由计划中的支线运输会极大地提高苏线铁路公司的业绩。

当时，苏线铁路公司的股价在 60~65 美元区域内交易，年度分红金额为每股 4 美元，股息率超过了 6%。于是，我着手买入这只股票。当苏线铁路公司开始兴建计划中的支线时，华尔街谣言四起，声称这条支线带来的财务回报遥遥无期，看起来虚无缥缈。**在我看来，这些谣传无非是想要让买家不敢介入那些优质标的的惯用伎俩。**因此，我加码买入苏线铁路公司的股票。

接下来小麦出现了意外的大丰收，这使得苏线铁路公司的每股收益上涨了 50%。于是，股价跳涨到了 110 美元。这个价格已经比我最初的买价高出了近 2/3。但这个时候支线还未完工开通。

这个时候，我并未被账面盈利弄得神魂颠倒，我变得更加谨慎，重新审视了支线铁路的盈利前景。于是，我派了另外一个人去西北部邻近加拿大的地区，目的是搞清楚包括小麦在内的谷物到底有哪些可供选择的运输路线。这个人带回了大量的数据和资料，于是我开始深入地研究这些信息。

我的最终结论是由于绝大多数小麦都会经由五大湖区沟

事件驱动或者说题材投机是这次交易的本质。巴鲁克最初以为自己是在做价值投资，事后才发现其实是题材投机。

通的水路运输，因此苏线铁路公司的支线不会获得多少运输量，业绩必然不及预期。由于这个结论与我当下的持仓相反，因此我必须立即卖出，而大部分"接盘侠"都是所谓的"内幕人士"。

因为我及时发现了自己的错误，所以在股价崩盘之前我及时撤退。漂亮的大撤退让我保住了此前的丰厚利润。这次出色的操作靠的是扎实和持续的调研，而非依靠所谓的投机客的天赋。

4

我在华尔街的老办公室外有一个年老的乞讨者，我经常会给他一些钱。1929 年牛市疯狂的某天，他拉住我并且告诉我："我有一个赚钱的内幕消息告诉你！"

当乞丐、擦鞋匠、理发师和美容师告诉你如何从股市上挣钱时，意味着行情已经到了顶部了，因为所有的人都拥挤到了股市上想不劳而获。当几乎所有人都成了多头时，市场趋势就会离空头很近了。

当股市最疯狂时，当然也就是内幕消息最多的时候。在一个上涨的市场中，最悲剧的部分也许是至少有一段时间所有人的观点和消息看起来都是诱人的。这使得人们越来越沉迷其中，无法看清危险即将来临。

那些被大众误认为内幕消息的东西更让人吃惊。某个冬天，我们正住在纽约的圣瑞吉斯酒店（St. Regis Hotel）。我和妻子，还有一群朋友和亲戚正在吃晚饭，然后一个电话找到了我。我在电话里是这样回答的："联合燃气，是的，是的！非常好，非常好，是的，是的，很好！"

数周之后，我回到了自己位于南卡罗来纳州的庄园。在庄园里面我见到了数周前晚宴上碰到的亲戚，她哭着说自己

> 预期和筹码，不要忘了这两个投机分析要素。筹码集中到大多数人手里，则标的见顶可能性很大；筹码集中到少数人手里，则标的见底可能性很大。大众预期一致看涨，则见顶可能性很大；大众预期一致看跌，则见底可能性越大。

亏掉了许多钱。

"不过，你肯定也在联合燃气上亏了不少钱吧。"她啜泣道。

"在联合燃气上亏了一大笔钱？"我感到吃惊。

"是的，我是根据你的建议买入了这只股票，"她继续解释道，"哦，你可能不知道在什么地方和时机我得到了这个建议。十分抱歉！我是偷听来的。当时，我听见你在电话里面说'联合燃气，非常好，很好！'。于是，我决定不要放过这一致富良机。"

其实，真实的情况是这样的。当时我怀疑联合燃气公司（Consolidated Gas）应该下跌，因为它存在一些重大的问题。于是，我委托某个人专门去调查一番，以便获得某些证据。他调查完毕后，专门致电到了圣瑞吉斯酒店，向我陈述调查的结论。这一结论证实了我最初的推断，于是我就回复说"很好，很好"，因为调查符合了我的预期。

当调研结论证实此前的判断之后，我就开始做空这只股票，而我的亲戚却捕风捉影，以为得到了一个内幕消息，不假思索地买入。

在投机中，我们的情绪波动持续不断地干扰我们的理性推断能力，不停地为后者制造各种陷阱。由于情绪的干扰，我们很难把握入场时机，而离场时机的把握则更是难上加难。无论是兑现利润还是亏损，都同样困难。

假如一只股票已经上涨了，交易者预期还会进一步上涨就会持仓待涨；假如一只股票下跌了，那么交易者就会倾向于继续持有这只股票等待回升，至少等到盈亏平衡后才离场。受到情绪的摆布，而非理性地做出持仓或者离场的决策，是大多数交易者的通病。

如果交易者有着合理的立场决策，那么就可能在股价仍旧处于上涨时离场，而不是抱着希望继续持仓；如果你犯了错，那么就应该立即承认，截短亏损，马上离场。

部分交易者在离场后总是喜欢马后炮："要是我此前……该多好啊！"这样的行为毫无意义，只会让人越来越没有进取

管理情绪而不是压抑情绪，也不是屈从于情绪。如何做到这点呢？首先肯定情绪是在帮你，然后找到情绪带来的信息和提醒，最后确定行动方案。对于交易者而言，情绪或许体现了大众的影响。如果情绪非常强烈，而且与市场共识预期高度一致，那么就应该反其道而行之。因为这个时候情绪在很大程度上是反指。

之心。没有任何投机者能够一直正确。实际上，如果一个投机者能够在半数时间内保持正确，那么已经超过平均水平了。退一步来说，如果他能够在错误的时候及时止损，那么即便胜算率只有 30%~40%，他也能够积累可观的财富了。

在我年纪尚轻的时候，听过一句经典的话，具体是谁说的已经记不清了。这句话是这样说的："降低仓位直到你能安然入眠！"这句话闪着智慧宝石的光芒，照耀了黑暗中前行的交易者们。**当我们忧心忡忡时，正是潜意识试图向我们发送某些信息，警示我们需要注意一些事项。**对于交易者而言，当你担忧时就应该降低头寸，降到你坦然舒适的规模。

阶段性地将证券头寸转换成现金持有，从证券市场退出休整，这样的做法实际上是非常睿智的。没有将军会持续让自己的部队处于战斗中，而不做任何休整；没有将军会将全部兵力投入战争中而不留有预备队。年轻的时候我吃了一次大亏，从那以后我下定决心再也不做突破能力范围的交易。判断失误后就会出现破产的交易不是我能够进场的交易。通过保持充足的现金储备，我也能够把握到那些突然出现的良机。

部分人容易犯的另一个错误就是认为自己能够为所欲为，四面出击——能够同时交易股票、涉足地产、经营实业以及介入政治。**我个人的经验是：只有极少的人能够同时做一件以上的事情而且还能够做好。**任何领域的技能纯熟者需要具备一种"职业直觉"，这种直觉能够让他感知到许多因素，即便不能完全表达出来。而我在咖啡期货的这次做多操作上就缺乏这种"职业直觉"，当然也就不能很好地进行操作了。

成功的投机要求掌握专业的知识和技能，如同律师和医生等职业一样。除非你具备专业素养，那么你就不要试图在百货业与梅西百货（Macy's）或者金贝儿百货（Gimbel）竞争，在汽车制造业不要试图与福特（Ford）或者通用汽车（General Motors）竞争。同样的原则也适用于金融市场，一个对金融交易完全不懂的菜鸟兴高采烈地将全部储蓄投入到证券市场当中，与那些资深的职业交易者竞争，这是极其不明智的做法。

对于那些拥有一些储蓄，希望从这笔资金上获得合理回报，但是又不能全职从事投资的先生和女士们而言，他们应该如何理财呢？我的建议是这类人群在理财方面应该寻求一些值得信赖的专业人士的帮助。一个新的投资分析师群体已经出现了，这群人与上市公司和机构投资者的利益牵扯不大，他们主要通过正确地判断股票的价值来获得潜在客户们的青睐。这个群体的出现是过去 50 年来美国证券界的一个建设性成就。

当我刚刚踏入华尔街的时候，一个人需要自己担任自己的证券分析师。当时还没

有一个证监会来负责信息披露的问题，而这些信息对于评估证券价值是非常关键的。那个年代，保密是行业的通行规则。许多关于那个年代证券市场的故事，都在讲述行业巨头们如何守口如瓶、保持信息优势的。某个金融巨头的首脑将其公司的信条浓缩为"计算与沉默"。

还有一个关于詹姆斯·斯迪尔曼（James Stillman）的故事。当他从欧洲返回美国的时候，碰到了乔治·铂金斯（George Perkins）——摩根财团的合伙人之一。珀金斯明白斯迪尔曼此行意义非同寻常，对方不愿走漏半点风声，于是简单说了一句："我看见你回来了。"

斯迪尔曼仍旧守口如瓶，没有吐露半个字。铂金斯补充道："哦，你不需要确认什么！"

证交所进行了长期而艰巨的斗争，才成功地促使上市公司定期向股东们公开它们的重要事项。但是在19世纪80年代到20世纪初，信息披露方面的工作毫无进展。当时证交所的首要工作是说服更多公司上市，告诉它们上市的优势有哪些。完成这个任务之后，证交所的任务才是督促上市公司面向公众进行信息披露。

证券市场发展到现在，问题变成了太多的信息已经淹没了市场的参与者们。**证券交易者们今天的核心工作，已经变成了如何从海量的信息中去粗存精，去伪存真，由表入里。比起以前，现在更需要的是健全的判断力。**

出现的若干影响因素使得现在比世纪之交更难判断证券的内在价值。第一个影响因素是目前持续的战争威胁；第二个因素是持续的通胀问题。

因此，我们需要花大力气去研究这两个因素的影响，因为这两个因素对市场情绪和企业价值都有极大的影响。在证券市场上，一些人基于对一家企业的希望和信心参与投资；另外一些人则因为害怕通胀侵蚀财产而不得不投资。

自第二次世界大战以来，证券市场上纷繁复杂的各种行为主要就是战争与通胀预期驱动的。搞清楚主要驱动因素，

股市的主要驱动因素可以从业绩预期、流动性/基准利率和风险偏好几个角度去把握。战争影响了业绩，也影响了风险偏好。

我们才能更好地进行投资。

许多商业的价值都大大增强了。同时，我们也感受到了政府持续通胀累积起来的巨大效应。不过，写作到此的时候，这轮长时间的通胀已经有了停止的迹象。

5

1955 年冬天，投机氛围开始浓烈，证券价格因此普遍上扬。基于 1929 年的情况，历史似乎就要重演了。大泡沫下的繁荣之后，紧接着就是灾难性的崩盘了，警报已经出现了。

这时，参议院银行和货币委员会（Senate Banking and Currency Committee）要求展开一项针对股市泡沫的调查。在数月的听证和研究之后，一份调查报告出炉了。不过，市场很快稳定了下来，大众也很快地忽略并遗忘了这份报告。

未来的金融市场仍旧会出现狂热，这类调查报告也会继续推出。当相同的情况出现时，你需要将两件事情牢记于心：

首先，股票市场并不能决定我们经济健康与否。大众认为股票市场本身是经济兴衰的罪魁祸首，这种错误印象是在 1929 年大崩盘时建立起来的。

实际上，证券交易所仅仅是一个金融市场，证券买入者和卖出者在这里撮合他们的订单。证券交易所完成所有工作不过是登记买家和卖家对现在和未来商业形势的看法而已。

简言之，**股票市场是经济的温度计，而并非温度本身**。如果宏观经济遭遇恶性通胀或者是政府赤字的冲击，那么股票市场会体现出这种影响来。但是，问题并不在股票市场本身。

切记，要区分温度计与温度，这才是关键所在。如果温度计不能正常工作，这时我们会面临的一类问题；但是，如果经济出现问题反映到了股票市场上，那就是另外一类问题了。总之，不能将两者搞混了。

最近数年，大量结构性变化出现在了证券投资界，值得我们关注和研究。在这些变化中，值得注意的是投资信托（Investment Trusts）、共同基金（Mutual Funds）、免税养老基金（Tax-free Pension）和免税基金会（Tax-exempt Foundations）等机构投资者的迅速增长。另外，随着金融监管放松，人寿保险公司（Life Insurance）和储蓄银行

（Saving Bank）开始进入股票市场。

资本利得税（Capital Gains Tax）使得许多投资者的行为出现了变化，在卖出上更加犹豫。许多行业倾向于通过资本公积金和税收减免为工厂扩张融资，而不是依赖外部融资。对着结构性变化对股市究竟会产生何种影响，现在还没有系统而深入的研究。

各类税收优惠（Tax Exemption）的准确含义和全面经济影响应该得到深入的研究和审视。毕竟，税率对经济的影响广泛而深入，商业决策越来越取决于商业主体在税法中所处的位置。因此，税收减免和优惠的经济影响力越来越深远和广泛。

需要防范这些新变化带来的违法违规举动，但不能与宏观经济本身的问题搞混淆了。不能因噎废食，如果宏观经济政策和国防是健全的，那么股票市场走好，这个时候就不应该担心股市崩盘。如果我们不能捍卫国家安全和信用，那么一切价值都难以恒久。

其次，需要警惕的错觉是通过管制可以保护大众在投机时规避损失。我并非反对在任何时候和情况下对股票市场进行监管和限制。第一次世界大战之前，我是股票交易所董事会（The Board of Governors of the Stock Exchange）成员，我总是呼吁应该采取更严格的行业自律。在1929年大股灾之后，我也支持对股市采取额外的监管措施，因为当时存在许多扰乱市场秩序的行为和现象。

只要有可能，就应该及时清理掉金融市场中的骗子。并且保护金融市场中的弱势群体受到强势力量的不公正对待和竞争。但是，任何法律都不能保护一个人免受其错误行为的惩罚。股票投机会导致金钱损失的主要原因，并不是因为华尔街充满欺骗和不诚实，而是因为人们抱有两种错误的认识：第一，在股市中人可以不劳而获；第二，股票交易所是一个奇迹频繁出现的地方，可以诸愿皆遂。

要想监管投机，实际上我们应该监管的是人性。最初，

政府也是金融市场的玩家，也有其利益和动机，因此不要基于公众利益来预测它的行为。

268

我支持禁酒修正案（Prohibition Amendment）。不过，不久之后我很快意识到在监管人性上存在难以逾越的限制。在金融市场中，只要有一个人认为自己能够战胜游戏，超过其他玩家，他就不会懂得节制。

如果政府真想要致力于保护大众的财产和收入，那么应该从保护美元购买力入手。第二次世界大战期间，政府号召数百万家庭踊跃购买美国储蓄债券（U. S. Saving Bond），这被视为爱国举动。这些响应国家号召的家庭现在正因为爱国行为而遭受着资产大幅贬值的威胁，相反那些并未这样做的家庭反而因此实现了资产保值。要是换作在股票交易所上市公司采取类似的融资操作，那肯定是要被证监会起诉的。

旁观者清——霍博卡男爵领地

有什么样的实力，有什么样的圈子；有了什么样的圈子，有什么样的资源；有了什么样的资源，干什么样的事业。

——魏强斌

1

生活在一个喧嚣嘈杂的年代，我们所有人都需要停下来审时度势，看看时代的潮流走向何方，检查我们自己的行动是否符合自己的目标和大趋势。即便能够在一个与世隔绝的地方，坐在园林簇拥下的长凳上冥想一两个小时，也能够让我们获益良多。

我是从自己早期的投机经历中认识到阶段性置身事外的重要性的。每一次重大操作之后，我都会离开华尔街，到一些僻静之地，进行彻底的放松，并且反思此前的操作。

如果此前的操作中亏了钱，那么我会通过反思和改进确保自己不会再犯同样的错误。如果此前的操作中赚了钱，那么我借助远离市场重新积蓄能量，让思维从兴奋中冷却下来，让身心重塑便于再度投身于市场的搏杀中。

当我养成这样的定期退隐习惯之后，当然不会放过一次

在工作和人生中，定期置身事外，一方面可以让我们恢复身心能量，另一方面则可以让我们获得一个更加客观和全面的视角和立场。在金融交易中，我们也面临这样的选择，是一直被市场所催眠，还是抽身离开获得一刻的清醒和领悟。

购买僻静之所的良机。那是 1905 年，著名的霍博卡男爵领地（Hobcaw Barony）正待出售，这正是我梦想中的"香格里拉"（Shangrila）。这处领地位于我的老家南卡罗来纳州，漂亮的沙滩和盐泽提供了最好的野鸭狩猎地。另外，四条河流流进领地，一个海湾毗邻，鱼类资源丰富，大片的原始森林，重要的是这里不通电话。

数年之前，只能从乔治敦（Georgetown）经水路抵达我 1.7 万英亩的庄园。整个行程大概 3 英里。1935 年，在乔治敦和北卡罗来纳州（North Carolina）的威明顿（Wilmington）兴建了一种桥梁和高速路，这样就更容易抵达霍博卡了。即便如此，我仍旧试图让此地远离喧嚣。我通过乔治敦收发邮件和电报，一天两次，这就是与外界的所有沟通途径。这种僻静之地正是我热切地希望为自己和客人们营造出来的。

当我步入公共事务领域时，我发现有一处僻静之所可以让我更好地反思和修正，其价值如同我在华尔街操作中的定期退隐一样。特别是在第二次世界大战期间，我建议那些忙碌不堪、工作过度的华盛顿官员们定期从紧张而匆忙的氛围中退出。许多这样的官员们全神贯注于赢得这场战争，以至于他们经常拿着笔和便签本就累得睡着了。早上的时候，他们匆匆吃完早饭，甚至嘴上还留着残渣就赶到办公室。他们从一场会议出来马上就赶到下一场会议，忙于处理各种危机，根本没有机会去做真正的思考。

1945 年年末，乔治·C.马歇尔（George C.Marshall）将军带领其主要阁僚在霍博卡度过了一个周末。在我们的交谈中，我向他指出对于政府高级官员而言，能够超越当下的压力，看到潜在的问题是非常重要的。马歇尔将军点了点头，他告诉我："在战争早期，我就指示每个总参谋部（General Staff）的官员每周离开华盛顿一到两天。我不希望他们疲惫不堪地做出可能影响几百万战士性命的决策。"

即便是富兰克林·D.罗斯福，一位承担了沉重战事压力的总统，也意识到任何人都不能忙得顾不上休息。1944 年 4 月，他来霍博卡度假，最初是计划停留两周时间，不过最后他停留了整整一个月。

在印第安语里面，据说"霍博卡"是"两水之间"的意思。我的庄园之所以取了这个名字，大概是因为它位于瓦卡莫河（Waccamaw River）和大西洋（The Atlantic Ocean）之间。这片土地是南卡罗来纳州的一部分，邻近帕利斯岛（Pawley's Island）。大概从 8 岁开始，这个岛就让我着迷。当时，我们去岛上拜访我的姨婆萨姆森（Samson），她住在那里。

我们先从卡姆登镇（Camden）去查尔斯顿（Charleston），然后乘坐轮船"路易莎号"（Luisa）往北去乔治敦。这是我第一次海上航行经历，而且还遇上了风暴。我的保姆米娜娃跪在地上，希望上帝保佑她进入天堂。大海航行的恐怖从此在我脑海里扎了根。

从乔治敦，我们去了帕利斯岛，到了姨婆家。在那里我见到了她的儿子纳特（Nat），他是孩童时代的英雄偶像。他是一艘名叫"女鬼号"（Banshee）船的船长，船的名字有非常浓的海盗味。他给我讲了许多十英里外瓦卡莫地区的有趣故事，比如那里有火鸡、鹿和野鸭等。当我听到瓦卡莫地块准备出售时，这些儿时记忆都涌了上来。

霍博卡在历史上一直是丰裕之地。最初它是爵位封地的一部分，是乔治二世国王（King Geoge Ⅱ）赐给卡特莱特男爵（Lord Carteret）的。据说在英国殖民此处之前，西班牙人已经尝试在此殖民定居了。在殖民地时代，威明顿、北卡罗来纳州以及查尔斯顿的主要海岸公路都要经过霍博卡。这条公路穿越霍博卡的部分仅仅留下一条小径被灌木簇拥，不过现在仍旧以"国王高速路"（King's Highway）来命名。

这些历史细节让罗斯福总统非常兴奋。当他知道霍博卡曾经是威廉姆·埃尔斯通（William Alston）的私人宅邸所在地时感到非常好奇。埃尔斯通的儿子叫约瑟夫（Joseph），是南卡罗来纳州的州长，娶了阿伦·伯尔（Aaron Burr）的女儿西奥多西娅（Theodosia）为妻。

某天我带着罗斯福总统来到了温雅海湾（Winyah Bay）的森林边上，将独立战争（Revolutionary War）时期英国人修建的军事要塞废墟指给他看，废墟中散布着许多英国士兵的坟墓。我告诉总统自己一直阻止这些墓穴的发掘。

我和罗斯福总统谈到了更多关于霍博卡的历史，当得知自己是第二位来到此地的美国总统之后，他有些吃惊。第一位造访此处的美国总统是格罗弗·克利夫兰（Crover Cleveland），霍博卡最佳的一处狩猎点因此被命名为"总统狩猎点"（President's Stand）。这个名字是有一段令人感兴趣的故事可讲的。

这个故事是萨尼·凯恩（Sawney Cains）讲给我听的。他对野鸭狩猎颇有心得，当克利夫兰总统来到霍博卡时，他当

阿伦·伯尔，生于1756年2月6日，卒于1836年9月14日，1801年到1805年就任第3届美国副总统，在决斗中杀死亚历山大·汉密尔顿。

起了向导。他划着小船将总统带到一处沼泽地，然后把船藏在了一处丛林中，接着设计好诱饵。一切都布置好之后，他领着总统准备到狩猎点去，其间要经过一处沼泽地。

在沼泽地里徒步，需要一些经验，而总统缺乏这样的经验，况且他有250多磅重，自然走起来就非常困难。萨尼扶着总统一起前行，突然总统的手从萨尼肩上滑了下来，身体也快速陷入到了沼泽中，情况有点危急。萨尼猛然间爆发出了超人的力量，将总统托了起来。总统从困境中被救了出来，而萨尼深陷在泥沼中。

经过一番努力，萨尼终于挣脱出来，他牵着总统回到了小船上。两人浑身是泥，回去洗澡，换上了干净的衣服，暖和了起来。萨尼告诉总统应该"吃药了"。克利夫兰总统吞下几个药丸后想起今天的事情大笑起来。萨尼看到总统安然无恙，心里的石头才放下来。在讲述这些故事的时候，萨尼非常严肃。这个克利夫兰总统没能去成的狩猎点就被命名为"总统狩猎点"了。

回到罗斯福总统在霍博卡这件事情上面。当罗斯福总统来到霍博卡的时候，战争还未结束，因此他的行踪严格保密。一个周末，当天是复活节，中午的时候总统抵达了霍博卡，为了避免引人注意，总统专列停在了乔治城北部郊区。然后换成特勤局的轿车从城外小路绕行到了霍博卡。

总统车队抵达庄园门口的时候，一个黑人小伙子发现了身着披风的罗斯福总统，他吃惊地喊道："天哪！乔治·华盛顿来了！"

不过，任何严密的消息封锁都无济于事。在总统专列抵达之前，当地的人已经觉察到了异常，比如高速路上突然出现了许多身着迷彩服的海军陆战队员。三个通信人员入住了当地宾馆。总统的专列停在城外，上面装有一部热线电话，这是总统与华盛顿联系的主要途径。

60英里外的查尔斯顿，媒体《新闻信使报》（*News and Courier*）已经确认了访客的身份。这份报纸的主编是威廉姆·波尔（William Ball），现在已经故去。此君当时不遗余力地抨击罗斯福总统推行的新政（New Deal）。

每天早上，当总统用餐时，《新闻信使报》是他浏览的几份报章之一。当总统抵达霍博卡之后，波尔每天都在这份报纸上发表批评总统政策的社论文章。

罗斯福总统看到这些评论文章后大为光火。考虑到尽地主之谊，我找到了波尔，希望他在总统停留此地期间暂时不要刊登这些社论。虽然他有言论自由，我管不了，但是希望他能够考虑南卡罗来纳的待客之道。

这样不愉快的小插曲并未打扰总统在霍博卡的兴致，他还是非常享受此处的僻静，有点乐不思蜀的感觉。刚到此处时，他还抱恙在身，离开时已经恢复健康，活力十足了。罗斯·麦金泰（Ross Mclntire）先生是总统的私人医生，他对我说总统的健康状态数年来都没有这么好过了。

4月的霍博卡是非常漂亮的地方，到处盛开着杜鹃花。不过，这个季节，适合钓鱼的地方不多。为了帮总统找到一处可以钓鱼的地方，我派人四处打探。后来，有一位超市老板名叫拉尔夫·福特（Ralph Ford）知道在距离海岸数英里远的一片大西洋海域现在适合垂钓。

最终，决定由拉尔夫·福特先生当向导，带领总统他们出海垂钓。这片海域有一艘沉船，渔业资源丰富，垂钓容易。

禁不住总统的一再邀请，我也跟着一块出海。我知道他是在开玩笑。我对总统的军事顾问帕·沃森（Pa. Watson）将军说："他知道我容易晕船，等我上了船，他会叫船长往风浪最大的地方开。"

总统在霍博卡也要处理大量的公务。某天，他给我看了一份空军方面的报告，这份报告说日本空军的飞机遭受了重创。他对此表示怀疑，并询问我的意见。当日本投降时，他们的战斗机确实损失殆尽了。

总统还在霍博卡的时候，海军部长（Secretary of Navy）弗兰克·诺克斯（Frank Knox）去世了。某天午餐的时候，话题转向了谁将是诺克斯的继任者。当某人提到詹姆斯·福里斯特尔（James Forrestal）时，总统评论道："他来自纽约，我们已经有三个阁员来自纽约了。伯尼，你不觉得太多了点吗？"

"来自何处并非问题的关键。我们处在战争时期。人们希望你能够举贤任能。你需要选择那些胜任职责的恰当人选"。后来，福里斯特尔接任了海军部长一职。

当总统在霍博卡的时候，许多大人物专门跑到这里跟总统会面。当这些人来的时候，我会外出去华盛顿或者纽约待上几天再回来。我希望总统在这里过得舒适自在，而不是感觉有个庄园的主人在这里打扰他。某天，我刚回到霍博卡，我的管家威廉姆·莱西（William Lacey）激动地告诉我："你知道今天谁到这里来了吗？马克·克拉克（Mark Clark）将军，他从意大利赶到这里来了！"

总统在霍博卡也需要处理大量公务，不过相比在华盛顿还是得到了充分的休息。由于他需要借助轮椅行动，因此我特意在宅邸的底层为他安排了一个套房，这个套房相对独立，不容易受到打扰，有两个房间。

罗斯福总统每天会睡10~12个小时，每天下午他都会习惯性地乘车到我女儿住处，大家一块畅饮。晚上的时候他往往习惯独自一人玩牌。

有一次，当海军上将威廉姆·E.莱西（William E. Leahy）正等待与总统一起翻阅一

些电报，而总统却坚持给我演示一些他知道的牌局变化。其中有两种牌局打法是我从未见过的。

有些时候，沃森和麦金泰，以及我的私人护士布兰奇·希金斯（Blanche Higgins），还有我在起居室玩牌，总统这个时候会自己转着轮椅进来，坐在旁边一边口授电报，一边盯着我们打牌，时不时还会跟我们一起开怀大笑。

2

总统就寝所在的这所宅邸并非最初的那座。最初的宅邸非常宽敞，不幸的是毁于1929 年的一场大火，当时我们正在进行一年一度的圣诞节聚会。我的妻子，还有三个孩子，加上迪克·莱登，还有内华达参议员基·比特曼（Key Pittman），当时正在欢庆。

我们试图从大火中救出一些有价值的东西，但是却无力阻止大火蔓延到整个建筑。

当我们站在房前草坪上眼睁睁看着大火却无能为力的时候，突然参议员比特曼大喊起来："我的上帝啊！伯尼，你还有一桶好玉米酒在地下室啊！如果火焰蔓延到那里去，就会如同引爆炸弹一般！"

我不知道这位仁兄是真怕爆炸，还是舍不得那桶好酒，反正他说完上述这番话之后与迪克·莱登两人用湿手帕捂住嘴，奋不顾身地冲进了地下室，过一会儿他们两人滚着那桶玉米酒出来了。

次年，我在原址上重新修建了一栋宅邸。为了避免再次遭受火灾的威胁，新建筑采用了红砖和钢筋水泥结构，风格还是乔治殖民时期的类型。新建的宅邸拥有 10 个卧室，都有独立的卫生间和壁炉，当然整个建筑还安装了一个中央供暖系统。

这座宅邸位于一处坡地上，周围有各种树木，比如夜合树、橡树和很少见到的樟树，以及漫山遍野的山茶花和杜鹃花。某次，银行家奥托·卡恩（Otto Kahn）到我这里做客，当他从房间里走出来那一刻，完全被周围美丽的环境给震撼了："现在我终于明白了南方人为什么如此热爱南方！"

另外一位来我这里做客的贵宾是纽约《世界报》的发行人拉尔夫·普利策（Ralph Pulitzer）先生。在霍博卡的时候，他一度灵感大发，写了一首咏赞这里的小诗，我努力克制住想要将其发表的冲动。

门廊前厅有六个两层楼高的柱子，门前绿色的草坪缓缓向下延伸到了黄色的温雅

湾。有四条河流汇入到温雅湾中，它们分别是桑普特河（Sampit River）、黑河（Black River）、瓦卡莫河（Waccamaw River）、皮迪河（Peedee River）。这些河流的两岸曾经种植着水稻，而稻田后面的高地则种植着棉花。过去的霍博卡一度有 1.7 万英亩土地种植着上述两种主要农作物，但现在只有不到 100 英亩的土地还在种植它们。

从我的宅邸到乔治敦的公路需要行驶 4.5 英里的路程，这段路都在庄园之内。这条路上有大片的森林，分布着许多树种，如柏木、红松以及各种野生树木。这片森林直到第二次世界大战都未被砍伐。在第二次世界大战时，为了缓解木材短缺，战时生产委员会（War Production Board）号召大家伐木增加供给。

沿着这条道路，庄园里一度有四个独立的黑人村庄。由于水稻和棉花种植业逐渐衰落，这些村庄也开始瓦解了。当罗斯福总统来访时，这里就只剩下一个村庄了。

通常情况下，我们会在感恩节前后开放霍博卡，持续到 4月，有时候也开放到 5 月，不过这种情况极少。我们一大家子会在圣诞节聚会。除了家人之外，朋友们也是霍博卡的常客，他们同时都是我在华尔街的工商和金融界人士。当我步入公共事务之后，军政界和文娱界人士也成了这里的常客。

某个周末，有一群马里兰州（Maryland）的政界人士来我这里做客，其中包括如今已故的阿尔伯特·C.里奇（Albert C. Ritchie）。根据我的回忆，当时讨论的主题是谁能领导马里兰州的代表团参加民主党全国代表大会（Democratic National Convention）。弗兰克·肯特（Frank Kent）当时站在燃烧的壁炉前面高谈阔论，此君后来成了巴尔的摩（Baltimore）《太阳报》（Sun）的首席政论作家。在肯特发表高见的时候，屋里的人开始笑起来，这使得他更加热烈地表达。接着，他突然从壁炉边跳开，原因是他的裤子被火烧着了。

我记得发生在霍博卡宅邸的另外一场没有那么激烈的政治讨论是关于如何为民主党筹集资金的。在这场讨论中，其

人都是凭着组织在社会竞争中取胜的，人际圈子就是组织的重要组成部分。

中一位客人引用了肯塔基（Kentucky）已故参议员奥利·詹姆斯（Ollie James）的话来证明自己的观点——依靠某人的资金来为民主党筹资是行不通的。奥利先生的话习惯于借助赛马来比喻，幽默而生动，他曾经以赛马术语讽刺同样的情况。

1932年的时候，温斯顿·丘吉尔（Winston Churchill）和他的女儿戴安娜（Diana）曾经到霍博卡短暂访问。此前，他们在百慕大群岛（Bermuda）度假。在那里，戴安娜学会了早期卡利普索（Calppso）的一首歌，到了霍博卡之后她还时不时地唱出来。

当时霍博卡的天气不太好，于是我想增加一些室内活动，于是邀请了许多当地有影响力的居民，其中一些还是南卡罗来纳州的名人到庄园里面与丘吉尔先生畅聊。此后的数年，丘吉尔先生还几次提到这些聚会当中认识的一些人。当然，他已经记不起许多人的名字了，不过他会问"那个光头的小店老板现在怎样呢"之类的问题来询问某个人的近况。

很不幸的是，霍博卡的旧宾客簿已经丢失了。不过，我仍旧记得其中一些，比如杰克·伦敦（Jack London），他是我大哥的好朋友。还有艾德娜·费勃（Edna Ferber）、迪姆斯·泰勒（Deems Taylor）、富兰克林·A.亚当斯（Franklin P. Adams）、大名鼎鼎的赛马教练麦克斯·荷西（Max Hirsch）、罗伯特·舍伍德（Robert Sherwood）、哈里·霍普金斯（Harry Hopkins）、鲍勃·鲁阿克（Bob Ruark）、赫达·霍珀（Hedda Hopper）、韦斯特布鲁克·佩格勒（Westbrook Pegler）、海伍德·布隆（Heywood Broun）等。到布隆在霍博卡做客的时候，我询问他是否去狩猎野鸭，他打趣地说："我在床上打猎！"

摩纳哥亲王（The Prince of Monaco），也就是现在亲王雷尼尔（Rainier）的祖父曾经在霍博卡度过了几天，他在这里捕获了一些珍稀的蝴蝶和鸟类。

奥马尔·布拉德雷（Omar Bradley）将军也来舍下做客，他精于射击。而空军的霍伊特·范登伯格（Hoyt Vandenberg）和斯图尔特·锡明顿（Stuart Symington）两位将军也光临过我

卡利普索是20世纪初至20世纪中叶发源于特立尼达和多巴哥的非裔加勒比音乐风格，传播到加勒比海安的列斯群岛和委内瑞拉的其余地区。

的庄园，我们一同探讨了空军领域的问题。

1953 年年初，两位参议员罗伯特·A.塔夫脱（Robert A. Taft）和哈里·F.伯德（Harry F. Byrd）在我的庄园停留了一周时间，打猎和进行政治领域的探讨是他们的主要活动。在这些讨论中，他们非常尊重彼此，以至于我有时候在想：倘若塔夫脱先生没有患上癌症，我们的政治格局会怎样变化呢？

另外一些朋友则每年都会定期造访，比如已故的约瑟夫·普利策（Joseph Pulitzer），他是圣路易斯《邮政快报》（Post Dispatch）的出版者；报业集团的罗伊·霍华德（Roy Howard）和沃尔克·斯通（Walker Stone），还有阿瑟·克罗克（Arthur Krock）、大卫·萨诺夫（David Sarnoff）、克莱尔（Clare Luce）和亨利·鲁斯（Henry Luce）、赫伯特·斯沃普（Herbert Swope）、约翰·汉考克（John Hancock）、修·约翰逊（Hugh Johnson）将军等。

当戏剧界名流造访时，我经常带他们去庄园里面的某一个黑人村庄。这些名流包括沃尔特·休斯敦（Walter Huston）、约翰·高尔登（John Golden）、麦克斯·戈登（Max Gordon）、比利·萝丝（Billy Rose）。他们来的时候如果碰上了星期六晚上，那么我们就会举办舞会，如果碰上了周日则到小教堂做礼拜。

每年开年第一天，逐鹿大赛在庄园里面举行。南卡罗来纳州州长会亲自来主持开幕式，体育明星们也会到场。这个赛事可以追溯到理查德·I.曼宁（Richard I. Manning）任州长时，从那时起到现在已经举办许多年了。不过，这种猎杀野鹿的比赛，我和几个孩子都不喜欢，我们不愿意干如此血腥的事情。

现在，霍博卡已经成了非官方性质的野鹿保护区。如果你在庄园里面乘坐马车，会很容易看到野鹿出没，它们会从你马车前面跳过，蹿进林子里面。

霍博卡的野生动物数量众多，是狩猎的好地方。我曾经在苏格兰、加拿大、捷克和斯洛伐克等国家狩猎，不过它们的猎物种类都远逊于霍博卡。霍博卡的猎物不仅种类丰富，数量也多。在水里面有鳕鱼、比目鱼、西鲱等各种鱼类；在稻田里面还有鳟鱼；在沼泽地有牡蛎、蛤蜊、蟹、龟和虾类等。

庄园内的森林和原野分布着各种鸟类，如鹌鹑和野鸡，还有丘鹬和小鹬等。这里的鹌鹑一度数量惊人，我驾驶马车在庄园游逛的时候，常常需要停下来让它们从路上跑过去。由于浣熊和野猪等捕食者不断增多，对火鸡的巢穴构成了严重的威胁，因此我不得不尽力保护火鸡，不过效果并不好。这些野猪其实是以前饲养的猪群放进庄园的，现在变得非常凶猛，不好对付。

在购入庄园后的最初几年时间里，我们还见到过夜猫和水獭，甚至野熊，不过此后基本上没有再见到过了。

3

不过，霍博卡最为出名的猎物应该是野鸭。野鸭习惯出没于稻田，因为 20 世纪早期南卡罗来纳州的沿海地区还在大规模地种植水稻，这一历史原因导致霍博卡成了全美首屈一指的野鸭狩猎地区。

不过，当南卡罗来纳州不再大规模种植水稻之后，野鸭也很难发现了。加上野鸭在加拿大的孵化地遭到破坏，因为当地人每年拿走数百万颗野鸭蛋销售给面包店，这也使得野鸭的数量大大减少了。

当野鸭在霍博卡成群结队出现时，偷猎现象就屡禁不止，有一次还差点让我丧了命。

事情要从我买下霍博卡开始说起。在我买下这片庄园时，附近的盐泽地就租给了费城（Phldelphia）的一家射击俱乐部。而凯恩家族（The Cains Family）世代居住于此，据说拥有一些产权。这家射击俱乐部因为偷猎问题与萨尼·凯恩几兄弟存在持续紧张的关系。

某天，波尔·凯恩（Ball Cains）和兄弟哈克斯·凯恩（Hucks Cains）驾驶着一艘小帆船来到射击俱乐部一个会员正在狩猎的地方，兄弟俩在船上坐着，将长枪放在膝盖上，他们大骂眼前这个北方人，言语中充满了愤怒和不满。

当我买下庄园之后，凯恩家族中的鲍勃·凯恩（Bob Cains）和普拉迪·凯恩（Pluty Cains）就受雇成了我的狩猎向导。不过，波尔和哈克斯则仍旧在偷猎。

某天早上我发现哈克斯正在我的庄园范围内偷猎，离我只有不到半英里的样子。我当场将其捉住，发细看他已经偷猎了 166 只野鸭。我对他的偷猎行径当面进行了斥责，不过最后我给了他一条出路，那就是为我工作，但是不准在这里继续干偷鸡摸狗的事情了。

不过，凯恩家族的波尔仍旧很难停止那些勾当，我也难以阻止他继续偷猎，什么办法都想尽了，他仍旧我行我素。最后，我实在没有办法了，于是将他和另外一个偷猎者一块拘捕了，让他们坐了 9 个月的牢。在他坐牢期间，我委托自己的律师照料好他妻子和几个孩子的生活开支。当他出狱后，仍旧不思悔改，经常来找我的麻烦。

某天，我和哈克斯从"总统狩猎点"打猎回来。当我们两人正在船上时，哈克斯突然一脸恐慌地对我说："先生，波尔正在岸上，你要提高警惕啊！"说完这句话，他马上掉转船头。我立即让他恢复此前的行驶方向，对着岸边行进。

一上岸，波尔就开始对我发难，他一边说要将我送下地狱，一边用枪指着我。直到现在我还能想起当时的诸多细节：深邃的枪管，似乎看不到底。我实际上也非常恐惧，不过还是机械地向他走过去。一边移动，一边质问他是否知道自己在做什么。

在这千钧一发之际，我的雇员之一吉姆·鲍威尔（Jim Powell）上尉出现了。他朝着我们跑过来，手里握着六发子弹的手枪。我尽可能平静下来："吉姆上尉赶过来了！"

听到这里，波尔开始侧身。我抓住这个空隙，赶紧抓住他的枪管，举向空中。

这件事情过后，偷猎的情况显著下降了。吉姆身高六英尺四，遇事勇敢无畏，此事过后升任管家。

因为偷猎而将一个人投入监狱，每每想起这件事情就令我感到不安。损失几只野鸭并不是问题的关键，但是纵容波尔偷猎就会导致群起效仿的后果。如果你没有让一个偷猎者学会尊重你，那么别的偷猎者也不会尊重你。我想起了早年家父对我讲的那个故事，在南卡罗来纳州，如果你对侮辱听之任之，最终就会无立足之地。

不过，哈克斯自从成为我的雇员之后少了不少麻烦，以至于我不再需要像对波尔那样采取强硬手段，这点让我倍感欣慰。哈克斯言语干练，但是幽默风趣。例如，当我打猎时没能射中目标但却想要为自己找点借口时，哈克斯就会打趣地说："好吧，聊胜于无！拙劣的借口好过无话可说！"

在禁酒法令执行的早期阶段，四位参议员来我的庄园做客，他们是阿肯色州（Arkansas）的乔伊·罗宾逊（Joe Robinson）、密西西比州的帕特·哈里森（Pat Harrison）、内华达州的基·比特曼以及肯塔基州（Kentucky）的A.O.斯坦利（A. O. Stanley）。

我们一行人乘坐大马车玩了一上午，准备启程回家之前我对充任向导的哈克斯说："哈克斯，你知道吗？这几位先生是议员，法律就是他们在华盛顿制定的！"

哈克斯斜靠着马车的前轮上问："他们真的是在华盛顿制定法律的绅士？"

"当然，哈克斯，千真万确！"我回答道。

"好吧，如果他们懂得的东西仅限于威士忌和野鸭，那么这个国家注定是要完蛋的！"

不过，哈克斯却是科尔·布利斯（Cole Blease）的忠心拥趸。当时，布利斯是南卡罗来纳州的州长，后来成了美国国会议员。布利斯总是以"普通人"的代言人自居。哈克斯始终都没有搞清楚自己崇拜的这位政治家为什么会对我非常不满。每次当布利斯到乔治敦演讲时，哈克斯都要当面与他争论一番。在哈克斯看来，布利斯已经足够完美了，唯一的不足之处就是对巴鲁克先生的批评。

有一次哈克斯在我面前这样赞美布利斯："其他人演讲到精彩之处时，下面的听众都在鼓掌。而布利斯演讲时，大家都在高呼哈利路亚（Hallelujahs）。他演讲的地方，你连个空位都挤不进去。当万能的上帝和耶稣决定造一个完人时，科尔·布利斯就诞生了！"

哈克斯还对我讲了另外一个国会参议员的故事。这个参议员也来自南卡罗来纳州，他支持禁酒修正案，但却是酒鬼一个。哈克斯非常支持这个修正案，因为这增加了他的收入。哈克斯在私自酿酒和销售，禁酒法令给他提供了一个良机。当这位参议员结束精彩的禁酒演讲之后，哈克斯走上前去说道："参议员先生，你说得太好了，不过你到底是站在哪一边呢？"

哈克斯除了幽默风趣之外，还有许多令人艳羡的技能，比如他能够模仿野鸭的叫声。模仿得太逼真了，无论是打猎的人还是野鸭都被迷惑了。在这方面的成就，只有我的儿子小伯纳德能够与他比肩。我曾经请教过其中的诀窍，哈克斯回答道："先生，熟能生巧，坚持尝试，你就能逐渐掌握！"

在庄园里面打野鸭，凌晨4点到4点半就要动身。在路上要么漆黑一片，要么星月漫天。四周一片宁静，只有水流声和划船的声音。野鸭群时不时地被行进中的船惊吓到，仓皇飞走，有些甚至从我们头上掠过。

当月亮逐渐消退时，朝阳慢慢升起，这个时候你可以看到数万只野鸭映入眼帘。野鸭的数量太多，当太阳逐渐升起时，它们成群结队地从盐泽中起飞。我也见过幼鸭组成的群体，它们在空中组成了美丽的图案。

向导会用诱饵和叫声将野鸭吸引下来，以便狩猎展开。不过，我为此定了一条规矩，上午11点之后，不准打野鸭。通常情况下，我们在上午9点就结束了，10点半的时候启程返回。在少数情况下，我们会打到11点。

持续几个小时的打猎活动中，被击中的野鸭就落在我们周围半径120码的范围内。打猎结束后我们需要将散落的野鸭集中起来。在霍博卡的盐泽中想要利用猎狗来完成这一工作是非常困难的，因为盐泽中的牡蛎会割伤猎狗的腿脚。我们也尝试过给猎狗穿上鞋套，仍旧不能解决问题。

把击落的野鸭捡回来，是向导的工作之一。只要你能记清自己击落了多少只野鸭，好的向导基本都能如数捡回来。他们在你击落野鸭后会记清楚相应的落点。有一回狩猎量有点大，大概200多只，哈克斯基本上全部捡了回来。

在霍博卡狩猎有时会打下惊人数量的野鸭，以至于一般人听了都会报之以怀疑。我从霍博卡回到纽约或者华盛顿之后，会提起狩猎中的经历，经常涉及多得令人难以

置信的打下的野鸭数量。当然，有些人听了这些经历之后，深表怀疑。例如，威尔逊总统主政期间的总检察长（Attorney General）托马斯·W.格里高利（Thomas W. Gregory），他始终认为我在吹牛。他对罗斯福总统主政时期的商务部长（Secretary of Commerce），也就是复兴金融公司（Reconstruction）的主席杰西·琼斯（Jesse Jones）打趣说："杰西，安静，让我们坐下来听听伯尼是如何在野鸭上撒谎的！"

不过，也有人能够认识到霍博卡的神奇和魅力之处。1912 年或者是 1913 年，大概就在这段时期，某个周末哈里·惠特尼（Harry Whitney）和佩恩·惠特尼（Payne Whitney）两兄弟一同驾驶着他们的游艇来到了温雅湾打野鸭。第一天游猎结束之后，哈里真诚地说："伯尼，如果你要卖掉这个地方的话，我愿意花 100 万美元买下来。"他说得很诚恳，不过我当然表示不愿意卖掉，于是换了别的话题继续聊。

来霍博卡打野鸭的人当中枪法最优秀的人当属罗伊·雷尼（Roy Rainey）了，他是纽约的商贾巨富。哈克斯曾经对我说雷尼有一次在霍博卡打野鸭，刚开始因为穿了厚重的大衣连续两枪都未能击中。他索性脱掉大衣，然后挥舞双臂进行热身运动，嘴里大喊："让它们全部都来吧！"说完举起枪开始射击，弹无虚发，一共有 96 只野鸭被击落。

除了打野鸭之外，霍博卡还有另外一项大受欢迎的户外运动，那就是打鹌鹑。不过，一旦庄园枝繁叶茂时，低矮灌木非常浓密，鹌鹑就非常隐蔽，以至于很难发现它们。在这种情况下，举枪射击变得非常困难。大多数的鹌鹑游猎活动都在附近一个名叫金斯特里（Kingstree）的地方进行。这个地方也在南卡罗来纳州，离庄园宅邸大概有 45 英里远，在内陆地区。我非常喜欢这个地方。

在我的庄园中，也按照严格的规则来保护鹌鹑。一群鹌鹑大概有 12~20 只，狩猎者需要保证每群鹌鹑的数量不低于 5 只。这是保证下一季鹌鹑正常繁殖的最佳种群规模。

鹌鹑同其他动物一样，善于寻找良好的生存和繁衍环境，它们会选择便于觅食和活动的地方。有几年时间，我派出专人查看被捕获鹌鹑胃中的食物类型，发现它们喜欢吃鹧鸪豆（Partridge Pea）和刺实植物（Beggar Lice）。这两种植物都是野生的，不过我们逐渐学会了如何培育和种植这类植物，以便为鹌鹑提供更加丰富的食物来源。为了减少鹌鹑在庄园中的天敌，庄园的雇员们利用捕鸟器捕捉那些盐泽大鸟，然后在远处的山上放生了。

4

    阿肯色州的参议员乔伊·T.罗宾逊（Joe T. Robinson）是我知道的最热忱的猎人。无论他做什么都全身心地投入，过度疲累最终要了他的命。

    罗斯福任总统期间，罗宾逊是参议院的民主党领袖。当时，罗斯福提出了一个不受欢迎的最高法院重组计划，需要罗宾逊来努力推动这个方案在国会通过。

    罗宾逊的心脏一直存在问题，多年来都依靠药物维持。医生劝他要多休息，不过他从来没有当回事。1937年，他努力地为罗斯福总统在最高法院安排亲信，不过某天早上却被发现已经在床边去世了，旁边还有一本打开的《国会议事录》（*Congressional Record*）。

    罗宾逊招人喜欢，精力过人，敢做敢当，不过却丝毫不注意节制饮食，加上过度工作身体状况每况愈下。因此，我有机会总是会劝他去霍博卡休息数日。

    有时候临近周末了，我会给他打电话，希望他从繁忙的公务中抽身放松一下，顾及一下个人健康："乔伊，明天我要去霍博卡，专列会在晚上7点45分的时候经过华盛顿。专门为你留了一个位置。"

    他的回答往往都是一样的："真是抱歉，恐怕没有时间啊。我实在无法抽身离开，即使一天也不行！"

    聊了一会之后，罗宾逊突然问："在那里打猎到底怎样？"

    "非常棒！"我回答说。

    接着，他会问："你说专列是几点经过华盛顿来着？"

    当知道火车将于晚上7点45分经过，之后他最后总结到："我会尽量赶过来，不过我不确认是不是能行！"不过，通常情况下我都能在次日的专列上看到他。

    罗宾逊在打猎上也是全身心地投入，早上太阳还没有升起，他已经出发去寻找野鸭了，到了下午他又去打鹌鹑，而晚上则去湿地打火鸡，他从不闲着。

    晚上狩猎火鸡需要在湿地的边缘耐心守候，等火鸡飞到大树上歇息。守候的时间很长，需要足够耐心。

    某天，正在守候的罗宾逊突然发现一只大鸟悠然飞过，落在了100码远的大树上。我在庄园里面规定，不准打雌性火鸡。罗宾逊通过外观判断这是一只雄性火鸡，于是

他缓步坐过去，举起枪，同时嘀咕着说："我就是这样一枪把休斯（Hughes）部长先生给打下来的！"

他回来的时候手里拎着战利品，一只重达 24.75 磅的火鸡。不久之后，我们听见房子外面有几个黑人在说话，其中一位打趣地说乔伊先生称休斯部长为火鸡。

我们决定将这只火鸡送给当时的总统沃伦·G.哈丁（Warren G.Harding）。罗宾逊返回了华盛顿。又过了几天，他竟然未能收到任何来自总统的感谢。后来，他去了印第安纳州（Indiana）参议员吉姆·沃特森（Jim Watson）那里，后者说："你送了一只上等的火鸡给总统啊！"

罗宾逊一如往常地口无遮拦："上等是上等，不过总统却没有邀请任何民主党的人帮他吃掉这只火鸡！"

不久之后，我们就收到了来自白宫的致歉信。即便这样，罗宾逊还是发下誓言下一次再打到一只 24 磅重的火鸡他绝不会送给一个共和党人。

威尔逊总统的私人医生盖瑞·格雷森（Gary Grayson）也和罗宾逊一样酷爱打猎，不过收获寥寥无几。他是一个谦谦君子，心地善良，这让我非常敬重他。在霍博卡，他有时在森林里待了一整天，却什么都没有打到，以至于我雇用的一位向导说一天下来格雷森先生可能只带回了一根羽毛。不过，他并未因此沮丧，因为他心胸宽广。

我不想他每次都空手而归，同时也想让他开心起来，于是吩咐大家按照我的计划行事。某天，他正在林中步行，随行的向导突然给他指出不远处的大树上有一只大火鸡。于是，他举枪射击，跑到树下一看，原来这只火鸡被拴在树上的。火鸡脖子上挂着一个卡片，上面写着："伯纳德·巴鲁克向你问好！"

盖瑞像我们一样非常喜欢这个玩笑。事实上，他把这个故事讲给了卡尔文·柯立芝（Calvin Coolidge）总统听，后者将这个故事传遍了华盛顿。如果不是盖瑞自己爆料，那么谁也不可能知道这些，因为在霍博卡存在一个规则，那就是谁也不能将客人的狩猎成绩泄露出去。

盖瑞对这个玩笑的反应证实了我的一个观点，那就是没有任何一项运动如同狩猎一样能够很好地折射出一个男人的气质和个性。我想不出有任何运动能够像这项运动一样快速激发一个人的男性气概，同时逼得他不得不诚实坦然地面对现实。

在霍博卡有一个规则：如果客人说他击落了多少只野鸭，那么他总是正确的。所有的向导得到的训诫是尽全力确认个人申明的数目，无论是多是少。

有一次，帕·沃特森先生和罗斯福总统的新闻秘书斯蒂夫·厄尔利（Steve Early）先生定下了一个比赛，看谁能击落最多数目的鸟儿。斯蒂夫完成射击后，首先收枪归来，

他创造出了个人的最好成绩。当沃特森回来的时候，斯蒂夫信心满满地询问对方："你收获如何啊？"

在这个时候我非常好奇沃特森是否会利用上面提到的这条霍博卡规则——狩猎成绩严格保密，不过他沉思片刻，回答道："哦，打了一些。"

在霍博卡还有一条有意思的活动，那就是利用灯笼和口袋诱捕鹬。如果能够通过相关测试，那么基本上就能成为霍博卡捕鹬俱乐部（Hobcaw Snipe Club）的正式成员了。这项测试看似简单，不过还是有一位先生未能通过。

这位先生的名字我要保密。他当时乘坐摩提莫·希夫（Mortimer Schiff）专列从北方来到了霍博卡，同行的人还有中央信托公司（Central Union Trust Company）的董事长詹姆斯·华莱士（James Wallace）、前任标准石油董事长而现任洲际橡胶公司总裁（Intercontinental Rubber Company）的霍华德·佩奇（Howard Page）、金融家奥科雷·索恩（Oakleigh Thorne）、华尔街名流约翰·布莱克（John Black），当然还有我和大哥哈特。

这位先生此前从未到过霍博卡，对于狩猎充满了疑问和好奇。列车上有人给他绘声绘色地描述了在霍博卡狩猎的有趣之处。在大家看来，霍博卡捕鹬俱乐部有了新的候选人了。

我们抵达霍博卡不久之后的某天晚上，索恩带着一副严肃的表情，活脱脱像极了主教大人，他若有所思地捋着胡须，突然开口朝我说道："伯尼，为什么你不让我们玩捕鹬的游戏呢？"毕竟，他知道我本人其实并不喜欢利用口袋和灯笼捕鹬的游猎项目，因为这个项目技术含量很低。接着，他向我解释了这个项目的有趣之处。显然，他是想整蛊上述那位新来乍到的先生。

我表示了反对，理由是这项游猎项目愚不可及。一个大男人提着灯笼，吹着口哨引诱鹬自动走进口袋当中，多么滑稽的户外运动啊。不过，禁不住他们的劝说，于是同意用一个晚上来捕鹬。最后，我强调只此一晚。

确定了这个项目之后，客人们就炸开了锅，开始打赌谁能捕获最多的鹬。新来的这位先生一步步地进入到了大家设置的陷阱之中，他认为捕鹬听起来并不困难嘛，于是兴冲冲地第一个下注。我在旁边记录下所有人下注的情况，然后递给每个人确认。

次日，我们生怕整蛊的事情露馅了，有点惴惴不安。仅仅通过口哨和灯笼就能让鹬自投罗网，这种事情太离谱了，不知道这位俱乐部候选人是否会发现这一破绽。整个白天，这位先生都在与庄园雇员以及向导们讨论捕鹬的事情，好在大家都很默契，也很老练，没有露出任何整蛊的蛛丝马迹。我记得这位先生还专门询问了黑人管家，管家一本正经地回答道："只要你热爱捕鹬，其实非常容易！"

鲍勃·凯恩被挑选出来作为这位先生的向导，他需要传授口袋和灯笼的具体用法，以及如何通过口哨将鹬吸引到口袋里面去。鲍勃感到很难完成这份差事："先生，我不想去带他回来，因为他很可能一无所获。"

我们这群人都成了这位捕鹬先生的助手，尽量保持安静，避免惊动了猎物。这位先生作为优秀的银行家做起事来真是一丝不苟，他认真地按照传授的方法吹着口哨，他要通过哨声将猎物引进口袋里面。他口哨实在是吹得太响亮了，让我们抑制不住笑了起来，有些人甚至笑得躺在地上翻滚，还有人边笑边用手捂住嘴，生怕打扰了那位认真的先生。

我告诉鲍勃，不用去叫他回来了，他自己会回来的。大家尽量忍住笑声，这个时候有一位信托公司的董事长忍不住喊了出来："这哪里是人干的事情啊！"要知道，这位董事长与那位先生其实是生意场上的竞争对手，两人都是优秀的管理者。

在霍博卡捕鹬俱乐部的出勤表上，有金融、工商、法律、文学、政治、军事等各领域杰出人物，他们的成绩都列在了后面，而这位候选人先生一无所获，当然也就没有资格上榜了。

有什么样的实力，就有什么样的圈子；有了什么样的圈子，就有什么样的资源；有了什么样的资源，干什么样的事业。

黑人进步事业

任何美好善良的想法未必都能如愿以偿，困难时常是进步的伴侣。

——巴鲁克

1

我之所以在南方安置了第二个家，其中一个重要的原因是家母曾经叮嘱我不要与祖居之地失去了联系，不要忘本。她还告诫我要为南方的复兴贡献自己的力量，特别是为黑人的进步事业做一些实事。

母亲的叮嘱我牢记在心。在南方的时候，我努力改善当地的基础设施和生活条件，特别是不忘致力于推动黑人生活水平的提高。

当卡姆登镇请我为一家当地在建医院捐款时，我给出了捐赠的附带要求，那就是必须为黑人患者预留一定数目的病床。当地人预估的建院开支在 2 万美元。我告诉他们这是绝对不够的，并建议说如果大家都能有力出力有钱出钱，我愿意承担全部的硬件成本。最终，大家同意了我的方案，医院建立了起来。

此后，医院因为火灾被毁掉了，我又出资兴建了一所设施更好的医院，同时还兴建了一个配套的住院部。

当我捐款给南卡罗来纳州的大学机构时，一部分资金捐给了黑人教育机构。在我提供的奖学金当中，无论肤色和人种都有资格获得资助。

不过，**任何美好善良的想法未必都能如愿以偿，困难时常是进步的伴侣。**有一回当我在乔治敦购买一块土地用来为黑人兴建一个现代化体育场时，周围的部分居民开始抗议和反对我的举动。不过，我仍然试图推进。这个时候 J.B.贝克（J. B. Beck）博士出现了，他是乔治敦黑人学校的校长。他来找我的时候总是从厨房那道门进来，然后从前门离开。

"伯尼先生，我请求你不要再继续建下去了。我们在这里与居民的关系不错，不想生出什么乱子来。"贝克带着恳求的语气对我说。

最后，我不得不另外寻找一个地方来建造这个体育场。

贝克博士在这件事情上看起来比我考虑得更加周到。我在种族上的宽容态度远远超过了道德和习俗的要求。我希望能够做出表率，给大众树立一个榜样。当然，**凡事有个度，木秀于林风必摧之，不要过于高调，中道是人类所有事务中的普世原则。**

当然，我的这些处世哲学肯定会招来一些人的反对，那些急不可耐地要让世界在一夕之间改变的人，或者是那些希望世界一成不变的人，都不会赞成中道的哲学。**我的观点是生活需要变化，但是不要激进，否则事情只会变得更加糟糕。**

在南卡罗来纳州，对比黑人现在与他们在世纪之初的状况，进步真的是很大了，让人感慨万分。

我小时候认识的黑人都是奴隶的子女，他们真诚善良，但又没有什么责任感。到了 20 世纪 20 年代的时候，那个地方的大多数黑人仍旧以佃农的身份谋生。现在则不同了，周围的黑人有从商的，有律师和医生等专业人士，也有农场主，而且口碑和信誉都位列前茅。

他们勇于承担其生活的责任。最近农作物价格处于下降趋势，我询问一位白人农场主：在这种情况下黑人农场主们能否承受？

"他们会想办法走出困境的！一旦他们拥有了自己的土地，就会不惜一切保住他们！不会轻易卖掉！"他以略带钦佩的语气告诉我。

休克疗法往往意味着付出沉重的代价后还需要从头再来进行渐进式变革！

奴隶没有产权，当然也就很难建立起责任感了。道德风险的普遍存在往往与产权问题密切相连。一切你想要批判的现象背后都有值得探究的原因。用"为什么"代替批判，这是我的思维信条之一。

我在南卡罗来纳州居住时，另外一个白人邻居想要向从一个黑人农夫那里购买一英亩的湿地。但是，后者拒绝了这一提议。为了测试黑人农夫的意愿，他愿意出价500美元。对于一英亩土地而言，这是天价了。

不过，这位黑人农夫重复道："对不起，上尉先生，我帮不了你！我只是不想失去土地而已！一亩也不行！"

我的庄园管家告诉我实际上黑人农场主与白人农场主的效率一样高，他们最大化了土地的产出和经济效益。同时，他们在采用农业新技术方面也与白人农场主一样迅速。

2

当我最初买入霍博卡的时候，那时黑人们的生存条件和社会地位，与今天相比相差甚远，这些进步和积极的变化让我倍感欣慰。那个时候，黑人作为附属品与土地一起出售，谁要是买了一块土地，那么土地上的黑人便被一起出售了，来到新主人的手里。在那个时代，黑人一出生就成了种植园的一部分，他们一生可能都不会离开出生地。在他们眼里，种植园主为他安排工作是天经地义的事情。

有一件事情让我对此有了更加清晰和深刻的认识。某天，我的管家哈里·当劳尔森（Harry Donaldson）对我说某个黑人比较懒，他准备辞退他，让他离开。通常我委托了管家全权处理庄园里面的一切事务，不过有一件事情例外，那就是决定哪个黑人离开必须得到我的许可。

我告诉哈里想要听一下这个名叫莫里斯（Morris）的黑人如何为自己辩护。某个周六的下午，我和妻子还有她的继母一同来到庄园的谷仓，然后派人把莫里斯喊来。

莫里斯来了，年纪已经很大了，身着灰色的毛线衣。他手里拿着帽子，先是向两位女士鞠躬问候，然后又向我鞠躬致意。

"莫里斯先生，哈里上尉说你做事偷懒，想让你离开这里，"我说。

"伯尼先生，我出生在这里，我不想离开这里！"莫里斯没有反驳哈里的说法，当然也并不为此感到羞愧，他只是简单地表达自己的想法。

他在我们面前走来走去，继续陈述他的理由："伯尼先生，在黑人获得自由之前，我就出生在这里了。家父和家母都在这里的稻田里面劳作，他们离世之后也葬在了这

里。在我的人生中，最遥远的地方就是种植水稻的河岸了。我从小就是在这里长大的。"说着，他还用手比划了他小时候的身高。

"你瞧我的身板，无论是双臂，还是双腿，还是腰背，都是在你的稻田里塑造起来的。我已经上了年纪了，剩下这点力气最终也会被上帝带走。生于斯，长于斯，最后我想埋在这里，与那些先祖们待在一起。先生，你不能把我赶出去啊！"

接着，他转身对着两位女士陈述自己的悲惨境遇，他的妻子离世了留下一个女儿需要他抚养。生活对他来说是多么艰难，白天需要在稻田里劳作，还要照顾不懂事的女儿。他有点埋怨女儿到了求偶的年龄却惹出一些祸端来，最终他把声音放低了，变成了自言自语。最后，他低声对我妻子说："只有这位女士能够明白我的处境！"

事实上，莫里斯在女儿身上的难言之隐，是女儿并未结婚，但是却生了一个孩子。不过，莫里斯并不愿意把这件事情摆在台面上来。他辛苦地养着这个外孙女，希望给她一个温暖的家。

"只有这位女士能够明白我的处境！"他又重复了一遍，好像我无法理解其中的痛楚一样。

"尊敬的伯尼先生，我也在不断努力成为一个优秀的黑人。如果我没能做好，那都是造化弄人。上帝让我成了这个样子。"

类似的借口我都听过，不过这位上了年纪的黑人讲出来的这番话无不让人动容。结果就是我们给予了他特殊的优待和关爱。当然，莫里斯非常了解我们的用心，也明白其中的缘由。

后来，莫里斯在庄园里负责我设计的养鸡试验。这些鸡感染了禽流感，于是我决定终止试验。我还鼓励莫里斯向其他黑人学习先进的农业技术。万事开头难，不过后来就顺利多了。

讲到莫里斯，主要是想表明现在的情况已经大大改变了。我认识许多黑人农场主，他们与白人农场主一样，善于学习和吸纳新的农业技术。例如，艾力·威尔逊（Ely Wilson）就是这样一个勤学进取、受人尊敬的黑人农场主。他在自己200英亩的农场上亲自选育种子，使用复合肥，对蔬菜、棉花、玉米和烟草进行轮作。他在农业新科技的运用上走在前列，同时还是当地的捕鸟专家。

又如，特洛伊·琼斯（Troy Jones），他有100英亩的农场，同时还受雇于我。当他最开始买下这100英亩的农场时，里面长满杂草和树木，他和妻子自己动手将这些杂草和树木清理干净。现在，他们已经将购买农场的债务完全还清了。

特洛伊现在35岁了，当初他耕田的时候用的是一头牛，后来又买下了一头骡子，没过几年又买了一台拖拉机。以前他用火烧的办法除去野草，现在则有了更加高效先进的办法。

黑人同胞们的进步是显而易见的。以霍博卡庄园为例就可以看出这种进步。霍博卡拥有大型滨海种植园，对出生在这里的黑人而言，种植园完全可以自给自足。他们对外部世界不了解，也没有兴趣去了解，有些人甚至连几英里外的乔治敦都没有去过。就我掌握的信息来看，我买下霍博卡的时候，里面的黑人只有两个人去过查尔斯顿。

当时的黑人虽然名义上支持共和党，但实际上对政治毫无兴趣。有一位名叫亚伯拉罕·肯尼迪（Abraham Kennedy）的黑人，品行优良，是一个技术精良的木匠，同时也是一个优秀的砖瓦匠。某天，我询问他是否参与了政治投票。

"没有，先生，我不参与政治。"他回答说。

"如果你投票，你会投票给民主党吗？"我接着问他。

"不，先生。小时候，母亲每到晚上就会拿着亚伯拉罕·林肯（Abraham Lincoln）的画像让我跪下向他祷告，并许下诺言只投票给他。"

当我买下霍博卡的时候，其中的种植园已经荒废了。在复兴种植园的过程中，需要将所有的小木屋修葺一新，黑人们作为雇员是有薪水的。每一个参加修葺工作的黑人，无论男女，都按照当时的工资水平付给他们。除此之外，他们还分配到了住房和燃料，以及住房周围小块的耕地，可以作为自留地耕作。就物质条件而言，我已经充分提供了方便，他们后来的生活也没有遇到任何困难。

另外，我在乔治敦的福特杂货店（Ford's Grocery）设立了赊账制度，庄园里面那些年迈或者残疾的黑人可以到这家杂货店选购生活用品，账单会定期转给我来支付。这相当于是一种养老体系。

当我买下霍博卡的时候，当地的黑人基本上都是文盲。于是，我建立了一所学校。我的女儿贝乐负责学校的一些事务，她为这所学校感到骄傲和自豪。每天她要负责将庄园里四所村庄的孩子们召集到这里上课。某天，有两个17岁的孩子没有按时到学校。于是，贝乐就和一个朋友骑马去找他们，结果发现他们在沼泽地里藏着旷课。沼泽地是不能骑马的，于是贝乐翻身下马，步行蹚水过去，揪着两个男孩的耳朵从沼泽地走出来。

虽然接受更多的正式教育对于黑人而言普遍还是比较困难，但是在我的庄园里年青一代的黑人普遍都获得了更好的教育。例如，在我的庄园里有一个黑人基本上没有上过学，不过他却努力让两个孩子完成了大学学业，现在他们都成了受人尊敬的教师。

最初我认识的黑人都像我的保姆米娜娃一样，深陷迷信之中。他们信奉万物有灵

论，认为森林、溪水、天地遍布各种魑魅魍魉。他们认为在新月的夜晚里穿行在森林当中是非常危险的，于是他们会打着灯笼，边走边唱。很远你都能听见他们的歌声。

他们说有一种叫"独眼"（Plat Eye）的妖怪，它会以女巫的形象出现，有时则以动物的形象出现，或许有牛那么大，或许有猫那么小。大多数时候，它们的额头中间会有一只大眼睛。它们会到房间里面殴打老年人。

他们说要躲在"单眼"妖怪的旁边，不要正对着它。一些胆大爱吹嘘的黑人总说自己曾经踢到过这种妖怪，但也没有任何恶果。他们说走自己的路，不要怕踢到什么东西。

聪明的黑人极少看见什么妖怪，倒是那些没什么文化的黑人经常自称看到了妖怪。我猜测在黑人中也有不少人其实并不相信存在所谓的妖怪。

某次晚餐，我的客人们在餐桌上聊起了鬼怪故事。一位黑人男孩作为侍应生站在旁边睁大了眼睛在听。用餐完毕，客人之一艾德·斯密斯（Ed Smith）邀请这个男孩帮自己带个口信去一个小木屋，路上会经过一段小路。

刚开始男孩并不愿意去，不过最后还是同意了。他一路上高声唱着歌，走到了目的地。等男孩返回的时候，艾德走出去躲在一棵树后面发出鬼怪的叫声。

男孩停了下来："你是艾德先生吧？"

艾德没有回答，继续发出鬼怪的叫声。

"艾德先生！我肯定就是你，不过我还是先跑为妙！"男孩的声音开始颤抖了。

仔细想想这个恶搞，我们在人生中的迷信与作为不正如这个男孩吗？

现在，回到正题。我在霍博卡还引进了一项新颖的做法，那就是定期为黑人提供诊疗服务。我的私人医生 F.A.贝尔（F. A. Bell）每周为他们提供一次诊疗，而且是免费的。

不过，还是有一些黑人愿意去找巫医看病，他们认为这些巫医拥有超自然的力量。巫医们的眼神让许多黑人感到恐惧，我听说许多私奔的配偶最后会因为惧怕巫医的魔法而选择回家。

不过，现在情况已经有了很大改观，乔治敦附近只剩下一两个巫医了，找他们治病消灾的黑人越来越少了，只剩下几个仍旧迷信的黑人。

3

或许对这些旧时代的黑人影响最大的单一因素是他们的宗教信仰。通常而言，牧师在种植园社区中是最重要的人物。他们要负责主持洗礼和婚丧事。不过，这些牧师很少经过正式的任命。庄园早期的那些牧师通常也没有什么文化，不过却是信徒们的精神领袖。

为什么宗教对黑人来说如此重要呢？在我看来，其中一个重要的原因是宗教取代了历史的地位和价值。身处美国的黑人们完全不了解自己的历史。他们对过去茫然无知，以至于出现了价值危机。

世界上大多数民族对熟悉自己的历史和源头，因此获得了一种民族自豪感和认同感，而北美的黑人们却缺乏这种支持。

这番结论是我在数年前突然想到的，当时我正在阅读加尔布雷斯·韦尔奇（Galbraith Welch）所写的《北非序曲》（*North African Prelude*）。这本书讲述了古老非洲土地上的诸多英雄古人，他们是黑人国王和勇士。

我认为完整的历史故事会成为散居世界各地的黑人的认同感和自豪感的来源。于是，我专门给这本书的作者韦尔奇小姐写了一封信，希望她继续做一些这方面的研究。

后来，利比里亚（Liberia）总统威廉姆·塔布曼（William Tubman）到美国访问，我建议他邀请韦尔奇小姐去利比里亚进行这方面的深入研究，他接纳了这一建议。

除了历史之外，我对黑人文化研究也有自己的一些想法。其中一个想法是请人对南卡罗来纳州偏远地区的黑人文化风俗进行系统而全面的研究，不过这事已经没能成行。现在已经太晚了，当地许多古老的文化风俗基本消失殆尽了。

在霍博卡，黑人们的生活是多姿多彩的，节日总是充满了热闹非凡，不会潦草度过。生老病死、婚丧嫁娶，人们都会举行隆重而盛大的仪式，气氛浓烈，参与度很高。另外，每逢周六，庄园的大谷仓还会举行舞会，无论年龄和性格，大家都会参加，那些表现最好的人会得到专门的奖品。

其实，现在风靡于纽约、伦敦和巴黎的许多所谓现代舞蹈，我在霍博卡都基本见过。这些舞蹈中的伴奏大多是口琴加上拍手和跺脚，而拍手和跺脚与非洲土著音乐的节奏感高度类似。在霍博卡，即便是在教堂做礼拜，许多音乐也是使用了这样的节奏。

在霍博卡的一个黑人村庄，原来有一座小教堂，后来又新建了一座新的教堂。黑人族长请我给这座新建的教堂命名，我婉拒了，因为这样做不合适。最后，族人们一致决定请教会任命的黑人牧师来为这座新教堂命名。

这座粉刷了石灰的教堂已经有超过 25 年时间了，黑人们在这里完成礼拜仪式。尽管我不迷信各种宗教的具体信条，但是我却尊重所有的宗教本身。实话实说，我从未见过所谓真正信仰宗教的人，这些沉浸于宗教的人也并未因为有信仰而更加幸福。

有空的时候，我也会到霍博卡的这座教堂里面，在长凳上坐下，与大家一起礼拜。这些礼拜仪式掺杂了一些非洲的原始要素，尽管如此仍旧是美好的事物。整个仪式非常神圣，贯穿着对美好和伟大美德的赞颂。

每当仪式开始时，族长会带着大家合着节拍一起唱圣诗。这些歌曲已经流传了数代人，一部分是在霍博卡发展出来的，也是本地独有的。族长唱一段，众人跟着唱一段，整个圣诗有许多段。

圣诗唱诵完毕时，另外一个长者会带领众人跪下，开始祷告。祷告也伴随着拍手和跺脚的节奏进行。祷告的内容主要与丰收有关，与生活幸福快乐有关。祷告期间，众人会时不时呼唤主的名字，赞美上帝的荣光。

祷告结束后，大家就开始歌唱了，这时舞蹈出现了，节奏变得更加明快。

歌舞结束之后，牧师开始布道了。我最喜欢的牧师是莫西·詹金斯（Moses Jenkins），他的儿子普林斯（Prince）仍旧受雇于我。

莫西牧师热衷于宣讲以色列人从埃及出逃获得自由的故事，他喜欢讲《出埃及记》（Exodus from Egypt）的章节，他的这些讲解堪称大师之作。

每次布道之前，他总是先扶一下眼镜框，然后捧着那本大部头的《圣经》，翻到《出埃及记》那部分，高声朗诵起来。这本《圣经》是我妻子送给教堂的。

莫西牧师读一段，众人跟着读一段。等众人读完后，他再接着读下一段。他会先讲到上帝的使者出现在摩西面前。

莫西牧师接下来会讲到摩西去见法老请求和平离开埃及，但是法老拒绝的经过。然后，会讲希伯来人在大瘟疫中惨不忍睹的境遇。最终法老允许摩西带着犹太人离开埃及，不过却遭到军队的追杀。

莫西牧师善于将《圣经》上的故事与现实结合起来。他将第一次世界大战后的历史加到了布道之中，他会绘声绘色地讲述这些东西，让听众身临其境。

在整个布道快要结束的时候，莫西牧师会讲述法老军队在红海面临绝境的情景。有时候，莫西牧师精力充沛时会讲到犹太人到达应许之地的故事，这个时候他会跳过出逃埃及的一些段落。

布道期间，大家会通过拍手和跺脚制造出有节奏的声音，伴随着牧师的讲述。这些有节拍声如潮水般袭来或者退去。

布道结束之后，大家会接着唱几首赞美歌，最后再进行一些祷告。整个礼拜仪式通常会持续到子夜一点钟。礼拜结束之后，大家会有序离开，走到教堂外面。此时，外面已经完全黑了，大家结伴而行，在小声谈笑中回到自己的家。

当然，宗教信仰让黑人们对来世的平等充满了希望。令我印象深刻的是黑人有一种特别的能力，他们能够将宗教信仰与实际利益糅合在一起，接纳和调整宗教信仰适合自己的情况，放弃那些不适合的部分。在某些情况下，他们务实，而且追求准确性，而这使得他们变成了怀疑论者。

我的朋友盖瑞·格雷森讲了一个与此相关的故事，这个故事清晰地体现了上面说的这种情况。这个故事是这样的：

某天有位名叫亚伯拉罕的黑人老者想要入教，他希望能够在宗教中获得某种精神上的抚慰。于是，他来到了教堂，向执事（Deacon）提出了入教请求。

“亚伯拉罕，你必须相信这一切才能入教。你相信《圣经》讲述的一切吗？”执事问道。

“当然，我相信！”亚伯拉罕回答道。

“你相信丹尼尔（Daniel）和狮子的故事吗？那些饥饿的非洲狮子还未进食，而丹尼尔直接走进了他们的巢穴，还给了狮子几耳光，而狮子竟然没有任何反应。”

“饥饿的非洲狮子？他还给了狮子几耳光？”

“是的，《圣经》上就是这样讲的！”执事带着非常肯定的口吻说。

“哦，那我相信。”

“那么你知道希伯来孩童们在大火炉中的故事吗？他们走进大火炉中，脚下是炙热的红炭，但是他们却毛发无损。”

“他们毛发无损？那是平常的火吗？”

“对。他们连身体都没被烧到。”

“执事！这个我很难相信了。”亚伯拉罕摇了摇头说道。

“那么你就不能进入教堂的怀抱了。”

亚伯拉罕捡起帽子，慢悠悠地往教堂门口走。到了门口时，停了下来，回过头来看着执事：“还有，执事。我对丹尼尔和狮子的故事也不相信了。”

4

在霍博卡的数年时光里，只有一次我们因为一个黑人遇上了大麻烦。在当天因为白人小孩太少以至于专门建一所学校并不合理，于是哈克斯·凯恩的两个女儿就由一位年轻女教师专门去上课。

当时，我和家人在北方。有一天这位女教师带着哈克斯的两个小女儿驾着小马车从松树林间穿过。从林子里突然跳出来一个黑人，他强行将女教师从马车上拽下来，拖进林子里面，意图实施强奸。

两个女孩惊吓得尖叫起来，女教师则不停地反抗。就在此时形势急转直下，女教师快要没有力气的时候，她想起了一个计谋，于是喊了一声："感谢上帝，哈克斯先生来了！"

这个计谋果然起了作用，黑人马上放弃了作案，逃进了林子里面。

黑人强奸女教师未能得逞，这个消息迅速传开了。乔治敦的一些男人专门乘船过来要抓捕这个黑人。还有人专程从霍博卡的北部骑马过来。这些人都带着枪，他们封锁了森林、沼泽和水域。

通过排查，嫌疑犯的身份被确定了，是一个外地来到霍博卡的黑人。我们很少雇用外来的黑人，也不鼓励他们来到这里。在数小时的地毯式搜查之后，罪犯被抓到了。大家把他带到了我们房子的院子里面。一大群人围着罪犯，这群人里面有治安官和我的管家哈里·当劳尔森以及吉姆·鲍威尔上尉。众人都一致强烈要求当场处决这个罪犯。这时候，有人将一根绳子挂上了一棵大橡树。

吉姆·鲍威尔试图阻止大家滥用私刑，于是大步走过去，希望大家听他讲一讲。

"不要在这个院子处决他，"他用恳求的语气说道："如果在这个院子处决，那么伯尼先生的太太和女儿们就不敢回来了。因为这里会变成一个阴森恐怖的地方。这种做法会毁了这个地方，我们应该把罪犯带到霍博卡的北边去处理。"

此后，大家有些激动，场面差点失控。不过，治安官迅速地将罪犯押上了船，还未等大家反应过来，已经前往乔治敦了。在南卡罗来纳州，强奸行为，无论既遂还是未遂都可以判处死刑。最终，这个罪犯在法庭被定罪，处以绞刑。

在南方，大多数人都反对滥用私刑，因为这是南方不好的传统之一。治安官和吉姆上尉就是反对滥用私刑的代表。我自己也坚决反对私刑，并且为这类运动提供过资助。我支持对滥用私刑者提起诉讼。当然，许多与我有相同观点的人也以各种努力废除私刑。

慢慢地霍博卡的黑人村庄逐渐缩小和消失了，为此我感到高兴，因为这表明他们有了更多的选择和机会，这意味着黑人的进步。他们到外面去创造更精彩的人生。

世界大战爆发时，许多黑人同胞们应征入伍，并且在军队中收获了新的人生观和生活方式。当他们从军队退役回来，他们有了更加强健的体魄，同时也更有法制观念了。

他们离开了霍博卡这片乡土，前往发展更加迅速的北方和南方城市。政府推行了农产品价格支持政策，该政策对耕种面积进行了限制，而这加速了黑人劳动力流出农村，进入城市。

从历史来看，不管是在美国南部还是北部，教育和经济的发展是推动黑人进步的关键。我在纽约读大学的时候，班上只有一个黑人同学。此君擅长辩论，学富五车。

毕业之后数年，我在街上遇到他，问他何故不参加同学会。

"我认为我能够提升黑人的地位，但显然自不量力！"他告诉我。

今天，我认为任何从大学毕业的黑人都不会再说同样的话了。黑人受教育的比例越来越高，整体的经济状况和社会地位都有很大的改善。他们中涌现出来不少杰出人士，如拉尔夫·约翰逊·本奇（Ralph Johnson Bunche）和杰基·罗宾逊（Jackie Robinson）。

这只是两个例子。他们不仅代表了黑人，也代表了美国人，在美国社会当中获得了成功和荣耀。

黑人同胞和我们所有人一样，正在抓住变革的潮流前行。时代大潮浩荡向前，历史不会倒退。前路看起来险象环生，但是我认为我们既然已经上路，就应该义无反顾，披荆斩棘，勇往直前！

拉尔夫·约翰逊·本奇（Ralph Johnson Bunche）生于1903年8月7日，卒于1971年12月9日。美国教育家、政治学家、外交家，他是第一个获得诺贝尔和平奖金的黑人。杰基·罗宾逊（Jackie Robinson），生于1919年1月31日，卒于1972年10月24日，美国职棒大联盟史上第一位黑人球员。

砥砺前行

如果他们能够做到，为什么我不能呢？

——巴鲁克

1

部分人在其生命早期阶段就知道了自己想要成为什么样的人，他们的人生成了完成雄心壮志的史诗。不过，坦白来讲我的情况与此不同。在我的人生规划当中，一直被许多相互冲突的目标所困扰。我人生中经常因为意外事件而出现转折。

尽管我最初混迹华尔街的时候并未意识到美国正处于大转折时期，但显然旧的时代逝去，新的时代到来。旧时代的那些代表人物们正处于巅峰状态，如摩根、哈里曼、瑞恩、希尔、杜克、洛克菲勒等。

盛极则衰，垄断资本和投机力量的时代落幕了，竞争资本和投资质量的时代来临了。格雷厄姆升起了，J.Livermore陨落了。天下大势，浩浩荡荡，顺之则昌，逆之则亡。

望着这些巨擘们，我心生向往，并且扪心自问："如果他们能够做到，为什么我不能呢？"我努力学习他们，特别是爱德华·哈里曼。

哈里曼是我的榜样，他是牧师的儿子，白手起家，与我情况类似。他喜欢赌马和拳击，也对政治选举感兴趣，而这些也是我喜欢的东西。

当我研究铁路行业的时候，他让联合太平洋铁路公司起死回生的传奇让我兴奋不已。我热衷于收集关于哈里曼的逸闻趣事，其中一个故事讲述了有一次国民城市银行的詹姆斯·斯迪尔曼问哈里曼最喜欢做什么。

"如果大家认定某事不可能完成，那么我就会迫不及待地去全力完成它！"哈里曼回答道。

不过，我最终并未成为第二个哈里曼。或许我和他本质上不是一类人。另外，**大环境也使得他这类被新闻界称为"强盗大亨"和"金融之王"的巨头失去立足之地。他们赖以生存的外部条件正在逐步消失殆尽。**

风云际会四个字饱含出人头地的关键哲学。

那是在 1898 年 7 月 4 日，我利用美西战争（Spanish-American War）即将结束的契机在证券市场上大举获利。当时的我沉浸在巨大成功的喜悦中，并未意识到这次战争在宏大历史背景中昭示的意义——美国作为世界强国已经登上舞台，**而美国金融的个人主义时代即将落下帷幕。**

原因何在呢？其中一个重要的原因是，步入 20 世纪之后，金融市场变得非常庞大，个人甚至机构都无法主导其趋势。1907 年，摩根财团阻止了一场金融大危机的爆发，但是到了 1929 年谁也没有这个能力去阻止一场更大危机的爆发。

证券市场自身的变化也体现了上述跨时代的转变。1898 年的纽交所上市股票中，铁路板块占了差不多 60% 的份额，这表明南北战争结束后美国经济发展的主要动力是跨越北美大陆的铁路系统构建。但是到了 1914 年，铁路板块所占的比例已经降到了低于 40%。再往后，到了 1957 年，铁路板块占比已经降到了区区 13% 了。

美国债券市场的发展也导致其规模今非昔比。在第一次世界大战之前，外国政府在美国发行债券的规模很小，只有英国在布尔战争期间，日本在日俄战争期间在美国发行过国债。但是，现在的美国已经成了全球最重要的政府债券发行和交易中心。

两个时代对应着两代人。代表旧时代巅峰的摩根和洛克菲勒都比我年长 30 多岁，哈里曼比我大 22 岁，瑞恩比我大 19 岁。两代人的价值观也有一些差异。我们这代人出生在不那么艰苦的年代，赚钱并不是人生的全部梦想。同时，在我眼里家父是一个典范和人生楷模，他的一句话始终让我更加客观地看待金钱本身："当你有钱之后，你该如何使用它们呢？"他的话不时提醒我清醒看待金钱本身。

时代在进步，国家也在努力激发大众对社会的责任心。金融巨擘们当然也受到这种感召的驱动，他们拿出大笔金钱来赞助公众事业。对公共事业的更大责任心和奉献精神开始成了社会的一股主流思潮，这些进步理念体现在了西奥多·罗斯福和伍德鲁·威尔逊总统的政治主张之中。

正如此前章节指出的那样，我对特定的政治哲学掌握得很慢。我第一次参加大选投票是在 1892 年，当时我将自己的选票投给了克利夫兰。到了 1896 年大选的时候，当时思绪杂乱，以至于现在我已经记不清楚自己将票投给了谁。当威廉·詹宁斯·布赖恩（William Jennings Bryan）到纽约来演讲时，我被他的言辞打动。当我从他所在的麦迪逊广场花园（Madison Square Garden）离开时，随着他的声音远去，我也逐渐变得清醒起来。我认识的每个人基本上都反对他。

我几乎打定主意将票投给麦金莱（Mckinley）时，舅公费舍尔·科恩（Fischel Cohen）的一席话让我改变了主意。他曾经在南方邦联的博勒加德（Beauregard）将军手下服役，他谈到了南方失败的必然性和内战后重建等诸多问题。他对共和党人一直有意见，因此他告诫我说为了南方的尊严不要投票给共和党人。最终，我可能投给了民主党人约翰·M.帕尔默（John M. Palmer）。家父也是这个人的支持者。

不过，当西奥多·罗斯福竞选总统的时候，我为他投了一票，因为他的竞选纲领是反对"强盗资本家联盟"（Plunderbund）。我记得那时候的自己在证交所收市之后总是怅然若失，对生活和人生充满了焦虑，毫无价值感。我坐在办公室里面，俯瞰整个华尔街和三一大教堂，脑子里想着格瑞（Gary）的《挽歌》（Elegy），反思自己为什么没有去当医生。

那段时间，每天下午 G.盖瑞特（Garet Garrett）都会来拜访我。此后他任职于纽约的《晚间邮报》（Evening Post），后来也又成了纽约《先驱论坛报》（Tribune）和《周六晚间邮报》（Saturday Evening Post）的编辑。交易所收市后，他会到我的办公室拜访，我就会吐露所思所想。当他站起来准备离开时，他会说："嘿，我一直想告诉你的是——老兄你不属于华尔街，你应该在华盛顿！"

2

不过，事实上我人生规划的转折点发生在第一次世界大战期间，当时我对美国商界的整体看法发生了改变。战争使得美国长期盛行的自由主义让位于政府干涉。这次大战中政府的表现让大众记忆深刻，同时也为此后的政府干预提供了范例。此后，每当国家面临重大挑战，例如，出现经济大衰退（Great Depression），或者是世界大战爆发，那么国家都会进入到"一战"期间的政府干预模式。

我个人目睹了国家治理思维和政府角色的转变过程。对我而言，与其说是预见，不如说是经历。

早在第一次世界大战爆发初期，我还缺乏全球视野。对于军事战略我也不甚了了，因为涉及不到我的直接工作。我也不了解当整个国家投入战争动员时，经济上需要进行一些什么干预和处置措施。

随着战事推进，形势变得紧张，我也开始深入思考一些当前的问题，因为我希望美国能够最终取得胜利。我第一次踏入了华府白宫，是财政部长（Secretary of Treasury）威廉·G.麦卡杜（William G. McAdoo）为我安排了这份公职。我负责起草战争经济动员的计划，并向总统威尔逊解释这份计划。

当国防委员会下属顾问委员会（The Advisory Commission of the Council of National Defense）建立起来时，我也成了委员之一。我在其中负责为战争进行筹备原材料供应。原材料与制造业息息相关，因此我需要关注和协调所有经济部门。很快，我发现如果按照金融交易那套来工作，许多任务都无法完成。我需要制订一套全新的工作流程，具体来讲就是将全部的工厂和原材料，以及商业领袖和工人们都纳入到一支巨大的产业大军中。

我需要将我的想法传递给其他商界人士，这个过程颇费周折。在一些早期的磋商会议上，当一个劳工领袖发言时马上就会被委员会的商界人士打断。于是我自己不得不出面协调，表达自己想要继续听下去的意愿。

要协调好这支来自商界和金融界的产业大军并不容易，这些大佬们已经习惯于在没有国家的干预下自己做主，他们精于从企业利益的角度看待问题，现在却要甘愿扮演士兵的角色。要说服他们将个体主义放在一边，接受政府的指导与竞争对手一同为国防服务并不容易。

在促使商界领袖们采纳更广阔的国家视野时，我遇到失败也是正常情况。例如，我去华盛顿某家酒店拜访亨利·福特，向他解释钢材有限，为了战备必须削减民用轿车的生产。

福特固执己见，他表示自己有能力同时满足民用轿车和军火的生产，他说："只需要告诉我需要什么就可以了，我能办到！"

我继续不厌其烦地向他解释现在的钢材数量不能同时满足国防和民用的需要。不过，他仍旧坚持自己的观点。

当然，其他一些商界大佬也与福特一样带着强悍的个人主义风格，不过他们比福特更加顾全大局，眼光也要长远得多。某日，我邀请詹姆斯·B.杜克（James B. Duke）共进午餐，一起讨论烟草行业的战时计划。席间，杜克抨击我们的做法是彻底错误的。我顺着他的话叫了一个人进来，这个人负责烟草行业的战时协调工作，我对这个人说："杜克先生现在会给出一个他认为的好办法！"

当杜克再度表示异议时，我说道："你不赞成我们的办法，好！那就说说你的方法吧。这是我们必须解决掉的问题。"

此后，杜克提出了一些非常有价值的建议，尽管他在政治上仍旧反对威尔逊总统，但却成了我们委员会的最大支持者之一。

这就是我们在进行战时经济动员时采用的常见套路。虽然我们持续努力与各行业沟通和协调，但是并不能让所有商界大佬们都转变观点和立场。不过，我们在每一个行业领域都能找到至少一位乐于合作的可靠人选，他们会为我们提供具体的解决之道。

本书此前的章节已经提到过丹尼尔·古根海姆帮助我们将铜价降到一半的事情。此后，我们在政府采购造船钢板上又遇到了相同的困难。于是，我专程去拜访了 H.C.福瑞克（H. C. Frick），他在其著名的私人图书馆接待了我。我询问他政府应该为钢板支付的价格。

"这种做法对我们行业不公平。我是美国钢铁金融委员会（The Finance Committee of U. S. Steel）的主席。"福瑞克向我抗议。

"我并未将你当作钢铁行业人士，而是将你当作一个爱国的公民！"我告诉他。

"2.5 美分每磅！"他甩回了这句话。

他给出的这个价格已经非常便宜了。要知道当时其他钢铁公司的代言人要求政府支付 4.25 美分每磅的价格，而黑市价格则高达 18.5 美分每磅。

还有许多商界领袖如同古根海姆和福瑞克一样，最终都积极响应了政府的号召，

例如，安德鲁·梅隆（Andrew Mellon）、克利夫兰一家钢铁厂的普利斯·麦金尼（Price Mckinney）、圣约瑟夫铅业公司（St. Joseph Lead Company）的克林顿·H.克雷恩（Clinton H. Crane）、新泽西标准石油（Standard Oil of New Jersey）的阿尔弗雷德·C.贝德福德（Alfred C. Bedford）、新泽西铅业（New Jersey Zinc）的埃德加·帕尔默（Edgar Palmer）等，还有许多人就不一一列在这里了。

倘若我缺乏在华尔街丰富的工作经验，那么这些事情就很难被出色地完成。**在华尔街摸爬滚打多年，认识了许多人，让我对商界领袖们的性情有深入而全面的了解。**我知道哪些人具有崇高的爱国主义情怀，也清楚另外一些人的特点。对前者诉诸爱国主义，对于剩下那些人则要以事实让他们明白政府的力量足以碾压任何一个人。

需要向对方摊牌时，我比其他人更具优势。此前我在华尔街作为独立交易者从事操作，我的财富并不依赖于特定产业领域。步入政界后，当我需要向对方施压时，对方也不可能通过特定产业领域定向实施报复来精准打击我的财富基础。例如，与钢铁行业协商时，委员会的某位委员正是一家相关公司的大股东，他惧怕钢铁行业的大佬们把他的公司搞垮。

我知道他面临的利害关系和顾虑，于是我提议让我来处理这件事情，因为那些大佬们无法伤害到我的利益。

在华尔街多年沉淀下来的经验，让我在华府处理战时经济事务时得心应手。经常让我感到意外的是，在华尔街投机中采用的策略在战争经济动员上仍旧有效。

例如，战争中面临物资短缺问题。根据金融投机的经验，我认为战时物资短缺在很大程度上离不开心理因素的影响。产业链中游的贸易商和下游的工厂预期战争会导致需求增加，他们的买入和囤积行为大大助长了价格的上涨。

投机的经验告诉我如果打断上涨背后的连续预期，那么价格就会转而暴跌。照此经验，我需要在战时物资价格上涨时打破其持续预期，这样就能极大地抑制价格上涨幅度。

另外，**军事行动计划的制定与金融交易计划的制定非常类似，在行动前必须搞清楚对方的优势和弱势之处，知己知彼，百战不殆！**

针对对方的特点采取针对性的措施。对于那些不愿意与政府合作的大佬，我们需要针对他们的弱点进行施压，迫使他们与政府合作。当国内某个厂商不愿与政府合作，我们的策略是切断其燃料供应或者是铁路运输。

但是，针对国外某个厂商的策略则有所不同。讲一个具体的例子。第一次世界大战期间，美国政府希望稳定产自印度加尔各答（Calcutta）的黄麻纤维（Jute）的价格。

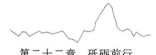

世界 2/3 以上的黄麻来自印度、巴基斯坦、孟加拉国、泰国和尼泊尔。

当时印度还是英国的殖民地，但是英国政府代表却声称由于印度政府是独立运作的，因此无力做到这一点。

于是，我想到了一个间接战略。我找到麦卡杜部长，请他扣留一些往印度运送白银的货船。印度当时需要进口大量白银来稳定货币。美国政府向伦敦派出了一个利兰·萨默斯（Leland Summers）率领的外交代表团，他们向英国政府表达了立场，申明即便印度金融动荡导致孟买（Bombay）和加尔各答的证券交易所关闭，也会坚持下去。这招很快就起效了，英国政府很快就将麻黄纤维的价格稳定了下来。

在整个战争期间，我们遇到的最为棘手的战争物资供应问题涉及硝酸盐（Nitrate）。硝酸盐用来制作肥料和炸弹，但是当时的国内产能根本无法满足需要。即便到了战争结束时，这个问题仍然没有完全解决。每一艘负责硝酸盐远洋运输的船只被击毁，都带来了极大的负面影响。

美国宣战之后，硝酸盐的价格隔夜就涨了 1/3。三周之内就翻了一倍。价格上涨导致了囤积和投机行为日趋白热化。

在这种紧急形势下，威尔逊总统让我将其他事务先搁到一边，全力解决硝酸盐短缺的问题。我绞尽脑汁想出一条办法，但是却未能实现。不久之后，一个军火行业的代表团抵达华府，请求政府筹集履行合同所需的硝酸盐。我负责接待了他们，答应他们会解决这个问题，让他们安心生产。

见面结束后，领导化学品部门的查尔斯·麦克道威尔（Charles MacDowell）对我说："老大，你怎么履行承诺呢？"

"我也不知道，麦克，"我向他坦承了现实，"但是我不能让他们认为政府束手无策！"

接下来的几天我寝食难安，或许算得上是我人生中最焦虑的一段日子。我快要被这个问题压垮了。有一天早上起床后，我对着镜子，发现自己脸色苍白，垂头丧气，失魂落魄。这副模样让我意识到了需要振作起来："为什么自暴自弃？振作起来！像一个男人一样去战斗吧！"

自助者，天助之。当我决定振作起来之后，上天也似乎

开始眷顾我了。我要求自己必须吃早餐，大步迈进办公室。当天，我刚进办公室没有多久，一位海军情报处（Naval Intelligence）的官员找到了我。他带来了几份截获的电报，电报上说智利政府在德国存放了一批黄金，现在要求从德国运回来，但是后者却置之不理。

命运已经打开了另外一扇窗户，我有事要忙了。没过几天，智利大使也来办公室里面找我。他说自己的国家现在处于极大的困难当中，各类物资严重短缺，恶性通胀也出现了。

其实，我知道德国在智利有 20 万吨左右的硝酸盐，但是一直没能运走。因此，我向智利大使提出了一个对智利和美国双方都有利的建议：将德国的这批硝酸盐没收，美国以 4.25 美元每磅的价格买入，然后在和平条约签署后的六个月，美国以黄金支付这笔货款。

当智利大使离开后，我就开始着手此事，将足够的船只派往智利准备接收这批硝酸盐，这样就能与美国国内的军火生产紧密地衔接起来。

令人吃惊的是美国国务院（State Department）的部分官员认为我的这种操作违反了《敌国贸易法》（*The Trading with the Enemy Act*），因此表示反对。他们的反对立场和态度让我感到意外，于是反问他们："你们的意思是说，我不能买德国的硝酸盐来制造军火打德国？"

我需要寻求更高权力级别的人来对付这些反对的声音。在向威尔逊总统递交报告之后，我获得了他的首肯。最终，我们与智利政府达成了买卖硝酸盐的协议，我们获得了急需的原材料，也帮助智利政府走出了经济上的困境，避免了政治和社会动荡。

这次交易成功的前提是我们对智利政府需求的深刻了解，如果不能在对方重大需求的基础上进行磋商，这个交易很难成功。

同时满足双方的需求仍旧是国家间达成任何协议的最佳基础。尽管这看起来是显而易见的真理，不过从第二次世界大战以来的历史记录表明

无论何时，记住我的一句话：搞清楚你的对手盘是成功和幸福的根本前提！

我们还没有完全掌握这条法则，在处理与所有盟友的关系时我们还欠老道。

我们拘泥于正式条约上的文字条款，但却忽略了条约背后潜藏的利益关系。**本质上来讲，只有着眼于共同的利益，同盟关系才能得到根本的保证！**

国际关系中，金钱买不到真正的盟友，这种盟友随时都可能背叛。不过，如果双方之间存在强大的共同利益，那么就能够求同存异，形成长久的盟友关系。

除了共同的利益基础之外，在处理与盟友的关系时也应该做到公平合理。这是一条处理盟友关系的黄金法则，简单来讲就是"推己及人"。

威尔逊总统第一次代表美国在国际社会阐述了这一立场和主张。在战争期间，他认为美国购买的战略物资在转卖给盟国时只应该收取最初的买入价。

第一次世界大战期间，英国的部分商业大佬对这一原则表示反对，他们认为美国从英国购买战略物资的计价标准不应该拘泥于这一原则，他们希望获得足够的利润。期间，时任军需部长（The Minister of Munitions）的温斯顿·丘吉尔先生则赞同我们的主张，认为这是盟国之间的唯一合理相处之道。他身上展现了高贵的品质，后来的历史表明他是一位善于激励民众鼓舞人心的伟大领袖。

当我们从智利购入硝酸盐后，面临着如何在盟国间分配的难题。政府的有些官员认为如果由美国来决定如何具体分配，那么可以让美国处于优势地位。我拒绝了这样的提议，因为这样短期内可以让美国掌握主动，长期却会侵蚀盟友关系的根基。最终，我建议设立一个国际硝酸盐执行委员会（International Nitrate Executive），在这个跨国执行委员会的主导下在盟国之间公平分配硝酸盐。我提名让丘吉尔先生担任执委会的主席。后来，他经常打趣说自己是"世界硝酸盐之王"。

另外，这个执委会的成立为此后许多跨国联合理事会

没有双赢，任何关系都不可能长久下去。不平衡关系持续的时间越长，崩塌起来就越迅速，越不可挽回。

(The Combined Boards）的成立提供了范例，从而为"二战"的胜利打下了坚实的基础。

这里提到了丘吉尔先生，我想多说两句。本人与他已经是40多年的故交了。在处理与美国的关系时，他总是秉持合理原则，没有提出苛刻的条件。他在捍卫英国利益的时候毫不犹豫，同时也尊重美国的利益，这让人由衷地对他产生好感。

第二次世界大战期间，当美国国内面临食物短缺之苦，需要从英国调配日常生活用品时，他毫不犹豫地拒绝了，他是这样向富兰克林·罗斯福总统解释的："现在英国人民的生活处在极度艰苦的境地之中，我们不能削减他们的食物供应！"除了坚决捍卫英国人民的福祉之外，他也会毫不留情地反驳那些中伤美国的言论。

有一回他在伦敦为我举行了招待晚宴，参加者中有一些反对罗斯福及其新政的托利党人（Tories）。其中一位为了活跃气氛就提出了一个问题："罗斯福与哥伦布有什么共同点？"

他给出的答案是："两人都是出发前不知道要去什么地方，到了之后不知道到了什么地方，返回后不知道去了什么地方！"

等他言毕，我站起来表达了自己的看法："罗斯福与哥伦布真正相似的地方是他们都是未知领域的勇敢探索者，他们拓宽了人类的视野，他们以新世界的诞生平息了旧世界的动荡！"

丘吉尔先生拍着桌子表示赞同："你们都好好听听，好好听听！"

3

当第一次世界大战结束的时候，绝大多数美国人，特别是商界人士都极力想要回到以前的轨道。不过，我却没有回到华尔街的打算，因为我深深地体会到了与获得金钱相比，致力于公共事务更让我感到快乐和满足，人生也变得更加有意义。

在公共事务上，我发现战争遗留的许多问题按照自由放任的原则去处理是行不通的。但是，我的许多同僚却在按照这个原则去努力，他们想要恢复自由放任主义的秩序与荣光。不过，我却认为应该进一步完善政府在现代经济与社会中的重要角色。

第一次世界大战结束后，威尔逊总统邀请我担任顾问前往巴黎和会，协助他起草《凡尔赛条约》（Treaty of Versailles）中有关经济的部分条款。同时，我还参与了促进美国加入国联（The League of Nations）。

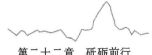

　　除此之外，我还努力为农场主争取在国民收入分配中获得更大份额。我还做了一些重组国家铁路的计划。在处理战后赔款和债务问题上，我也做了许多努力来打破僵局。

　　回首往事，我感慨万分。从大萧条到第二次世界大战，我们殚精竭虑地想要处理战争与和平的关系，这是公共事务的核心。从 1914 年到现在，美国与其他国家大多经历了战争，与此战备成了宏观经济治理不得不考虑的一个问题。在和平时期，我们在制定社会经济规则与计划的时候，需要考虑到它。要知道，从 1914 年到现在，每年我们都要考虑这一问题。

　　战后的农产品供给过剩和国债等问题都是战争留下的，这是我们不得不面对的问题。我们这代人经历两次战争，美国不得不举全国之财力参与其中，然后再回到和平状态。

　　同时，贯穿历史，战争扮演了一个角色——那些战争爆发前出现的重大社会变化，经过战争后会得到强化和加速。例如，原子裂变技术的出现就体现了这一点。

　　两次世界大战暴露出了政府治理的各种弊病和问题，战后并未得到完全的解决。无论我们多么努力致力于公共事务，问题总会存在，我们永远都在追赶时代的列车。

　　我计划在增补回忆录的时候对战争与和平的关系进行分析和考察，从自己的经验中提炼出一些可供他人参考的东西。或许我需要花费一些篇幅对我们时代所面临的各种危机进行剖析，以便于生活在其中的我们能够更好地理解其本质和趋势。

　　我们要将现在所面对的问题在本质上看作是对自身治理能力的考验。我们缺少物质资源，无论它们被用来从事建设性还是破坏性的活动，我们都拥有了超越所有时代的丰厚资源。实际上，我们欠缺的是恰当利用资源的能力。我们需要善用这种能力，对其加以引导和控制。

　　对我们自我管理能力的考验来自三重领域：

　　第一重考验涉及对我们价值观的考验，我们需要放弃一些东西，以便获得另外一些东西。我们需要权衡和取舍。

　　第二重考验涉及对我们理性推理能力的考验。具体来讲就是我们能否为我们面临的问题想出有效的解决办法。

　　第三重考验涉及自律和执行力。我们能够恪守原则与价值观，无论个人的代价是什么，也能够坚决贯彻方针政策。

　　国防开支应该占到经济的多大比重，这个问题考验通过上面三个方面去思考。部分人认为我们的经济能承受的只有那么多。不过，在两次世界大战期间，美国为和平

而战，我们经济承受了不可想象的国防开支。经过战争的锻炼，美国和盟国的战争动员能力已经超过了苏联及其卫星国。我认为，我们在为捍卫自由和民主上所能付出的努力，能够匹敌那些试图破坏自由和民主的国家。

我们经济所能承受的极限取决于我们愿意自律和自制的程度。在战争中，经济是无法同时满足国防和日常生活的，必然有所权衡取舍。不过，当我们削减那些不符合实际的需要，则剩下来的资源就能投入到真正有价值的用途上。

国防开支对我们而言是一个非常重要的问题，不过现在这个问题却被如何分摊国防开支的费用所模糊了。国内的各个利益集团都希望撇清自己的责任，让其他团体更多地承担国防相关的开支。这种事不关己高高挂起的态度导致了两次世界大战和朝鲜战争（Korean War）期间的国内恶性通胀。这种态度的消极影响现在又体现到了冷战（The Cold War）时期中。

就满足国防开支需要而言，我们的民主社会没能设计出有效的制度和策略使得个人利益服从于整体利益。不过，其他类型的国家则做到了这一点。

我们未能思考出政府在冷战中为国家生存需要扮演的恰当角色。一些人仅仅知道减税的好处，但却未能意识到只有通过税收我们才能动员其足够的战争力量，从而捍卫我们珍视的价值传统和制度。另外一些人则好大喜功，力推各种联邦开支计划，但却未能意识到一个民主政体中政府的税收能力是有限的。

要知道，税负越重，则越难平均分摊到各个社会群体上。我们都知道，在战争中任何个体都能公平地承担一部分国家的损失，对于士气而言是非常重要的。我们也认识到在战争中事情有轻重缓急，需要排定先后顺序。但是，我们在冷战中似乎忘记了上述这些道理。

如果税收的力量被其他不重要的事项给消耗了，或者是税收系统以及通胀对大众产生了不合理和不公平的负面影响，那么公众对最为重要事项的支持就会被削弱。

如果我们照搬和平时期的经济和社会道德标准，那么就打不赢一场冷战。

我从未抱怨过承担较高的税额。同时，我也认为政府支出存在浪费现象。即便如此，我仍旧不赞成减税行为，除非我们的国家回到了正常的国际环境，形势变得安全，而政府信用稳定。政府信用稳定对国防和安全影响重大，如果大众对政府处理问题的能力缺乏信心，那么政府干预危机的效率就下降了。

现在，人们经常听到关于发展一种新的终极武器的说法。许多人相信这种武器将彻底满足我们的安全需要。这种新终极武器就是洲际弹道导弹（Intercontinental Ballistics Missile），它的出现将带来军事革命和战争变革。即便我们能够发明并且完善这一

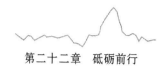

武器，但仍旧需要同样的考验——**把握全局，要事第一**。

我已经活了 87 年了，见证了一系列的技术革命。不过，它们对于人格和思考能力的提升毫无帮助。

4

谈论自律和思考的必要性和重要性，听起来似乎就像老派过时的布道一样。这反映出了我们社会的一个问题所在，那就是对古老智慧的轻视。

对于古老智慧，我们中大部分人或许口头上表示认可和接受，但是却落实不到行动上。一切所谓的赞同都停留在空谈上，思考停留在表面，看不到采取行动。

令人感到遗憾的是，主流教育也助长了这类轻视古老智慧的态度和行为。大多数学校都不鼓励和培养学生的独立思考能力，而仅仅满足于完成教学任务。教学科目和内容非常丰富，但是却未能促成能力的显著提高。完成教育之后，学生脑子里面塞满了各种信息，但这并非良好教育的本质。

海量的知识，无法取代思考本身。正确而有效的思考可以大大提升洞察力，这里我讲一个故事来说明。这个故事发生的时间离我们不算远，毕竟许多人都经历过"二战"。当"二战"临近结束时，许多经济学家和统计学家都预测战争结束之后将有一千多万人失业。他们是基于大量的统计数据做出这一判断的。

战争动员局局长詹姆斯·F.伯恩斯（James F. Byrnes）委托我和同事约翰·M.汉考克（John M. Hancock）制定战争过渡到和平时期的就业指导方针。我们进行了深入的分析和研究，认为大规模失业现象不会出现。相反，整个经济会出现过度繁荣的情况。1944 年 2 月，在上述报告公布后不久，我又预测战争结束后的 5~7 年时间内，经济会出现长周期繁荣。

巴鲁克这里的分析和预测应该让许多经济学家反思一下，究竟什么是自己研究问题的关键？海量的数据和复杂的模型如果没有抓住问题的关键，只能南辕北辙。量化交易是一个趋势，但是如果量化的不是关键变量，那么只能说是隔靴搔痒！

　　我的这项预测是建立在什么基础上的呢？我们没有对购买力进行统计研究，也没有分析什么消费者态度，对于经济学家们热衷的其他指标和数据我们也没有去分析。那么，**我依据什么做出判断和预测的呢？**战争使得半个世界都处于废墟之中。正如我对同僚们所说："男人和女人，民众和政府，都将乞讨、借贷，如果有需要他们就会去偷。"**无论如何，战后民众的最大动力是在废墟上重建家园，而这必然推动经济的繁荣。**

　　这个故事的主旨在于**没有经过思考和判断的信息是毫无价值的！**

　　一个人想要做出全面而正确的判断，就必须具有大局观。我们优秀的教育工作者正在认识到受教育者需要的不是对细节的熟悉，而是对整体的把握，具体来讲就是认识到我们面临的各种问题其实都是整体的一部分。万生万物相互联系，没有什么是孤立存在的。要促成一件事情，就不要在相互支持的其他层面上共同努力。

　　在第二次世界大战期间，应该从整体出发去控制通胀，而不是局限于某些因素。由于未能遵循这一原则，战争期间未能有效抑制恶性通胀。为什么会这样呢？因为当时国会和相关机构的大多数官员都认为只要控制了货币总量就能抑制恶性通胀，而且他们认为需要控制的物价只有一小部分，工资和农产品价格不需要控制。当时我就反对这种片面的通胀治理方式，我提醒大家应该基于整个国家的视野来采取系统性的通胀治理战略，要采取综合性的行动，相互支持，构筑一个治理通胀的整体方案。

　　第二次世界大战结束以后，我努力从整体来解决维护和平的问题。制定一个整体性方案，涵盖各个领域，在所有领域展开行动，这就能最大化我们的优势。许多官员赞同这种整体思维，他们认为一个维护和平的整体战略是非常必要的，能够将美国站在全球视野上思考和处理问题。遗憾的是我这一主张未能真正实现。

　　为什么这一主张不能落地呢？因为人类的天性倾向于寻找问题的简单解决方案。

　　在经历了长时间的挫折之后，美国民众才意识到要想实现世界的和平，就必须按照系统的原则去设计战略。只要踏实地遵循这一原则，我们和子孙后代才能避免第三次世界大战的爆发。

　　对于每一项考虑中的行动，我们不仅要考虑它们能够做到什么，还要考虑它们不能做到什么。要确保我们的行动针对的是最核心的问题，而不是次要问题，这是非常重要的一项原则。身处的局面越是复杂，越是需要努力记住这一点。

　　当形势严峻时，人的注意力却往往被琐事所占据和干扰，每个人应该都有这样的经历。纠结于蝇头小利，乱于情，困于心，导致人们认不清形势。琐事越多，干扰越大，则注意力越不集中，最终处理关键问题的精力越不足。

　　人性天生希望认为数量多寡与正确程度成正比，以至于认为跑得越快，则前进的方向越正确。其实，**正确的方向是第一位的，足够的努力才是第二位**。因此，我们应该经常停下来反躬自问：**现在采取的行动是否针对的是关键因素？是否在次要问题上投注过度的精力和资源？那些无关紧要的事项，无论我们如何精益求精，最终都改变不了我们的处境。**

在以促进和捍卫和平的努力中，上述原则也是非常重要的。"二战"后的世界和平有赖于解决两个关键问题。除此之外，其他的问题都是次要的。只要两个关键问题得到了解决，那么和平就能持续下去。

第一个问题就是分裂的德国。分裂的德国其实会滋生武力统一的冲动。因此，每个国家都要予以防范。北约（NATO）的建立在很大程度上也是为了起到防范作用。即便苏联直接进犯的威胁能够消除，但是不排除苏联的某个卫星国会以德国统一为借口进攻西德，正如朝鲜半岛发生过的一样。当然，还可能出现另外一种情况，那就是德国内部出现革命或者军事政变来完成统一。

要有效防止第三次世界大战的发生必须在两大阵营之间的"铁幕"（Iron Curtain）西侧驻扎军队，防止上述情况出现。这些军队应该保持灵活机动性，以便能够应付紧急情况。

即便和平协议生效后，苏联和美国的军队分别撤出东欧和西德，北约仍旧有存在的必要性。在更多的互信建立起来之前，这样的措施只能算作是保守做法。

如果德国的这个问题没有真正解决，那么两大阵营的裁军就不会有实质性的进展。

实现长期和平的第二个问题在于能否形成一种健全的核能监督机制。如果违反了协议，则应该进行严厉的惩罚，任何缔约方都不能违约。

幸运的是，我代表美国政府在联合国陈述了国际原子能控制方案，这个方案并未假定美国将永远处于核能的垄断地位。因为我们都非常清楚一点，那就是其他国家早晚也会拥有核能，无论是一个国家还是 61 个国家拥有利用核能的能力，都涉及核能军用和扩散的问题。

国家越多，则核不扩散的必要性就越大。苏联政府也越来越清晰地认识到这一现实。苏联常驻联合国代表安德烈·维辛斯基（Andrei Vishinsky）在去世前几天邀请我参加了一个苏联在纽约领事馆举办的招待会。席间，我们单独相处时我告诉他苏联政府反对有效的核武器控制是不明智的。

此后，在与苏联其他高官，如安德烈·葛罗米柯（Andrei Gromyko）、雅克布·马利克（Jacob Malik）以及德米特里·谢比洛夫（Dmitri Shepilov）等人见面时，我也重复了自己的同一观点。至于他们是否全面理解我的观点，我并不清楚。不过，1956~1957 年

的裁军谈判中，苏联人的态度明显发生了变化，类似的观点影响了他们的思路和决策。

无论苏联的真实意图是什么，世界和平仍旧要求我们做出选择，那就是在核不扩散和放任扩散之间的选择。禁止核武器试验并不能完全解决这一问题。即便停止了核试验，仍旧有核攻击的潜在巨大风险。除非小国能够得到保护的承诺，免受核攻击，否则他们不会赞成只有大国才能拥有核武器的协议。在没有保护的情况下，他们会努力获得核武器，这必然促成核试验和核扩散。

如果核武器得到有效管控，那么核污染的风险就会存在，全球的科学家将投入到和平利用核能的伟大事业中。任何和平利用核能的建议和举措都值得重视，也应该获得我们的称赞，例如，艾森豪威尔（Eisenhower）总统提议的国际原子能池（International Atomic Pool）。不过，不同的国家仍旧可能留置大部分可裂变材料用来偷偷发展核武器。核攻击的危险不会减少。

如果核战争的威胁不能被消除，那么我们最好是以更大的视野审视它，而不是自欺欺人，被那些毫无意义的协议所蒙骗。

我们应该不放弃寻求控制核武器的有效方法；我们一直都在认真听取任何国家提出的相关建议。但是，我们不能因为对和平的渴望或者对战争的恐惧导致对真相熟视无睹。

多年之前，我在一些大学生面前进行了一场演讲。在这场演讲中，我总结了一下个人的行动哲学。

我指出在历史中存在持续的周期循环，战争与和平交替，繁荣与衰退交替，奴役与自由交替，这是人类历史的显著特征。每一次战争和崩溃之后都是重建与复兴，人类的成就会达到新高度，至少从物质标准来讲是这样的。

但是，现在如果再来一场周期性的战争和崩溃，我们的文明是否能够经受得住考验。我们想要跳出周期的盛衰循环，努力寻找一条持续进步的稳健体系。我坚信这是这个时代最

熨平周期始终都是美梦一场！

强的呼声。

要跳出这种盛衰循环周期，就必须避免走极端。**我们要懂得节制与自律，走理性的道路，避免麻木的屈从与盲目的反抗。**

我坚信理性的价值，并不是人类在过去展示出来的智慧，而是因为理性仍旧是人类自我管理的最佳工具。无论何时，当疯狂的思想和行动横扫人类社会时，理性是第一个受害者。

无论是完美还是乌托邦，都不在人类的能力范围之内。但是，如果我们不能实现高涨的希望，至少也能够避免绝望造成的恐慌。前提是我们学会了如何全面地看到面临的问题，**知道什么对我们而言是最为重要的东西，按照要事第一的原则行动起来！**无论是处理个人层面的事务，还是处理国家层面的事务，莫不如此。

辩证法让你睿智而高效！